希腊三百年

GREECE

Biography of a Modern Nation

[英]罗德里克·比顿 著
(Roderick Beaton)
姜智芹　王佳存 译
陈莹雪　阚建容　钱颖超 审校

中信出版集团 | 北京

图书在版编目（CIP）数据

希腊三百年 /（英）罗德里克·比顿著；姜智芹，王佳存译．-- 北京：中信出版社，2021.3

书名原文：Greece: Biography of a Modern Nation

ISBN 978-7-5217-2322-9

Ⅰ. ①希… Ⅱ. ①罗… ②姜… ③王… Ⅲ. ①希腊—历史 Ⅳ. ① K545

中国版本图书馆 CIP 数据核字（2020）第 194709 号

希腊三百年

著　　者：［英］罗德里克·比顿
译　　者：姜智芹　王佳存
审　　校：陈莹雪　阙建容　钱颖超
出版发行：中信出版集团股份有限公司
　　　　　（北京市朝阳区惠新东街甲 4 号富盛大厦 2 座　邮编　100029）
承 印 者：北京诚信伟业印刷有限公司

开　　本：787mm × 1092mm　1/16　　　印　　张：32　　　字　　数：453 千字
版　　次：2021 年 3 月第 1 版　　　　印　　次：2021 年 3 月第 1 次印刷
京权图字：01–2019–5363
审 图 号：国审字（2020）6765 号
书　　号：ISBN 978–7–5217–2322–9
定　　价：99.00 元

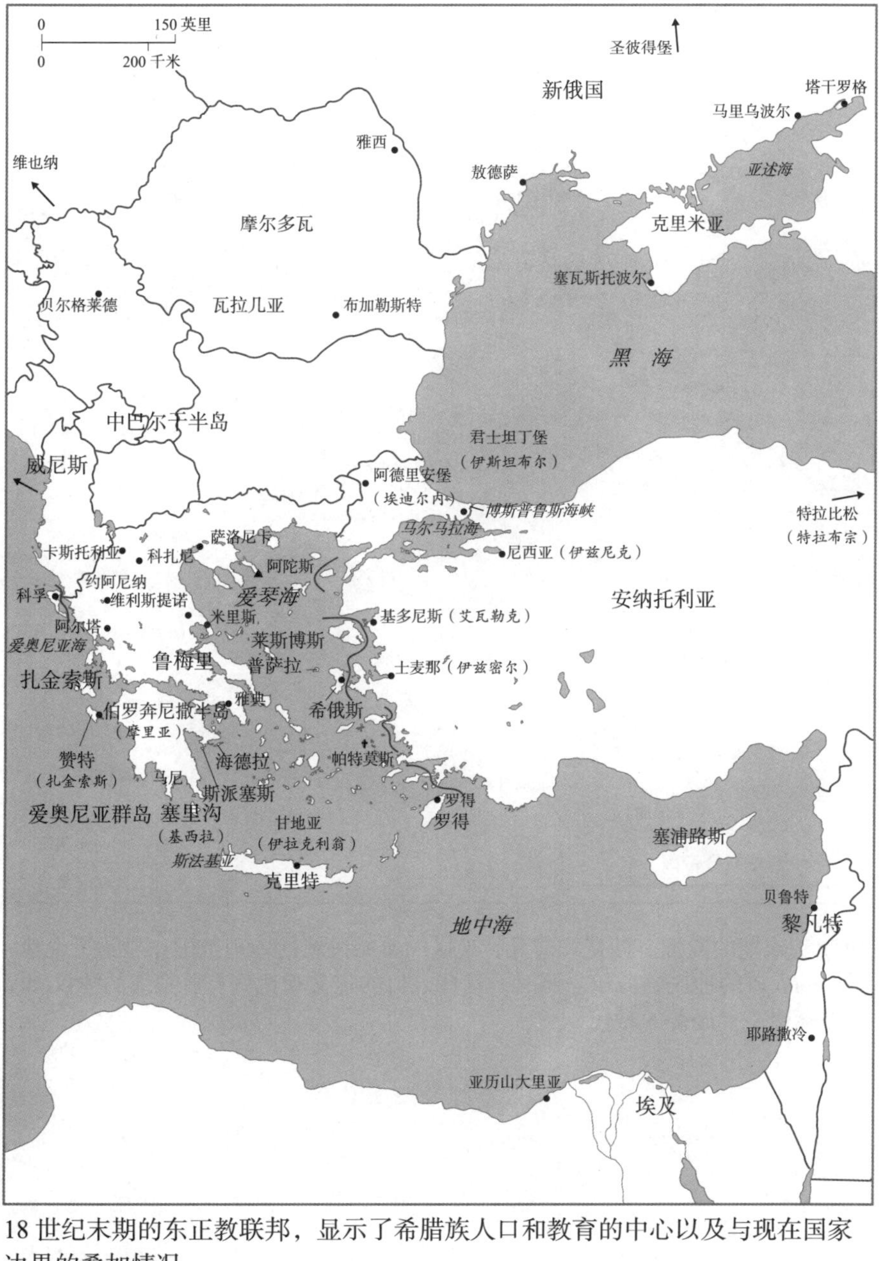

18 世纪末期的东正教联邦，显示了希腊族人口和教育的中心以及与现在国家边界的叠加情况

19世纪末期的欧洲、西亚和黎凡特地区的希腊民族的地理范围，显示了说希腊语的人口的地区、城镇。当时，这些人口的定义和比例有着很大的争议。日期标明了大迁徙的时代

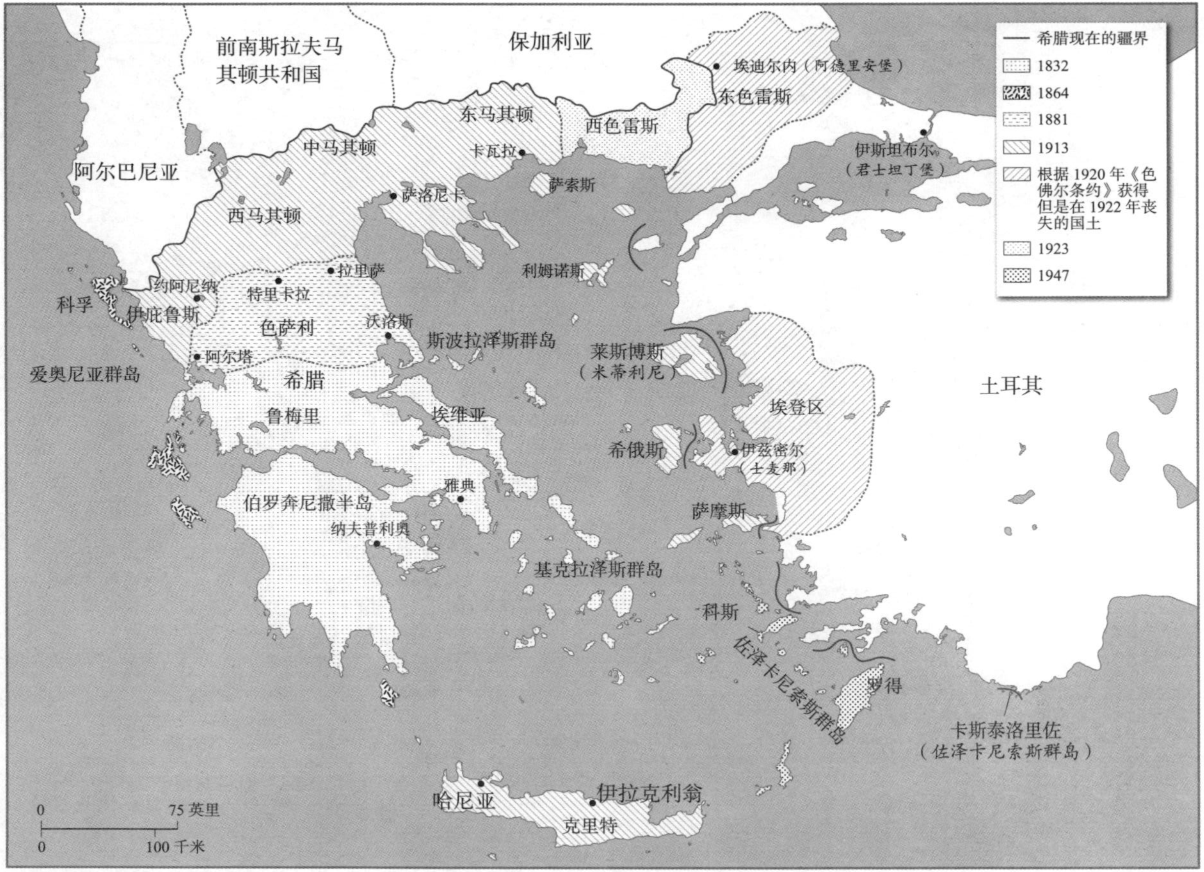

希腊的扩展（1832—1947年）

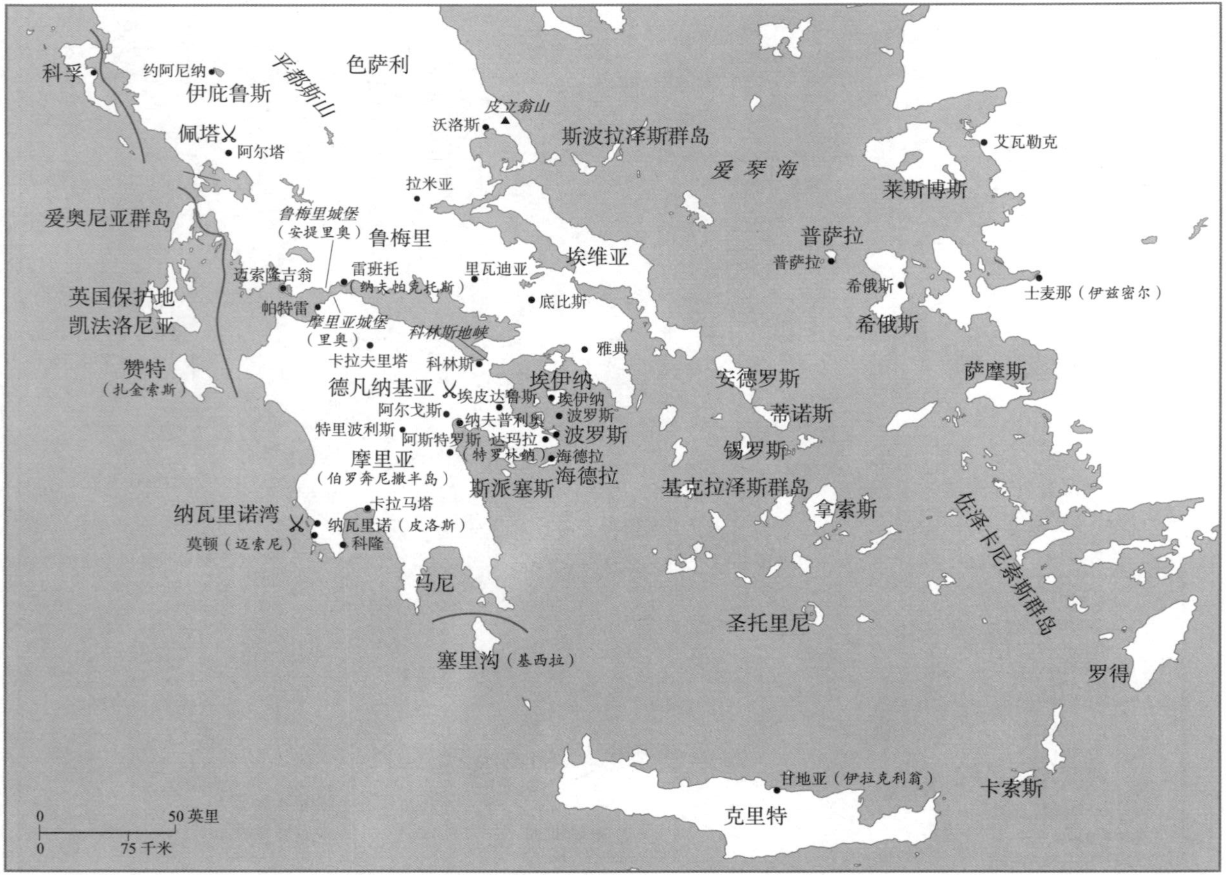

19 世纪 20 年代希腊革命涉及的主要地点

1923年以后的希腊及其近邻

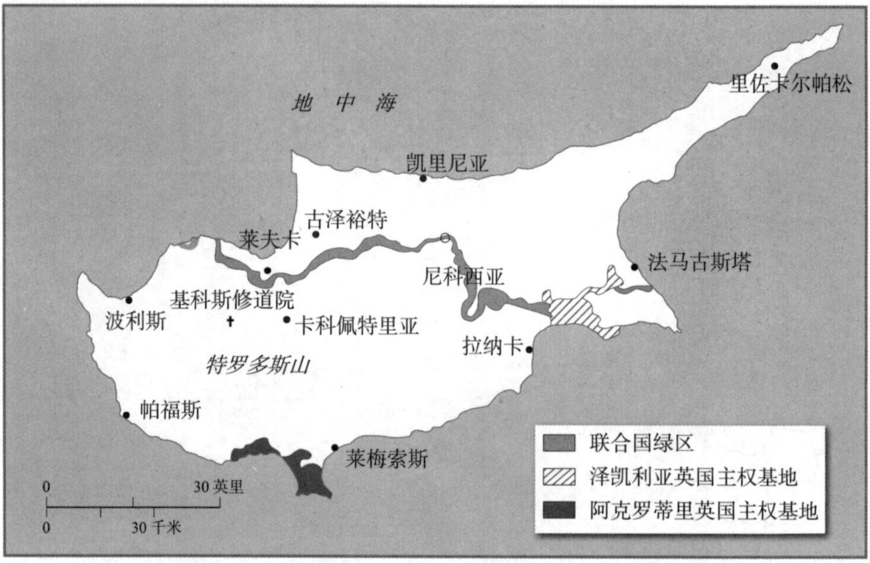

1974 年分裂后的塞浦路斯

本书地图为原书插附地图

阿里·特皮德兰利（约 1740—1822），约阿尼纳帕夏，又被称为阿里帕夏。图片选自托马斯·斯马特·休斯《西西里岛、希腊和阿尔巴尼亚的旅行》（伦敦，1820 年；Getty Research Institute）

里加斯·维莱斯汀利斯，也叫费莱奥斯（1757？—1798），他在 1797 年首次为未来的希腊共和国规划了宪法（National Historical Museum, Athens）

维莱斯汀利斯设计的希腊共和国的三色旗，上面有赫拉克勒斯的装饰着3个小十字架的手杖的图案［Library of the Romanian Academy of Sciences（Ms. Gr. 928, f.275v）］

阿达曼提奥斯·科拉伊斯（1748—1833），“希腊的思想之父”（National Historical Museum, Athens）

《卡赖斯卡基斯在阿拉荷瓦战役中的战利品》（阿萨纳西奥斯 · 伊阿特里蒂斯，水彩画，1827 年）。画上的文字是“希腊人战胜野蛮人。总司令（乔治斯）卡赖斯卡基斯立于此布拉格”（ Benaki Museum, Athens；Bridgeman Images ）

赛奥佐罗斯·科洛科特罗尼斯（卡尔·克拉则森，1827年5月14日；National Gallery-Alexandros Soutzos Museum, Department of Prints and Drawings, Athens）

扬尼斯·卡波迪斯特里斯公爵，俄国前外交部部长、希腊总督（1827—1831年任职；托马斯·劳伦斯公爵，1818—1819年；Royal Collection Trust；Copyright. Her Majesty Queen Elizabeth II, 2018/Bridgeman Images）

希腊国王奥托于 1833 年 2 月 6 日抵达纳夫普利奥（彼得 · 冯 · 赫斯，油画，1835 年；Neue Pinakothek, Munich; Copyright. Blauel Gnamm/Artothek）

年轻时的希腊国王奥托（Benaki Museum, Athens；De Agostini/Getty Images）

身穿国服盛装的希腊国王奥托，这是极其罕见的早期照片（银版摄影，约 1848 年；National Historical Museum, Athens）

亚历山德罗斯·马夫罗科扎托斯（1791—1865），希腊总理（1833—1834、1841、1844、1854—1845 年任职；National Historical Museum, Athens）

扬尼斯·科莱特斯（1773—1847），希腊总理（1834—1835、1844—1847 年任职；Benaki Museum, Athens, Greece；Gift of Aspasia Botasi and Dora Lauder；Bridgeman Images）

于19世纪30—40年代建造一座首都（设想中的和实际的）

带有卫城和阿雷奥帕古斯的雅典理想全景（利奥·冯·克伦泽作，1846年；Neue Pinakothek, Munich；Copyright. Blauel Gnamm/Artothek）

雅典全景图，与实景一模一样（F.斯达德曼绘制的印刷品，慕尼黑，1841年；Private collection；Christie's/Bridgeman Images）

希腊国王乔治一世（1863—1913 年在位；The Print Collector/Getty Images）

康斯坦丁·沃拉纳基思创作的油画《科林斯运河开通》（1893）。这是查理劳斯·特里库皮斯实施的最宏伟的基础设施项目，同时也导致了当年年底希腊的破产（Collection of Alpha Bank, Athens）

总理及其政敌

赛奥佐罗斯·迪里吉安尼斯（1824—1905；刊于 The Graphic；Look & Learn/Bridgeman Images）

查理劳斯·特里库皮斯（1832—1896；刊于 The Graphic；Look & Learn/Bridgeman Images）

保罗·马蒂奥波洛斯创作的《帕尼匹斯提米奥街》。“绅士、淑女穿着西方最新款式的时装，可以徜徉在大道两边，或者坐在一位美国游客描述的‘像巴黎咖啡馆一样’的咖啡馆外面，欣赏由马拉动的公交车缓缓驶过”（National Gallery-Alexandros Soutzos Museum, Department of Prints and Drawings, Athens）

帕弗洛·梅拉斯（1904 年）。乔治·雅各布兹根据梅拉斯在马其顿丛林战斗牺牲前不久拍摄的照片绘制（National Historical Museum, Athens）

伯里克利斯·贾诺波洛斯。他于 1910 年以一种诡异的方式自杀。（索菲亚·拉斯卡利多的木炭画，1897 年；Municipal Art Gallery, Kallithea）

未来的对手：（右）埃莱夫塞里奥斯·维尼泽洛斯（1864—1936）和（左）希腊国王康斯坦丁一世（1913—1917、1920—1922 年在位；拍摄于巴尔干战争期间；De Agostini/Getty Images）

此前从未发表过的巴尔干战争照片（1912—1913）。塞雷（上）在1912年被保加利亚军队占领，然后又在1913年被希腊军队攻占。兹拉马附近的多克萨托村（下）于1913年6月在希腊和保加利亚的战争中被摧毁［King's College London Archives. Reproduced with permission of the Anglo-Hellenic League, Katie Lentakis Collection（AHL Acc3619）］

1922年9月被打败后，生活在西安纳托利亚的到了当兵年龄的希腊男人在土耳其被掠为战俘。根据美国外交官亨利·摩根索的描述，1923年7月被释放后，他们抵达希腊［King’s College London Archives. Reproduced with permission of the Anglo-Hellenic League, Katie Lentakis Collection（AHL Acc3619）］

1928年的埃莱夫塞里奥斯·维尼泽洛斯。他领导的政府是20世纪50年代之前最后一任稳定的、被选举出的希腊政府（F. 帕波拉斯，1928年；Municipal Gallery of Athens Collections/Eleftherios Venizelos Museum）

20世纪30年代的布祖基琴乐队。像这样的音乐人都受到了梅塔克萨斯专制政府的迫害，但是在二战以后，雷贝蒂卡成为希腊流行文化中最受欢迎的艺术形式之一。来自伊利亚斯·佩特罗普洛斯的《雷贝蒂卡歌曲集》（Athens, 1968, plate 41）

德军于 1941 年在雅典卫城升起纳粹“卐”字旗（World History Archive/Alamy）

“自由希腊”的“人民统治”［King’s College London Archives. League for Democracy in Greece collection（MGA/PH2）］

希腊被占领时期的雅典“集中营”里被监管的男人［King’s College London Archives. League for Democracy in Greece collection（MGA/PH1）］

被烧的山村［King’s College London Archives. League for Democracy in Greece collection（MGA/PH1）］

民主军队的年轻士兵在希腊内战（1947—1949）的最后阶段被美国支持的政府军击败［King’s College London Archives. League for Democracy in Greece collection（MGA/PH5）］

电影《决不要在星期日》里的玛丽娜·墨蔻莉（1960年）。她在安德烈亚斯·帕潘德里欧领导的三届社会主义政府中担任文化部部长（1981—1989、1993—1994年任职；United Archives/Alamy）

1973 年 11 月 17 日凌晨，一辆坦克准备碾轧雅典理工大学的校门。亚里士多特里斯·萨利考斯塔斯拍摄（AP/Rex/Shutterstock）

“上校”统治时期（1967—1974）的宣传画，画上的文字是“希腊，1967 年 4 月 21 日万岁”（Private collection）

康斯坦丁·卡拉曼利斯，希腊总理（1955—1963、1974—1979 年任职），后来担任总统，在 1974 年恢复了希腊的民主（摄于 1975 年；AFP/Getty Images）

安德烈亚斯·帕潘德里欧，“变革”的设计师（1981—1989、1993—1996年任职；摄于1984年6月；Bridgeman Images）

科斯塔斯·西米蒂斯，推动希腊“实现现代化的人”，是希腊任职时间最长的总理（1996—2004年任职；Yves Boucau/AFP/Getty Images）

查理劳斯·特里库皮斯斜拉桥，将希腊西北部与伯罗奔尼撒和雅典等连接起来，于 2004 年开通（Author photograph）

塞浦路斯第一任总统、大主教马卡里奥斯三世（1913—1977）的铜像，位于特罗多斯山基科斯修道院的附近（Author photograph）

北塞浦路斯土耳其共和国的国旗远望着塞浦路斯共和国首都尼科西亚被分割的希腊塞浦路斯占领区（Author photograph）

沿着停火线将尼科西亚分开的“死亡区”（Author photograph）

2010 年“危机”后的街头艺术：贫穷是革命和罪恶之母（Street art by Wild Drawings, Exarcheia, Athens, 2013；Mystic Politics）

阿莱克西斯·齐普拉斯于 2015 年 1 月 25 日在雅典大学的“山门”里庆祝他的竞选胜利。他之所以选择这个地方，是因为这里与 20 世纪 70 年代的学生运动有关。就在那个柱廊下，壁画上的希腊第一位统治者奥托一世往下看着，手势与齐普拉斯举起的手势相互配合。那个壁画是在奥托一世于 1862 年失去王位后不久完成的（Nikos Pilos/laif/eyevine）

谨以此书纪念我深爱的父母，

是他们第一次把希腊介绍给我，并在我持续不断的、

发现越来越多的希腊神奇之处的研究中，一直给予我支持。

珍妮特·玛丽·比顿

1922 年 7 月 24 日—2018 年 4 月 15 日

邓肯·麦吉利夫雷·比顿

1922 年 9 月 13 日—2018 年 4 月 7 日

永恒的回忆

Τα μάτια μου δεν είδαν τόπον ενδοξότερον από τούτο το αλωνάχι.（余目所视，若土之美，无比于此谷场也。）

狄奥尼修斯 · 索洛莫斯：《被围困的自由》（1826—1829）

那些当前在希腊依然被遵循的原则，不论是在这儿，还是在其他国家，都将逐渐地产生影响……我不能……计算出希腊将达到一个什么样的高度。迄今为止，这一直是狂热分子和激进分子赞美与哀叹的主题，但是从现在开始，它会引起政治家的注意。

拜伦勋爵在希腊迈索隆吉翁的讲话（1824）

民族是什么？布鲁姆问，民族就是生活在同一个地方的一群人……或是生活在不同地方的一群人。

詹姆斯 · 乔伊斯：《尤利西斯》（1922）

一个有内在精神的民族，即使最后面临绝望的深渊，也会激发出反抗绝望的力量。这种力量会突然爆发，不需要什么预兆，也不需要什么准备……勇敢的先驱时刻做好这样的准备。

乔治斯 · 塞奥托卡斯：《自由精神》（1929）

目

录

关于日期和职衔的几点说明

1923 年 3 月 1 日以前，东正教和希腊使用的历法是更古老的儒略历法，该历法是以儒略恺撒的名字命名的。大多数西方国家采用的是格里高利历法，这部历法是以教皇格里高利十三世的名字命名的，于 1582 年被启用。儒略历法通常被称为“旧历”，在 19 世纪，该历法的日期比同时期的格里高利历法（新历）早 12 天；在 20 世纪，则早 13 天。所以，在 19 世纪的雅典，人们是在 1 月 6 日庆祝圣诞节。在 1922 年以前（包括 1922 年），希腊的圣诞节是在 1 月 7 日。用希腊语撰写的历史书籍在叙述 1922 年以前的事件时，一般来说仍然使用旧历。这可能会造成时间上的混乱。在本书中，正文的所有日期都采用西欧的格里高利历法，也就是新历。（在注释中，参考文献的日期仍遵循原文献的时间。）如果旧历日期很重要，或者经常被引用，我就会提醒读者注意时间的差别，比如按照旧历，传统上说的希腊革命的开始时间是 1821 年 3 月 25 日；按照西欧的格里高利历法，希腊革命发生在当年的 4 月 6 日。

在本书所讲述的故事中，外交官起到的作用非同小可，特别是英国的外交官。二战以前，只有最具影响力的外交使团才能被外交部门赋予“大使馆”的称谓，其负责人被赋予“大使”的职衔。那个时候，英国在雅典的外交使团是一个公使馆，其负责人的职衔是公使，严格说来，就是特命全权大使。在正文和注释中，我使用的是当时的职衔。从这个意义上说，“公使”和“大使”没有任何的不同。

致读者

我是从 2015 年 8 月开始写这本书的。仅仅在一个月以前，希腊在经济动荡中差一点儿要第三次退出欧元区。如果希腊退出欧元区，那么其他国家和地区可能会出现难以估量的连锁反应。在我这本书快要完成的时候，我的祖国英国已经启动了退出欧盟的程序。希腊“脱欧”几乎快被人们忘记了。在 2016 年，英国“脱欧”成为英语中的热门新词汇，即使“希腊脱欧”事件是先发生的，首先面对生存抉择的是希腊人。现在，希腊人已经渡过难关，来到了发展的彼岸。在现代，希腊人往往是先行者，这就是本书要探讨的主题之一。

写作本书的时候，我一直很清楚，我的每一个字都是在一个特定历史时刻写下来的。这一刻就像在眼睛的一睁一闭之间，就像在希腊“脱欧”和英国“脱欧”之间。希腊“脱欧”没有发生，英国“脱欧”产生的影响有待进一步观察。这一刻就是“当下”，或者是“今日”，本书的每一页都会体现这一特质。但是，本书的缘起和真正的核心内涵需要追溯到更久远的时间。

我长大后的生活一直与希腊及说希腊语的世界有关。学生时代，我生活在军事独裁政府的阴影之下。当时是 20 世纪 70 年代，在雅典的街道上，我疲于奔命，躲避坦克的碾轧和屋顶狙击手的子弹。后来，我来到伦敦国王学院，担任现代希腊及拜占庭历史、语言和文学专业的克雷斯讲席教授整整 30 年，一直到 2018 年夏，我都在这所大学的演讲厅和研讨会上作有关希腊的报告。作为老师，我对自己的要求一点儿也不少于对学生的要求，持续不断地学习，向同行学，向同事学，特别是向大批的学生学，因为很多学生都是希腊人。从学生那里，我学到了从诸多不同的视角看待问题的方法，这在我改变对希腊的认识、深化对希腊的理解、了解现代社会中的希腊人方面，起到了很大作用。

作为一个国家，希腊演进的故事是激动人心的，有时也是令人心碎的，但让我如此长久地深深着迷的不是这些故事，而是其具象的国家建设史实与抽象的思想、态度以及愿望之间的相互作用。正是这些思想、态度以及愿望的聚合，形成了对于国家意识的共识。为了揭秘一个国家是如何形成的，我们需要有长远眼光，不能只看重大的历史事实，不能只看领导人的行动和言语，也不能只看那些反映跨越群体和种族的人类活动的图表和数据。一个国家的故事，还必须是其人民如何思考自身、如何思考世界以及如何思考其在世界中的位置的故事。

这就是我在本书中把所讲述的故事称为“传记”而不是“历史”的原因。史传不仅要求作者对传主有长期的研究和深入的了解，而且还要有一定的距离。通常来说，你不会为你亲近的人或者自己的家人写传记。我与希腊以及希腊人没有宗亲关系，我是以外来者的身份来书写希腊故事的，我与希腊之间的距离有助于我在撰写此书时采取与其他人不同的讲述方式。但是，我并不是说我在写作时心如止水。我相信，而且是充满激情地相信，希腊和希腊民族的现代历史非常重要，远远超出了全世界的希腊族共同体这个范围。写作此书，我尽了最大努力；阅读此书，您会理解我为什么这样说，而且您自己会判断我所写的正确与否。

前言　希腊及其祖先

希腊人是谁？是什么样的共同经历和集体记忆、追求和成就，塑造了今天世界上的1 000多万希腊人？这些人大多生活在位于欧洲东南角的两个欧盟成员国——希腊和塞浦路斯。当然，凡是地球上有人居住的大陆，都有希腊族生活的社区，这些社区被称为“希腊流散区”。

很多书中都出现过这个问题，过去谁是希腊人？自文艺复兴以来，西欧思想家就一直在思考这个问题。3 000~2 000年前，欧洲这个东南角落孕育了灿烂的文明，在文学、哲学、政治和科学等方面取得了辉煌的成就。文艺复兴以后，学者和旅行家开始重新审视这个文明。这个问题很重要，因为今天我们对“欧洲”或“西方”文化的界定，包括对艺术、科学、社会科学和政治的界定，都建立在古代希腊文明缔造者所奠定的基础上，而那些缔造者正是“希腊人”。

那些早已作古的希腊人在本书讲述的故事中也发挥着作用，但是本书的故事不是关于他们的。本书从头到尾论述的，都是当今时代的希腊人，主要探讨他们成为希腊人的方式、他们及其先辈曾经面临的困境，以及他们做出的选择对塑造自我所产生的影响。最重要的是，本书探讨了集体身份认同的演变过程。就过去两个世纪的希腊人而言，把集体身份认同称为“国家身份认同”是有道理的，因为在这个时期，希腊民族国家得以建立和巩固。所以，我们就从国家开始谈起吧。

对于国家的构成要素，仁者见仁，智者见智。自20世纪末以来，历史思考中一个很有影响的理论是对国家进行重新界定，把国家看作一个现代现象，认为国家是18世纪启蒙运动和工业革命的产物。根据这一观点，如果没有现代意义上的自治政府和多数公民的自愿参与，那么国家是不可能出现的。也有人重提与此不同的观点，即在人类社会的发展中，称得上“种族”的人类群落一直都是存在的。那么，为什么这些群落不可以被称为“国家”呢?

希腊让这个问题变得更加尖锐。根据第一个定义，我们今天所认识的希腊这个国家，是基于地理概念的，有着共同的体制和大众参与的民主，是在19世纪20年代反抗奥斯曼土耳其帝国的革命中诞生的。从另一个方面，在有记录的、连续的历史上，希腊语一直被使用，在当今希腊所在的地理位置上可以追溯至3 000年前。如此说来，作为一个国家，希腊的故事难道不是源远流长吗?

这两个定义都有其依据。但是我在本书中讲述的故事，是关于希腊作为一个现代国家的故事。因此，对于国家的定义，我选择的是更加狭义的、更加严格的含义，故事讲述时间的起点选定在民族国家诞生的那个世纪。

我还可以有另外一种选择，那就是把这个现代国家想象成一个活生生的人，也就是一个有生平传记的传主。一个国家的发展历程和一个人的生命旅程，表现出神奇的甚至是富有启发性的相似。那些将一个国家凝聚在一起的思想往往是个体生命的有机隐喻。因此，让我们先搁置疑惑，假定“诞生”于19世纪20年代革命之中的希腊这个国家的发展历程，与人生的历程有一些共性，就像人物传记梳理一个人的生活和事业一样，我们能够追溯希腊这个国家的历史。

与个体的人一样，一个国家也有遥远的祖先以及可以立刻进行查询的谱系或“家谱”。就国家的发展历程而言，诞生于19世纪初期的希腊，现在应该被看作青壮年。一般而言，传记作为一种文体，有其典型的特点，但就本书而言，我很高兴地说，我们可以超越这一特点。一个国家在成熟的时候可能会向其他方向演变，但没有理由认为这个国家演变的终点是死亡。具体到希腊来说，所有的人都会同意这一点：我们不会看到这个国家的讣告，给希腊写传记的作者也不用像对一个完整的、终结的生命那样，对其进行盖棺论定式的回顾。至少从这个意义上来说，请你把本书看作一部“名人”传记，而且传主依然处于盛年期，并且星光闪耀。本书的写作虽然结束了，但希腊的故事并没有随之结束。

不过，我们首先需要审视这个国家的先祖，以及由先祖而来的复杂的继承延续问题。

祖先：古希腊人以及中世纪罗马人

没有人知道我们最遥远的祖先是谁。如果说所有的现代人都是由 5 万多年前走出非洲的部落繁衍而来的，那么希腊人一定也不例外。遗传学的进展可能会揭示，现在讲希腊语的人究竟在多大程度上与古代“经典”文化的创造者们有着相同的基因。不过，对于我们了解希腊的现代史，这真的不重要。人类的现代史只有几千年，从这样的尺度上看，影响历史的因素是环境、行为、事件、思想等，而不是进化生物学。在这个意义上，重要的不是构成国家人口的个体的生物学祖先，而是某种比喻意义上的一个国家、民族、政权或者我们称之为文化的复杂现象的祖先，尽管“祖先”这个词最常见的意思是生物学祖先。对于古希腊文明是否可以被恰如其分地称为“国家”，人们还是存有疑问的。但可以肯定的是，古希腊文明时期从来就没有出现过一个主权国家。不过，希腊人与那些他们称之为“我们的远祖”的人，有一种类似亲属关系的感觉。最近几十年，“我们的远祖”这个术语已经变成了老生常谈，得到了广泛的认可。如此说来，此术语对于我们在现代社会中界定希腊这个国家的构成要素，是一个很好的总结。

对于这种亲属关系，乔治·塞菲里斯给出了最为精妙的描述。他在 1963

年接受诺贝尔文学奖的演讲中说："我不是说我们（与古希腊人）有着同样的血统，因为我对种族理论有种恐惧感，但是我们依然生活在同一个国家，我们看到同样的山峦隐没在遥远的海平线上。"[1] 塞菲里斯还强调了语言的连续性。他指出，描述"太阳光线"的词汇，从3 000年前的荷马时代至今几乎没有什么变化。与大多数同时代的人一样，塞菲里斯在20世纪30—40年代经历了纳粹种族主义者给世界带来的恐惧。他强调的是一种亲近关系，这种关系建立在自然风貌和语言的基础上，是在时间的推移中发展起来的，是从心灵深处感知到的东西，而不是一种武断的教条主义，不是建立在基因推测基础上的。

持有这种观点的不只是希腊人。希腊于2010年发生金融危机后，全世界有很多漫画家在媒体上发表他们依据希腊经典模式和形象创作的漫画，直观地表达他们对这个曾经创造伟大文明、而今处于糟糕状况的国度的看法。有的漫画描绘了希腊古代神庙，熠熠发光的大理石上布满了裂纹；有的漫画把欧元硬币上的铁饼描绘成歪斜的形状，寓示着希腊给欧元带来的混乱。这些漫画形象在远离希腊的国家引发了大众的想象，总的来说，即便人们的态度不是完全充满敌意，也是批评性的。就希腊人而言，这种类似亲属关系的感觉让他们呼唤埃尔金大理石雕塑的回归。这些雕塑原本是帕特农神庙的石雕，在19世纪初被埃尔金勋爵拆下来运走。自1817年以来，这些精美绝伦的雕塑就一直在伦敦的大英博物馆展出，其创作者在2 500年前就已经作古，但是后人一直对其进行称颂、揣摩。这其中就有玛丽娜·墨蔻莉。她曾是电影明星、流行歌手，后来担任希腊文化部部长。她的赞叹感人至深："那是我们的骄傲……我们的理想、我们的名牌……是希腊文化的精髓。"[2]

这一点是不容否认的，至少是不能轻易抹掉的。有人认为，经过数百年持续不断的人口迁徙和战争入侵，古代希腊人的基因库不可能保存下来。有人摈弃对希腊先祖的迷恋，以此作为回避历史事实的一种方式。但是，这样说都没有抓住要点。我们讨论的是亲近关系的感觉，是一种感知，不是一系列可以得到客观证明的现实。与先祖的亲近感本身就是一种需要进一步理解和解释的历史事实。这种亲近感是如何存在的，尔后又怎样产生了如此持久的影响？诸如此类的问题都是希腊如何变成现代国家这个故事的必要组成部分，而这正是本书要讲述的故事。

今天，我们习以为常地把"现代希腊"作为古代希腊的延续，因此很难想象，在距离我们十分久远的古希腊时代，讲希腊语的人相互间是不存在这种亲近感的。我们称之为"古希腊人"的那些人，在当时可能不是这样称呼自己。"希腊人"和"希腊"这两个词源于拉丁语"Graecus"（神）和"Graecia"（希腊）。公元前2世纪，罗马人征服了希腊的大部分地区。罗马人让"希腊人"和"希腊"这些称谓变得尽人皆知。古希腊人自称"Hellenes"（希腊人），这个词在英语和希腊语中的拼写几乎是一样的。古希腊人生活的地方统称为"Hellas"（希腊）。到了现代，希腊人的拼写形式变成了"Ellines"（重音在第一个音节），希腊的拼写形式变成了"Ellas"（旧式的拼写）或"Ellada"，这些名字的现代拼写在今天被视为标准的拼写。那么，其究竟发生了哪些变化呢？

说来话长。4世纪的时候，那些说希腊语、写希腊语、居住在东部地中海沿岸内陆的人，已经在古罗马的统治下生活了好几百年。当基督教被罗马帝国奉为国教的时候，希腊语中的"Hellenes"这个词被保留下来，意指那些已经死去的、没有得到新宗教恩典的希腊人。由于没能皈依基督教，那些希腊人就不可避免地成为异教徒。过了不长时间，"Hellene"这个词的含义进一步得到扩展——用来指"异教徒"。也就是说，它可以指任何一个非基督教徒。在基督教占统治地位的中世纪，"Hellene"在希腊语中的主要含义就是"异教徒"。随着世俗理念在18世纪的传播，"Hellene"变成了一个代表古风古义的词汇；"Hellenes"表示的是古希腊人，而此时说希腊语的人在几个世纪以前就给自己起了一个不同的名字。后来，希腊人又进行了一个有意识的选择，那是在1822年1月，希腊临时政府第一次全国国民议会做出决定——恢复一些古代名字的用法，即用“Hellenes”指那个时候新的、正在争取民族独立的国家的公民，用“Hellas”指新的国家政权。[3]

同样的道理，有人建议，如果希腊退出欧元区，就应该重新使用德拉克马这一“世界上最古老的货币”。从这种货币的名字可见，你想象它有多古老，就有多古老，但是截至1833年，在约1 700年的时间里，这种货币从未被铸造过。再举一个例子，在和希腊诸城邦对抗的时候，古代的雅典一直执着于建立自己的优势地位。长期以来，雅典城中心卫城上的那些被毁坏的古代神庙被当作希腊的标志，这很容易让人认为，雅典从古至今就是希腊的都城，但实际上，雅典在1834年12月13日才第一次成为希腊的首都。

地名和人名等常常暗示希腊历史上不曾存在过的更紧密的亲属关系。你在任何一张希腊地图上看到的至少一半的城镇和具有地理特色的名字，都能在古老的文献中找到。但是，很多名字是在希腊独立后被重新启用的，取代了使用数百年的惯常用名。那些旧名字依然存在于从前的地图和游记里，比如，在科林斯海湾，难读的“Aigio”（艾吉奥）替代了“Vostitsa”（沃斯提萨）。拜伦勋爵当年曾经造访过这个地方，1821年还在这里召开了著名的革命领导人秘密会议。“特罗林纳”是神话故事中忒修斯的出生地，曾是中世纪一个法国男爵的领地。这个名字在19世纪20年代被重新启用，取代了人们耳熟能详的名字“达玛拉”。以前使用的旧名字被古老的名字替代，也就是用一种历史替代另一种历史。我们再举一些人名的例子。在长达1 500年的时间里，信希腊东正教的父母有一半会用教堂日历上的圣徒名字，为他们的受洗的孩子命名。但是在18世纪90年代，父母在给受洗的孩子取名字时，要么将圣徒名字和古希腊著名人物的名字搭配使用，要么只用古希腊著名人物的名字，完全不用圣徒的名字。如今，希腊人的名字可能是奥德修斯、苏格拉底或欧几里得，也可能是珀涅罗珀或卡莉欧碧。你可能会认为，这些名字从古代开始就一直被家族使用。其实不是这样的，这是你需要了解的你的祖先的另一面：他们可以有自己的选择。

当然，承认这些事实并不是要减弱这些祖先在过去两个多世纪努力强化希腊集体认同方面的重大意义。我们只有全面认识千百万希腊人在那些岁月里做出的选择，才能充分看到希腊所取得的成就的规模和范围。从大约 1800 年开始，希腊逐渐强化自己与逝去的古代文明之间的亲缘关系，这是有意识的政策选择，既不无争议，也有很强的选择性。想一想那些完全被摒弃的古代做法，比如裸体、男色、奴隶制度、女性性奴、杀婴行为、异教信奉、动物献祭等，你就会明白这一点。

作为一项政策，强化希腊与逝去的古代文明的亲缘关系获得了巨大成功，这与漫画上欧元硬币扭曲的铁饼、古代神庙大理石廊柱上累累的裂纹有异曲同工之妙，因为那些漫画也有力地证明了这一切，只是更令人感伤而已。

即便祖上只有一个出名的祖先，这也是极不容易的。希腊这个国家出名的祖先，不止一个，共有两个。希腊的第二个祖先从来没有获得第一个祖先那样高的盛誉，至少在西欧是这样的。另一方面，第二个祖先不仅从时间上看没有第一个祖先那么深远的根底，而且与很多希腊人在情感上也许显得非常遥远。这第二个祖先就是 19 世纪以来被冠以“拜占庭”名字的文明。不过，拜占庭是另一个聚讼纷纭的术语，因为“拜占庭人”自己从来不那么讲，而且在说英语的人中间，这个词的发音也没有达成共识。通常来说，拜占庭帝国肇始于罗马皇帝君士坦丁将城市拜占庭更名为君士坦丁堡的时候。这个城市位于面对亚洲的博斯普鲁斯海峡的欧洲一侧，如今被称为伊斯坦布尔（土耳其最大的城市）。那是 330 年，君士坦丁堡正好在那一年接纳了基督教。从那以后的 1 000 多年里，君士坦丁的继任者们在他创建的东方都城中统治了一个基督教帝国，其官方语言很快变成了希腊语。这就是说希腊语的人逐渐失去旧名“希腊人”（Hellenes），并将自己定义为“罗马人”（Romans）的原因。如果以希腊语进行字母转换，“Romans”就可以写成 Romaioi，后来演变为 Romioi，读作 Romyí。拜占庭帝国的希腊人之所以称自己为罗马人，是因为从政治上说，他们所属的帝国是罗马帝国在东方的延续。即便在 1453 年罗马帝国灭亡以及君士坦丁堡成为奥斯曼土耳其帝国的都城以后，他们依然使用“罗马人”这个称谓。正是这个原因，直到 19 世纪初期，现代希腊语都被称为“罗马语”（Romaic），而不是“希腊语”（Greek）。在 1 500 年的时间里，被西方人称为“希腊人”（Greeks）的那些人，一直把自己定义为“罗马人”（Romans）。

在那段历史的大部分时间里，君士坦丁堡即使不是全世界最大、最繁华的城市，也是欧洲最大、最繁华的城市。在其鼎盛时期，罗马帝国的疆域西边到北非国家和意大利，东边到波斯。除了公元前 4 世纪短暂的亚历山大大帝时期，说希腊语的统治者从来没有统治过这么辽阔的疆域，也从来没有统治过那么多的属国，这一盛况以后再也没有出现。拜占庭文明常常被描述为过度注重精神层面，甚至接近禁欲主义。从拜占庭文明流传至今的文学、建筑和艺术来看，的确是这样，因为其目的是高度宗教性的。但是，拜占庭人或者至少其精英阶层，有着深厚的修养，享受着高水平的世俗教育。他们是严谨细致的学者和深究幽微的读者，研读古希腊的戏剧、诗歌、哲学和历史。的确，我们今天知道的全部古希腊文学和大部分科学之所以能保存下来，而且在 14 世纪以后沿着适当的路径传播到西欧，要归功于拜占庭帝国的图书管理人员、书籍抄写者和有识之人（其中有些是女性）。拜占庭人积累了巨大的财富，获取了无上的权力，此前或之后说希腊语的人很少拥有这样的荣耀。

罗马帝国最终在 1453 年灭亡，在之后的几个世纪里，拜占庭帝国之所以依然对希腊人的创造力有着强大的影响，以上所述都是充分的理由。还有一个理由是东正教体制的延续，因为在后来奥斯曼土耳其帝国统治的几百年里，东正教一直在传教布道，从来没有中断过。与此相较，在古希腊、古罗马的古典时代开始形成的组织机构，没有任何一个能像东正教那样延续下来。现代的最高法院保留了古代雅典使用的名字“Areopagus”（战神山议事会），但那只不过是 1844 年以后的事儿。戏剧是古希腊最伟大的文化遗产之一，从来没有像今天这样有这么大的影响，古希腊悲剧和喜剧的复兴让伦敦和其他大城市的观众欣喜若狂。但是，不管是在希腊还是在别的地方，戏剧演出的历史都曾中断过。

从19世纪二三十年代开始，全国性的组织机构不断建立起来。乍一看其遵循的模式极有可能是从东罗马帝国那里继承来的，而且符合当时多数说希腊语的人的宗教传统，并得到他们的支持。但是实际情况并不是这样，拜占庭帝国只是在后来才成为现代国家效仿的榜样。那是另一种选择，并对未来产生了决定性的影响。一直到19世纪下半叶，拜占庭帝国的重要性才被认可，成为继古希腊之后的第二个卓越祖先。

希腊人的后裔：西方的“Hellenes”还是东方的“Romioi”？

至少在150年的时间里，古希腊和拜占庭帝国这两个卓越的祖先在希腊的国家形象构建中互相激荡。在对古希腊的初步综合分析方面，人们进行了各种各样的尝试，并称之为“希腊-基督教文明”。但是，这个术语在20世纪60年代末、70年代初遭到希腊军政府的抵制，从那以后就逐渐淡出了人们的视线，不怎么被使用了。古希腊和拜占庭帝国这两个文明之间的差异很大，人们一般不会相提并论。

对这两个如此不同的祖先同时进行回顾所造成的结果，将会是身份认同的非凡叠加，或者身份认同的分裂，也许那样会更好一些。在将一个人描述为“希腊人”的时候，现代语言有两个词，分别是“Hellene”和“Romios”（Romioi是其复数形式）。如果我们对这两个词进行翻译，那么，它们有着同样的含义。但是，它们不可以相互替换。“Hellene”（Ellinas）是标准用语，从1822年开始，官方就一直使用这个词。事实上，在英语中，希腊这个国家的官方名字是“Hellenic Republic”（希腊共和国）。而“Romios”这个词从未出现在护照上或政府文件上。19世纪初以来，这个词逐渐变成了非官方的、希腊人称呼自己的更加亲切的表达用语，也常常是希腊人彼此之间相互使用的更显亲密的表达方式。“Hellene”是一个对外使用的术语，让外国人确定了希腊人的含义。“Romios”则包含了一种情感的因素。诗人克斯蒂斯·帕拉马斯在20世纪初创作了大量诗歌，他在“Romios”中发现了“某种具有诗意和音符的东西，某种激情澎湃的东西，某种可以让人们充满青春活力的东西，甚至是某种让人们迷醉的东西”。[4]这种认识和感情是自己人共同拥有并欣赏的，与其他人无关。玛丽娜·墨蔻莉在出任社会主义政府的文化部部长之前，被军政府剥夺了希腊国籍。她在自己灌录的一首歌中对小资产阶级进行了嘲讽，因为他们胆敢说“我不再是一个Romia了”。这首歌的要点是，国籍可以被授予，也可以被剥夺，但是一个人作为Romia或Romios的身份认同是不可被剥夺的。这种身份认同存在于天地之间，官方无权干涉，甚至是无法企及。

有时候，人们建议将“Hellene”和“Romios”这些相互交叠但又明显不同的身份认同，都整合进希腊的文化特质或行为模式中。如果情况是这样，那么当希腊人认为他们是“Hellenes”的时候，就会在脑海里想到精英文化和官方文化，从而在政治和文化喜好（比如喜爱古典音乐）上与西欧寻求身份认同，采用世俗的世界观和理性的思维方式。另一方面，当他们认为自己是“Romioi”的时候，其目的是强调亲密性和非正式性，与传统形式的文化寻求身份认同，采用宗教的世界观以及自发性、感性的思维方式。希腊传统文化与巴尔干半岛、中东有着更加直接和密切的联系（比如喜爱蓝调雷贝蒂卡，这是一种源自黎凡特传统的音乐形式）。[5]

我们并不是将人群进行分类，把一部分人归为一类，把其他人归为另一类，而是认为，一个人拥有两种身份认同，也许这两种身份各自占的比例是不同的且不固定。正因为如此，我才在引言中两次提到玛丽娜·墨蔻莉。一次是作为呼吁埃尔金大理石雕塑回归希腊的最具感召力的代表人物，那是一个典型的Hellenic选择；一次是作为Romaic身份认同的坚定的倡导者，她满怀鄙夷地挑战西方思维观念中的官僚习气。

正如上面的例子已经显示出来的，古希腊和拜占庭帝国这两个祖先之间的二元性，促进或者反映了思想和认知在深层次的二元性。希腊（希腊人）属于东方还是西方？希腊的两个祖先的文明繁盛的具体地理空间并没有多大不同，但是，从地缘政治的角度看，我们一直认为古希腊是属于西方的。毫无疑问，这是因为古希腊首先对古罗马产生了影响，并在很多年以后，又对文艺复兴产生了影响。另一方面，拜占庭帝国一直是罗马帝国位于东方的那一半。自基督教在 1054 年分裂为东正教和天主教以来，君士坦丁堡就一直是（现在也是）东正教的核心，认同拜占庭帝国就是认同正教传统。现在，坚持正教传统的国家主要有俄罗斯、大部分巴尔干半岛国家以及摩尔多瓦、乌克兰和格鲁吉亚。

塞缪尔·亨廷顿于 1996 年出版了一本很有影响力的书《文明的冲突与世界秩序的重建》（*The Clash of Civilizations and the Remaking of World Order*）。他在书中指出了这样的悖论："希腊不是西方文明的一部分，但它是古典文明的家园，而古典文明是西方文明的一个重要来源。"[6] 事实上，希腊就是西方文明的一部分，原因很简单，在过去的 200 年里，希腊人已经确定了这一点。但是，正如希腊对其祖先的二元继承所显示的，它不仅属于西方，也属于东方。这是同一个二元性的一部分，不能将其简化成一个单一的论断。它不是"非此即彼"，而是"亦此亦彼"。

事实也是这样。对于这个问题，有位学者在 2015 年撰写了见解深刻的文章，这也算是对亨廷顿的回应。他写道："在作为一个民族国家存在的 200 年里，希腊从来没有严肃地考虑过要放弃西方。"[7]19 世纪 20 年代以来，希腊的每一项影响深远的政治决议，包括每一个政府行动和每一项民主选择，都一再证明其与西方的结盟；还在适当时候，与塞浦路斯共和国站在同一个战壕里。但是，我们不能忽视为这种反复证明所付出的成本。经常出现的情况是，一项决议只有在经历内部冲突之后才得以通过，而且是凭借最微弱的优势。19 世纪 20 年代和 20 世纪 40 年代，希腊发生内战，国人之间相互残杀，希腊要解决的主要问题是与西方结盟的问题。这样的伤疤是不容易愈合的。

巴尔干半岛在20世纪90年代重燃战火，前南斯拉夫围绕是否坚持共产党执政而发生了分裂。此时，希腊公众的意见一边倒地站在信仰东正教的塞尔维亚阵营。有时候，政府的政策罕见地与西方不一致。最近一次的不一致发生在2015年的春夏之交，阿莱克西斯·齐普拉斯领导的激进左翼联盟政府郑重地考虑：如果希腊不能继续留在欧元区，就应与普京领导的俄罗斯结盟。即便从最终结果上看，希腊一直都在与西方结盟（或多或少），但它从来都不是全体公民的一致选择，有时甚至带来了巨大的代价。以上那些例子就能充分证明这一点。希腊祖先的故事揭示了为什么会出现这种情况，当形势迫使人们进行两难选择时，不管人们做出哪个选择，其注定会损耗一部分对希腊最诚挚的忠诚。

鉴于历史上出现过这样的情形，如果人们认为未来的决定永远朝着同一个方向，那么这就是不明智的。

家谱

遥远的祖先是重要的示范样板，是评估成败的参照点。另外，一个国家就像一个人一样，通过家谱可以追溯自己的起源。从拜占庭帝国的崩塌，到导致希腊民族国家形成的第一波萌动，这中间的几百年的时间被一位近代历史学家称为“隐匿的世纪”。这些“隐匿的世纪”，可以重构希腊的谱系。[8]

在“隐匿的世纪”里，希腊的延续靠希腊的语言和东正教堂来维系，其中希腊语既包括口语，也包括书面语。语言和东正教是现代国家必备的两个因素，在18世纪以前，两者都存在，而且其背后均有悠久的传统。在近几百年里，说希腊语的东正教徒身处的政治和文化体系是什么样的呢？这有几种不同的情况，在每一种情况下，说希腊语的人发挥的作用是不同的。

拜占庭帝国一直延续到1453年，但是它的崩塌早在两个半世纪以前就注定了。拜占庭帝国是一个说希腊语的基督徒世界，给这个世界的政治统一带来的致命一击不是来自东方，也不是来自伊斯兰国家，而是来自信奉天主教的西方。这个致命一击让拜占庭帝国支离破碎，轰然倒塌。1204 年，第四次十字军东征的骑士因缺少攻打圣地的资金而改变目标，最终攻打了君士坦丁堡。在这场以圣战名义发起的战争中，中世纪基督教世界最富有、人口最多的城市被基督徒们洗劫一空。斯蒂文·朗西曼是研究十字军东征历史的学者，用他的话说："人类历史上最大的犯罪莫过于第四次十字军东征。"[9] 那次浩劫过后 800 年，也就是 2004 年 6 月，罗马教皇约翰·保罗二世就此事向同为宗教领袖的东正教牧首巴多禄茂发表了历史性的致歉信。

1261 年，拜占庭人想对首都进行重新规划、重新建设。但是，被破坏的建筑难以再修复了。1204 年以来，说希腊语的东正教徒不得不生活在一个四分五裂的世界里，他们的统治者经常为了争夺权势而相互残杀。有些说希腊语的人继续做拜占庭皇帝或其藩属国的臣民，只要他们活着，就一直是东正教徒。其他说希腊语的人去了法国人或意大利人的管辖区，而那里是罗马天主教的势力范围。随着时间的推移，越来越多讲希腊语的人在战争征伐中，被伊斯兰教徒吸纳到不断扩大的奥斯曼土耳其帝国中。

1261—1453 年，君士坦丁堡及其越来越小的内陆地区，存在着一个拜占庭帝国的"残余"小国。一些偏于一隅的属地，也延续了长短不等的时间，比如西边有伊庇鲁斯公国，其位于今希腊的西北部；南边有摩里亚公国，这是伯罗奔尼撒半岛在中世纪及其后的名字；东边有特拉比松帝国，其位于黑海的南岸，是延续时间最长的帝国，一直到 1461 年才覆亡。在 14—15 世纪，这些拜占庭帝国最后的藩属，包括其首都君士坦丁堡，都只不过是城邦而已，到了这个时候，其势力和财富根本不能与那些它们不得不与之竞争的伟大的意大利海洋城邦威尼斯和热那亚同日而语。

其他地方的统治者是十字军的后裔和继任者。伯罗奔尼撒半岛有一个独立的邦国，其在整个 13 世纪和 14 世纪初期持续繁荣，其统治者是一位实行殖民制度的法国贵族，后来这个城邦被拜占庭帝国迅速夺了回去。遥远的东边的塞浦路斯岛上生活着说希腊语的东正教徒，只是这个岛在1204年之前就被十字军占领了。后来，法国吕西安王朝开始统治塞浦路斯和耶路撒冷王国。1489年，威尼斯掌握了塞浦路斯岛的控制权，在统治了近一个世纪后，该岛于1571年被奥斯曼帝国攻占。1211—1669年，威尼斯人掌控了克里特岛，占领了位于希腊大陆西边的爱奥尼亚群岛。1797年，威尼斯共和国灭亡。

威尼斯统治下的克里特岛，尤其是在16世纪和17世纪早期，见证了艺术的繁荣。这个时期的一个重要的宗教绘画学派孕育而生，戏剧和诗歌由希腊语的克里特方言写成，主要城镇有戏剧演出。在这些作品里，意大利文艺复兴精神与当地的叙事传统实现了融合，就像同时期的莎士比亚和其他英国剧作家的戏剧创作完全融合一样。威尼斯治理下的克里特岛为世界培养了著名的画家多米尼科斯·提托克波洛，在西方，他更为人所知的名字是埃尔·格列柯。克里特岛上的最大城市甘地亚（今伊拉克利翁）在当时是一座文化很发达的城市，不输于17世纪早期欧洲的任何一座城市。克里特的贵族、商人和艺术家喜欢他们居住的岛屿，喜欢融合了希腊和意大利特色的生活方式。

最后，我们谈一谈奥斯曼帝国本身。奥斯曼帝国于14世纪30年代跨过博斯普鲁斯海峡，并向欧洲扩张，极具讽刺意味的是，这种扩张采取的是雇佣兵形式，即在与拜占庭帝国的战争中，一方的雇佣兵与另一方的雇佣兵进行搏杀。到了1669年，大量说希腊语的人成了奥斯曼帝国的臣民。这样一来，他们就被剥夺了只有穆斯林才能享有的很多特权，同时还要缴纳特别的税，受到特别的限制。但是，他们并没有受到“异教徒”在中世纪和现代早期欧洲时那样的一系列的迫害。奥斯曼帝国从来没有要求其统治下的臣民整齐划一。在苏丹的统治下，通过希腊语接受教育的东正教徒同样可以提升自己，成为贵族和精英，他们能在奥斯曼帝国体制中发挥相当大的作用，拥有相当大的权力，而且一点儿都不会失去自己鲜明的宗教身份认同。

以上就是希腊民族国家经历的政治和文化方面的变迁，也是希腊的谱系或“家谱”。与任何一个真实的家谱一样，这个国家谱系也有自己的“害群之马”，只不过其后代会选择忘掉那些经历。来自西方的十字军东征，或者东方征服带来的奥斯曼文明，可能不怎么受当代多数希腊人的待见，特别是与古代希腊或拜占庭帝国那些更加遥远的荣耀相比时，更是不被希腊人提及。但是，不管喜欢与否，这些历史以及其他中世纪末期和现代早期历史的次要经历，都至少会在现代希腊这个国家的形成中发挥一定的作用。这是怎么发生的？现代希腊这个国家形成的故事始于 18 世纪初期。

第一章

东方与西方相遇

（1718—1797）

希腊民族国家诞生于基督教欧洲和奥斯曼帝国的一系列碰撞中，是从奥斯曼帝国中孕育出来的。这一切发端于两个相互对抗的宿敌之间的相对和平共处时期。

1683 年，随着维也纳第二次被围困，奥斯曼帝国向欧洲的扩张告一段落，不过，和平并没有马上降临。奥地利人和威尼斯人在分别与奥斯曼帝国进行了两年多的战争，与俄国人进行了一年的战争后，才共同建立了一系列相对稳定的、可以防御的、相互之间多少能形成共识的边界线，从而将信奉伊斯兰教的帝国排斥于信奉基督教的欧洲之外。1718 年 7 月，哈布斯堡王朝和奥斯曼帝国签署《帕萨罗维兹条约》，进一步巩固了这些边界线。

在西边，奥斯曼帝国的边界是亚得里亚海和爱奥尼亚海。在北边，奥斯曼帝国的边界是多瑙河形成的自然边界，多瑙河在贝尔格莱德折转东流，然后注入北海。在欧洲方向，奥斯曼帝国有 3 个自然边界，与此相对应，就有 3 个缓冲区，或者边疆地带。第一个边疆地带是由 7 个爱奥尼亚岛屿形成的，一直延伸到希腊半岛，从北部的科孚岛到南部的塞里沟（古代与现代基西拉）。第二个边疆地带包括多瑙河北边的瓦拉几亚公国和摩尔多瓦公国。第三个边疆地带由北海的北岸以及相关的陆地构成。在每一个边疆地带，说希腊语的东正教徒都占据着精英的位置，享受着财富和教育带来的恩惠。也正是在这些边疆地带，东方和西方在历史上实现了第一次互动。

边疆地带

威尼斯人在第四次十字军东征后就在爱奥尼亚群岛建立了自己的统治，而且一直延续下来。到了 18 世纪，那里的情况与威尼斯人曾经统治的克里特岛非常相似。由于奥斯曼帝国的征服，威尼斯人对克里特岛的统治在 1669 年结束了。事实上，克里特岛的很多上层人士在本岛受文艺复兴影响而发展起来的文化中发挥了重要作用，并在本岛安身立命。那个时候，几乎每一个在克里特岛上安居乐业的人都信奉东正教，在日常生活中说希腊语的当地方言。但是，当地的官方语言是意大利语，贵族的子孙被送到意大利的学校接受教育。通过这种方式，西方的思想在这 100 年里被渗透、传播到克里特岛的上流社会。一般来说，这种教育只有那些拥有大量土地的权贵乡绅才能负担得起，所以不可能导致革命的思潮。在 18 世纪，接受良好教育的爱奥尼亚人首先要忠诚于他们的故土、东正教以及最尊贵的威尼斯共和国。

第二个边疆地带是瓦拉几亚和摩尔多瓦这两个“多瑙河公国”，它们是今罗马尼亚的一部分。这个区域没有多少说希腊语的本土居民，他们大部分信奉东正教，说的是从拉丁语发展而来的一种语言，我们现在知道，它是罗马尼亚语，当时被称为“瓦拉几”或“瓦拉几亚”。1718 年签署的《帕萨罗维兹条约》进一步确认了奥斯曼帝国的主权地位，但是奥斯曼帝国并不进行直接统治，而是由苏丹任命信得过的代理人。那些代理人是由从君士坦丁堡东正教藩属中选拔出的最富有、最有教养的“君王”担任的。君士坦丁堡这个大都会的精英阶层从给东正教宗主教会牧首管区的宗教服务中发展起来，成为一个半贵族的群体。其成员被统称为“法纳尔”，因为当时主教所在城市的城区的名字就是法纳尔，现在该城区依然是主教的所在地。这个精英阶层的人不管母语如何，都通过希腊语接受教育。从这个意义上说，法纳尔可以被认为是“希腊人”，尽管从现代的、“种族”的意义上看，其中很多都不是希腊人。

逐渐地，从 17 世纪末开始，这个精英阶层在奥斯曼帝国的体系中得到信任，特别是那些掌握语言、受过高等教育的人，被任命到政府机构担任重要的职位。在军事扩展逐步让位于外交手段的年代，政府需要一批合格的外交人员。那些学富五车的语言学家往往被授予“译员”的职衔，他们也是东正教徒。在 18 世纪，越来越多的语言学家加入奥斯曼帝国的治理体系之中。

从 1711 年到 1821 年希腊革命爆发，在这 100 多年的历史里，摩尔多瓦和瓦拉几亚的统治者一直是法纳尔君王，只不过这中间发生了短暂的战争。法纳尔君王职位的竞争十分激烈，他们的任期往往也很短，其中尼古劳斯·马夫罗科扎托斯的任职时间最长。他先在瓦拉几亚短暂任职，然后转任摩尔多瓦，最后在瓦拉几亚的首都布加勒斯特安顿下来。他从 1719 年开始统治布加勒斯特，一直到 1730 年去世，统治时间长达 11 年。

与爱奥尼亚群岛上的说希腊语的贵族持续地、坚定地效忠威尼斯一样，绝大多数法纳尔在 18 世纪都对奥斯曼帝国忠贞不贰。毕竟，他们的社会地位如此显赫，又受到如此多的信任。因此对东正教徒来说，截至 18 世纪下半叶，在奥斯曼帝国体系内，追求荣华富贵的标准路径是，掌握希腊语以及在富有的法纳尔和东正教设立的教育机构内接受教育。

第三个边疆地带包括克里米亚半岛和今乌克兰的一部分。直到 18 世纪 70 年代以后，这个地带才进入我们的故事之中。1768—1774 年，俄国人和奥斯曼人战事连连。最终，俄国人赢了，获得了对黑海海岸以及北边内陆的控制权。这场战事冲突也对多瑙河流域上的公国产生了影响，使得瓦拉几亚和摩尔多瓦被纳入俄国的控制范围，同时还对伯罗奔尼撒和爱琴海的一些岛屿造成了极大的破坏。1769 年年底，俄国的一支舰队首次从圣彼得堡起航，穿越直布罗陀海峡，进入了东地中海。俄国人半心半意地诱使与他们同信奉东正教的说希腊语的教友起来造反，支持后者的行动，从而引发了伯罗奔尼撒和克里特地区的叛乱。俄国舰队撤退以后，这些叛乱很快就被镇压下去了。这些事件在希腊语中被称为“Orlofika”[俄国海军上将伯爵的名字就是Orloff（奥尔洛夫）]，常常被作为一种最初的国家革命而留在人们的记忆里。但是，伯罗奔尼撒半岛和克里特岛上的基督教居民的自决权，从来没有被认真考虑过。如果造反成功了，俄国人承诺的军事支持兑现了，那么当地人也只不过是换来了另一个外国主子。

这场战争带来的一个更大的影响是，叶卡捷琳娜大帝统治下的俄国对在黑海以北新获得的土地进行人口移民和行政管理，并将这片新土地命名为“新俄国”。大约在1770年，俄国实施了一项雄心勃勃的安置计划，将在战争中从奥斯曼帝国掳掠来的东正教徒及其家人迁徙到“新俄国”。据估计，在18世纪的最后25年里，至少有25万奥斯曼帝国的基督徒移民到了“新俄国”。[1]

到18世纪末，俄国南部、黑海以及第聂伯河沿岸的贸易，有很大一部分掌握在俄国中这些说希腊语的臣民手里。俄国政府以及军队中的重要职位也向这批移民人口中的精英开放。就在这一时期，根据叶卡捷琳娜的旨意，俄国建设了新的城市，并将其命名为马里乌波尔和塞瓦斯托波尔，很显然，这些都是希腊名字。也是在这一时期，黑海上的港口城市敖德萨和亚述海上的海港城市塔干罗格发展了起来，两个城市都有大量的说希腊语的人口。在18世纪80年代，叶卡捷琳娜和她的大臣们制订了一个更宏伟的计划——建立基督正教拜占庭帝国，并将首都定在君士坦丁堡。如果计划成功实施，希腊民族国家的独立就会成为泡影。但是到了1792年，俄国又与奥斯曼帝国打了一仗，尽管最终斩获颇丰，但是很明显，攻占奥斯曼帝国的首都是不可能的。所以，那个宏大的重建计划就被无声无息地搁浅了。

与多瑙河公国的情况一样，在俄国南部新领土上生活的希腊精英也来自奥斯曼帝国。但是这一次，他们不是统治阶层中的精英，他们新获得的财富和地位来自他们的经商才华，源于叶卡捷琳娜的政策。在这里，他们不是贵族，而是中产阶级。从其他方面看，他们的情况很像另外两个边疆地带的精英的情况。这个精英阶层有充分的理由对支持其发展并确保其活动成为可能的政权，保持无限的忠诚，也就是说，在这个例子中，精英要忠诚于俄国。

最后，在18世纪下半叶，第四个边疆地带出现了，说希腊语的东正教徒与西欧人在那里实现了交流、融合。与前三个边疆地带不一样，这个边疆地带不是一个单独的地理空间，也不是真正意义上的靠近边界，而是包括一系列由商人、店主在整个基督教大陆上的威尼斯、维也纳、的里雅斯特、里窝那、马赛、巴黎和阿姆斯特丹等港口和贸易中心建立的当地社区。（当然，后来更远的地方也出现了这样的社区。）这些散布在各地的希腊语社区后来成为世界范围内的希腊“流散社区”的先驱。

这些进展在很大程度上也是1768—1774年的俄国-奥斯曼之战影响的结果，虽然这些进展在更早的时间就已经开始了。《凯纳甲湖条约》的签订为那场战争画上了句号，同时也赋予了奥斯曼基督教商人新的贸易权利，使得他们从俄国得到一些名义上的保护。但是，在俄国新定居的商人和在西方建立贸易中心的商人有着重要的不同之处。在新俄国，希腊贸易社区的建立和繁荣是俄国有意进行政策支持的结果。在西方，很多不同的贸易中心则是自发出现的结果。因此，与俄国的希腊社区比起来，西欧的希腊社区在政治上更加独立，或者说，正是这个原因，西欧的希腊商人也比爱奥尼亚群岛的贵族或者多瑙河公国的法纳尔在政治上有着更加独立的思想。假如当时的西欧发生了一场革命，那么最积极、最活跃地准备和响应革命的人可能就出现在西欧的商人社区之中。当然，这场革命直到18世纪的最后几年才发生。

跨越边界：行动中的人、思想以及商品

以上就是18世纪基督教欧洲和伊斯兰教奥斯曼帝国之间发生交往与互动的四个边疆地带。在每一个区域，说希腊语的东正教徒都占据着精英位置。

这些精英群体中的每一个成员都有极大的流动性，不只是沿着人们一般

意义上理解的轨迹行动，比如，爱奥尼亚群岛上的人往来威尼斯，法纳尔在多瑙河公国和君士坦丁堡之间活动，定居者和商人在他们的新家和出生地之间穿梭。在那个时代，长距离的旅行总是需要很长时间，也不舒适，有时还有危险。如果我们查看当时一些最知名的人的事业轨迹，就会看到其到过的地方是那样多。以艾弗耶尼奥斯·弗格里斯为例。他于1716年出生在科孚岛的一个贵族之家，先后学习、写作和教书的地方有伊庇鲁斯的阿尔塔、威尼斯、爱奥尼亚、约阿尼纳、科扎尼、阿陀斯山的东正教修道院自治社区、萨洛尼卡、君士坦丁堡、雅西（摩尔多瓦的首都）以及德国城市莱比锡。当时，莱比锡是叶卡捷琳娜大帝的庇佑之地。弗格里斯从那里继续旅行，在黑海北边的新俄国土地上成为受到敬仰的第一批东正教主教之一。他最后的岁月是在圣彼得堡叶卡捷琳娜的宫廷里度过的，享年90岁。纵观弗格里斯动荡的一生，他的脚步走过了欧洲和奥斯曼帝国中间的三个边疆地带，包括威尼斯、莱比锡等欧洲的中心城市和奥斯曼帝国的首都及其在东南欧的几个行省。

弗格里斯在18世纪所走过的世界，在20世纪被描述为“东正教联邦”。[2]也就是说，所谓联邦，在某种意义上是基于共同的宗教以及使用希腊语获得的共同教育。这个“联邦”没有任何地理上的中心，它的心脏地带可以描述为欧洲的东南角，也就是今巴尔干半岛。它一方面与俄国腹地保持着联系，另一方面也与安纳托利亚和中东一些地区保持着联系。这样的区域汇聚了各种背景的人，后来这些人经过磨炼形成了各自独具一格又相互竞争的身份认同，比如，塞尔维亚人、保加利亚人、罗马尼亚人、摩尔多瓦人、乌克兰人以及一部分阿尔巴尼亚人，还有希腊人。尽管这个“联邦”的集体身份认同非常松散，但能够跨越边境地带不同精英的不同政治效忠理念。

在18世纪，两个具有变革力量的成就与这个联邦有关。一个是教育的发展，与之伴随的是用现代希腊语撰写的印刷书籍的发行和流通以及改编和译自西方的世俗知识的传播。另一个是贸易的扩展。从后来国家历史的视角，这两个成就都被看作19世纪20年代的铺平革命道路的先驱。但是，事情没有那么简单。

现在为人所知的希腊启蒙运动，实际上是一个思想从法国、英国和德国向东、向南传播的过程，并在19世纪下半叶形成了快速发展的势头。出版或流通的很多书以及手稿，特别是科学和哲学方面的著作，是从西方翻译和改编过来的。那么，我们需要问一个问题——这些“启蒙者”到底是怎样启蒙的？其实，“启蒙者”这个名字是在我们回顾这段历史时出现的，也就是说，其出现在20世纪40年代以后。多数启蒙者认为，太阳绕着地球转，当时的教会就是这样宣传的。伽利略和牛顿的物理学知识的传播受到很大限制。极具讽刺意味的是，第一次用希腊语对伽利略和牛顿物理学知识所进行的阐释，来自尼基弗罗斯·塞奥托卡斯于1766年在莱比锡出版的一本书，而塞奥托卡斯后来成为俄国新领土上的一位主教。在18世纪中后期，任何一位用希腊语写作的人都可以对宗教所揭示的真理进行质疑，或者对教会的体制进行批评，只是这样的情况太少了。[3] 这与法国的启蒙运动形成了鲜明的对比。的确，这些启蒙者大多数都以某种形式任职于宗教神职体系之中，这一点儿都不让人惊奇，因为18世纪希腊教育初期所成就的慷慨资助者，就是东正教本身。在涉及政治的时候，有些人成为改革者，有些人会对政治理论感兴趣。但是，不管从什么意义上看，没有人会成为一个民主人士，更不会成为一个革命人士。

就后来的启蒙者而言，在很多方面具有示范性的是我们前面谈到的尼古劳斯·马夫罗科扎托斯。他是在瓦拉几亚和摩尔多瓦公国任职的法纳尔君王中的首批启蒙者之一，也是在位时间最长的法纳尔君王。他的父亲是在意大利接受的教育，他本人却很少外出游历，这有点儿不同寻常。他和他的父亲一样，除了现代希腊语（母语）外，还精通古希腊语、拉丁语、意大利语、法语、奥斯曼土耳其语、阿拉伯语和波斯语，晚年又学习了希伯来语。作为统治者，他向东南欧介绍引进了“启蒙君王”的模式，改革古代封建制度，鼓励创办学校。马夫罗科扎托斯是真正的哲人王，他留传下来的著作中，有一本箴言录，旨在回应17世纪法国贵族拉·罗什福科的更知名的《道德箴言录》。他还写了一本有关统治术的书。马夫罗科扎托斯也创作散文，这些散文赞美书籍和阅读，谴责抽烟的恶习。他撰写的一篇关于当代礼仪的长文，被有些人誉为第一部现代希腊语小说。[4]

如果希腊真的有启蒙运动，那么它也没有对哲学或科学做出原创性的贡献。这些先驱可能对席卷欧洲的启蒙运动没有做出任何可以看得见的贡献，但他们的确有一个重要的发现，这个发现在他们自己的范围将产生巨大的影响，这就是对他们自己的发现。

这个发现是从地理起步的。基于西方资源、用现代希腊语撰写的地理论文问世，第一篇发表于1716年，第二篇发表于1728年。很明显，作者的目的是教育，这些论文涉及整个世界。但是，当这些作者试图更改被称为“Graecia”（希腊）的土地的描述时，他们觉得需要利用那些对他们来说容易找到的资源以及他们熟悉的、用自己的语言撰写的文献，比如，拜占庭帝国编年史。

这样做的结果是地理和历史的怪异杂交，是现代西方和中世纪东方在看待同样的事情方面所使用的截然不同的方式的离奇混合。1760年，格里戈奥斯·法泽伊斯在威尼斯出版《地理原理》以后，他的读者发现，他们被不加任何区分地称为“Romans”“Hellenes”“Greeks”。其实，在这三个词语中，第一个词语是拜占庭人在称呼自己时使用的，当时多数说希腊语的人依然那样用。“Hellenes”这个词语在那个时候仅指古代基督教产生以前的、没有宗教信仰的希腊人。而“Greeks”这个从拉丁语演变而来的词语是法泽伊斯引用的外文文献中出现的词汇，既称呼这些地区的古人，也称呼这些地区的今人。难怪法泽伊斯和他的读者会糊涂。

就在同一时期，说希腊语的读者开始熟悉这样的观念，那就是在奥斯曼帝国以外的世界，也居住着人，这些人形成了不同的、定义不怎么严格的松散的群体，这个群体被后人称为“国家”。当然，这还没有到国家主义的时代，更谈不上民族国家的自决。但是，当时的人意识到了，也清楚地看到了语言、习俗和环境方面的差异，这些因素将导致 19 世纪初的对“国家”的思考的出现，而奥斯曼帝国中常见的宗教依附则做不到这一点。在 18 世纪 80 年代，用希腊语写作的作家或学者开始把他们自己的人（依然有各种各样令人眼花缭乱的名字）称为一个国家，这意味着新的意义上的国家已经在西方出现。

18 世纪 90 年代初期，历史地理学有了更大的进展，尽管这些进展仍然不是非常革命性的。丹尼尔·菲利普迪斯和格里高里斯·康斯坦塔斯是表兄弟，都出生于色萨利皮立翁山区的米里斯小镇上殷实、兴旺的商业家族。两人在教会中担任底层职务，后来作为专业教师，被吸引到多瑙河流域的公国。基于这些经历和思考，他们于 1791 年在维也纳出版了鸿篇巨制《现代地理》的第一卷，其中“关于希腊”那一部分的字数很多，它对南部的巴尔干半岛和爱琴岛的地理面貌进行了最新的记述。“关于希腊”部分的前面是“希腊编年史和变迁史”，篇幅长达 100 页，分析了希腊从古代到现代的演进历程。在这两位作者看来，他们所描述地区的居民就是“现代希腊人”，是古代的一个“民族”的后裔。只是，有两个因素使得这些现代人不如他们的祖先那样快乐和富足，一个是他们有争吵的坏习惯（在作者看来，这是他们继承的那份优秀遗产的糟粕），另一个是统治他们的“专制政府”。

这两位作者用了好几个段落哀叹奥斯曼帝国中法制的缺失，认为这使得奥斯曼帝国的欧洲行省没有法国那么富裕。尽管如此，令人感动的是，他们在著作中依然表现出对苏丹的忠诚。根据奥斯曼帝国征服异域后的做法，兄弟俩称呼苏丹为“国王”，这一直是拜占庭基督教国王的官方头衔。他们的想法是从内部对奥斯曼帝国进行改革。尽管比前面的先驱更加坦率和直接，但菲利普迪斯和康斯坦塔斯在书中没有一个字鼓励他们的同胞揭竿而起，反抗他们的君主。这两位作者的政治追求与当时很多受过教育、说希腊语的人一样，倾向于游移不定。他们是奥斯曼帝国的臣民，因此他们对于改革的诉求是令人尊敬的。另一方面，《现代地理》出版的时候，奥斯曼帝国正与俄国交战，该书对俄国不吝溢美之词，他们计划将其献给“俄军总司令格列高里·波将金”。[5]但是，希腊革命后，兄弟俩再次选择回到奥斯曼帝国，而不是在独立后的希腊度过余生。

这个自我发现过程的钥匙是语言。很明显，希腊语是无可争议的共同元素，将没有宗教信仰的古希腊人、基督教拜占庭人、当今的东南欧的东正教精英以及大量散居在广大农村地区的说着各自方言的人连接在一起。众所周知的希腊“语言问题”，发端于18世纪60年代中期。那时，“东正教联邦”的精英非常尊崇并认可希腊语，所以他们认为有必要对它进行规范。这个“问题”归结到一点就是，在教育未来一代读书写字的时候，应该使用什么样的恰当的、正确的、“官方的”希腊语言形式？这个问题涉及的都是书面语，他们从未试图规范口语的多样性。[6]随着越来越多的人学习阅读和书写希腊语，随着每年越来越多的希腊语图书出版发行，这个问题变得越来越紧迫：在用希腊语出版的书籍中，哪些语言形式是对的、可接受的？如此说来，早在人们严肃认真地构想创建一个民族国家的几十年前，对民族语言的追寻就已经开始了。

对希腊语规范的争论往往有很浓的火药味，反映了不同群体之间的敌对情绪和感情因素，更多的是看谁的话语权更大，而不是看寻求共同利益的愿望。很显然，他们不会达成一致意见。事实上，直到1976年，对希腊语的书面形式进行规范的立法建议才得到普遍认同。但是，我们关注的是更重要的一点——他们提出了这个问题。尽管他们各执一词，有着不同的背景，尽管他们在家里说的是希腊语、斯拉夫语、瓦拉几语（罗马尼亚语）、阿尔巴尼亚语甚至是奥斯曼土耳其语，但是将他们凝聚在一起的，是这种还没有规范化的希腊书面语言，以及他们对东正教信仰的依附。这就是“希腊启蒙”自我发现得以发生的语言。这种语言也是东正教联盟在18世纪取得第二次变革成就所依赖的媒介，既在奥斯曼帝国内部扩大了贸易，也在帝国和基督教欧洲之间扩大了贸易。

在 18 世纪下半叶和 19 世纪初期，爱琴海的沿海贸易大幅增长，其中多数贸易的货物是用小船运输的，航行的距离相对较短。对长距离航线的控制，逐渐集中在 3 个小岛上，分别是伯罗奔尼撒半岛东南海岸的海德拉岛和斯派塞斯岛以及爱琴海东部的普萨拉岛。船只是当地建造的，归小商人所有，在运行管理上以家族为基础，实行利益共享，强权保护，风险同担。这个商业模式为奥纳西斯、尼阿科斯以及其他船王的传奇航运帝国带来了巨大的财富，而且一直延续到今天，基本没有什么大的改变，不免令人称奇。

到了 19 世纪初，从 3 个小岛驶出的船只的吨位为 100~200 吨，每艘船的船员最多有 60 人。我们现在知道，这个吨位的大部分船只属于奥斯曼帝国。船只所有者在奥斯曼帝国登记注册他们的船只，支付费用，从而获得奥斯曼帝国的保护，悬挂奥斯曼帝国的旗帜。奥斯曼帝国的文献显示，大部分船主是东正教徒。西方港口城市保存的记录也显示，船长是“希腊人”。[7] 即便在地中海相对和平的年代，海上贸易也很危险，常有海盗出没。按照惯例，商船都配备武器（事实上，表示“装船出海”意思的希腊传统词汇就是指给船配备武器）。根据记录，1805 年最大的商船“海德里欧特”号装备了“16 门大炮、60 条步枪、40 支卡宾枪和 60 把手枪”。[8] 从严格意义上说，这些商人和船员在当下是不是“希腊人”还有待商榷。海德拉岛和斯派塞斯岛上的大部分居民的母语是阿尔巴尼亚语，但是他们现在在姓氏之后加上了希腊语的后缀。由于他们的语言没有形成书面文字，因此所有的文献都是用希腊语记载的。当时，希腊语也是他们的宗教所使用的语言。

通过这种方式，3 个小岛走上了富裕之路，其中最成功的商人和船长逐渐掌握了整个地中海的知识。他们还能组织大批的船只和强大的火力。一旦敌对性的革命发生，他们就会发挥决定性的作用。但是，在整个 18 世纪以及 19 世纪的前 20 年，我们没有理由认为这些船只和火力是用于商业领域以外的其他领域。

在这个时期，陆上贸易也有了扩展，这是巴尔干半岛上出现的相对和平的年代所带来的自然结果。长长的驼队从今希腊北部的城市中心出发，翻越巴尔干半岛的山峦，到达贝尔格莱德、布加勒斯特、雅西，或沿着海岸去君士坦丁堡。一般来说，这些商人从“种族”上是瓦拉几亚人，在家里说罗马尼亚语，但是与他们在爱琴海上的表兄弟一样，他们在做生意以及记账时，使用希腊语。后来，为了让自己以及其他人的子弟扩大生意范围，他们兴建了学校。学校的管理和教学依赖的是东正教，因此所使用的语言自然是希腊语。在这种方式下，希腊语教育的基础通过东正教联邦越来越多地延伸到世俗社会。商品的交流和思想的交流携手并进，都得到了有力的强化。

这些发展带来了深远的影响。如果没有它们，希腊民族国家就很难建立。尽管这些是必要的基础，而且这些基础上还会有新的建设，但其本身并不能必然引发革命性的变化。

古老土地上的旅行者

人的活动和思想的活动并不都是单向的。欧洲和奥斯曼帝国之间的贸易有了新的机会，这让西方人来到了地中海东部的城市，也就是当时多数人称之为黎凡特的沿海大城市，比如君士坦丁堡、萨洛尼卡、士麦那、贝鲁特和亚历山大里亚。在这些人中，大多数人只不过是匆匆的过客，但有些人在那里扎下了根，比如来自北欧国家的天主教徒和新教徒，他们在这些城市生活了下来，一直到20世纪。这个人员迁徙过程与说希腊语的商人去欧洲贸易中心的过程，大致是并行对称的，只不过来奥斯曼帝国的西方人的数量可能要少很多。但是，在下面这一点上，这种并行对称被打破了。

说希腊语的人除了到欧洲做贸易，还在西方的文化中心学习。这些人回来后撰写的著作内容全是他们学习到的知识，很少涉及他们去了哪里以及他们在那里看到了什么。但是，往另一个方向的交流则不是这个情况。不断有旅行者离开家乡，探索基督教欧洲边界以外的世界。旅行回来后，他们很多人写下了自己的经历，极其详细地描述了旅行中的所见所闻。英国和法国关于希腊以及黎凡特的游记文学构成了各自18世纪文学的亚类，有些作品非常受欢迎。还有一些游记作者的影响甚至比旅行者还大，那是因为他们虽然从来没有旅行的经历，但是写出了存在于他们想象中的“希腊”的故事。

关于这些游记，最令人奇怪的一点是，这些旅行者在他们游历的国度里几乎没有遇到具有同样教育背景的精英。事后看来，这是最令人伤感的事之一。其实原因很简单，在17世纪末和整个18世纪，这些人到东方旅行的目的并不是去结识与他们一样的人并进行思想交流。因为交流思想可以在家里进行。他们的目的，正如17世纪的一篇论文题目所写的，是“追寻古典希腊”。

最受人尊敬、最经常被人提及的旅行者之一，是约瑟夫·皮顿·德图内福尔。受法国国王路易十四的委派，他在1700—1702年率领一个小探险队，考察了今希腊、土耳其、格鲁吉亚和亚美尼亚。这次考察的记述，以两大卷的形式在1717年发表，第二年被翻译成英语。德图内福尔不同凡响的地方在于，他本人是植物学家，不是古文物研究者，他的任务是官方委派的，是科学考察，但即便如此，他在对此次考察的简介里，也包括了“古代与现代地理的比较”的内容。[9]其他旅行者详细描述了古代纪念碑的建筑样式，记录了古代的石刻并试图验证和辨识古代文献记载的地方。

后来在考古学建立方面做出突出贡献的杰出代表人物，是17世纪70年代来自法国的雅各布·斯庞和来自英国的乔治·维勒爵士以及18世纪50年代的盎格鲁–苏格兰组合詹姆斯·斯图亚特和尼古拉斯·瑞威特。正是在他们的积极努力下，那些西方的书斋旅行家才把注意力集中到雅典的古代遗迹上来，使之成为希腊首都受人瞩目的焦点。依据今天的标准，不太被人注意的一点是，那些西方旅行者返回时带着当地的古代艺术瑰宝，而且有时在条件允许的情况下，他们将整个古代建筑或其被雕刻、被装饰的部分运回来。这里仅举几个最为知名的例子，比如，1817 年在大英博物馆展览的精美的埃尔金大理石雕塑，本是帕特农神庙里的雕塑；还有巴黎卢浮宫里的“米洛斯的维纳斯”等。在 18 世纪以及之前的古代艺术鉴赏家眼中，这种习惯是理所当然的。

我并不是说，旅行者只关注文物，对他们旅行的地方的居民漠不关心。对现代希腊人倾注了大量精力的，是另一位法国人。皮埃尔·奥古斯丁·古伊斯是一位富有的商人，在奥斯曼帝国生活了很多年。古伊斯很了解希腊人，因为他每天都和他们打交道——做买卖。他在 1771 年出版的著作的全名中就透露了这一点，第一卷的名字非常中规中矩——《伤感的希腊之旅》，问世不久就被翻译成英语。这部著作的副标题可以直译成“关于古代和现代希腊人的通信及其行为和习惯的比较”。通过书名，读者已经得到了某些提示，也注意到了书名中词汇的顺序——“古代”出现在“现代”的前面。在那些旅行者脑子里，认知顺序一直都是这样的。

这意味着，在很早期的英国人和法国人的记述中，现代希腊人的“特点”就已经定型化了，他们的叙述语言中充斥着“下贱的”“被奴役的”等词汇。这些旅行者基本不了解奥斯曼帝国的政治现实，不自觉地就忘记那个时候欧洲人的政府远远没有苏丹政府专制，所以在评判旅行中遇到的人的时候，就以自己脑子里已有的古代雅典人和斯巴达人的形象为依据。一般人所说的“大奥斯曼”治下的基督教臣民生活的奴隶制度情况，很少能激起旅行者的同情，更多的是引发他们的蔑视。与奴隶制度相关的还有奴性。这种性格被反复言说，指的是有些人心甘情愿地低三下四、卑躬屈膝，让旅行者难以理解。旅行者的游记中经常提到“现代希腊人”的性格，还有欺骗和狡诈。希腊的先祖中有史诗英雄人物奥德修斯，有人注意到了他与后人之间的共同点，但是在旅行者眼里，奥德修斯的英勇难以减弱他的后代的罪恶，后代的罪恶反而更加凸显了他的卓尔不群和出类拔萃。

游记中只有个别地方涉及一些更加正面的、更具积极意义的讲述。约翰·赫尔曼·冯·雷德谢尔是整个18世纪唯一一个游历奥斯曼帝国统治区的知名德国人（他甚至用法语写游记）。雷德谢尔于1767年从意大利出发，去往雅典和君士坦丁堡。他是瑞士哲学家让-雅克·卢梭的忠实信徒，期待在希腊当地居民身上看到某种卢梭笃信的人类自然存在的原初的纯真。在结识的希腊人身上，雷德谢尔发现了一个妙方，可以医治他为之哀叹的当时欧洲城市生活中存在的腐败。当然，这一观点在当时看来有点儿自以为是，直到20世纪40年代，都显得曲高和寡。后来，小说家亨利·米勒和劳伦斯·达雷尔在20世纪改进了这一观点，使之流行起来。[10]

在促进北欧精英关于希腊的思想认识方面，有一个人产生的影响甚至比旅行者还要大。他就是约翰·约阿辛·温克尔曼。虽然他从来没有去过希腊，但是其在去世半个世纪后被誉为"现代历史上获得欧洲声誉的第一位德国作家"和"一代德国人的英雄"。[11]温克尔曼于1717年生于普鲁士，写作最盛的岁月是在罗马度过的。他在罗马获得了历史学家以及古代艺术鉴赏家的名声。他放弃了好几次去希腊的机会。在研究希腊方面，他为德国学术界参与希腊思想研究确定了基调，而且这一基调一直延续到19世纪晚期。温克尔曼根据自己在意大利的研究结果，尝试说服那个时代的艺术领域的人，使其相信古典艺术的真正源泉和真正伟大之处不是来自罗马，而是来自希腊，罗马只不过是对希腊的复制。

温克尔曼的《古代艺术史》出版于1764年，他很快就建立了一套关于古希腊的理论，使其植根于欧洲精英的思想意识之中，其影响长达半个世纪，甚至更长。古代希腊艺术之所以比其他艺术都具有优越性，是因为它孕育于最完美的氛围之中（如果你从来没去过那儿，那么你只能这样写）。如此说来，古希腊人最看重自由。希腊人是最早实验初期的民主形式的民族，并提出了政治自由的理念。这是千真万确的，在温克尔曼及其志同道合的同时代的人看来，也是弥足珍贵的。但是，断言"希腊一直拥有自由，即便是国王的王座都由自由包围，国王的统治充满父爱"，是公然夸大其词。[12]温克尔曼对古代希腊政治体制的有些撰述，明显是离奇荒诞的。据他所言，人类在公元前5世纪这个历史性的时代，已经达到了理想的完美状态。艺术的孕育、政治自由、人与自然的和谐等全部神奇地汇聚在古希腊。这个伟大成就是不可复制的，同时也是现在或未来任何踌躇满志的文明都不可匹敌的参照点。

鉴此，现代欧洲人在18世纪下半叶开始思考他们自己的“文明”，甚至以那个难以企及的标准来要求自己。古伊斯《伤感的希腊之旅》的英文版在1773年出版，其匿名译者增加了一个前言，提出了一种新的思考方式，从而为该书吸引了更多的读者。

> 欧洲文明国家急切地抓住每一个了解那个民族信息的机会，这一点儿也不令人奇怪，因为它们曾从那个民族那里得到那么多的恩惠。因此，我们应追溯我们的本源，至少，我们应该说，追溯我们行为方式的源泉以及我们知识的来源。[13]

“世界其他地区的国家，尤其是其他欧洲国家，欠下了希腊巨大的文化债务”这一观念深深植根于希腊历史和希腊集体意识之中，而且在21世纪的第二个10年里获得了新的反响，因为这一时期的希腊陷入了对欧洲国家的巨额债务之中，被债务折腾得焦头烂额。我们不应该忘记，这个观念起源于西欧，起源于温克尔曼及其同时期的旅行者的时代。那些旅行者认为奥斯曼帝国的那些行省是“希腊”，因而不辞辛苦，去那里寻求他们自己的根源。的确，正如最近一些研究成果所揭示的，18世纪的“欧洲观念”与“希腊观念”是不可分割的。[14]

西欧“对古典希腊的追寻”没有与其对应的项目“希腊启蒙”相遇，当然不能发现共同的基础，这就是为什么说它是一个错失的机遇。同样，在东正教的东方，有识之士也在这个时候执着于弄清楚他们自己身份认同的问题，希望到当代“欧洲国家”的示范样板那里寻求一些新思想以及他们高度推崇的新繁荣。[15] 这两个方面的追寻都对古代的希腊着迷，都试图在希腊人生活的土地的过去和现在之间找到有意义的联系。但是，这期间没有思想的相遇。西方学者越是将古代希腊理想化，就越难在与希腊语言有着更直接关系的那些文人雅士身上找到共同的追寻。即便今天出现了关于“希腊启蒙”的优秀研究成果和关于那个时期西方旅行者以及理想主义者的优秀研究成果，也没有人会想到探寻这两种成果之间的平行关系，因为这两者之间显得那么不同。

这种理解上的失误，从一开始，甚至在希腊成为这个世界上的一个现代国家以前，就对后来的很多东西投下了阴影。在后来的日子里，每当希腊人和其他西方人出现误解或彼此不信任的情况时（这种误解还经常出现），那种不信任的源头都会追溯到这两条平行的、永远不相交的路径上。

农民、渔夫、僧侣

截至目前，我们讲述的故事主角一直是精英阶层，有的生活在奥斯曼帝国偏远的边疆地带，有的生活在帝国内陆，有的生活在西欧。但是，还有一些人的后代在大约百年以后也认为自己是“希腊人”，构成了新的希腊民族国家的人口。这些人是什么情况？除了受过教育并有能力和闲暇反思这个问题的精英阶层外，在 18 世纪，还有哪些人是希腊人？

希腊独立以后的历史通常想当然地认为，在奥斯曼帝国统治之下，希腊族群很容易分辨。但是，奥斯曼帝国并不依据语言以及我们今天所说的“民族”来划分其统治下的臣民，而是通过宗教对其进行分类。在官方术语中，所有的东正教徒都被称为“鲁密”，这个词的意思与希腊语中的 Romioi 意思相同，被界定为米利特，指的是宗教社区。但是，所有的东正教徒不可能都是母语为希腊语的人。教育的普及，特别是书面文字使用的增加，才使希腊语奠定了其在构成鲁密、米利特不同语言群体中的共同语地位，这在某些方面与今天英语国际地位的形成有着异曲同工之妙。

同时，那些把希腊语作为第一语言的人，也不必然是东正教徒。奥斯曼帝国偏远的诸岛中有罗马天主教社区，另外，大城镇中也有罗马犹太人。这3种信仰的教徒还有皈依伊斯兰教的选择，有些人的确这样做了。如果希腊语在他们皈依伊斯兰教之前就是他们的第一语言，那么多数情况是，希腊语以后仍然是他们的第一语言。克里特岛的这种情况最为明显，在19世纪占据全岛人口大约40%的穆斯林居民中，大多数是克里特人，当地只有希腊的克里特方言，没有其他的语言。说希腊语的人也可能是穆斯林。

不过，在有例外情况的前提下，我们还是能够进行总体上的概括。在爱琴海和爱奥尼亚海的多数岛屿、克里特、塞浦路斯、伯罗奔尼撒半岛（此时更为人所知的名字依然是摩里亚），以及现在希腊大陆南部的那时被人称作“鲁梅里”的松散区域，居民以希腊语为第一语言。只是，即便在那些地方，发展好的区域里的居民大多说阿尔巴尼亚语。比如，从事贸易的岛屿海德拉和斯派塞斯以及鲁梅里的东南角，既包括古代的（以及现代的）维奥蒂亚、阿提卡，也包括雅典。巴尔干半岛更远的北部地区、环绕马尔马拉海以及沿着安纳托利亚的爱琴海海岸，也有不少说希腊语的人，但是在这些地区，他们散居于说其他语言的居民之中，各种语言的人口比例也更加均衡。甚至远东的黑海沿岸特拉比松附近的地区和卡帕多西亚，也有说希腊语的人居住的飞地，其中特拉比松在希腊语中指的是古代的蓬托斯地区，卡帕多西亚在希腊语中指的是安纳托利亚中部开塞利周边的地区。

那么，这些说希腊语的人是谁？除了语言（对很多人来说，但不是全部）和宗教，他们还有哪些共同的地方？他们是如何生活的？

那些人多数是农民、小商人、渔夫、船员、僧侣以及低级别的神职管理人员，他们生活的大多数地区的条件极为艰苦。可耕作的土地被大海和高山挤压，被分割得很零散。社区一直很分散。在20世纪中叶以前，生存的危险一直存在，当地的经济基本上仅能让居民维持温饱。到了18世纪，年轻的男人才能往外迁徙，到国外找工作，年轻的女人才能嫁到本地社区以外的地方去。后来，需要吃饭的人口超过了赖以生存的资源，于是，另一个解决方案出现了，即在山区里杀人越货，在大海上抢劫掠夺。因此，在鲁梅里、奥斯曼帝国招募当地军人，可以镇压那些土匪和海盗，这些军人多是东正教徒。但是在很多情况下，这些军人是从同一个要被镇压的土匪或海盗团伙中招募来的。因此，那些把拿着枪杆子作为唯一职业的人就来回变换身份，不是从军人变成强盗，就是从强盗变成军人，要么是执法者，要么是犯法者。马尼位于伯罗奔尼撒半岛的最南端，是一个民风彪悍的地方。迫近 19 世纪，那里的海盗已经臭名昭著。在这种情况下，精英阶层即便有相对和平的机会，机会也很稀有。祥和的普通生活常常是短暂的，暴力或暴力威胁、作物歉收和饥馑，从来没有远去。

这些不同的人群分散在幅员辽阔、严重割裂的区域，如果他们不是像后来的有些人那样积极主动地去思考，那么任何将这些人群进行一概而论的尝试，都注定与主观臆断差不多。如果不这样去做，那么我们能从中分析出什么样的证据呢？证据倒是有几个，不过，我们必须小心求证，因为原因多种多样。首先，我们来看欧洲旅行者。我们要向他们致以衷心的感谢，因为他们记载了大量的趣闻轶事和风俗习惯，记录了人们的观点和迷信，如果不是他们，这些东西可能就失传了。比如，他们记载了活死人或吸血鬼的例子，这成为希腊曾流行迷信的首要证据，日后成为世界范围内的类型小说和恐怖电影的根源。

审视这些人生活情形的另一个可能的窗口，也是外来者的视角，这个视角主要来自现代人类学。从 20 世纪 50 年代起，英国、美国、法国和后来的希腊人类学家便开始研究希腊以及地中海其他地区的所谓传统社区。对希腊社区的经典性研究，是由约翰 · 坎贝尔在 20 世纪 50 年代完成的。他选择的研究对象是被称为“萨拉卡莎努瓦”的游牧民族。这个民族孤傲、内敛，在那个时代依然过着游牧迁徙的生活——夏天在平都斯山的高原和草甸上放牧，冬天则赶着羊群来到平坦的海岸边。在外人看来，这种现象反映的可能是

"无政府状态的公民生活"，但是坎贝尔却发现，基于荣辱廉耻的共同价值观，在规范和处理没有任何亲缘性群体之间的关系方面有着重要的影响。[16]

如果你不信任与你没有任何血缘或姻亲关系的人，那么只有当同样的义务或责任把他们和你绑在一起的时候，你才能依靠他们。共同的行为规范能约束人，遵守这样的规则是可敬的，破坏它则是可耻的。因此，那些遵守规则、履行义务的人，是社区中最受尊敬的人；而任何离经叛道的人，则会受到鄙视，甚至面临被逐出社区的危险。这是一个自我维护机制。一方面，它涉及礼物的给予；另一方面，它又涉及馈赠的接受。在现代的、民主的、负责任的体制中，这种前现代的体系被视为"腐败"。但是在没有现代体制或者现代体制软弱无力、发展不成熟的情况下，它却是一种生存的机制。

现代人类学的这些深刻认识可能会进一步解释早期旅行者以及以后很多不同的外来观察者，在面对人们经常谈论的希腊"不忠诚"时所经历的困惑。尽管它们看起来自相矛盾，但是资助人和受助人所实施的腐败体系最重视"信任"的价值，只有所有的人都遵守同样的（不成文的）规则，这样的体系才行得通。反过来，这些相同的规则都可以在传统的、深深植根于人们心中的荣辱廉耻那里找到自己的影子。圈外的人被认为不会受到这种规范的制约，所以即便圈外的人说要信守承诺，也不会得到信任。因此，在内部约定俗成的逻辑就变成这样：如果你不信任他，那就可以欺骗他。[17]

当然，人类学家注重的总是当下。坎贝尔本人就认为，他观察到的这种生活方式和社会价值观，自拜占庭末期以来可能没有发生多么大的变化。今天的人类学家在做出这样的判断时，则更加小心翼翼。但是在这个问题上，我们可以非常自信地说，18 世纪说希腊语的社区在很大程度上一定都是这么运作的。

现在，我们应该到那个时期去寻找证据。在这儿，我们遇到了不同的问题。尽管整个奥斯曼帝国的城市和乡村的学校有所增加，但在 19 世纪末以前，识文断字的人还是非常少的。由此造成的结果是，书面的证据极难找到。不过，我们找到了一个罕见的例子，这段历史是“来自下层”的人写的，写于18世纪初，讲述了奥斯曼人1715年给伯罗奔尼撒带来“灾难和奴役”的故事。这位作者是来自爱奥尼亚的一位曼索斯人，很明显，他目睹了一些事件。此人后来定居在威尼斯的希腊社区，并在威尼斯出版了以押韵对句的形式写就的历史。这位曼索斯人既谴责了战败的威尼斯人，也谴责了取胜的奥斯曼人，因为他的同胞遭受了奥斯曼人的镇压。这本书详尽描述了1453年君士坦丁堡崩塌后不久普遍出现的悲叹情绪，里面有很多地方提到“Romans”，也就是那些生活在君士坦丁堡的东正教徒，其中绝大多数是说希腊语的人。

这位曼索斯人把这些“Romans”看作因其他人的行动而变得无助的受害者。他的整个叙述中，只提到一次那些人采取的反抗措施，即在偏远的伯罗奔尼撒中部山区，一些村民象征性地抵抗了一次，参加抗争的人就包括赛奥佐罗斯·科洛科特罗尼斯的祖先，他们在100多年后的革命中赢得了荣誉，成为英雄。那些懦弱虔诚的曼索斯人则在这个时候逃到了遥远的威尼斯，寻求避难之地，同时认为那几位捍卫自己信仰的同胞“都是疯子，他们应该知道不能那么做”。[18] 这种受迫害的思想在后来的岁月中常常会再度抬头，在18世纪早期已经广为流行。

叶卡捷琳娜大帝与奥斯曼帝国在1770年爆发了战争，这次战争引发了克里特人的反抗。迫近18世纪末，反抗的故事也在战争结束后不久被以诗文的形式记录下来。这次反抗的发源地是克里特岛的西南山区斯法基亚，《达斯卡罗基阿尼斯之歌》就是在这个地方口头创作的。从表达的内容上看，这首诗歌是在它所描述的事件发生整整16年之后才被记录下来的。诗歌的主人公是达斯卡罗基阿尼斯，他是斯法基亚最富有的人之一，也是最“尊贵的”基督徒之一，被称为“约翰老师”。达斯卡罗基阿尼斯在阅读和写作方面有天赋，还能同其他地方说希腊语的人进行交流。俄国军队登陆伯罗奔尼撒半岛的消息传来后，他支持抵抗，反对当地教会的逃离建议。所有的抵抗进行得都不顺利，最终成为一场悲剧。达斯卡罗基阿尼斯和他的随从被俘，在囚禁期间，他坚贞不屈，直到被甘地亚（伊拉克利翁）帕夏活剥。

这是一个震撼心灵的故事，是以史诗般的生动和史诗般的篇幅讲述的。如果这首诗歌真的是在1786年定稿的，那么这位英雄对他抗争动机的解释就反映了当时的态度。达斯卡罗基阿尼斯宣称了他采取行动进行反抗的理由：

> 首先是为了我自己的家乡，其次是为了我的信仰，
> 最后是为了其他生活在克里特岛上的基督徒。
> 因为如果我是斯法基亚人，如果我是克里特的子孙，
> 那么看到克里特受难，我心里就极度酸楚。

爱国主义起源于英雄的家乡斯法基亚，并从那儿扩展到克里特岛的其他地方。诗歌的讲述中，没有包含更宽意义上的“国家”身份认同意识。尽管诗人在讲述中不厌其烦地铺陈着更具英雄主义色彩的辞藻，但在诗歌结束时得出的结论与曼索斯人并无不同，即教会从一开始就是正确的。斯法基亚人早就在实践中从奥斯曼帝国的统治下享受了独立，但是由于达斯卡罗基阿尼斯的莽撞行动，他们又不复独立。[19]

《达斯卡罗基阿尼斯之歌》可以说是我们发现的18世纪以口头形式创作，然后以书面语言记录下来的唯一案例。但是此后不久，从爱奥尼亚群岛到塞浦路斯，从克里特岛到巴尔干山区的脚下，人们开始收集各种各样丰富的叙事和抒情歌曲，这是因为几乎每一个说希腊语的社区都有口头创作传统。这些歌曲揭示了一个瑰丽的想象世界。在这个世界里，男人往往是英雄，他们要通过挑战和暴力行为来证明他们的价值；女人在年轻的时候应该是美丽而谦逊的，但是在任何年龄，她们都有可能变得薄情和狡诈。为死去的人感到哀恸的，是女人；为那些被流放到遥远地区（xenitiá）的人感到哀恸的，也是女人。xenitiá这个词在当时用得很多，既可以翻译成“流放”，也可以翻译成“外国”，但总是代表比死亡好不了多少的情况。爱情歌曲总是激情洋溢，进

发出浓郁的、独出心裁的意象，常常有隐含不明的意义。歌曲中离奇的、不合常理的意象从来都没有远遁，比如，鸟和野兽能说话，雷电反映并放大着人类的行为，死去的人在云中策马（吸血鬼再现了）。

一些特点鲜明、传播广泛的主题均与死亡有关。在一个你只能通过公然挑战比你更强大的对手来证明你勇猛刚强的男性世界里，最终的考验就是拥抱死亡本身。死神有一个拟人化的名字——哈得斯，其是古代神话中冥界里斯提克斯河上的一个船夫的名字。死神冷漠、乖戾，总是穿着黑色的衣服，骑一匹黑色的马。在人们的口中或笔下，他常常被描述为后面跟着一长队无助的妇女和儿童，全然一副奴隶贸易者形象，在18世纪对于人们的日常生活依然是一个威胁。在这些歌曲中，哈得斯在任何一个方面都是理想化的男性英雄的反面。男性英雄对生活有着不可抑制的热爱，哈得斯深受刺激，嫉妒之后便是愤怒，于是就找到男性英雄，要求他立刻死去。男性英雄当然拒绝从命，他提出在对等的条件下进行决斗。双方的决斗在打谷场上展开。在实际生活中，将谷壳和可以食用的谷粒分开，是用猛烈的击打实现的。男性英雄将他的敌人打倒9次，但是哈得斯不能忍受失败。由于不能以承诺的对等条件获胜，哈得斯就以欺骗的方式，抓住英雄的头发，把英雄撂倒在地。[20]所以，死神取胜了，因为他最后必须赢得胜利，只不过违反了荣辱廉耻的道德规范。死神终归是外来者，他以极端的方式证明外来者永远不可能被信任，因为死神是一个骗子。所以男性英雄作为荣辱廉耻的信奉者，即便死了，也是道德上的胜利者。

我们在很多歌曲中都发现了与此相似的价值观，这些歌曲口耳相传，讲述那些被称为“绿林好汉”（klefts）的山贼的生活故事，还有他们悲壮的死亡。“klefts”这个词来自希腊语中的“klephtis”，字面意思是小偷、贼寇或土匪，那些被招募的军人在18世纪的确就是盗贼。不过，他们集战士和土匪于一身，后来在革命中成为最具战斗力的人，这种新的角色形象给那些“贼寇或土匪”蒙上了一层英雄色彩，而且色彩从未褪色。纪念或歌颂这些人的歌曲开始在革命期间发表、传唱，至今仍然是国家“宏大叙事”的一部分。

这些歌曲多数纪念或歌颂生活在 18 世纪初的人，但是有几首歌曲中的人物可以追溯到更早的年代，其中最古老的故事可能发生在 1750 年前后的鲁梅里。在那个故事中，克里斯托斯·米利奥尼被禁止进入奥斯曼帝国。一个名叫苏莱曼的穆斯林被派去接应他。

（苏莱曼）在阿尔米罗斯与他接上了头，他们像朋友一样拥抱，
他们彻夜同饮，直到晨曦初露；
东方破晓，他们出发去土匪的老巢。
苏莱曼对米利奥尼上尉高喊：
“米利奥尼，苏丹在抓你，伊斯兰贵族要杀你。”
“只要米利奥尼活着，他就不会向奥斯曼土耳其人屈服。”
他们手里拿着火枪，勇往直前；
枪声大作，他们两人都倒下了，献出了生命。[21]

这首歌曲描写的米利奥尼蔑视强权的特定形式是 1750 年或大约那个时期的真实记录，还是反映后来故事讲述中的爱国主义精神？我们对此一无所知。不管哪种情况，这首歌曲都给人一个深刻的印象，那就是传递了奥斯曼统治之下，在鲁梅里山区中谋生的基督教徒和伊斯兰武装分子之间的共同的行为规范。

最后，说希腊语的东正教徒之中，还流传着一系列将君士坦丁堡基督教帝国衰亡与天意及未来复兴联系起来的故事和预言。这类文字材料也是通过后来出版的书籍为我们所知，其中包括所有民歌中最著名的歌曲。有一首歌曲十分简洁，名字叫《圣索菲亚》或《圣索菲亚的最后弥撒》，其只有十几行歌词，讲述的是奥斯曼人在征服君士坦丁堡之际，东正教大教堂举办的礼拜仪式突然被从天上传来的一个声音打断，那是上帝的旨意，让“这个城市”

（君士坦丁堡）落入异教徒之手。这些虔诚的教徒感受到的震惊投射到了圣像上，不可思议的神迹出现了，所有的圣像都开始哭泣。那个声音也许是来自诗人或歌手的声音，以感人的、和蔼的语调安慰着这些忧心如焚的圣人。比如，有一张圣母像中的圣母就像世间的一位母亲，正在安慰一个哭喊的孩子。这首歌最后对圣母唱道：

嘘，圣母，不要哭喊，不要哭泣，
随着岁月的流逝和时代的更迭，这一切还会属于你。[22]

在19—20世纪初，这些歌词是对未来有积极意义的宣言。但是，在最古老的版本中，这首歌的歌词表达的时间不是未来，而是当时，被翻译成“还会”意思的词，也有“依然”或“仍然”的意思，从而在气势上更有力量。《圣索菲亚》这首歌是在1821年革命前不久开始传唱的，其传达的最为重要的信息是东正教徒确认不论发生什么，自己的信仰不会因异族的征服而丧失，将自己与每一个教堂里熟悉的圣像之间联系的纽带也不会断开。如果说这些歌词还暗含着一种在未来实现救赎的预言，那么其所喻指的也是东正教，而不是希腊民族国家（后来曾被人如此解读）。

另一个经常被人讲述的故事是关于“大理石皇帝”的，即君士坦丁十一世国王帕里奥洛格斯。他的城市在1453年被奥斯曼人攻陷后，他的尸首一直没有被找到。这个故事说，帕里奥洛格斯没有死，而是被天使带到城内的一个秘密地方，在那儿变成了石头。各种不同的版本都预言说，根据上帝的旨意，总有一天国王会起死回生，并率领高奏凯歌的大军，把侵略者一路赶回他们的中亚老家去。

其他预言也可以通过书面材料追溯到15世纪末，甚至是君士坦丁堡陷落之前。如果这些预言建立在本地固有的、流行的传统之上，那么我们也很难讲其在多大程度上借鉴了这样的传统。比如，有一系列“神谕”据说源自

13 世纪的一位神秘主义者，他的名字是阿伽唐格洛，名字的意思是“好天使”。这些神谕在 18 世纪 50 年代初期开始流传。但是，这些有模有样的欺骗、伪造，好像是从上到下的有意运作的结果。比如，神谕说，一个来自北方的长着金色头发的或有着金色皮肤的民族将带来救赎。俄国和奥斯曼帝国 1768—1774 年的战争及以后所杜撰的预言就利用了这些材料。那些救赎者一定是俄国人了。从另一个方面看，这些所谓“阿伽唐格洛”神谕传播的证据，主要出现在 18 世纪末，也主要来源于书面材料。所以，我们很难弄清楚早期的这些神谕到底在多大范围内被人们尊奉，以及被人们尊奉到何种程度。

但是，这个故事真正可以告诉我们的是，说希腊语的东正教徒对他们的宗教信仰、宗教不断传承与积累的传统以及对衰亡的君士坦丁堡帝国的一些集体记忆，有着极度的忠诚。当提及过去的时候，这些人中的精英以及西方的旅行者的热情就会遇到令人困惑的诧异或怀疑。作为真正的基督徒，信仰东正教的人知道，那些被称为“Hellenes”的人从很久以前就在这些土地上生活，所信仰的都是假上帝。因此，这些“Hellenes”就是那些 18 世纪优雅的、知荣辱的、敬畏上帝的“Romioi”的对立面。很多口头的传统讲述，在后来都被文字记录下来，说的是“Hellenes”一定是一个巨人民族，曾经建造了现在依然可以看得见的城墙和纪念碑。异教徒的神庙，特别是那些雕塑，一看就知道拥有超自然的、危险的力量，所以，毫无疑问，对国王的向往就变成了对大理石的向往。

即便在 19 世纪，当旅行者和古文物研究或收藏者前来寻找古代德尔斐圣迹废墟的时候，当地人也充分利用了他们自己的逻辑和聪明才智，让一切都显得合情合理。

> 说“我的主啊”的那些人不是基督徒，这就是没有人看到他们画十字（东正教的方式）的原因。他们来源于古代的异教徒阿德尔斐人，那些人把他们的宝藏放在阿德尔斐的城堡里，这个城堡得名于建造它的两

位王子，他们是兄弟俩。当圣母马利亚和耶稣基督来到这些地方的时候，周围的所有人都皈依为基督徒，不过阿德尔斐人想，他们自己还是当少数人为好。于是，他们就离开了这儿，前往弗兰克兰（也就是今天的西欧）了，并带走了全部的财宝。说“我的主啊”的那些人，就是他们的后裔。这些后裔现在来这儿，就是想拜拜那些石头。[23]

这个故事让人忍俊不禁，它不仅凸显了将本土希腊村民与西方古文物考古者分隔开来的认识鸿沟，也凸显了将他们与说着同样语言、信奉同样宗教的“东正教联邦”的精英们分隔开来的认识鸿沟。如果说这就是希腊独立以后的情况，那么我们可以自问一下，在此前的100年里，东方的基督徒和不断向世俗身份认同靠近的西欧人，在思想认识上到底有多大程度的共识？这些最初的共识充其量是局部的，而且相互之间也充满着误解。不断往东传播的新思想促使东正教联邦的精英开始重新定义他们的身份认同，而绝大多数说希腊语的人却对此无动于衷。不断扩大的商业活动给一些人带来了财富，也给很多以前不知道机遇为何物的人带来了机遇。但是，在18世纪的大部分时间里，不管是在精英层面还是在大众文化层面，我们很少能看到任何可称为“革命性情感”的东西。

当18世纪的脚步走到终点，这一切都将发生变化。

第二章

种下一粒种子

（1797—1821）

1797年6月28日，一支由战舰和兵船组成的法国海军中队驶抵防御坚固的科孚港。科孚港是爱奥尼亚群岛的行政都城。此前600年，爱奥尼亚群岛一直是“最尊贵的威尼斯共和国”的海外领地。但是，自从法国军队6月登陆那天起，爱奥尼亚群岛上的每一个居民获得的第一个信息都是，“最尊贵的威尼斯共和国”不复存在了。当然，法国将军传达这个信息的口吻还是友好的。数百年来，威尼斯在爱奥尼亚群岛的统治者，一直享有“总督”的尊号。法军指挥官却称呼爱奥尼亚群岛的最后一任总督为“公民”，并命令他为刚刚抵达的法国军队准备兵营。这位将军在信中解释道，威尼斯参议院已经在拿破仑·波拿巴的强大火力下投降，因此法国现在成为这个群岛的合法统治者。信的日期使用的是法国大革命的日历，写的是共和国5年6月6日。法国军队上岸以后，科孚城到处都是用法语、意大利语和希腊语写的宣传标语，宣称要为“长期受到奴役的希腊”带来“自由、平等和博爱”。1789年爆发的法国大革命使得整个西欧陷入混乱之中，现在东欧也面临这一局势。

两天后，法国人在科孚城的主广场上栽下了一棵“自由之树”。在向“最高主宰”（在法国大革命万神殿中的地位相当于基督教中的上帝）感恩的仪式上，贵族的种种标志被当众烧毁。对此，并不是每一个人都感到高兴。有一位法国海军军官是此后不久加入这个海军中队的，他在报告中指出，对于他和他的同胞的到来，当地人总体上是满意的，但又补充道，“贵族，即那些前政府的官员及僧侣并不满意”。[1]就这样，爱奥尼亚群岛上传统的官僚制度突然之间被颠覆了。到了1797年秋天，法国已经在群岛的7个岛屿上完全实现了自己的统治。所有的迹象都表明，法国人要留下来。他们甚至以3个新设立的省为基础，创建了新的行政机构，把爱奥尼亚群岛纳入法国的版图。

过了几个月，1797年12月20日那天发生了一起令人震惊的全然不同的事件。的里雅斯特是亚得里亚海上的一个海港城市，属于奥地利。当地的总督布里几多男爵给在维也纳的上司冯·波根伯爵写了报告，说自己发现了一场阴谋。的里雅斯特城的一个希腊商人的举报让不少人被逮捕，当局发现了涉罪的证据。那些被捕的人一直密谋要在邻近的奥斯曼帝国发动一场法国式的革命。这伙人的头目并不是商人，而是瓦拉几亚首都布加勒斯特的说希腊语的受过良好教育的精英。审讯发现，这些密谋者在过去的一年里一直待在维也纳，并印刷革命册子。那些册子最近才在他们的物品中被发现。据说，这个头目是里加斯·维莱斯汀利斯。

1797年12月19—20日，当局有关人员从维莱斯汀利斯的物品里搜出了一些文件，它们是一整套按照法国模式将奥斯曼帝国演变为民主共和国的蓝图。文件中甚至还有激情澎湃的、富有韵律的“战斗檄文”或“战歌”，其中包括对新建立的想象中的共和国的效忠誓词。

奥地利帝国有充分的理由担心任何引发法国式大革命的苗头。因为，就在刚刚过去的10月，根据《坎波·福尔米奥条约》，法国和奥地利瓜分了威尼斯共和国的土地，该条约同时逼迫奥地利将位于北欧的国土割让给法国，并承认拿破仑对意大利的征服。在此以前，奥地利人一直以为，法国扩张的下一个目标可能就是维也纳。到了年底，两国只是恢复了外交关系，且这一关系还很脆弱。如今，奥地利的土地上竟然发生了革命性活动，即便活动矛头指向另一个国家，也足以让奥地利当局感到恐惧。因此，奥地利当局的反应是迅速的、极端的：对维莱斯汀利斯阴谋叛乱的事秘而不宣，同时把涉嫌人员秘密押解到维也纳，对这些人进行了一系列审讯，但是1798年最初的几个月里没有公开审判的内容。最终，包括维莱斯汀利斯在内的所有8名涉嫌颠覆奥斯曼帝国的人员，从多瑙河上被运送到奥斯曼帝国，戴着镣铐被从奥地利人手里转押到奥斯曼人手里。6月24日夜里或者大致那个时间，这些犯罪嫌疑人在贝尔格莱德的监狱里被执行死刑，他们的尸体被扔到多瑙河里。

具有嘲讽意味的是，这个故事在当时对公众意识基本没有产生什么影响。对于维莱斯汀利斯及其同伙的审判，不论一开始在的里雅斯特，还是后来在维也纳，都是秘密进行的。直到近一个世纪后，审判的副本才为人所知。媒体对于所发生的一切没有进行任何宣传，只有几家奥地利和德国媒体对这些犯罪嫌疑人从多瑙河上被引渡到奥斯曼帝国的最后过程刊发了一些报道。的确，奥地利当局在销毁这个阴谋的所有蛛丝马迹方面做得非常成功，以致维莱斯汀利斯在维也纳印制的3 000份革命宣言册全部消失。只有“战歌”很快在公众中传唱开来，尽管是在其作者就义几个月以后才传到法国控制的科孚城，但这已经足够了。

从另一方面看，奥地利审讯者做得并不那么成功。虽然他们存档的文件足以证明维莱斯汀利斯有革命行动，但我们到今天都不知道维莱斯汀利斯如何实施他的革命行动，也不了解他抵达的里雅斯特并发现他和他的同志们被出卖后，是否有针对性的策略。根据第一项记述，维莱斯汀利斯的下一站是威尼斯，并在那里亲自与拿破仑举行会谈。根据第二项记述，维莱斯汀利斯和他的同伴要去伯罗奔尼撒半岛南端，去那里领导凶残的、半独立的马尼军阀的叛乱，马尼军阀建造的坚固塔楼至今仍然是荒野山区风景的一部分。根据第三项记述，维莱斯汀利斯一行要去的地方是位于希腊大陆西岸的普雷韦扎城，那个小城是爱奥尼亚群岛的属地，所以也在法国的控制之下。第一个计划无疑是浪费时间，因为拿破仑那时已经离开了意大利，当然，维莱斯汀利斯未必知晓。最有可能发生的是第三个计划，这也是奥地利人所相信的。但在没有法国军事力量支持的情况下，仅靠几名政治理想主义者就能挑战奥斯曼帝国的权威，让人很难理解。法国利用爱奥尼亚群岛在希腊大陆上获得了几个立足点，普雷韦扎只是其中之一。这种说法可能不无道理，但是维莱斯汀利斯也许根本就没有什么针对性的策略。现有的证据表明，在投身革命的人群中，维莱斯汀利斯并不是最注重实际的。

不管是否是精英阶层，绝大多数说希腊语的人在这些事情发生的时候，都有可能疏于关注。但是几年以后，拿破仑在欧洲征伐荡起的涟漪蔓延到了整个东方。维莱斯汀利斯的名字在希腊已家喻户晓，他成为一个还未曾被掀起的运动的“殉道先驱”，但是这个运动不久就风起云涌，甚至会让维莱斯汀利斯本人大吃一惊。这是一场新兴的自决运动，而且很快演变成“民族”运动。

动荡不安的世界

在 1798 年最初的几个月里，欧洲没有人能说得清拿破仑下一步的棋会怎么走。奥地利暂时摆脱了困境，但是直到 1805 年才迎来真正的转机。拿破仑有可能入侵英国，不过，维莱斯汀利斯和他的朋友希望有另一种可能，法国军队既然能够占领爱奥尼亚群岛，那么从逻辑上推断，也能够占领奥斯曼帝国，这样想的不止他们几个人。况且也有证据证明，拿破仑 1797 年在意大利停留的时候，也开玩笑地提出过这个想法。最后，法国革命的军队的确是往东开进，进攻奥斯曼帝国，但不是进攻其在欧洲的行省。1798 年 7 月 1 日，法国远征军登陆亚历山大里亚港，开启了拿破仑对埃及为期 3 年的占领。

几百年来，埃及一直属于奥斯曼帝国。不过，拿破仑入侵的时候，埃及马木鲁克的统治者基本上是独立于君士坦丁堡的。但是，欧洲入侵的震惊消息还是一路报回了奥斯曼帝国的心脏。到了 8 月，霍雷肖 · 纳尔逊统领下的英国皇家海军在阿布吉尔湾的战斗中（尼罗河战役）击溃法国舰队，切断了拿破仑占领军的补给线。在这样的情势下，在奥斯曼帝国首都进行的外交斡旋，竟然建立了最不可能形成的联盟：有着百年宿怨的奥斯曼土耳其和俄国走到了一起，两个帝国现在都加入了英国的联盟。

此后 15 年的动荡局势给欧洲的每一个角落以及整个地中海地区都带来了影响。我们以爱奥尼亚群岛的命运为例。爱奥尼亚群岛的 7 个岛被纳入法国版图仅一年后，就被俄国和奥斯曼海军联军在 1798 年岁尾夺走了。时针走到 1800 年，新的统治者在岛屿统治问题上无法达成共识，所以就在俄国的名义保护下，建立了塞普丁修拉共和国，也就是七岛共和国。这是一个非常了不起的进步，在现代历史上第一次让说希腊语的人管理自己的行政机构，而且有着“共和国”这个令人兴奋的名字。只是，这个试验并不太成功。共和国延续期间，英国军队曾经在 1801 年短期驻扎，维持科孚港的社会秩序。到了 1802 年，俄国人又回来了，掌握着对共和国的实际控制权。当然，需要明确指出的是，俄国人的控制是通过一位全权代表实现的，这位代表是爱奥尼亚群岛的一个贵族成员，属于那个时候已经将实力和影响远远延伸到俄国领土的东正教联邦。1807 年，亚历山大沙皇与拿破仑握手言和，俄国将爱奥尼亚群岛奉还法国，当然，严格地说，这个群岛不是俄国的，俄国是无权奉还法国的。其后的两年里，爱奥尼亚群岛被并入已经更名的法兰西帝国。但是，到了 1809 年秋天，除了科孚港，所有的地盘都被英国皇家海军夺走了。最后，根据 1814 年签署的《巴黎条约》，科孚港也被英国拿走了。此后 50 年，爱奥尼亚群岛都处在英国的统治之下，成为英国的保护领地。

你糊涂了吗？那么那个时候说希腊语的人一定更糊涂。爱奥尼亚群岛和奥斯曼帝国没有报纸，消息传播得慢，也常常不可信。这些权力更迭没有一次是决定性的，而且每一次很快就会被下一次更迭取代。在这样的权力博弈中，多数大国至少进行过一次甲方、乙方的身份转换。如果你生活在爱奥尼亚群岛的任何一个岛上，并亲身经历了这些动荡不安和起起伏伏，或者很久以后听说了这一切，那么你一定会认为，所有看起来确定无疑的政治事件都随风飘逝了。

在位于多瑙河北部、隶属于奥斯曼帝国的公国里，情况甚至更糟糕。这个地区是几个边疆地带之一，一个世纪以前，公国里说希腊语的精英已经占据了主导地位。与波及整个欧洲大陆的拿破仑战争相比，这个边疆地带的冲突只不过是一个小插曲而已，几乎没有引起历史学家的注意。这个冲突是1806—1812年俄国和奥斯曼帝国之间的战争，主要是在公国境内并由公国权力引发的，其间发生了骇人听闻的城市围困以及坚固城池的溃败事件。在长达6年的战争时间里，瓦拉几亚和摩尔多瓦公国成为俄国的附属国，传统的君王统治体制被废除。尽管如此，两个公国原有的行政机构大部分都像以前那样，继续在同一帮说希腊语的东正教精英手里运行。直到1812年沙皇亚历山大和拿破仑之间的关系恶化，这场残酷血腥的、始终没有定论的战争才停了下来。随着拿破仑对俄国采取决定命运的入侵行动迫近，俄国与奥斯曼帝国在1812年5月28日签署了《布加勒斯特条约》，从而建立了和平。俄国将摩尔多瓦的一部分纳入自己的势力范围，除此以外，俄国和奥斯曼帝国恢复了18世纪时的友好关系。说希腊语的君王再度回到满目疮痍的公国，与以前一样，依然采用苏丹的管理体制。

拿破仑在1812年发起的对俄国的战争，标志着法兰西帝国覆亡的开始。法兰西帝国就像一面巨大的镜子，投射出军事大国的实力和孕育于1789年法国大革命中的某种理想主义。到了1814年夏天，一切都结束了，一切都过去了，当然除了拿破仑戏剧性地从囚禁他的厄尔巴岛逃脱，并最终在1815年6月18日以滑铁卢战役结束了“百日王朝”。此前一年，获胜一方各自的代表聚首维也纳，在很短的时间里就完成了在欧洲重建高度保守的政权工作。维也纳会议以后，所有革命性话语和改革措施都被从欧洲大陆中清除了。欧洲协调机制在拿破仑战争中发展起来，并产生了很大影响，现在有了新的口号，那就是“恢复”。但是，曾经激发1789年革命的那种精神，以及对拿破仑·波拿巴所向无敌的完美战术的怀恋，在欧洲的很多地方依然清晰可见。1815年以后的“恢复”岁月充满了诡计和秘密团体，充满了阴谋和流产的革命。这就是孕育1821年希腊革命的那粒种子的气候。

在法国大革命和拿破仑战争的影响下，来自外部的、发生在奥斯曼帝国及其边疆地带说希腊语的人身上的变革与动荡，只是我们所讲述的故事的一部分。在那些年里，奥斯曼帝国也面临着来自内部的挑战，在几个不同地区生活的东正教徒发现自己陷入了困境。

西方的历史一度认为，从18世纪下半叶开始，奥斯曼帝国就处于衰退的末期，其实力在一次又一次与日益强大起来的俄国的交战中，被严重地削弱。从奥斯曼帝国内部看，高度中央集权的苏丹政权，在区域性、本土化等不同层级势力兴起的情势下，受到极大的侵蚀。面对这样的内忧外患，帝国当然很快就会崩溃，这也是官方的说法。的确，在18—19世纪，很多观察家都相信现实会这样发展，其中包括拿破仑——如果他不那样认为，就不会入侵埃及了。就这样，“东方问题”应运而生，并在19世纪主导了欧洲对欧洲东南边界的外交和战略态度，也是19世纪20年代希腊革命背景的一部分。但是，“东方问题”除了是一个概念外，还有其他的内涵吗？

事实证明，奥斯曼帝国的迅速灭亡提前了100多年，因为拿破仑在埃及失败了。此后在经历了1914—1918年的一战和安纳托利亚世俗国家主义运动的兴起后，奥斯曼帝国才走向覆亡，这时已是1923年了。拿破仑战争期间，奥斯曼帝国就已身处复杂的内部变革中了。但是，就像今天发生的变革一样，那并不是一个不可挽回的衰退。在18世纪的最后10年以及19世纪的前20年，奥斯曼帝国的确面临着非常严重的内部威胁，但是到了19世纪30年代，除了希腊独立这一问题外，它已经成功地解决了其他威胁。从这样一个背景来看，希腊的成就显得更加了不起。

这些威胁呈现出了各种各样的形式。正如传统希腊词语所描绘的，在很多地区的最底层，越来越多的武装土匪“啸聚山林”。社会权力逐步集中于拥有土地和相对富裕阶层的人手中，尽管权力规模持续扩大，但是依然发生在相对基层的水平。根据法律框架，所有的资产都只属于苏丹。不过，在18

世纪，包税制在帝国的行省中已经变得很普遍。帝国的官员会将征税和交税的职责分包给当地的贵族，这些贵族就像英国传统的主教。如此一来，这些“主教”就不遗余力地雁过拔毛，征收的税多，上缴的税少，从而通过吃差额过着优渥富足的生活。

在一些地区，比如穆斯林人口稀少的伯罗奔尼撒半岛，拥有这一特权的富裕阶层中的大多数人是东正教徒。在警察等中央权力缺失的情况下，为了维护当地的秩序，基督教主教就像穆斯林统治者一样，依赖招募的地方力量。在 19 世纪初的伯罗奔尼撒半岛，土匪成灾，以致土地所有者（不管是基督徒还是穆斯林）在 1806 年联手将土匪彻底剿灭。这一政策取得了很大的成功，很多土匪被消灭，还有一些逃窜至爱奥尼亚群岛。直到希腊革命爆发以前，这些土匪都没有回到伯罗奔尼撒半岛。不过，由于这些土匪加入了拿破仑战争期间占领爱奥尼亚群岛的外国军队，接受了军事训练，他们的战斗力更强了。

当地的土地拥有者和包税人充分利用当时中央权力的弱化，为自己谋取利益，但是他们依然没有构成什么威胁，只是当那些基督教“主教”采取以邻为壑的政策，扩大自己的权力和财富时，情况才开始发生变化。阿里帕夏就代表非常知名的案例。他也被称为阿里·特皮德兰利，因为他的家乡是阿尔巴尼亚的特皮兰奈，有“约阿尼纳之狮”的绰号。阿里帕夏出生于一个说阿尔巴尼亚语的家庭，当时，他们全家刚皈依伊斯兰教不久。在其漫长的一生中，一直到 18 世纪 90 年代，阿里帕夏都将狡黠的外交手段和冷酷的镇压结合起来，成为一块狭长地带上的卓有成效的统治者。这片领土包括今阿尔巴尼亚南半部和希腊北部的大部分地区。名义上，他的很多权力都是苏丹授予的，但是，“约阿尼纳帕夏”这个官衔与他以前获得的其他官衔一样，是事后补授的。每个人都知道这简直是在抢夺地盘，苏丹尽管极不情愿，但也只能默许。

在 18 世纪和 19 世纪之交，阿里帕夏已经牢牢地掌握自己王国的权力，开始发动战争，甚至以自己的名义与外国建立外交关系，根本不向苏丹汇报。

他并不是唯一一位这样做的军阀。在多瑙河南边的维丁，奥斯曼·帕斯凡诺格鲁成为公开反抗苏丹政权的第一位军阀。他在1795年发动暴乱。一份材料显示，苏丹派遣的20万官兵用了3年时间，才勉强将暴乱镇压下去。不过苏丹接着就赦免了帕斯凡诺格鲁。1807年，这位军阀死在了自己的床上。[2] 过了20年，70多岁的阿里帕夏提出要完全独立。这一次暴乱的结果与上一次不同。1822年，阿里帕夏的头颅被割下来，放在伊斯坦布尔托普卡帕宫外面示众，头颅上还留着他著名的长长的白胡子。这个事件发生在希腊革命爆发的一年后，奥斯曼帝国在这个事件中再次成功地展现了自己的中央权力。

奥斯曼·帕斯凡诺格鲁、阿里帕夏等军阀造成的内部威胁，与宗教信仰无关，也与我今天说的种族忠诚无关。这两位军阀都是穆斯林，都是向临近的基督教徒开战，但是他们还在自己的幕府里欣赏和重用东正教精英中的成员。世间流传着这样一个故事：里格斯救了帕斯凡诺格鲁的命，帕斯凡诺格鲁曾经在里格斯被处死的前夜走上贝尔格莱德街头游行，希望将里格斯救出来，从而报答里格斯的救命之恩。这个故事也可能不是真的。但是，里格斯的"战歌"将帕斯凡诺格鲁凸显出来，将之视为英勇的自由战士，使其成为希腊人学习仿效的楷模。

在爱奥尼亚群岛，阿里帕夏踌躇满志，把自己的宫廷打造成"启蒙君王"的宫廷，从整个东正教联邦中吸引饱学专家和艺术人才。老师、教育家阿萨纳西奥斯·普萨利达斯以及诗人、翻译家扬尼斯·维勒拉斯都受雇于他的宫廷。年轻的扬尼斯·科莱特斯是一名私人医生，他受委托照顾阿里帕夏的一个儿子，后来在希腊独立后的20年里成长为最有成就的政治领导人之一。阿里帕夏宫廷重视知识和规范，所有官方往来函件都是用希腊语记录的。但是，在具体执行的时候，阿里帕夏与其说是个启蒙者，更不如说是个专制者。与所有从主教转变而来的军阀一样（不论是大军阀，还是小军阀），阿里帕夏除了扩大和强化自我权势，对其他事情都不感兴趣。当阿里帕夏最后以孤注一掷的行为反抗他的主人苏丹时，他就像早前的帕斯凡诺格鲁一样，除了代表他自己的个人野心外，什么都不能代表。这至少是他们两人失败的部分原因。

苏丹政权面临的另一个威胁来自帝国内部的军事制度。几百年来，禁卫军一直都是一支精英突击部队，担负着保卫苏丹的重任，在奥斯曼帝国的扩张战争中，一直都是急先锋。那个时候，禁卫军士兵是从基督教徒中招募的。年幼的男孩子被迫离开家庭，皈依伊斯兰教，在军营里长大成人，过着简朴苦行的生活。禁卫军士兵不能结婚，所以除了他们的最高统治者，他们不知道该忠于谁。但是，情况发生了变化。到18世纪末，禁卫军士兵已经成为自私自利的落伍于时代的人，成为毫无节制地利用自己的权力征兵的特权阶层人员。维持这支部队的成本不断提高，相应的军事效率却在下降。曾有几年，苏丹塞利姆三世想对禁卫军进行改革，但是在帝国中，军队被军人完全掌控，所以对于塞利姆三世的改革，禁卫军强烈抵制。实际上，禁卫军的权力已经非常强大，为所欲为，甚至成为在首都爆发的一次叛乱背后的支持力量，从而导致1808年的短短几个月的时间里，有两位在位的苏丹被谋杀，他们分别是推动改革的塞利姆三世和他的继任者穆斯塔法四世。正是在这种国将不国、大厦将倾之时，苏丹马哈穆德二世上任，并挽狂澜于未倒，改变了奥斯曼帝国的命运。

塞利姆统治时期，禁卫军对于将权力掌握在自己手里不以为然，认为权力唾手可得。在帝国一个偏远的角落，禁卫军的放肆、傲慢引发了一场地方冲突，这成为后来所发生事件的先声。1804年，塞尔维亚发生农民起义，这个事件常常被视为第一个“全国性”叛乱，导致后来的现代巴尔干半岛诸国的建立。但是，这只是事后诸葛亮的解读罢了。事实上，贝尔格莱德省发生了极其凶残、惨烈的杀戮，这是由禁卫军发动的，旨在强化他们自己的权力，从而替代苏丹派往贝尔格莱德省的执政代表。在随后发生的冲突中，东正教徒不自觉地加入奥斯曼帝国苏丹的力量中，抗击苏丹内部的敌人。1804年的叛乱终于被平定，用时长达9年，而且由于俄国人的介入，情况变得更加复杂了。

1815 年发生了第二次叛乱，首次成功地争取到由一位东正教徒军阀主管的奥斯曼帝国的一个行省。这位军阀是米洛斯 · 奥布莱诺维克。苏丹马哈穆德全神贯注于应对政权面临的更大的威胁，也满足于接受这种安排，以为此举可换取新军阀的忠心。与在遥远南方的伊斯兰教徒阿里帕夏相比，米洛斯 · 奥布莱诺维克根本不是什么威胁。不过，这毕竟破了先例。塞尔维亚东正教徒旷日持久的斗争逐渐形成星火燎原之势，在历史上掀起了后来发展为波澜壮阔的国家自决运动的第一波浪潮。就这样，这个反帝国的、要求权力下放的力量（禁卫军），引发并推动了一系列事件，即便禁卫军不存在了，这样的事件也层出不穷。苏丹马哈穆德在 1826 年完全取消了禁卫军，那时的希腊革命风头正炽，消灭禁卫军是这个无情帝国取得的最为显赫的成就之一。

在 19 世纪的前 20 年，尽管欧洲有时疯传着一些可怕的预言，但是奥斯曼帝国经历的内部沉浮与改革的步子还是很缓慢的。这些起伏和变革将走向哪里？谁也说不清。在所有的社会阶层，特别是在精英阶层中间，穆斯林和基督教徒会在应对共同的生存威胁方面携起手来。忠诚是变动不居的，会随着不可预知的权力从一个中心或机构向另一个中心或机构转变。从某种角度看，它只不过是 1789—1815 年观察欧洲其他地方的一面镜子。

在所有这些动荡和混乱之中，国家自决、公民权利以及自由、平等、友爱的思想开始传播。在接受希腊语教育的东正教徒构成精英的边疆地带，这些思想传播得最为迅猛。尽管在那个时候，只有少数人有这些思想。

革命思想

第一位公开自己思想的人是里加斯 · 维莱斯汀利斯，也就是命中注定要在 1797 年被逮捕的那位阴谋家。对于维莱斯汀利斯本人，我们所知甚少。他出生于 1757 年或 1758 年，家境殷实，家乡是色萨利的维利斯提诺村，距离今沃洛斯不远。他的父母为他创造了接受教育的条件，使他拥有了进入奥斯曼帝国说希腊语的精英阶层的通行证。他受洗的名字是基里西斯之子安东尼奥斯。成年以后，里加斯·维莱斯汀利斯选择“里加斯”作为自己的名字。这不是希腊语里常见的名字，而是一个很寻常的词，意思是“国王”，而且大多用在寓言故事以及扑克牌游戏里，从来不指称真正的国王。在维莱斯汀利斯所属的那个社会阶层里，没有一个人有专属于自己的姓氏。所以，与很多人一样，他以自己的出生地作为姓。令人糊涂的是，他有两个姓，一个是维莱斯汀利斯，意思是“来自维利斯提诺的人”；一个是“费莱奥斯”，意思是来自费莱伊的人，费莱伊是当地的一个古代地名。根据留存下来的肖像，维莱斯汀利斯脸色红润，长着卷曲的黑头发和同样卷曲的胡子，脖子粗短，大腹便便，乌黑的眼睛里泛着淡淡的哀愁。

据我们所知，维莱斯汀利斯的事业奋斗之路与东正教联邦中多数人的路子是相似的，从农村到首都，从首都到多瑙河地区公国都城之一的所在地布加勒斯特，最后加入说希腊语的宫廷。在布加勒斯特期间，维莱斯汀利斯可能去了几次维也纳。他的多数作品坚守着“希腊启蒙”的精神和实践，主要包括翻译作品和改编作品。

没有什么选择比维莱斯汀利斯最后的选择更加激进，他在 1793 年翻译了《法国革命宪法》。那个时候，对那些被维莱斯汀利斯作品感动的同时代人来说，令他们震惊、兴奋以及感到新奇的是，维莱斯汀利斯竟然把西方的思想引进到奥斯曼帝国说希腊语的人群中。另一方面，对后来研究思想的历史学家以及政治理论家来说，维莱斯汀利斯翻译西方作品的伟大之处不在于他翻译成什么，而在于他为原著增加了什么。

我们从书的名字就可看到译者增加内容的印记。原著的书名是一个非常醒目的词——《宪法》，在希腊语里变成了《欧洲土耳其、小亚细亚以及地中海诸岛和瓦拉几亚与摩尔多瓦居民的新文官政府》（以下简称《新文官政府》）。[3] 维莱斯汀利斯的宏伟蓝图不是建设一个狭隘意义上的家乡，而是建设一个涵盖奥斯曼帝国所有行省以及安纳托利亚全部的“希腊共和国”（包括今希腊、土耳其以及大部分巴尔干半岛地区）。维莱斯汀利斯最令人惊讶的成就是，他将巴黎“恐怖”时期经过血与火锻造的基本理论进行了彻底改造，并引入奥斯曼帝国多文化、多信仰的现实之中。

维莱斯汀利斯的愿景是包罗一切的，而不仅仅体现在领土上，这不免令人称奇。《宪法》的第 7 条提出了宪法原则：

> 享有主权的人民包括这个帝国的所有居民，不以宗教区分，也不以语言区分，包括希腊人、保加利亚人、阿尔巴尼亚人、瓦拉几亚人、亚美尼亚人、奥斯曼土耳其人以及其他种族的人。

在该书的其他地方，“享有主权的人”被命名为“希腊人”以及“希腊人的后裔”（古代希腊人的后裔）。[4] 很明显，这些人口不是按照统一的基因遗传来定义的，而是基于共同的文化和共同的地理空间、完全不同的语言群体以及宗教社区都自愿认可的共和国原则。

维莱斯汀利斯的思想常常被描述为乌托邦，从某些方面来说，的确是乌托邦，但是从我们的角度来看，并不必然是乌托邦。维莱斯汀利斯的“希腊共和国”是一种尝试，试图进一步强化利用某些以东正教联邦形式真实存在的东西。在这个时期，希腊语作为教育通用语言的地位已经在奥斯曼帝国的欧洲行省以及安纳托利亚的大部分地区彻底建立起来了。尽管维莱斯汀利斯的思想完全是世俗的（他甚至将法国原著中的“至高存在”参考资料都去掉了）[5]，但为其整个理论大业默默提供支持的是东正教的等级制度以及接受希腊教育的法纳尔群体。正是由于它们的现存的作用以及影响，维莱斯汀利斯的思想才得到传播。

《宪法》的第 4 条是更加包容的。在维莱斯汀利斯的思想中，几乎每一个人都可以变成希腊人，如果他的服务对国家有用，那么他就可以成为希腊人。正是在这个意义上，维莱斯汀利斯首次在希腊语里使用了“民族”这个词。居住地、宗教或语言，也可以作为成为希腊人的证据："如果一个人说现代或古代希腊语，帮助过希腊，那么即便他生活在安特波地斯，也可以被看作希腊人，或公民（因为希腊酵母粉已经传播到南北半球）。"宗教包容是根本的。平等也是这样的。所以维莱斯汀利斯的作品比法国原著走得更远，把平等的权利从男人延伸到女人。他甚至想让女人到军队服役，"她们在不会用步枪的时候，可以拿一根长矛"。[6]

这一切有着重大的意义。从某些方面来看，维莱斯汀利斯远远超越了他所处的时代（直到 2016 年，英国和美国军队中的所有作战职位才对女人开放）。20 世纪末以来，多元文化主义往往被人们怀旧地归功于奥斯曼帝国。维莱斯汀利斯在他的《新文官政府》中就使用多元文化主义来设计一条现代化道路，一旦这一想法实现，地中海东部地区的城市就可能早于伦敦、巴黎和纽约变成多元的、民主的、法制的城市。维莱斯汀利斯的"希腊共和国"是"希腊的"，英国诗人雪莱在其后不久就说，整个欧洲也是"希腊的"，因为两者都是古代希腊文化遗产的继承者。美国和法国的共和党人曾在一段时期内，努力以古典雅典和罗马为示范样板来塑造自己的身份和体制，大西洋另一边的各种各样的欧洲移民也在寻找作为美国人的共同身份，如此说来，在巴尔干半岛和安纳托利亚发生的类似事情，并不必然就是不切实际的。

1793 年的法国宪法是法国大革命后不久、在特定条件下的产物。还不到两年，它就被另一个不激进的宪法替代。即便在法国，那些维莱斯汀利斯试图将条款规定植入差异很大的奥斯曼帝国的想法，也早就证明行不通。维莱斯汀利斯对此心知肚明，因为在他的书中，有些后来的条款是他自己起草的。这种完全来自国外的思想在一个基本上是封建的、神权的社会到底有着多大的机会？新的机制应该怎样引进到已经存在的机制之中？

从这个角度看，维莱斯汀利斯的宏伟蓝图确实有一些乌托邦的成分。他在自己的文件中几乎没有提到一点儿实际的计划，比如可能会出现的新的状态等。即便他提到了一点儿实际的计划，计划看起来不是诡辩骗人，就是夸夸其谈。在他增加的关于军事起义组织的一段中，他只是告诉我们，每十人要有一个十人长，每百人要有一个百人长，以此类推。士兵的衣服要用共和国的 3 种颜色，其中衬衣是黑色的，外衣是白色的，靴子是红色的。真是红色的靴子吗？这样选择颜色，不算是维莱斯汀利斯的错，因为这也是为了凸显共和国三色旗帜的特色。纳粹的标记“卐”也采用了这 3 种颜色。维莱斯汀利斯写道：“每个士兵都要戴头盔，每个公民都要戴帽子，上面都要装饰着共和国的符号。”这个符号是赫拉克勒斯的手杖，手杖上装饰着 3 个小十字架。[7]

很明显，维莱斯汀利斯在法国原著以外增加了很多东西，其目的是劝说，而在 1793 年的巴黎，这是不需要的，因为革命已经发生了，而且死刑采用的执行方式是上断头台。维莱斯汀利斯为译文增写了辞藻华丽的前言，详述了奥斯曼帝国发生的种种暴虐和罪恶。更加感人和更加振奋人心的是《新文官政府》最后的“战歌”，这完全是原创的，其目的是发出激昂的号角，呼吁人们进行革命。而这种鼓动人心的语言，是法语官方文本所没有的，也是其不需要的。[8] 维莱斯汀利斯的作品中还有一个完全新创的东西，那就是欧洲东南部以及安纳托利亚西部的当代地图被印在了十二张大纸上，上面标注着古代的地名以及历史事件的图像。维莱斯汀利斯这样做，是为了让在前一个世纪就逐渐兴起的新历史地理灵动起来，并为政治大业提供更坚实的支撑。这些形象化的做法的效果一点儿不亚于鼓舞人心的“战歌”，具有特别强的说服力，影响的大众比那些仅阅读和理解正文的人可能还要多。

维莱斯汀利斯为想象中的“希腊共和国”写的宪法将继续是一纸空文，他的革命只不过是纸上谈兵，是胎死腹中的婴儿。但是，他借鉴法国革命而提出的希腊革命的思想并没有消失。从 1798 年夏天维莱斯汀利斯被执行死刑的那刻起，这一思想就再度被人强调，并以非常不同的方式被阐述。

1798 年，阿达曼提奥斯·科拉伊斯已经年近五旬，住在巴黎。他作为公共知识分子的未来事业还没有开始。科拉伊斯知道维莱斯汀利斯及其同伙被逮捕和被引渡，但不知道他们最终的命运。他对维莱斯汀利斯命运多舛的《新文官政府》的了解也不会很多。但是，他所知道的就足以让他致敬“那些为了自由而献身的英雄”。[9] 在他面前的桌子上，科拉伊斯放着一本希腊语小册子，其是东正教最高权力机构君士坦丁堡宗主教会牧首管区新设立的印刷所出版发行的。这本小册子提醒那些心怀虔诚的信徒，是上帝“从无到有，创造了强大的奥斯曼帝国”，从而统治他们，为信仰东正教的教徒带来最终的好处，确保“上帝选民的得救”。这些说辞无甚新意，一直是15世纪以来教会的官方立场。有新意的是下面的话：心怀虔诚的教徒要警惕魔鬼最近编造的阴谋诡计，那就是在现世和来世诅咒信徒。这句话指的是“广为宣传的政治自由”。[10] 这个小册子的名字是《慈父指南》，它不是东正教对来自法国的新的、危险的、世俗思想的第一次反应，却是最强烈的反应。从时间上看，它可能是对维莱斯汀利斯失败这一消息的反应。

阿达曼提奥斯·科拉伊斯曾经是身穿绫罗绸缎的商人，是训练有素的医生，是自我教育的古典学者，是在他寄居的城市里密切关注法国大革命每一步进程的看客。这时，他拿起自己的笔，开始反击教会。他选择的是匿名撰文，为了嘲弄他痛击的小册子，他给自己的批驳文章起名为《博爱指南》。作为法国大革命三位一体的第三个要素的“博爱”，已经来到了说希腊语的世界。科拉伊斯的信仰坚定虔诚，他熟读经典教义，博学多才。但是，他还积极宣传从荷兰新教徒那里学来的教义。对于顺从上帝，科拉伊斯给予了怒斥：

> 顺从上帝不是指别的，而是指我们必须遵守法律。因为法律就是指人民全体一致的、共同的意见，所以人民的声音就是上帝的声音。

因此，他得出结论——不应该顺从奥斯曼统治者，“那些被暴君统治的人享有不可剥夺的权利，应该采用一切方式，摆脱暴君施加的枷锁，重新享有自治政府的宝贵礼物”。[11]

由此，科拉伊斯开启了长达35年的奋斗历程，他是希腊独立大业最著名的知识分子设计师，也常常因此被颂扬为“希腊国家之父”。

如此说来，科拉伊斯似乎很自然地成为维莱斯汀利斯思想衣钵的传承人，继续推动维莱斯汀利斯已经开创的事业。但是，事实并非如此。科拉伊斯生于1748年，比维莱斯汀利斯年长10岁。这两人无论是知识修养，还是背景、外貌以及性格，都截然不同。科拉伊斯出生在城市，在奥斯曼帝国最大的城市之一士麦那长大，而维莱斯汀利斯出生在地方的行省。维莱斯汀利斯是在帝国之内接受的教育，而科拉伊斯是在欧洲接受的教育。从肖像上看，维莱斯汀利斯一定非常享受生活，科拉伊斯则显得律己甚严，上衣领子高高竖起，完全是西方打扮。他看起来胸膛凹陷，两肩瘦削（他可能年轻时患过肺结核）。他的胡子总是刮得干干净净，表情凝重，仿佛对古典罗马肖像有意见似的。维莱斯汀利斯可能梦想过亲自将自己的思想变为现实，走在革命队伍的最前面。科拉伊斯的一生则献给了书籍，不是读书，就是写书。当然，他还做了些其他事情，比如在阿姆斯特丹经营父亲的产业，在蒙彼利埃当医生等。不过，据他自己所言，他做这些只是为了满足他“对知识的渴求”。[12] 对科拉伊斯来说，他从来没有想过积极地参加政治事务。法国大革命爆发的前一年，他就在巴黎定居了，从那以后，他再也没有离开过巴黎。的确，据我们所知，他从来没有再次踏入今希腊的任何一块土地，他一生都是一个思想者。

维莱斯汀利斯超越时代，积极为想象中的共和国制定法律；科拉伊斯却从来没有为独立后的希腊应该如何运作提出任何具体的建议，只是在很久以后，受1821年希腊革命的驱使，他才拿起笔提了几点建议。之所以如此，首要原因是法国东方远征军曾驻扎埃及，此后不久，科拉伊斯就认为，法国军队可以成为解放希腊的力量。如果法兰西共和国的政府能够统治他的同胞，正如1797年和1798年爱奥尼亚群岛上所短暂发生的那样，那么他会非常满意，所以也就没有必要制定新的法律了。但是，即便在科拉伊斯政治思考的最早期，他的思想也有了一些新的特征，从而有了完全不同的转向。

维莱斯汀利斯的宪法翻译借用了法语中的词汇“nation”（民族），但实际上在文中主要指的是“state”（国家），科拉伊斯使用的是一个希腊语的词汇“ethnos”（民族），以此翻译我们今天所称的“民族共同体”（ethnic group）[13]，这是当时正在兴起的也更加模糊的概念。维莱斯汀利斯允许巴尔干半岛所有不同宗教信仰、所有不同语言的人都可以申请获得一个新的“希腊人”的身份，而根据科拉伊斯的逻辑和立场，他理解的“国家”不包括那些不是希腊民族的人。

科拉伊斯与爱德华·吉本以及18世纪和19世纪初的其他研究古代史的史学家一样，认为古代的希腊世界很早就灭亡了。他说，希腊人早在罗马帝国时期就已经成为臣民了，臣服于说希腊语的皇帝从君士坦丁堡施加的统治长达千年之久。科拉伊斯在1801年撰写了另一篇论辩文章，这篇文章也是匿名出版的，痛悼拜占庭遗产对当时希腊人的影响：

> 很多次，（拜占庭）军队没有将真正的罗马人扶上王位，被扶上王位的是色雷斯人、保加利亚人、伊利里亚人、特里巴利人、亚美尼亚人以及其他更凶残野蛮的专制君主，他们施加的枷锁变得更加沉重，从而（古代）希腊的灯光一盏接着一盏熄灭了……[14]

现在，自由已经深深地融入国家的血液里。维莱斯汀利斯的政治愿景建立在我们今天所说的公民的或唯意志论的民族主义之上，个人或团体可以为了所有人的利益而选择放弃一些自己的权利。此前40年，罗素在《社会契约论》中就提出过这样的观点。对科拉伊斯来说，情况恰恰相反，国家是由其遗产继承定义的。这就解释了他为什么把大量的研究精力用于他所说的“国家最不可或缺的要素之一”的希腊语言。[15]其实，早在19世纪初的论著中，科拉伊斯就用我们今天所说的“民族”来定义希腊国家的含义。

科拉伊斯没有将最早的这些完整的思想讲述给他的希腊同胞，而是讲述给了巴黎的一个知识团体——人类观察者协会。该协会的成员都是现代人类学的先驱，除了科拉伊斯，他们都是在本土出生的法国人。该协会创立于法国大革命期间。1803年1月6日，科拉伊斯向他们宣读了题为《希腊文明现状》的论文。[16] 在这篇论文里，科拉伊斯与维莱斯汀利斯思想的不同就变得非常明显。维莱斯汀利斯的“希腊共和国”有一些新东西。“拥有主权的人民”可以是古代“希腊人的后裔”，但是其政治体系与曾经存在的体系都不一样，除了初出茅庐的美利坚合众国的体系。与此相反，在预想未来独立的希腊是从过去的体制中复活的方面，科拉伊斯看起来是第一个。科拉伊斯的文章是用法语写的，他在开篇语中介绍了他用来定义政治途径的术语，比如“国家”“再生”“文明”。最后一个术语是深受启蒙主义者喜爱的概念。尽管一般人认为希腊人发明了这个词，但是希腊语中并没有与此对应的词汇。围绕这个含义，科拉伊斯首先造了一个词，这个词一直到今天还是标准用语。科拉伊斯坦承，希腊词语“国家”反映了18世纪法国和英国旅行者使用的术语已经“从古代先贤的美德中堕落了”，目前正在以一种“野蛮状态”停滞不前[17]。但是从20世纪中叶，这种糟糕的状态就开始转变了。

这篇论文的主体部分讨论的是几十年来希腊在教育和商业方面取得的进展。归结到一点，科拉伊斯认为，这些进展的作用一点儿不亚于一场“革命”的作用，这场革命只不过是一场“道德”的革命罢了。[18] 在法国真实革命的推动下，这场“道德”革命的进程加快了。但是，这篇论文没有提到暴力行动。科拉伊斯反倒描述了希腊人的“觉醒”——承担起责任，不辜负他们所继承的古代先人的名声。（用法语说这些要比用希腊语容易，那个时候，说希腊语的人依然被当作 Romioi 或者 Graikoi（科拉伊斯更喜欢的术语），而不是 Hellenes。“祖国”的再生已经开始。最后，在谈及祖国的化身时，科拉伊斯总结道：“只有你们在民族之林中重新获得地位，我的生活才会变得有意义。”[19]

从那以后，在将近20年的时间里，科拉伊斯将自己的精力都用在说希腊语的人身上，尤其在奥斯曼帝国里的那些人中间宣扬这一观点。为了宣扬这一观点，他设计、编辑了一系列古代文本，并将其命名为《希腊研究文本集成》。这些文本在印制时采用了经典研究最高的标准，有很长的前言。科拉伊斯在前言中用现代语言详细阐述了他的关于语言、教育和道德的改革的思想，他相信这些改革会带来他所渴望的再生。在这些文章中，科拉伊斯回避了他早期的、未署名的论辩文章所彰显的暴力和革命，而是以很长的篇幅不断充实自己最初用法语表达的“再生”的观点。他不奢望在有生之年看到结果。实际上，在临近生命终点的时候，他坦陈希腊要想获得独立，要等到1851年，那是在希腊革命爆发30年以后。[20]

并不是所有有这些思想的人都如此有耐心。《希腊法制：关于自由的论述》在当时是一部激情洋溢，甚至是放纵暴烈的著作，匿名出版于1806年，发表地点可能是意大利海港城市里窝那。全书共有250页，以现代希腊文撰写，文字排得密密麻麻，不分章节甚至段落。该书的作者至今仍不明确。[21]

这是一部纪念维莱斯汀利斯的著作，把维莱斯汀利斯描述为一个“伟大的希腊人”，一个“英雄”，一个“热爱希腊的人和爱国者”。如果不是因为“他的卑鄙无耻的同志、最一文不值的叛徒的下贱和怯懦”，如果不是因为那个叛徒将维莱斯汀利斯指认给奥地利人，那么维莱斯汀利斯会成为“希腊的解放者”。这些描述能让你感受到这部著作的语言风格。尽管作者对维莱斯汀利斯非常敬仰，但没有任何迹象显示，他比科拉伊斯对维莱斯汀利斯政治思想的了解还要多。这位匿名作者所知道和钦佩的，是那首革命的战歌以及维莱斯汀利斯遭背叛和被处死的故事。维莱斯汀利斯死后不久，那首战歌就在法国统治下的科孚岛发表了，维莱斯汀利斯的故事也得到大范围传播。[22]另一方面，这位匿名作者的观点更接近科拉伊斯的思想，而不是他所崇敬的维莱斯汀利斯的思想。他在提及科拉伊斯的时候，也充满着敬佩。

这部著作最基本的前提是，人类幸福和发展的唯一保证是法治。“nomarchy”（法制）是作者自己的发明，是对“monarchy”（君主制）的仿写，“君主制”这个词在希腊语和英语中的意思是一样的。作者将两个辅音字母进行调换，从而几乎调换了词语的意义，不再是“一个人”（monos）的统治，而是“法律”（nomos）的统治。整部著作的诉求就是解放，总的来说是人类的解放，但更为具体的是作者所指称的“Hellenes”的解放。“Hellenes”这个词语在希腊语里仍然存在，通常指古希腊人。即便科拉伊斯在当时谈到他同时代的人的时候，使用的词语都是来自拉丁语的名字“Graikoi”。但是现在，在《希腊法制：关于自由的论述》这部著作中，现代希腊人不再像科拉伊斯和维莱斯汀利斯所说的那样，仅仅指古希腊人的后裔。在菲利普迪斯和康斯坦塔斯 1791 年出版的《现代地理》中，他们甚至还不是“新”希腊人或“现代”希腊人。现在，他们是希腊人了。对今天的我们来说，很难想象那在 1806 年是多么大的进步。事实上，“Hellenes”这个词语在希腊语里增加了一个用法，这个用法在欧洲的其他语言中已经是存在了很长时间的一个标准，其中，同样的词语（“希腊”和“希腊语”）被用来指称历史文化、地理区域和居民。

对《希腊法制：关于自由的论述》的作者来说，这些“Hellenes”很自然地要依附于一片土地。几乎在每一页，他都用希腊语写上“Hellas”，正如科拉伊斯用法语写上“la Grèce”（希腊）一样。这两个人都没有就这片土地的边界在哪儿给出任何明确的意见。当然，当时的政治地图上也不会有任何边界。对照起来，维莱斯汀利斯不论在地域命名上，还是在实际绘图上，都精确得多，他认为构成他理想中的“希腊共和国”的地区是欧洲以及奥斯曼帝国的欧洲行省。维莱斯汀利斯一直努力从他那个时代就已经存在的政治现实着手工作。科拉伊斯和《希腊法制：关于自由的论述》的作者都是在奥斯曼帝国之外进行写作，他们看不到帝国内机构的合法性。科拉伊斯认为，国家“再生”已经开始孕育。为了响应这一观点，并呼吁尽快完成国家“再生”，《希腊法制：关于自由的论述》在结束的时候反复号召“国家复苏”。[23]

关于国家“再生”的方式、方法以及帮助“被奴役的希腊人”重获自由所依赖的实际资源，这位匿名作者比他的两位前辈有更多的发言权。他谈论的诸多内容中，就有希腊人自己的“性格”和“道德”。为了再一次回应科拉伊斯，他坚持认为，尽管希腊多年臣服于外国主子的专横统治，但是希腊人的“性格”和“道德”并没有被削弱和淡化，依然可以一直追溯到古罗马。在这方面，他提出了19世纪“民族性格”的思想。在其他方面，他依据史实判断，与他同时代的一些人仍然具有古代斯巴达的战斗精神。斯巴达人在公元前480年的温泉关之战中，英勇抗击波斯侵略者，战斗到只剩最后一人。他还援引住在山区的苏里奥特人在过去20年里奋勇抵抗阿里帕夏的事迹，这些在当时已经成为传奇。他从苏里奥特人身上看到了“被奴役的希腊的英雄和荣耀，以及希腊即将到来的解放的出发点和推动者”。绿林好汉和山贼土匪这些善于发动游击战争的人的习性，已经引起了维莱斯汀利斯的仰慕。《希腊法制：关于自由的论述》的作者甚至走得更远，他也许是第一个赞美那些亡命之徒的道德品质的人，并把他们刻画成处于萌芽状态的自由斗士和将来本土战斗力量的核心。[24]

来自国外的力量也很重要，但这些力量并不在期待之列。作者认为，如果我们信任外国政府，那么我们就是智力障碍者，因为所有的外国政府都是由“专制暴君”领导的，都是为维护统治阶层自己的利益而存在的。为什么用一个专制暴君来换另一个专制暴君呢？尽管作者没有点名，但这是对老牌帝国俄国和新的法兰西拿破仑帝国的旁敲侧击。作者没有把希望放在外国人身上，而是放在包括他自己在内的在国外学习或经商的希腊人以及他的书能够影响到的多数人身上。他敦促他们，最后一定要回家，将他们在国外学到的知识和技能贡献给自己的祖国。另一个国外的力量来自敌人的薄弱地方。《希腊法制：关于自由的论述》的作者可能是引起大家关注“东方问题”的第一个希腊人，很快西方人就开始研究“东方问题”。奥斯曼帝国内部已经烂透了，他让读者相信，拿回自己东西的时机已经成熟了。更早的时候，他提供的数据显示，在奥斯曼帝国的很多地区，东正教徒人口占到当地人口的80%左右，即便如此，他们的数量也没有超过希腊人。[25]

《希腊法制：关于自由的论述》这本书还有其他的新东西，有对未来分歧的预言，那是对内部敌人的强烈谴责。那个出卖维莱斯汀利斯的同伙商人后来证明是唯一的叛徒。对于东正教会的等级制度，匿名作者使用了一些最为严厉的词汇。《希腊法制：关于自由的论述》是那个时代为数不多的呼应法国革命反对教权主义的著作之一。从东正教宗主教会牧首（荒唐可笑的头衔），到东正教主教公会的腐败，再到僧侣的无知和恶行，匿名作者对神职人员不屑一顾，认为他们不仅无知、自私，而且作为奥斯曼帝国系统的一部分，还是叛国者。对于法纳尔阶层和地方君王，该匿名作者的看法也都一样。

> 这些人给我们国家造成了更大的不幸，给希腊人带来了噩运，他们出生在希腊的土地上，没有别的目的，只是延长我们祖国被奴役的时间。

当然，那些精英阶层的成员并不这样认为。对他们中的大部分人来说，"希腊土地"这个概念听起来非常古怪。匿名作者满含厌恶地总结道："这些人将成为他们后代的耻辱。"[26]

我们已经得到警告，与所有革命事业一样，希腊的革命事业也会受到来自其要取代的最有权势的个人和团体的威胁。匿名作者心目中的英雄维莱斯汀利斯所想象的包容一切的纲领，已经永远地随风飘逝了。

黑暗中孕育的东西

这些思想到底能产生多大的影响？在农民、渔夫、农场主和僧侣等形形色色不同的人中，到底有多少人会参与这些革命事业？就以维莱斯汀利斯来说，在将近一个世纪里，他提出的建议只不过是静静地被埋没在奥地利的档案卷宗里。科拉伊斯未署名的论辩宣传小册子以及《希腊法制：关于自由的论述》原版书流传到今天的不过寥寥几本。从另一方面来说，所有这些出版物都是秘密出版的，收藏或拥有它们是危险的，很多出版物一定被收缴、隐匿或销毁了。我们现在不知道在1821年希腊革命以前的日子里，这些出版物到底有多少人阅读，或者经过口耳相传，有多少内容为人所知。科拉伊斯的《希腊研究文本集成》有25卷，收录了他的关于教育和语言的论文。这本书的出版由一位有着相同思想的商人资助，可能在奥斯曼帝国得到了大范围的传播。这些书籍没有公开宣传颠覆活动，所以帝国当政者也没有禁止它们发行。这些书籍的印刷数量为1 000~1 500本，对于用希腊语撰写的书籍，这个数量在当时已经是巨大的了。即便希腊革命前只有一半的书籍真正得到发行[27]，流传到社会上的数量也还是相当大的。这些书籍已经产生了一些影响，因为到了19世纪20年代初期，国家复兴的思想至少已经在受过教育的革命支持者心中扎根。但是，大致而言，这些人做了什么呢?

有价值的信息来源还得从国外寻找，外国旅行者在游记中写下了自己的经历，有时写得还很详细。在19世纪的前20年里，由于拿破仑战争阻碍了去欧洲其他地方的道路，越来越多的英国旅行者穿越所谓“希腊”的陆地。21岁的拜伦爵士和他的旅行同伴约翰·卡姆·霍布豪斯在第一次听说科拉伊斯后，就对他充满了敬仰。那是1809年年底，他们正停留在伯罗奔尼撒半岛一个地方君主的家里。仅仅维莱斯汀利斯的名字就能让听到的人产生一种“迷幻”。从霍布豪斯的日记中，我们了解到，拜伦后来翻译并以此获得声望的那些诗篇，在维莱斯汀利斯被处死仅仅11年后就已经在伯罗奔尼撒半岛被人根据马赛曲的曲谱传唱:

起来，希腊的儿男！
光荣时刻已到来，
要效法我们祖先，
不枉作英豪后代！
起来，希腊的儿男！

挥戈向敌人迎战，
让他们腥臭的血川，
像河水在脚下奔窜！[28]

事实上，这些歌词可能不是维莱斯汀利斯写的，但与他的名字联系在一起，依然是同样重要的。截至 1809 年 12 月，暴力的味道充斥在空气中。我们可以从这些以及其他旅行者那里得知，法国大革命赞歌的曲调已经在很多具有爱国思想的希腊人的口中哼唱。

其他外国游客也在大约同时期听到类似的社会传言。亨利·霍兰在 1815 年出版了一本书，书中提到“不管在欧洲这一块土地上是否可能建立一个国家，不管是通过自己的努力还是借助外来的力量，它都会在文明世界的所有事务和事件中占据一定的位置，这是一个很有趣的值得思考的事”。最后，根据 1812 年在希腊几个月的游历，霍兰尝试性地得出结论——这里可能会建立一个国家。[29]

到 19 世纪第一个 10 年结束的时候，形势已经很明显，某粒种子已经发芽，正在成长。这粒种子将来的命运会怎样，是否会出现新的生命，是否会像维莱斯汀利斯的筹谋那样胎死腹中，没有人知道。根据科拉伊斯的描述，正在“觉醒”的人，不只是希腊人。1800—1821 年出版的大量游记，尤其是在伦敦出版的游记，在增强当地人们的意识方面发挥了很大作用。与 18 世纪相比，这些游记的作者更加详细地记述了他们走过的国家的现状以及当地居民的生活条件。由此造成的结果是，不仅在说希腊语的东正教徒中间，而且在更加遥远的西方，这种激发拜伦、霍兰等旅行者的好奇心的“思考”孕育生长起来。

拜伦的长篇叙事诗《恰尔德·哈罗尔德游记》在 1812 年出版前两章后，在西方产生了巨大的影响。这本书甫一出版，便洛阳纸贵，它的面世标志着作者“积年盛誉”的开始，使作者成为现代的第一个名人。但是，“一夜成名”

的不只是这首长诗的作者。一夜成名的还有希腊和希腊人。《恰尔德·哈罗尔德游记》的第二章以诗的语言叙述了拜伦在希腊土地上的“伟大游历”，还包括他对希腊现状和未来的考察以及思考的结果。在以后的几年里，继《恰尔德·哈罗尔德游记》以后，拜伦还用诗文创作了一系列具有传奇故事的畅销书。这些书被称为拜伦的“东方”或“奥斯曼土耳其故事”，都是根据他最新的游历创作的。与《恰尔德·哈罗尔德游记》一样，这些书很快被翻译成其他语言，并受到欧洲各地人民的追捧。那个时候，拜伦还不是希腊人（后来是了）。他在1821年前写的作品，从未直言不讳地支持希腊革命。但是，不管他的读者生活在哪里，他们都会突然提出备受关注的热点问题——希腊再生能实现吗？

1814年11月—1815年6月，在维也纳会议上相聚，能决定拿破仑被击败后的欧洲格局的政客、君王以及他们的顾问和外交官，根本不费神考虑这样的问题。那次大会形成了欧洲协调机制，其中一个重要的成果是确定拿破仑战争结束后重建的边境为永久化的国界。但是，这一切安排的主设计师，也就是奥地利帝国外交大臣克莱门斯·冯·梅特涅，在几年后公然否认意大利的存在，认为意大利只不过是一个“地理表述”。维也纳会议上没有奥斯曼帝国的代表，其欧洲行省的未来命运好像也没有任何人提及。但是，“没有四强国（后来是五强国）的同意，欧洲诸国疆界就不能变更”的原则，也同样适用于奥斯曼帝国。到了1815年，拿破仑在滑铁卢最终失败，整个欧洲大陆的命运都已注定。思考是诗人和幻想家的事，这就是当时的事实。

同时，受过希腊教育的精英阶层正在为实现希腊复兴的大业悄悄地积聚力量，协作行动，兴办报纸和建立知识社团变得越来越常见。早在1790年，维也纳就创建了第一份希腊语报纸。这份报纸创办了7年。维莱斯汀利斯密谋事件发生后，尽管这份报纸本身并没有涉及颠覆性活动，但是当局还是以此为借口把它给关闭了。1811年，第二份报纸《有学识的赫尔墨斯》创办，这是影响最大、创办时间最长的报纸。在创办后的十多年里，这份报纸几乎两周出版一期，得到了当时希腊语言教育方面最优秀人物的支持。报纸关注的主题是“哲学”，所以对有关政治的任何问题一概不关心。但是给这份报纸撰稿的很多人后来都在希腊革命中发挥了作用，成为希腊革命中知识阶层领导人的重要成员。

在社团方面，最知名的是热爱缪斯协会，它于1813年在雅典建立。该协会最有影响力的人物之一是拜伦爵士曾经的现代希腊语导师扬尼斯·马麦罗托尼斯。第二年，同名社团在维也纳成立，得到了扬尼斯·卡波迪斯特里斯公爵的资助。这个人是科孚人，当时正在参加威尼斯会议，为俄国沙皇亚历山大服务。这些社团至少都公开地致力于推进教育和艺术。从某种程度上说，希腊复兴也是一个政治问题，这些社团有可能涉及一些隐秘活动。但是，与报纸一样，这些社团都是公开运行的，它们所声称的目标是文化方面的，而不是政治方面的。

朋友协会（也称“友谊社”）就大为不同了。在英语中，其拉丁名字“友谊社”被广泛使用。这是一个秘密社团，致力于民族解放战争。关于这个社团的仪式、层级以及黑话，很多文章已进行介绍。与当时欧洲其他地方的秘密政治团体一样，这个社团最终是以共济会为靠山的。这个社团建立于1814年，总部设在敖德萨。敖德萨位于新的“边疆地带”的核心，几乎在一个半世纪之前就已向黑海北部开放了。从叶卡捷琳娜大帝统治时起，说希腊语的商人就被鼓励去那里定居，现在那里已经形成了一个很有影响力的社区。在实际生活中，这个社团好像只是从1817年开始，才以一个组织的形式发挥作用，而且是在君士坦丁堡发挥作用。[30]社团创立者营造了神秘氛围，部分原因是夸大其与俄国的联系，目的是促使协会的支持者相信，协会的后台是沙皇政府，其实根本没有这回事。民族解放是这个社团的目标，但是如何实现呢？

在这个社团中，不同层级的人都要发誓，誓言冗长。这些誓言成为我们了解社团最可靠的证据。誓言中最核心的一段话如下：

> 我发誓，我要在我的心中，对我的祖国的暴君、他们的帮凶以及与他们有着同样思想的同伙，永怀刻骨的仇恨。我要在形势允许的情况下，采取一切方式，打击他们，彻底消灭他们。

这里没有任何妥协的余地。“民族”“祖国”“自由”是反复出现的词汇。社团的会员被称为“希腊人”，社团不允许外国人加入。社团的宗旨是实现“我们多灾多难的祖国的复兴”。正如此前的《宪法》，这个社团的很多办事程序、协议草案以及秘密，都没有保存下来，即便在其秘密存在的时期，那些东西也没有得到很好的保存。[31]

社团的会员并不多，但其重要性远不是其会员数量可以代表的。据推测，截至1820年年中，它的会员只有700人，到希腊革命开始的时候，也只不过增长到2 000~3 000人。一份不完整的档案里记录了1 000多个会员的名字。在那些会员中，只有一个会员是农民。所以，这个社团所开展的根本不是一个大众运动。[32]尽管如此，其重要性在于，它是一个组织，而且致力于革命。

这个社团的本质从某些方面看是矛盾的。它精心设计的所有神秘机关，就是让入会人员相信自己进入了一个等级结构。上升的层级越高，就越神秘。最大的秘密只有几个被选中的人才知晓，掌握了这些秘密，就意味着进入了最高统治者阶层。这样一种机制并不是要保护这几个难以企及的社团领导人的身份，而是要掩饰他们在现实社会中的地位是如何低下，这才是整个秘密社团机器的真正目的。秘密社团的真实结构不是从上至下的，而是从下至上的，其煽动者来自刚刚兴起的商业中层阶级，没有一个人在现实生活的商业圈里占据显赫的位置。不管怎么说，他们在组织秘密社团、招募会员方面是成功的，其中一多半的会员是商人，会员还包括医生、老师等，在伯罗奔尼撒半岛，会员甚至还有地主、教会神职人员等。

这样一来，社团最顶端的一个职位就是空缺的。造成的后果是，没有一位众望所归的高层领导人能够在关键时刻统领全局。社团核心圈的人距离这个位置虽然只有一步之遥，但都不能胜任，他们甚至找不到一位有望接替这个职位的人。当时世界上最具影响力的希腊人是科孚公爵扬尼斯·卡波迪斯特里斯，他在1816年被提拔，担任沙皇的外交大臣之一。社团的会员都笃信，卡波迪斯特里斯就是他们的隐匿的、不得不承认的领袖。但在反复劝说下，卡波迪斯特里斯还是不想与社团有任何瓜葛。不过，在很久以后谈到意大利统一的时候，卡波迪斯特里斯坚持认为："我们必须首先成为希腊人，然后再缔造希腊。"[33]

就其本身来说，这个社团的存在看起来更像是某种征兆，而不是一个事业。那个时候，欧洲其他地方也有相似的秘密社团。这些社团的建立，都是由对1815年在维也纳达成的协议和安排的不满意引发的。矛盾激化之下，革命就爆发了，先是发生于1820年1月的西班牙，接着发生于同年6月两西西里王国的首都那不勒斯，然后发生于1821年的撒丁岛和皮埃蒙特。但是，这些革命都是由要求政治改革的"立宪主义者"推动的和平暴动，而不是秘密社团策划的全面战争。所以，这些革命必将是短命的。欧洲大部分地区的革命性变化要等到1848年以后。

那么，奥斯曼帝国的边境地带为什么会不同？为什么不久以后希腊革命得以成功？在那些地区，有人也许会认为，狂飙突进的时代已经结束了。其实，在奥斯曼帝国内部，中央集权已得到稳步加强，尽管很多人对此还没有完全清晰的认识。法国大革命来了，又走了。拿破仑和他的征服也是如此。对很多东正教徒来说，自由的诱惑与魅力一定就像1798年《慈父指南》所警告的那样虚无缥缈。但是，有些事情已经永远地被改变了。比如，这片土地再也没有稳定的状态了，再也回不到过去了。这片土地在过去的50多年，一直经历着持续不断的变革。拿破仑战争的不确定性只是进一步增强了不确定性的幅度和水平。最为根本的变革是，人们开始反思。曾经被"自由"、"平等"和"博爱"燃烧起来的热情可能已经消失，但是有比以前更多的人开始以“希腊人”的身份思考自身。1803年，科拉伊斯在巴黎撰写的《希腊文明现状论》已经证明了希腊船主和船长用他们的古代英雄的名字来命名船只的新习惯。个人在起名时，也是如此。人们在传统的教名之外，再起一个古希腊的名字，也是这个新习惯的标志。

思想意识的巨大转变正在发生。这个转变不可能是统一的。比如，在有些地方，很多人几乎没受到任何影响，其他人则拒绝思想转变。在那些拥护思想转变的人中，最积极的是那些生活在奥斯曼帝国以外的人以及可以与外界进行商业交往并走南闯北的人。这个新的、初步的、分布不均衡的“希腊”身份认同意识本身，未能使18世纪处于分散状态的社区在19世纪的前10年变得更加团结一致。如果这中间有什么变化，那就是新的思考方式让它们变得更加分散。但是，不管是个人还是整个社区多么努力地试图适应这种思想转变，思想变革仍然不可期待。

这并不是说思想意识的变革就足以引发一场革命。当然，没有几个人会急切地希望发生那种疾风骤雨式的暴力运动。科拉伊斯和卡波迪斯特里斯等渐进主义者就是这样教导大家的。即便在发生敌对冲突以后，有人也依然认为革命是不必要的，可以不通过革命就能实现希腊自治政府的目标。那么，为什么会发生革命呢？为什么一旦发生就是爆发呢？ 1815—1821年发生了3件本来不需要发生的事情。它们从本质上来说是没有关联的。不过，这3件事情结合在一起，就会引爆一切。

第一件事情是长期的，是经济方面的。在拿破仑战争期间，掌握在奥斯曼帝国欧洲行省东正教徒手里的船运和跨越大陆的贸易，一直进行得非常好。随着战争的结束，属于西方国家的商船开始回到地中海东部地区。在这个时期，各国政府越来越多地实行保护主义。在这样的政策下，不论在奥斯曼帝国，还是在国外，希腊的商业公司都受到很大的冲击。有一位历史学家甚至将这种情况类比为今天的希腊经济危机。[34] 有些外国旅行者也注意到了保护主义的影响。很多家庭的两三代人已经习惯了财富的不断增长，但是他们突然发现自己的好日子消失了。这是一个令人沮丧的生活预期。在一代人的成长过程中，人们再也不能想当然地认为，儿子要比爸爸的日子过得好，女儿要比妈妈嫁得好。最坏的情况是，贫困可能随时而至。你能希望的最好情形就是把握好你自己。半个世纪以来的经济和社会发展（对有些人来说）戛然而止。那些有财富的、有信念的、有才华的人猛然发现自己处于绝望无助的境地。

这不是突然发生的，而是一直潜伏的。1820 年春天发生了两件事情，它们共同将经济衰退和人们的绝望推向了暴力。阿里是爱奥尼亚群岛说阿尔巴尼亚语的穆斯林帕夏，他公然站出来反对奥斯曼帝国。4 月 24 日，这个社团的高层发现了他们一直苦苦寻找的领导人。

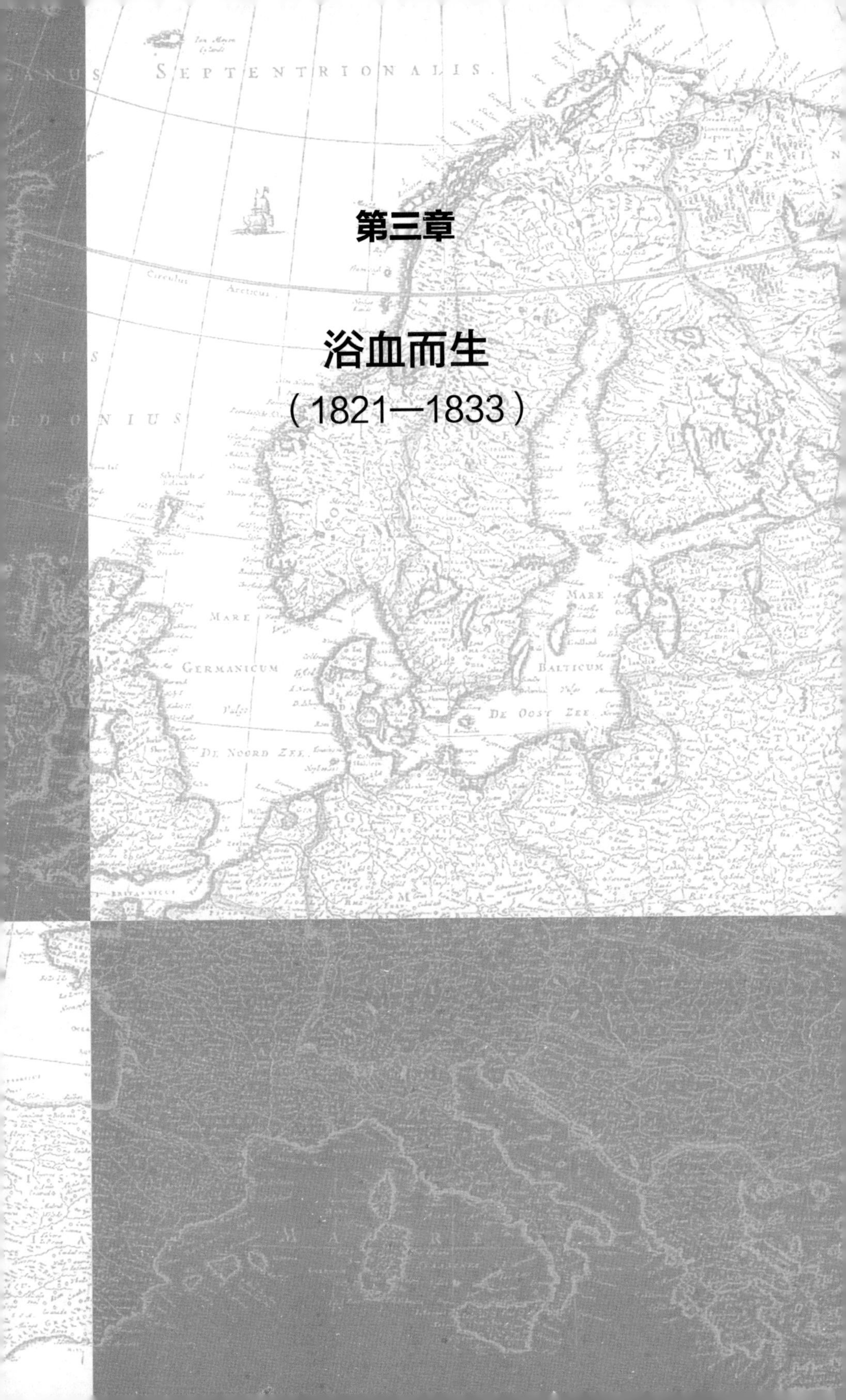

第三章

浴血而生

（1821—1833）

毋庸讳言，那就是一场大屠杀。

就革命的计划性而言，几乎从一开始，事情就摆脱了计划者的控制。从任何角度来看，计划的制订都非常仓促。这不是一场有领导人率领、有目标引领的革命。这不是国与国之间，甚至不是一国之内有着明显不同的派别之间的战争。希腊之外的历史学家通常将它称为“独立战争”。其实，它没有那么泾渭分明。在希腊传统上，它被看作“革命”，或者更经常地只是以年份命名，在所有后来的希腊历史上被写成“1821”。

杀戮一旦开始，就变得疯狂起来，显示了集体的愤怒和恐惧。没有任何力量能够控制它。各方（有很多不同地点、不同时间的参与方）都毫无例外地诉诸可以想象的最极端的暴力。这不是传统意义上的战争，不是“通过其他方式进行的外交延续”，这是通往野蛮的堕落。启蒙运动所捍卫的理性、自由的价值观往往受到推崇，但这场革命波及的所有地区，几乎没有重视这些价值观的迹象。希腊革命的故事不是一个理性行动和反应的故事。所发生的一切更像是真实的婴儿降生，或者是大自然的一个灾难。

这场暴力的受害者多半是平民以及那些不能保护自己的人。除非外国人提出要求，否则交战双方通常不会放行局外人员，而且一如既往地杀害俘虏和人质，不管年龄，不分性别。一场小型战斗后，双方都会把各自击毙的人员的头割下来，堆放在一起，作为战利品。所有行凶者，不管是奥斯曼帝国的刽子手，还是处死穆斯林俘虏的基督教暴徒，都怀着同样的强制性心理——要让最后的惩罚方式多样化，他们使用了毫无必要的羞辱形式，有时候还让被处死之人的痛苦更加骇异、更加持久。据推算，截至 1828 年，希腊的平民人口数量比敌对行动爆发以前减少了 20%。庄稼、牲畜、磨坊和住房是农业生活的必需品，其被破坏的程度比人口的减少幅度大得多，例如，牲畜数量锐减了 90%。[1] 革命结束的时候，大多数地区不再有穆斯林。宣礼塔被拆毁，清真寺被改成仓库、市议会厅或者（很久以后）电影院。这些建筑物与周围建筑物的朝向不同，今天，它们朝向麦加，这常常提示人们它们最初的意义。在 19 世纪 20 年代争取希腊独立的那些地区，我们很难再找到刻着古老奥斯曼文字的纪念碑或石碑，也难以找到奥斯曼时期的墓碑或建筑。

在第一批研究这段冲突的希腊历史学家中，有一位历史学家在冲突结束几十年后回顾这段历史，分析证实了他的同胞之所以有那样的行为的原因。他说："希腊人的不端行为，是奥斯曼土耳其教育的结果，是由奴隶制度引起的。"[2] 那个时候，外国观察家则持怀疑态度。最近发现的非希腊人的记述显示，冲突双方采用的极端暴力不相上下。在地方层面上，这毫无疑问是正确的。但是，不是所有的暴力形式都难分伯仲。奥斯曼帝国从一开始建立的报复模式，可能进一步加剧了它本想要控制的威胁。在 1821 年 4 月和 5 月的几个星期里，一个多世纪的成就被损毁殆尽，法纳尔阶层被彻底消灭。那个时候，在君士坦丁堡执行的所有死刑中，最臭名昭著的是处死年迈的东正教宗主教会牧首：4 月 22 日复活节那天，他在自己教堂的大门上被绞死。在那几周的时间里，有 100 多位著名的法纳尔在君士坦丁堡被当众砍头。

对奥斯曼帝国来说，这可能是恐慌的信号。尽管那些措施对希腊族很残忍，但它们也损害了奥斯曼人自己的利益。几年以后，奥斯曼帝国发现，有些过去由法纳尔担任的最高职务，再也找不出合适人选了。同样的自我伤害行为一年后再度发生。那个时候，希俄斯岛种植乳香的村庄惨遭洗劫，这被当作对另一个岛上的希腊人叛乱的惩罚。1822 年 4—6 月，对希俄斯岛的大屠杀因奥斯曼帝国体制内的另一种报复形式（奴隶制度）而变得复杂起来。希俄斯岛上成千上万的妇女和儿童在 1822 年的夏季与秋季被驱赶到黎凡特奴隶市场。这些事件震动了整个欧洲。两年后，欧仁·德拉克洛瓦创作了著名的油画《希奥岛的屠杀》，它让世人永远记住了奥斯曼人的残暴。但是，君士坦丁堡高层社会的贵妇人已经习惯于咀嚼只在希俄斯岛集中种植的乳香，那里的乳香还有药用价值。现在，由于奥斯曼人的报复，她们再也品尝不到那些乳香了。

与此相对照，希腊没有与奥斯曼帝国相匹配的国家权力，所以不能在这么大的规模上实施惩罚行动或报复行为。不论是临时政府，还是在当地行使权力的地方领导人，通常都不能下达命令实施暴行。根据 1822 年的《临时宪法》，奴隶制度至少在理论上是不合法的。希腊之所以发生那么多的暴行，是因为希腊领导权的缺失。一般认为，乔治·芬利是在研究希腊革命方面最有见识，也是至今最有威信的历史学家，他对赛奥佐罗斯·科洛科特罗尼斯和佩特罗比·马夫罗米查尔斯这么强大的军阀不能阻止那些暴行提出严厉的批评。但是，这些领导人并不懦弱。他们了解所统率的士兵。作为领导人，他们知道士兵信赖他们的基础，并知道那个基础是多么脆弱。1821 年 10 月和 1822 年 7 月，奥斯曼帝国统治下的特里波利斯与雅典分别向希腊革命者投降，签订了投降条约。但是，投降条约被撕毁，大批投降人员被杀，这对欧洲人造成的震撼一点儿都不亚于奥斯曼人在希俄斯岛上犯下的暴行。但是，人们一定会疑惑，不管希腊领导人多么才华横溢，如何风度翩翩，他们是否能够控制住那些情况下喷涌出的大规模杀戮之欲，同时又无损于自身权威？

芬利相信“希腊革命真正的光荣存在于人民群众不屈不挠的精神以及从不懈怠的坚持之中”。[3] 他亲自参与了这场革命，到他写作这段历史的时候，他已经在独立后的希腊生活了大半辈子。从那以后，他的历史观点就一直占据主流位置。但是，秉承“我要小心谨慎”座右铭、为人为学都审慎的斯考特，在这个问题上也采用了浪漫化的手法。冷酷的真相一定是，芬利笔下的英雄（“人民大众”）在极端的情况下受人类最原始的本能的驱使，使自己沦落为疯狂暴力的受害者。这种病态式的暴力既感染了基督徒，又感染了穆斯林。正是在这种恐怖、相互仇恨和嗜血的狂暴中，希腊这个民族国家降生了。

友谊社的灭亡

亚历山德罗斯·依普希兰狄斯的名字还被读作“西普斯兰特斯”，他是1806年俄土战争爆发时逃到俄国的前瓦拉几亚君王的长子。依普希兰狄斯在俄国接受军训，参加了俄国抵抗拿破仑的战役，表现极为突出。他在德累斯顿城外的一场战斗中失去了右臂。从那以后，他就作为俄国代表团的成员之一出席了维也纳会议。在所有的记述中，依普希兰狄斯都深得亚历山大沙皇的信任。后来，虽然他不再适合在战场上冲锋陷阵，但还是被提拔为俄国军队的少将。他当时正在休假，所以友谊社的代表很容易就与他取得了联系。1820年4月，这位27岁的年轻人同意担任友谊社领导层空缺的最高职位，成为友谊社长久以来苦苦寻找的领导人。到1820年年底，依普希兰狄斯在基希讷乌建立了秘密司令部。基希讷乌现在是摩尔多瓦的首都，当时在俄国的领土之内，靠近奥斯曼帝国控制的摩尔多瓦的边界。

在友谊社看来，机会突然降临，千载难逢。他们需要有人站出来振臂高呼，领导这一切。奥斯曼帝国的军队已经开拔，围困了在首都约阿尼纳造反的阿里帕夏。整个鲁梅里（伯罗奔尼撒半岛北部的大陆）被两股穆斯林势力之间的战争吞噬。敌对双方是阿里帕夏和苏丹中央集权政府。这好像是最完美的起义时刻。但是，从哪儿开始？如何起义？一开始，起义计划是照着维莱斯汀利斯的思路来的。按照计划，依普希兰狄斯要乔装打扮，秘密潜入的里雅斯特，并从那儿乘船去伯罗奔尼撒半岛。在这个地区，友谊社的代表成功地招募了很多当地的地主、主教等，使之加入了希腊独立的大业。如果依普希兰狄斯接受了这个建议，那么他和友谊社的命运，或者确切地说希腊革命进程的命运，会有怎样的不同，谁又能说得清呢？但是，在最后一刻，计划改变了。伯罗奔尼撒半岛的革命者自己安排了行动计划，因此希腊革命的旗帜将转而在多瑙河流域的公国里竖立起来。

依普希兰狄斯穿着俄国军服，身边只有几个仆从跟随，在 1821 年 3 月 6 日乘船横渡普鲁斯河，来到奥斯曼帝国的领土。同一天晚上，他抵达摩尔多瓦当时的首都雅西，在那儿受到法纳尔君王的欢迎。从此，法纳尔君王就背叛了他曾宣誓效忠的苏丹。两天后，宣言书被印刷出来，随后被翻译成其他文字，在欧洲的报纸上发表。

希腊革命爆发了。

在摩尔多瓦的第一天，依普希兰狄斯就组建了一支由 200 名当地支持者组成的武装队伍。一周内，这支队伍的人数就增加到 4 倍。到了 6 月，他的队伍暴增到 5 000~ 8 000 人，包括 2 000 名骑兵。这本身就是一个了不起的成就。这些人几乎都是在摩尔多瓦和瓦拉几亚这两个公国招募的。尽管奥斯曼帝国当局有着各种猜测，但是从俄国陪同依普希兰狄斯一起来的只有几位随员，根本没有战斗部队。

尤为了不起的是这支队伍的人员构成。最为核心的 500 名来自欧洲各地受过教育的希腊人，正是《希腊法制：关于自由的论述》一书中所指的那些希腊人。他们被称为“神圣营”，穿着黑色制服，行军于维莱斯汀利斯设计的红、白、黑三色旗下。他们有了新的标志，那是从火中奋飞的凤凰，标志上面有“我从灰烬中再生”的口号。大多数战士都是说着各种语言（或来自各个民族）的自愿参加的人，包括塞尔维亚人和保加利亚人，阿尔巴尼亚人和瓦拉几亚人（罗马尼亚人），在与俄国接壤的边境地带生活的哥萨克人。历史上，这是唯一一支东正教联邦队伍。如果革命成功，维莱斯汀利斯的全球性“希腊共和国”的理想就可能会成为现实。

但是，依普希兰狄斯的革命事业有着致命的缺陷。友谊社的创立有一个前提，那就是其革命能得到俄国的支持。但是，这从来就没有实现过。依普希兰狄斯可能认为自己与沙皇及其宫廷的私人关系将会在这方面带来一些改变。但是，时机太不凑巧了，摩尔多瓦起义的消息传到沙皇耳朵里的时候，沙皇正在莱巴赫（斯洛文尼亚的首都）出席欧洲协调机制的一个常规性会议。在那个场合，当着其他几个强国代表的面，这位俄国专制独裁者不可能支持邻国革命造反。毕竟，欧洲协调机制的会议目的就是强化1815年建立的国际秩序。亚历山大沙皇立刻将依普希兰狄斯从俄国驱逐，剥夺了他所有的官衔和职务。他甚至还提出要支持奥斯曼帝国政府平定这场叛乱。

即便如此，依普希兰狄斯还是尽最大努力让人们继续相信他，俄国沙皇只不过是说说而已。依普希兰狄斯私下说，他的俄国主子已经向他保证，俄国援助不久就会到来。但是，起义的势头已经减弱了很多，而且很快就到了终点。1821年6月19日，在瓦拉几亚公国的德拉加什战役中，友谊社的军队被人数更少的奥斯曼军队打垮。依普希兰狄斯逃过边境线，到奥地利避难，他在公国招募的军队的幸存者只能自生自灭，有些战士战斗到最后一刻，有些则被俘虏、被处死。依普希兰狄斯本人被奥地利人监禁。他遍体鳞伤，监禁解除后不久就死去了，年仅35岁。

多瑙河流域公国的希腊革命就这样很不光彩地失败了。

同时，在巴尔干半岛的南端和爱琴海地区，形势则有着完全不同的转向。在伯罗奔尼撒半岛和拥有最大商船的岛屿，当地领导人热切响应友谊社的号召，参加起义的人数比其他地方都要多。出现这种情况的原因至今不明，其中一个原因可能是这些人当时遭遇了严重的经济困难。对岛上的居民来说，拿破仑战争结束以后，贸易状况一直很不好。在大陆，依赖葡萄干和丝绸等出口产品的富裕地主惨淡经营。在友谊社代表的敦促下，有些人撕毁了他们与奥斯曼帝国政府达成的几十年的、曾给他们带来特权的协议，与诸如赛奥佐罗斯·科洛科特罗尼斯等曾经的土匪、山贼结成联盟。科洛科特罗尼斯已经开始从流放地爱奥尼亚群岛返回。

依普希兰狄斯在摩尔多瓦起义的消息刚传来，伯罗奔尼撒半岛的起义就同时在几个地方爆发了。友谊社的代表本来将希腊革命的启动日期定在1821年3月25日（西历为4月6日），因为这个日子有象征意义：与宗教的圣母领报日在同一天。从那以后，3月25日就成为希腊的国庆节。但是，这个被传颂的故事实际是这样的。3月25日，希腊老帕特雷城的杰尔马努斯主教在卡拉夫里塔高山之上的圣阿吉亚·拉夫拉修道院升起了起义反抗的大旗。在伯罗奔尼撒半岛，第一批宣告脱离奥斯曼帝国统治的城镇有南方的卡拉马塔和北方的帕特雷。其他的城镇随后响应。到了4月中旬，整个地区都揭竿而起了。

这不是有组织的军事行动，与依普希兰狄斯在多瑙河公国的做法不一样。这是游击战争，规模很小。各自的领导人都是当地的“主教”或前土匪头子，在几个月后，得到了一些来自国外的、少量的满怀理想主义的志愿者的帮助。关于这些志愿者，我们后面再详述。虽然这些游击队之间缺少合作与协同，但是在伯罗奔尼撒半岛的山区中，这样的起义暴动方式极其有效。

即便到了这时候，也不是所有说希腊语的人占主导地位的地区都宣布支持革命。在鲁梅里的北部，由于阿里帕夏和苏丹之间的冲突，情况变得更为复杂。在这个地区，由基督徒组成的武装部队几十年来一直镇压土匪，这些部队人员多数来自他们要控制的同一支土匪队伍。因此，这里就演化形成了一个流动的机制：他们在当地不同的权力中心之间来回摆动，变换着自己的忠诚。因为只要阿里帕夏还在约阿尼纳坚持抵抗，有些土匪就可能被收买到他的那一边，其他土匪可能会被收编到奥斯曼的军队中。到了那年夏天，多数地方武装力量都加入了希腊革命这个新的事业。但是，只要希腊革命还没有结束，很多土匪就不会放弃他们左右摇摆从而寻找盟友的战略习惯，因为这样可以保证他们的生存基地的安全。

最富裕的海德拉岛起着关键的作用。反对传统船主的寡头统治的行动发生以后，海德拉岛就加入了希腊革命。后来当船主们再度控制局面的时候，海德拉岛就难以实现对希腊革命的承诺。不过，爱琴海另一边的斯派塞斯岛和普萨拉岛附近，停泊着来自海德拉岛的商船，船上有拿着武器的商人，他们很快就加入反抗的队伍，他们的船队比奥斯曼帝国的船队厉害得多。特别具有杀伤力的、让奥斯曼水手胆寒的，是希腊的火攻船，老旧的船体外面被涂上了沥青。然后希腊船员点着火，驾驶着这些火船，精准地驶向他们的目标。在撞击之前，这些船员乘小船撤离到安全地带。几个月后，这些非常规的船队就控制了爱琴海。尽管他们从来没有想过要封锁敌人的海上通道，但是从 1821 年夏开始，他们一直控制着爱琴海，甚至是爱奥尼亚海到西方的海岸地区。

在爱琴海的很多小岛上，奥斯曼帝国的统治总是比在大陆的统治弱化得多，但是这些小岛上的革命热情不像其他地方那么高涨。中世纪后期，在基克拉泽斯群岛中的锡罗斯岛、蒂诺斯岛和圣托里尼岛等岛屿生活的罗马天主教友，不愿意冒着生命危险，不愿意牺牲安逸生活，去支持他们的东正教友。在大陆的更北边，几十年来一直是商业和教育中心的皮立翁山区爆发了起义，但是起义很快就被平定了。内陆腹地萨洛尼卡也发生了起义。奥斯曼人在这儿的报复特别残忍血腥，但是也很有效。同样的举措在南方能点燃革命的热情，而在北方则产生了相反的效果。

在南边和东边，克里特岛和萨摩斯岛的基督徒热情地加入了革命，不过，直到 20 世纪，这两个岛才成为独立后的希腊的一部分。在爱琴海上的另外两个大的岛屿莱斯博斯岛和希俄斯岛，基督徒坚定地避免卷入这场革命，前者成功了，而后者正如前面所描述的，遭受了灾难性的后果。发生于安纳托利亚海岸艾瓦勒克和士麦那的反叛被镇压了。在所有地点中，距离雅典最远的地方——塞浦路斯岛上没有一个人反抗，但是教会的主教们依然被处死了，仅仅是因为疑似与友谊社合谋。

1821 年年底，伯罗奔尼撒半岛的整个农村地区和鲁梅里的南部地区一直在进行我们今天所说的“种族清洗”。那些没有逃跑、没有被杀、没有被赎回的穆斯林，都到十字军或拜占庭时代建造的一系列堡垒中去避难了。有些级别高的穆斯林，可以拿钱赎回自己的命。希腊独立战争第一年的决定性的胜利是10月初摩里亚公国首都、防守坚固的城市特里波利斯的投降。城市投降后，大约8 000名穆斯林和犹太教居民被屠杀。在当时的语言中，所有的穆斯林都被描述为“奥斯曼土耳其人”，这与我们今天称呼他们属于哪个民族没有任何关系。很多被害者，可能包括所有犹太人，都将希腊语视为第一语言。多数穆斯林不是说希腊语，就是说阿尔巴尼亚语。决定一个人生或死的是宗教信仰。1821年年底，冲突的本质已经确定，不可改变。同样，希腊革命的地理中心区域也已经确定，在经历种种相互影响的命运变迁之后，在19世纪30年代初成为独立后的希腊的第一块国土。

到了这个时候，希腊革命的领导权已经进入了一个新的阶段。很多在1821年3月和4月打响革命第一枪的人（也许是所有人），都是友谊社的会员。但是，随着不久后依普希兰狄斯领导的战役在北方瓦拉几亚的惨败，友谊社作为一个组织已经陷入了困境。在伯罗奔尼撒半岛，如果起义的人得不到上面的指示，那么没有人能对起义负责。直到6月，友谊社的全权代表才抵达希腊的解放区，声称代表协会领导革命。这个人是亚历山德罗斯·依普希兰狄斯的弟弟迪米特利亚斯。和他的哥哥一样，迪米特利亚斯也有在俄国军队服役的背景。他只有25岁。在海德拉岛上岸的时候，迪米特利亚斯受到狂热的欢迎，因为人们相信他带来了俄国援助的承诺。即便摩里亚最有实力的军阀，比如马尼军阀首领佩特罗比·马夫罗米查尔斯以及51岁的前土匪头子赛奥佐罗斯·科洛科特罗尼斯，都愿意接受他的指挥。

迪米特利亚斯很悲伤，因为他抵达海德拉岛的那天，正是他的哥哥在德拉加什遭遇惨败的日子。不久，这个消息就传到了伯罗奔尼撒，而迪米特利亚斯刚刚在那儿建立了他的指挥部。在人们知道哥哥已经放弃了革命事业，到奥地利避难，且弟弟的到来并没有带来俄国政策向好的转变之后，迪米特利亚斯不仅不可能强化他声称的代表友谊社的权威，而且就连友谊社本身也开始变得无关紧要了。尤为严重的是，友谊社甚至可能让人蒙羞。

这个时候，有一个人横空出世了。至少在希腊革命初期制定未来希腊民族国家发展方向的时候，他比其他人的贡献都要大。他是18世纪统治多瑙河公国的首位且最出名的法纳尔君王的后裔——亚历山德罗斯·马夫罗科扎托斯。他虽然还不到30岁，但是在为其叔父效命的历练中，已经积累了丰富的政治经验。他的叔父曾担任瓦拉几亚公国的君王，为苏丹效力。希腊革命的不少领导人以前从来没有踏足过他们为之奋斗的那块土地，这让一些跟随他们的人心怀某种怨恨，而马夫罗科扎托斯是希腊革命中最优秀的领导人之一。他智力超群，精通8门语言，很快在希腊革命中脱颖而出，成为希腊唯一有影响力的重要人物。他穿着一套欧洲双排扣长礼服，而迪米特利亚斯和他的哥哥一样，穿着俄国军服。几乎除马夫罗科扎托斯之外的所有人（包括西方的志愿者）都身着当地奥斯曼式样的衣服。马夫罗科扎托斯是一位天生的政客，我们后面还要谈到他。

特里波利斯的10月杀戮发生以后，各地区的领导人忙于争权夺利，扩大影响。形势的发展要求已解放的地区召开一次国民大会。迪米特利亚斯希望有这样的进展，并以此确定他自己的最高领导人的地位。马夫罗科扎托斯也期待这样的会议，但是有着不同的目的。在11月初筹备这次大会的时候，马夫罗科扎托斯向友谊社的主要代表写了封信，极其坦诚地详述了观点：

> 协会的错误引发了欧洲各国对我们的敌视。因为欧洲各国会自然地认为，我们是欧洲雅各宾派的工具。这些事情让俄国疏远了我们，而俄国每每在其他事情上都是愿意帮助我们的。

马夫罗科扎托斯还给出了解决问题的方案：

> 不要再使用什么“领导人”“全权代表”“助手”的头衔了。在目前

的形势下，经过我们的指导，当地的人民应尽量自己组建政府……拒绝一切让欧洲列强怀疑我们是雅各宾派帮凶的做法……不要再用夸夸其谈的语言向欧洲陈述我们正义的要求，而是要像我们的祖先那样，简明扼要，克制适度。

马夫罗科扎托斯还强调，现在应该“尽一切可能，将人民团结起来，从而组建政府”。[4]

大会如愿召开。会议结束的时候，也就是1822年1月13日（根据西历，正是新年那一天），在古代圣地埃皮达鲁斯遗址的附近，大会发布了希腊独立后的第一个临时宪法。这份文件和维莱斯汀利斯曾经起草的文件一样，大量借鉴了法国大革命1793年和1795年的宪法，确立了新的国家的名字是“希腊”，其公民是“希腊人”。根据首次在美国实行的权力分立的原则，希腊建立了行政和立法部门。民选的第一总统（相当于美国的国家元首）是马夫罗科扎托斯，第二总统（大致相当于美国众议院的议长）是迪米特利亚斯。临时宪法没有提及友谊社。同时，维莱斯汀利斯曾经建议的国旗的红、白、黑3个颜色被蓝、白2个颜色替代，也就是我们今天看到的希腊国旗的颜色。

谁最后走到了权力顶端是一清二楚的。

从实际的观点来看，第一个临时宪法在很大程度上成了一纸空文。芬利在40年后写道：“希腊人在埃皮达鲁斯为欺骗欧洲做了很多，为把希腊组织起来做了很少。”他的这番话为其后的历史学家定下了调子。[5]从很多方面来说，这个临时宪法就是一个骗局。临时宪法所传达的是强烈的愿望，而不是实际的政策。但是，从政治的观点来看，如果一个革命行动要在19世纪上半叶的欧洲获得认可，那么它也是一个必要的骗局。友谊社已经完成了它的历史使命。革命现在正按部就班地进行，变成一位历史学家最近所说的“一个欧洲事件”。[6]

什么样的自由

在一段时间里，奥斯曼军队一直在希腊的北方镇压阿里帕夏的造反，希腊在南方的革命因此而受益。但是到了 1822 年 1 月，苏丹的军队进入了帕夏所在的首都约阿尼纳。阿里帕夏曾被拜伦爵士形容为经验老到的“穆斯林·波拿巴”，却也在 2 月 5 日被捕并被杀死。造反结束了。奥斯曼帝国政府投入到这场冲突中的大量军队现在可以用来解决希腊的问题了，而且已经全副武装地逼近了希腊人的家门。1822 年 7 月，奥斯曼帝国的军队集中大量兵力，对刚刚成立的希腊发动了第一次全面的反击。

奥斯曼帝国的一支部队从鲁梅里东部往南开进，进入伯罗奔尼撒半岛，其目的是解救被困在科林斯和纳夫普利奥的奥斯曼要塞部队，并与他们合力征服在这两个城市之间的国家。另一支部队沿着平都斯山脉的西麓前进，其主要目标是贸易港口迈索隆吉翁。因为马夫罗科扎托斯在前年抵达希腊以后，就把他的活动集中在迈索隆吉翁。奥斯曼帝国被围困的前哨还有雷班托（今纳夫帕克托斯）以及鲁梅里城堡（今安提里奥），它们都需要解救。在这两场战役中，希腊军队的人数远远少于奥斯曼军队的人数。

在西边，奥斯曼军队的统帅已经替代阿里帕夏。奥默·维耶尼斯作为新的约阿尼纳帕夏，没有他的前任那样的雄心，但是在随后的几年里，也非常精明地攻击了造反的希腊人，利用了当地希腊人以及说阿尔巴尼亚语的武装人员或土匪的不断变化的忠诚。一场相对传统的对阵大战始于1822年7月16日。维耶尼斯的军队遇到了希腊的一支正规军，这支正规军是由西欧和爱奥尼亚群岛的志愿者组成的，指挥官正是马夫罗科扎托斯，战役发生在城外跨过阿尔塔河的一个叫佩塔的地方。这是一场歼灭战。外国志愿者严格坚持西方的军事训练原则，即没有总司令的命令，绝不行动一步，而当时总司令却不在场。那些非正规的部队，本来应该在山里打掩护，但是他们谁的命令也不听，听到枪响就跑得没影儿了。佩塔之战的溃败对于希腊革命是一个可怕的打击，尤其可怕的是，它打击了已经抵达希腊参加革命事业的外国志愿者的士气。最为严重的是，这场失败对正常军事理论的整体概念的建立投下了阴影，将国家军队单一军事指挥的创建推迟了好几年。

在希腊的另一边，结果却是极大的不同。马哈穆德·德拉马利是奥斯曼帝国部队的司令，这支部队大约有 20 000 人，其中包括 8 000 名骑兵，它成功地进入伯罗奔尼撒半岛。在这里，抵抗这支部队的是科洛科特罗尼斯和当地游击队“队长”率领的人员。出乎所有人的意料，他们竟然能够将进攻者挡在了纳夫普利奥之外，然后在奥斯曼军队通过德凡纳基亚关隘往北撤退的过程中对其进行伏击，击毙了大量人员。佩塔失败仅仅用时 10 天，这次胜利给游击队非正规的战术以及冷酷无情的做法提供了强有力的支持。尽管很多人做出了努力，包括现在已经星光黯淡的迪米特利亚斯，但是德凡纳基亚的成功主要归功于科洛科特罗尼斯。不管是否有道理（芬利认为没有道理），这场胜利肯定提高了战役领导人在其他希腊人心中的政治地位。截至 1822 年夏末，在希腊东部的希腊人就不再面临大的军事威胁了。

确保希腊西翼的安全，需要更长的时间。在佩塔灾难以后的几个月里，马夫罗科扎托斯要通过守卫当地的主要城镇迈索隆吉翁来救赎自己。战争中幸存下来并忠心不改的军人在那里进行了重新组合。在暴风雨和来自海德拉岛的船只的帮助下，依靠自己的坚定信念，城镇守卫者在 1823 年 1 月 6 日成功地突破了奥斯曼帝国军队的围困。根据东正教历法，这一天正是圣诞节。这是希腊革命期间三个围困中的第一个，使得迈索隆吉翁这个名字在整个欧洲变得无人不晓。第一个围困的结束意味着，从 1823 年开始，刚刚站立起来的、危机四伏的希腊民族国家为自己赢得了喘息的时间。

这个喘息之机延续了整整两年，主要归功于革命起义者不能控制的其他原因。当然，在这段时间，边境上依然不时发生小规模的战斗。除了伯罗奔尼撒半岛，其他地方的边境都是有漏洞的。偏远的岛屿尤其薄弱。1824 年夏天，普萨拉岛和卡索斯岛上的居民被全部消灭。同一年，奥斯曼帝国的军队重新控制了克里特岛。但是，除了这几个特殊的情况，从 1823 年开始到 1825 年春天，叛乱不断的希腊依然处于一个相对安全的时期。

不过，这不是和平时期。现在的舞台就是让希腊人进行内部思考的。所有的人都会团结在“自由或死亡”的旗帜之下。但是希腊人既然已经赢了，那么什么才是真正的“自由”？他们在未来需要什么样的自由？

一个回答是基于启蒙主义思想的。马夫罗科扎托斯和那些像他一样思考的人坚定地推进中央政府的建立，设立现代的、进步的机构，推行法治和民主，所有这一切都在埃皮达鲁斯宪法中被奉为神圣（被芬利和其他人斥为一种“骗局”）。对这些人来说，任务是将那个期望变成现实。今天的历史学家经常称这个团伙的人为“现代化推进者”。与他们对立的是持有传统价值观和世界观的当地领导人，一般可统称为“军阀”。对科洛科特罗尼斯和马夫罗米查尔斯等人来说，自由就是绝对的自我独立，拒绝承认除他们自己以外的其他权威。在他们的等级中，领导人是最强大的，是最有感召力的，领导人的话就是法律。他们的权力基础是本地性的，或者最多是区域性的。他们对扩大冲突没有很大的兴趣，对鼓励外国干涉更没有兴趣。尽管他们期待俄国干预，但也不是完全坚持不懈地希望俄国出手相救。他们的目标就是口头传统中所表达的自由概念，是这个时候第一次被收集、出版和翻译并从此以后在国家庆典上被演唱的绿林好汉歌谣中的自由概念。

这些分歧在 1823 年 4 月走向了公开化。那时，第二次全国国民议会正在召开，会议地点是距离纳夫普利奥不远的、当地人称之为“圣约翰的草屋”的地方，这个地方因这次会议而恢复成古代时的名字“阿斯特罗斯”。新的选举将行政权力交到知名军阀马夫罗米查尔斯和科洛科特罗尼斯等人的手中。马夫罗科扎托斯则被降到一个含义模糊的职位。科洛科特罗尼斯后来被选为立法机构负责人，但是他盛气凌人地拒绝出任，这让事情变得极其荒谬。分权运行得并不是很好。

从 1823 年年底到 1824 年年初，希腊有两个政府，它们都试图通过一个不同的权力基础来压倒对方。1824 年 3—6 月，效忠不同政府的力量兵戎相见。经过一次不稳定的休战和竞争双方一些机会主义的调整改组，第二次内战于 11 月在伯罗奔尼撒半岛爆发。这些事件中的牺牲备受瞩目：一个是直接的，是科洛科特罗尼斯的长子帕诺斯，他被特里波利斯城外的希腊同胞杀死；另一个是间接的，是拜伦爵士，他是来帮助希腊革命事业的外国志愿者中最有名的。

拜伦于 1824 年 4 月 19 日在迈索隆吉翁去世，这形成了传奇，但对于他在希腊斗争中真正的贡献，人们的认识也因此变得更加扑朔迷离。拜伦刚踏上希腊这片土地的时候，遇到了其他希腊领导人面临的同样的困境，那就是他为之奋斗的是什么样的自由？拜伦在深思熟虑以后，用自己的名声和个人财富来支持马夫罗科扎托斯以及海德拉岛和斯派塞斯岛具有现代意识的船主们。拜伦仅仅在独立后的希腊生活了 3 个月，就因发烧而死亡。但是，他的战略选择以及随之而来的资金投入和广泛的国际宣传，产生了重要的影响。例如，在没有开一枪一炮的情况下，对迈索隆吉翁的第二个围困在 1823 年年底被解除了，据说解除的唯一原因是英国的勋爵资助了一批希腊船只，其开往迈索隆吉翁解围。从长远看，拜伦更为重大的影响是他在近一年的冲突中，给予了现代化推进者决定性的支持，反对伯罗奔尼撒半岛的军阀们。

到 1825 年年初，唯一的中央政府的权威已经建立起来了。在这个过程中，现代化推进者的政治领导权从马夫罗科扎托斯转移到一个新的政客那里。他是扬尼斯·科莱特斯，虽只有 50 岁，但在希腊内战中比马夫罗科扎托斯显得更冷峻无情、更不拘谨克制，他毫不心慈手软地下令使用武力对付他的希腊同胞。科莱特斯出生在阿里帕夏封地的一个说瓦拉几亚语的社区，他利用在东正教会接受希腊语言教育的机会，到意大利学习医学，回来后在约阿尼纳担任宫廷医生。他在阿里帕夏的宫廷里学会了生存所必需的各种权谋套路，当然也毫无疑问地了解了他的主子在拿破仑战争期间与英法等强国势力开展复杂外交的左右逢源之术。因为这个经历，科莱特斯将从阿里帕夏那里继承的政治遗产与西方的、现代的观念进行了融合。从这个时候到他去世（1847年），科莱特斯虽然与马夫罗科扎托斯都站在同样的、宽泛的现代化推进者的一边，但他们一直是竞争激烈的政治对手。马夫罗科扎托斯看起来文质彬彬，书生意气，有着知识分子的学术修养，相比起来，科莱特斯更像一个平民主义者，在两人的竞争中，科莱特斯往往略胜一筹。

根据21世纪一位希腊历史学家的大胆推测，“拯救希腊革命的恰恰是内战的结果”。[7] 从这个意义上说，这个推测决定了希腊民族国家未来的格局和方向，而这个认识是正确的。但是，那次内战结果的代价是让希腊社会的结构产生了一条裂纹，而且从那以后，这条裂纹再也没有被修复。裂纹的一边是19世纪20年代“现代化推进者”的后裔，他们是讲政治的、沉稳的、实用的、主张融合的人；另一边则是传统主义者，他们念念不忘绿林好汉之歌中颂扬的绝对自由以及希腊革命期间一些军阀所尽享的光荣自治的短暂时光。在后来的希腊历史上，很多问题只有通过追溯这些冲突，才能得到解释。在希腊民族国家孕育诞生的斗争中，这些理念冲突就第一次出现了。

但是，如果希腊革命要成功，首先就要生存下来。

革命之火几乎熄灭

崇尚现代化的中央政府刚刚在与军阀的内部争斗中获得优势，其一直担心的奥斯曼帝国军队的反击就开始了。这一反击很快被证明是致命的。早在1822年，苏丹一直采用从北方走陆地进行两路进攻的战略，但是失败了。到了1825年，再次发起的进攻不仅通过已经熟悉了的陆路，还同时从南边走海路进行。这次军事进攻的主要人物是埃及总督穆罕默德·阿里和他的儿子易卜拉辛。穆罕默德·阿里一出生就是穆斯林，来自今希腊北部卡瓦拉的说阿尔巴尼亚语的穆斯林家庭。10年前，他废黜统治埃及几百年的马木鲁克王朝，消灭了作为奥斯曼帝国藩属国的埃及。那些年里，在西方尤其是法国的帮助下，穆罕默德·阿里在与欧洲接壤的边界彻底强化了他的部队，配备了现代化的武器。苏丹和他的这位总督决定联手消除来自希腊的威胁。奥斯曼海军的基地在君士坦丁堡，因来自亚历山大里亚的舰队和船员的加入而变得更加强大。埃及海军的指挥官是穆罕默德·阿里的儿子易卜拉辛。易卜拉辛被任命为摩里亚帕夏。

易卜拉辛于1825年2月23日率领埃及部队在莫顿登陆，莫顿就是今迈索尼，在伯罗奔尼撒半岛西南侧。莫顿和科隆是那个地区的两个要塞，在整个战争期间一直掌握在奥斯曼人的手里。为了缓解防守部队面临的威胁，易卜拉辛一下子增援了50艘战船，其规模是战争爆发以来从未有过的。经过一场迅猛的战役，希腊人被从相邻的根据地纳瓦里诺要塞中赶了出来，马夫罗科扎托斯还差点儿丢了性命。纳瓦里诺湾的停泊处位于希腊大陆和斯巴克提里亚之间，在以后的两年里，为来自亚历山大里亚和君士坦丁堡的联合舰队提供了安全的基地。

同时，在北边，新的司令官取代了奥默·维耶尼斯。他是雷希德帕夏，在佩塔战役中发挥了最重要的作用。他在1825年4月底，实行了对迈索隆吉翁的围困。这是希腊革命中的第三个围困，也是最后一次围城的开始，持续了整整一年的时间。鲁梅里南部其他地区的战乱导致了希腊部队在科林斯地峡以北几乎所有地区的溃散。只有西边的迈索隆吉翁和东边的雅典的卫城还在坚守着，两座城市都被奥斯曼军队围困。雷希德帕夏和其他地方的帕夏肆虐鲁梅里的时候，易卜拉辛率军有条不紊地重新夺回了伯罗奔尼撒半岛，所到之处的庄稼和房屋被烧杀抢掠一空。到1825年夏末，希腊人被迫放弃了特里波利斯。随着易卜拉辛大军的高歌猛进，埃及部队已经进入了希腊根据地、临时首都纳夫普利奥的守军的视线里。乔治·芬利对此进行了冷峻的总结："埃及正规部队发动了灭绝一切的战争，而希腊应对战争的是游击队。"他认为，战争的后果一定是不可避免的："即便希腊逃脱了战火，也逃脱不了饥馑。"[8]

迫近1825年年底，双方的所有努力都集中在对迈索隆吉翁的围困上。在奥斯曼帝国一边，易卜拉辛与鲁梅里的雷希德合兵一处。迈索隆吉翁的陆路和海路都被切断了。数月来，来自海德拉和斯派塞斯的船只冲破封锁线，给守城战士送去给养。虽然当时统治该岛的英国人明令禁止帮助迈索隆吉翁，但爱奥尼亚群岛扎金索斯岛上的志愿者依然不顾危险，为迈索隆吉翁提供帮助。希腊政府被紧紧地挤压在苟延残喘的纳夫普利奥，根本无力提供任何军事救援，只是不遗余力地筹备钱粮，努力确保迈索隆吉翁守城者的后勤供给。但是，套在脖子上的绳索还是越来越紧了。

截至1826年4月中旬，被围困在城内的人员除了饿死、投降、突围，别无选择。他们选择的是最后一项。突围是在4月22日圣枝主日的夜间实施的。这注定是一次英雄主义的行动。被围以来的城池幸存者大约还有9 000人，突围成功的不到2 000人。易卜拉辛炫耀道："斩首3 000名男人，3 000~4 000名妇女和儿童成为奴隶。"几百名年老体弱逃不了的人最后到克里斯托斯·卡普萨利斯的家里避难。拜伦曾生活在这栋房子里，两年前也死在这里。这栋房子后来改成了一个弹药库。大家心照不宣，为了不落入敌人的手里，年迈的卡普萨利斯点燃了火柴，扔进了弹药桶，里面所有的人壮烈牺牲。

托马斯·戈登曾为希腊革命做出了突出贡献，后来成为研究希腊革命最著名的历史学家之一。尽管他为人矜持，但依然把迈索隆吉翁的陷落描述为"光荣的悲剧"。乔治·芬利亲身经历了希腊30年的争斗岁月，最后变得阴郁沉闷。即便如此，他仍然对迈索隆吉翁守卫者致以敬意："一种英雄主义的精神，不仅在希腊革命中罕见，而且在人类历史上也是罕见的，这种精神充溢着每个人的胸膛。"[9] 在希腊，"撤离迈索隆吉翁"很快成为史诗和巨画创作的主题。从那以后，这个事件就像宗教一样被纪念。1937年，希腊政府授予迈索隆吉翁"圣城"的称号，而且该称号一直被官方延续至今。

随后的几个月是希腊革命最为黑暗的时刻。在纳夫普利奥、海德拉和斯派塞斯，一切好像都要结束了。易卜拉辛的大军迟早会攻过来。与迈索隆吉翁相比，纳夫普利奥的防御要坚固些。但是，再坚固的防御设施，也抵御不了饥饿。海德拉人和斯派塞斯人每天都生活在埃及舰队要猛然袭击的噩梦中，担心步他们在普萨拉岛的革命同志的后尘，遭受彻底的毁灭：1824 年夏，普萨拉岛被夷为平地，所有居民都被杀死。在这种惶恐之下，据说有些头面人物甚至考虑飞到英国统治的爱奥尼亚群岛生活。在几周的时间里，斯派塞斯岛的所有居民都迁到了海德拉岛。相比起来，斯派塞斯岛要比海德拉岛小很多。

在迈索隆吉翁陷落后的一年多时间里，情况变得越来越坏。解救雅典之困的不断努力，付出了很大的代价，最终失败。高素质的外国志愿者的到来，外国资金的注入和船只的增加，似乎也难以阻止希腊军队命运难以遏制的颓势。在这艰难时世之中应召唤而参加希腊革命的一个外国人是扬尼斯·卡波迪斯特里斯伯爵。他是科孚城的一个贵族，曾担任俄国联合外交大臣达 6 年之久，直到 1822 年被解职。1827 年 4 月 14 日，充满敌意的第三次全国国民议会在伯罗奔尼撒半岛东北部的达玛拉（今特罗林纳）召开，议会决定将政府最高的职位授予卡波迪斯特里斯。这正是友谊社 10 年前一直努力而没有达成的结果。令人惊讶的是，卡波迪斯特里斯这一次在权衡希腊的形势后接受了这个职位，但他不是马上答应的，且是在一年后才到任。在这期间，选举产生的临时政府对发生的事件没有任何掌控。到处是违法乱纪行为，到处是饿殍饥馑，到处是强盗劫掠。

在这个节骨眼上，两件事情凑在了一起，拯救了希腊革命。这两件事情，缺一不可。一件事情是一批希腊人及其领导人坚持以顽强精神战斗到底。当然，希腊的决心也和奥斯曼帝国的拒绝让步或对起义人员的严惩有关。不过有一个地方例外，那就是鲁梅里，当地人与奥斯曼人达成了和解，结果是那儿的革命失利了。另一件事情是马夫罗科扎托斯、科拉伊斯、前法纳尔以及受过教育的人、商人、船主等在扩大这场冲突的国际影响方面取得了成功。正是因为国际方面的参与，希腊革命才获得了决定性的结果，但同时也加深了未来要继承的革命遗产中的裂纹。

国际参与

从一开始，希腊革命就不是一个单纯的地方性事件，不只属于希腊人。友谊社一直在寻求俄国的军事支持，其领导人也做出了承诺。也许更令人想不到的是，1821 年 4 月 9 日，佩特罗比 · 马夫罗米查尔斯向欧洲发出了宣言，仅仅一周前，他的马尼亚特部落控制了卡拉马塔城。佩特罗比 · 马夫罗米查尔斯把自己宣传为“斯巴达军队总司令”，呼吁“欧洲所有文明国家给予援助”。他说：“希腊是我们的母亲，是照亮你们的明灯。”18 世纪的欧洲旅行者也说过这样的受恩惠的话语。现在是报答的时候了，“武器、钱财、建议，都是其希望从你那里获得的”。[10] 这句法国大革命时期所用的语言已经在欧洲遥远的前哨扎下了根，尽管拿破仑 6 年前就遭受了最后的失败。

后来的发展证实，马夫罗米查尔斯在实践上并不是一个多么伟大的国际主义者。他的那份宣言与几个月后的埃皮达鲁斯临时宪法一样，是一个愿景。但了不起的地方是，这两者都得到了注意。临时宪法不久后就传播到伦敦，到了著名政治哲学家杰里米 · 边沁的手里，边沁对此进行了认真的研究和深入的思考，并将意见反馈给希腊政府。当然，边沁不知道希腊革命的现实，否则他可能就不那么做了。但问题是，这位伟大的哲学家竟然认为这份文件是值得他研究的。同样，更令人想不到的是，马夫罗米查尔斯关于国际援助的呼吁也得到了回应。

来自欧洲各地，甚至是遥远的美国的志愿者们陆续抵达希腊。我们已经提到过一些人，其中两位最早且最好的研究希腊革命的历史学家是托马斯 · 戈登和乔治 · 芬利（两位历史学家都是苏格兰人），还有更为著名的拜伦（拜伦如果从出生地上看是半个苏格兰人，从成长经历来看就是完全的苏格兰人）。[11] 很多国际志愿者长眠在迈索隆吉翁的英雄花园墓地里，其墓碑上刻着多种语言的纪念文字。迈索隆吉翁的这块墓地美丽、安宁，但是其历史的气氛非常沉重。英国冒险主义者理查德·彻奇和托马斯·考克瑞恩勋爵在希腊革命中被委以重任，一位指挥陆军，另一位指挥海军。同样被委以重任的还有拿破仑的战友、法国老将查尔斯·法布维尔。也许，在军事方面做出最大贡献的人是弗兰克·阿布尼·黑斯廷斯。黑斯廷斯由于不顺从上级被解职，但是他在希腊革命中证明了自己是一位才华横溢的海军将领。他指挥了当时世界上第一艘蒸汽动力战舰“卡尔坦里亚”号，他在 1828 年牺牲于夺取迈索隆吉翁的战役中。

这些志愿者一般被看作亲希腊者，他们并不是被雇用的战士，到希腊来也不是为他们自己的国家服务。事实上，特别是在最初几年，他们往往要躲避本国安全人员，因为后者竭尽全力阻止他们去国外。在多数国家，政府特别害怕我们今天所说的“极端主义”的传播，因为那会与革命行动有这样那样的联系。亲希腊者的数量从来就没有很多，总数大概为 1 000~1 200。

有些历史学家认为，现代“人道主义干涉”肇始于 19 世纪 20 年代在希腊出现的亲希腊者。但是，这样说就是误解了那些志愿者的动机。一个世纪以后，有些人自愿到西班牙参加战斗。与这些人一样，那些亲希腊者之所以愿意冒生命危险去参加别人的战争，是因为他们相信，那个战争里也有他们的份儿。在古伊斯游记的匿名译者、佩特罗比·马夫罗米查尔斯和诗人雪莱的笔下，那些志愿者的心中充满感动，他们试图去偿还一个债务，因为他们觉得要为自己文化的发源地做点儿什么。这就是雪莱在希腊革命爆发几个月后所写的值得纪念的句子“我们都是希腊人”的真正含义。新兴的欧洲建立在古典基础之上，亲希腊者把古希腊看作他们自己的古典基础，而奥斯曼人则横亘在新兴欧洲的建设之路上。这就是志愿者们响应号召的原因。

这并不是说其他亲希腊者对希腊遭受的痛苦漠不关心。对于希腊的灾难，有些人亲身经历，更多的人是在自己安全的家中读到的，他们都为希腊提供了帮助。瑞士人和美国人在这方面表现得极为突出。瑞士银行家让-加布里埃尔·埃纳德在迈索隆吉翁陷落之后的那个冬天组织了大规模的赈济希腊饥民的活动。就美国人而言，精力充沛、乐善好施的塞缪尔·格里德利·豪于 1827 年在波罗斯岛建立了一家医院。后来，他不仅表示出对希腊的敬意，而且也提出了实际的解决问题的方案，组织清理了当时希腊的首都埃伊纳岛上港口城镇之外的陆岬上的古代神庙废墟，其目的是建设一个可以使用的海港，为数千名背井离乡的工人提供就业岗位，否则他们可能会饿死。

亲希腊者对这场冲突的直接影响是有限的，他们没有赢得决定性的战争。几乎 1/3 的志愿者牺牲在希腊，或是因为战争，或是因为疾病。但是，他们去希腊这个事实本身就是一只踏入门槛的脚，这只脚引来更多的、更有效的国际参与。

亲希腊者带来的不只是靴子。除了志愿者以外，更多的人在欧洲国家和美国亲自参加了一场轰轰烈烈的宣传希腊的战争。那时的社会虽然处于现代社会的早期，但是新闻媒体对舆论的影响已经开始显现。亲希腊委员会募集资金，购买了三艘蒸汽动力的战舰、一艘在美国建造的巨型护卫舰，并在迈索隆吉翁陷落以后的几个月里资助希腊，使之创建了第一支正规军队。1824 年和 1825 年，伦敦股市为希腊临时政府发放贷款，向私人投机者募集资金。不只是希腊，所有采取这些措施筹集经费的国家都陷入了丑闻，而且出现让人震惊的浪费行为。即便如此，这一切还是在希腊最黑暗的时候帮助了希腊革命，使其顽强地坚持了下去。

但是，个人甚至是私人资金的力量所能做的事是有局限的。如果说亲希腊者已经将他们的脚踏入了门槛，那么这扇门还没有完全打开。马夫罗科扎托斯比其他人都高瞻远瞩，他明白应该做什么。他戴着厚厚的眼镜，穿着不协调的双排扣礼服，坚持不懈地将欧洲列强拉入希腊革命的事务之中。

一开始，他的努力似乎毫无希望。1822 年秋，欧洲协调机制在维罗纳召开第五次（后来的形势发展显示也是最后一次）会议，希腊临时政府决定派代表团参加。但是，希腊人还没有抵达，会议就已经拒绝了希腊。尽管如此，协调一致的强国之间的团结在维罗纳会议上出现了裂痕，这就是这次会议是欧洲协调机制召开的最后一次会议的原因。当然，希腊的起义者对此一无所知。这次会议的争议焦点是西班牙，不是希腊。但是英国率先提出一个“不干涉”政策，这使其与欧洲协调机制其他成员国的关系开始疏远。卡斯尔雷勋爵持超保守主义的观点，时任英国外交大臣。在他 1822 年 8 月割喉自尽之前，他开展的最后的外交活动之一是，简明扼要地向威灵顿公爵介绍了公海上承认希腊船只为参战船只的必要性。威灵顿公爵是当时英国参加维罗纳会议的代表，他对希腊的革命事业一点儿都不支持。卡斯尔雷勋爵的建议只是在对待希腊问题上前进了一小步。第二年 3 月，卡斯尔雷勋爵的继任者、外交大臣乔治·坎宁宣布了这一小步的变化。尽管是托利党人，但是坎宁有着完全不同的特征。他是雄辩滔滔的演说家，赢得了反对党阵营里的很多辉格党人的尊敬，特别是拜伦的尊敬。在担任外交大臣以及 1827 年 8 月前短暂担任首相期间，他在扩大希腊冲突的影响方面发挥了关键作用。他死后仅仅两个月，他的希腊政策就赢得了最后的胜利。

承认公海上交战者的权利，可能看起来并不是什么大事，因为这并非正式承认希腊是一个独立的国家。在希腊冲突中，英国仍然中立。至少从名义上，受英国保护的爱奥尼亚群岛也应该实行中立的政策。从法律上看，在世界上最强大的海军眼里，手持武器的希腊人不再是海盗或罪犯了。这是某种形式上的承认，虽然不够理想，但是其给予了希腊行动某种程度上的合法性。

知道英国政策的变化后，马夫罗科扎托斯迅速采取行动，在 1823 年 6 月和 7 月连续致信坎宁和其他英国高层官员，阐述他关于在新独立的希腊和英国之间建立联盟的设想。这种联盟主要基于共同的海洋和贸易利益。不过，马夫罗科扎托斯期待的不只是这些。像现今的多数希腊人一样，他希望俄国能够支持希腊的革命。马夫罗科扎托斯心知肚明，俄国和其欧洲对手之间的竞争是希腊获得国外支持的关键。希腊人的手里掌握着那个著名的不能解决的“东方问题”的钥匙。英国在地中海东部地区拥有一个自由的、独立的盟友，是平衡欧洲权力最好的保证，同时在奥斯曼帝国注定衰落的形势下，可以限制俄国的扩张。

马夫罗科扎托斯的第一步是秘密进行的。这个时候，很多希腊人对这个建议充满恐惧。其他人会认为提出这个建议的人是外人，是一个狡诈的阴谋家，是为了自身利益，所以不会信任他。（在这些指控中，只有最后一项指控，也是当时最有杀伤力的指控，可以从历史的角度被完全排除掉。）关于这些行动的谣言让科洛科特罗尼斯用武力威胁来阻止马夫罗科扎托斯担任立法机构的议长。但不管情况如何，坎宁都没任何回复。

马夫罗科扎托斯暂时只能满足于推进他第一次提出的一大笔国外贷款的申请。这笔贷款在伦敦募集，并不是巧合。这次的贷款申请行动与此前的行动不一样，得到了几个月前召开的第二次全国国民议会的全力支持。科洛科特罗尼斯当时都投票支持，但不久后，这位“摩里亚的老人”有预见性地对来访的拜伦的使者吐露自己的担忧，提出了反对：

> 大英帝国可能会从希腊获得过多的东西，而我则希望希腊成为一个完全自由的国家，英国可能会助力马夫罗科扎托斯和法纳尔的阴谋，那些人……就会想方设法地中饱私囊，获得最大的利益。[12]

国际化总是有其负面影响的。

1824年8月，现代化推进者赢得了第一次内战的胜利。对英国外交大臣来说，希腊这次新的示好是清楚无误的，橄榄枝是以希腊政府的名义公开抛过来的。这个时候，欧洲协调机制团结中的裂痕已经进一步扩大。俄国的一份秘密备忘录的内容也泄露了。俄国的计划是削弱这场革命的力量，将革命的成果分成各自独立的属于欧洲诸强的“影响区”，每个区在名义上仍然归属于苏丹。这样一来，维持现状的文章勉强还可以做下去。新获得授权的希腊政府很快抓住这个机会，给坎宁写了封信，强烈谴责了俄国的计划，请求英国给予帮助。这一次，英国外交大臣回复了，尽管依然没有任何褒贬。马夫罗科扎托斯的“利用俄国和西方列强之间的相互不信任”的政策开始慢慢见效了。

当易卜拉辛及其埃及大军抵达伯罗奔尼撒半岛，并使这个问题变得更加迫切的时候，当现代化推进者的优势地位因其在第二次内战取得的胜利而得以强化的时候，多数希腊领导人开始思考引入一个或多个欧洲强国势力。但引入谁？这个问题如此重大。希腊的现代政治党派领导人表达自己观点的首要做法，是推进依附英国、法国或俄国，从而使不同的政敌形成。尽管他们从未承认自己用过这些名字，但是在以后的 20 年里，希腊确实有一个马夫罗科扎托斯领导的“英国”党、一个科莱特斯领导的“法国”党和一个科洛科特罗尼斯发起成立的“俄国”党。论政治精明，很少有人能与马夫罗科扎托斯相比，他认为解决问题的答案不在于依附这三个欧洲列强中的哪一个，而在于利用其中一个国家的利益来制衡其他国家的利益。马夫罗科扎托斯自己在政府中的政治地位一落千丈，但是他的这一看法可能解释了为什么他的战略很快就被采纳。

1825 年，易卜拉辛的大军逼近纳夫普利奥和迈索隆吉翁，雅典已处于围困之中，希腊政府中的对立党派之间的竞争达到白热化。一个党派正在与法国秘密磋商，要把希腊王位送给法国内穆尔公爵。科洛科特罗尼斯则正式致函俄国，要臣服俄国，只是俄国对此置若罔闻。到了 7 月，希腊各方领导人非常罕见地达成共识，共同签署了不久后送到伦敦的一份文件。这份文件的签署日期是 1825 年 8 月 1 日，声明“希腊将其神圣的自由、独立和政治存在置于大英帝国的绝对保护之下”。[13] 尽管希腊 1825 年致函或磋商的这三个强国都没有承认希腊革命者拥有任何权利，更没有对其进行任何干涉，但是希腊革命正在进入一个全新的阶段。

虽然没有给予直接反应，但英国外交大臣派遣他的表兄斯特拉福·坎宁爵士出任驻君士坦丁堡的大使，并指示这位大使在赴任途中取道爱奥尼亚群岛和希腊。在这两个地方停留期间，他要与希腊临时政府进行磋商。在海德拉对面的伯罗奔尼撒半岛的一个荒凉海岸上，他在1826年1月9日与马夫罗科扎托斯会面。会晤刚刚结束，搭载这两人的船只突然遭受了暴风雨。大使的船只丧失了所有的船帆。马夫罗科扎托斯乘坐的船只沉没后，他不得不游泳逃生。[14] 即便如此，国际干涉的基础也第一次奠定了，这个基础涉及希腊的一个让步，一旦被希腊国内知道，马夫罗科扎托斯就不会得到宽恕。一方面，希腊境内（没有指明区域）不再有"奥斯曼土耳其人"（指的是穆斯林）；另一方面，希腊必须向苏丹上缴岁贡，并继续附庸于奥斯曼帝国。这不是希腊人一直以来为之奋斗的彻底独立。在随后的4年里，希腊的完全独立依然只不过是在外交桌上。马夫罗科扎托斯极具外交智慧，他知道要保持耐心。

而在伦敦这边，英国外交大臣一直耐心地等着，直到听到这次会晤的结果。此时，俄国有了新的沙皇——尼古拉一世，继承了亚历山大沙皇的皇位。为了表示祝贺，坎宁委派威灵顿公爵根据那些条款内容与俄国签署双边协议。1826年4月4日，就在迈索隆吉翁被围进入最后阶段的日子里，一份议定书在圣彼得堡签署。俄国和英国政府与苏丹进行磋商，实现马夫罗科扎托斯代表希腊政府的安排。

同时，奥斯曼帝国的立场甚至变得更加强硬。早在1824年，拜伦等头面人物的介入以及伦敦给希腊进行第一笔国外贷款的募集就引发了奥斯曼帝国的强烈抗议。一直以来，奥斯曼帝国的思维方式都是自上而下的，它清楚地看到了所面临的现实，只是它的欧洲对手一开始不愿意承认其对希腊的支持。上述措施没有得到官方同意，都是个人行为，它们违反了政府所谓的"中立"立场。那年5月，俄国关于分割希腊的建议泄露以后，情况变得更糟了。从那时起，奥斯曼帝国内部那些主张采取更加仁慈的手段赢回希腊反叛者的声音，也沉默下去了。[15] 虽然希腊在战争的另一边高喊"自由还是死亡"，但奥斯曼帝国这边的认识里，只有完全的投降、彻底的消灭。

即使从外交方面看，在1826年冬天和1827年上半年，希腊独立的命运看起来也是死亡。的确，正是问题的严峻性和越来越大的毁灭可能性才促使下一轮外交谈判的产生。欧洲都市中传言，易卜拉辛试图杀光伯罗奔尼撒半岛的居民，将北非的穆斯林迁移过来，从而报复希腊人 1821 年实施的种族清洗。不管是真是假，这些谣言都引发了强烈的反响。迈索隆吉翁的命运给希腊大陆留下了深深的印记。两年前，拜伦死在那儿，这让全世界知道了迈索隆吉翁这个名字。雅典是西方文明的老家，它被围困，最终投降。持强硬立场的政治领导人及其政府不能漠不关心了，因为这些领导人隐约地感受到自己的某些权益正在受到威胁，尤其在那些亲希腊的媒体可以自由表达思想以及鼓动大众意见的国家，情况更是如此。

这并不是说世界各地会一致赞同干涉希腊冲突。早在 1824 年 1 月初，美国国会围绕公众强烈支持希腊事业的热情进行辩论，排除了以牺牲美国人的生命为代价而尽早承认希腊独立的可能性。虽然法国这个时候热爱希腊的情绪已达到顶峰，但是法国政府秘密地给埃及海军建造了战舰，甚至在这些战舰于 1827 年服役时，派遣法国军官随同担任军事顾问。[16] 在英国，除了坎宁之外，执政的托利党对任何带有革命味道的东西都是怀有敌意的。这就是威灵顿公爵的本能反应，因此他在这件事情的结果中所扮演的角色就有点儿讽刺的意味。

尽管这些相互冲突的思想一直存在，但欧洲列强的态度在慢慢转变。法国政府也收到了希腊的请求，对在圣彼得堡签署的双边协议中自己被甩在一边心怀怨恨。早在 1827 年，法国就自己起草了一份国际协议的草案。7 月 6 日，来自英国、法国和俄国的代表在伦敦签署了一个三方协议，那个时候，坎宁已经担任英国首相。协议的条款内容与以前的大同小异。如果奥斯曼帝国认为希腊革命是其国内事务，且苏丹继续排除任何国外干涉的可能性，那么对于如何强行干涉和调停交战双方，这个三方协议是含糊不清的。英、法、俄这三个强国没有对协议内容的字斟句酌倾注大量精力，反而立即向地中海地区派遣了一支联合海军力量，从而支持自己的协议。这是解决冲突的良方，事实的确如此。

决定希腊革命前途的战役是 1827 年 10 月 20 日在纳瓦里诺湾打响的。英国、法国和俄国军队的船只数量仅占交战对方战船的 1/3，但是三国战船的火力超强，埃及和奥斯曼帝国的联合舰队在港口几乎被摧毁殆尽。关于欧洲列强的这次干预，至少有一整本厚书对其进行了记录。在当时及以后，关于谁开了第一枪，关于总司令、海军上将爱德华·科德林顿不可推卸的责任的激烈争论，从来就没有停止过。这是整个希腊革命期间精心谋划的为数不多的战役之一。纳瓦里诺之战改变了一切。没有一名希腊人参与这场战役。这次国际干涉的程度令人震惊，是用马夫罗科扎托斯和其他希望将希腊冲突国际化的人的决心换来的。

从这时开始，希腊革命的结果不可分割地与欧洲列强的外交和高层政治交织在一起。但是，它不是与其中一个强国交织在一起。从希腊的视角看，这正是此事的美妙之处。尽管希腊的各对立党派就希腊应该忠诚于哪个强国的问题大打出手，但是纳瓦里诺之战带来了一个难以遏制的趋势，这个趋势无法偏向欧洲列强的任何一方。如果希腊的命运现在要由远在希腊之外的力量来决定，那么绝不在单独一个强国的手里，而是在任何一个国家与其对手的博弈中。这就是三个强国代表常务会议的真正意义所在。这个会议被称为“伦敦希腊会议”，第一次会议在 1826 年年底召开，这个会议机制一直持续到 1832 年年底。从 1827 年夏到 1829 年秋，这三个列强轮流坐庄，主导外交方案中的军事行动。

在纳瓦里诺，英国派遣的舰队最大，也承担着总体指挥作战的任务。那次军事行动的影响是清除了来自海上的所有对希腊的威胁。一年以后，在英国，坎宁的政策大多被新任首相威灵顿公爵修正了。也许是在威灵顿的鼓动下，乔治四世国王在 1829 年元月给议会的讲话中就纳瓦里诺发生的“麻烦事件”向奥斯曼人道歉。但是，伦敦会议是一种三方参加的跷跷板游戏。当英国对希腊的支持减弱时，法国和俄国的支持就上升了。

1828年夏，将最后的奥斯曼帝国的军队赶出伯罗奔尼撒半岛的是被委以重任的尼古拉斯·梅森将军率领的法国军队。这与亲希腊者的干涉完全不同，尽管亲希腊者依然参与希腊事业。梅森将军直接听命于巴黎政府。1829年3—9月，俄国对奥斯曼帝国进行了新的攻击。这正是友谊社曾经极力谋划所要获得的结果。但是，形势大为不同了。人们认为，在帮助希腊争取独立上，俄国在军事方面做得最多。的确，俄国海军在爱琴海上一直很活跃，打压海盗。[17]但是，在这个新发动的俄国–奥斯曼战争中，所有的战役都发生在巴尔干半岛和位于高加索的遥远的黑海岸边。希腊的命运只不过是顺应这最新的行动而起伏，俄国的一系列战争可以追溯到一个世纪以前。

当梅森的军队于1829年抵达距离奥斯曼帝国首都不到100英里①的阿德里安堡（今埃迪尔内）时，形势变得令人激动。几周以来，俄国人仿佛要直捣黄龙，进军君士坦丁堡。这个时候，那位极端保守的、不是希腊朋友的威灵顿公爵出来说话了。这位英国首相于9月11日致信英国外交大臣阿伯丁勋爵："我们必须重建希腊帝国，除了俄国的必要支出外，欧洲诸强哪一个都不能从中为自己捞取好处。"[18]最后，那个局面没有发生。铁腕勋爵的这封信发出3天后，苏丹就恳求和平，签署了《阿德里安堡条约》，接受了一些相对屈辱的条款。这些条款包括1826年初斯特拉福·坎宁爵士和马夫罗科扎托斯在海德拉对面的海岸上冒着暴风雨会晤达成的关于希腊的协议条款。希腊将成立自治政府，但是在名义上依然是奥斯曼帝国的一部分，而且要给帝国政府上缴岁贡。

尽管威灵顿后来也认为马夫罗科扎托斯在1823年第一次给英国外交大臣提出的建议是正确的，但奥斯曼帝国已经日薄西山。欧洲的和平依赖于重新找到一个新的力量，从而制衡俄国。希腊是唯一可能的选择。英国政府虽然不太满意，但是在盟友猜忌的刺激下，在终极的解决方案中投入了最后的、出乎意料的元素。这个新的希腊为什么不能获得完全的独立？因为如果希腊

① 1英里≈1.6公里。——编者注

完全独立，那么3个欧洲强国以及奥斯曼帝国就会被迫撕下它们的伪装，因为它们都想统治希腊，让希腊成为它们的附庸。

没有哪一方敢反对。就苏丹来说，他已经受困于《阿德里安堡条约》，所以他不得不接受任何决定。欧洲强国根本不听取希腊的意见。英国、法国、俄国政府的代表于1830年2月3日签署的《伦敦议定书》第一次宣称："希腊将成为一个独立国家，享有依附于一个完整独立国家的所有政治、行政和商业权利。"[19]

最后的推动

到了这个时候，希腊事务几乎全部围绕着一个人的品格和行动而运转。在希腊出现集体恐慌、国家生命命悬一线的时刻，卡波迪斯特里斯被选为最高领导人。1827年，第三次全国国民议会专门赋予他一个希腊以前从来没有使用过、以后也不再会使用的头衔"Kyvernitis"（总督）。在希腊语中，"Kyvernitis"的意思与拉丁语的"gubernator"（长官）的含义完全相同，英文中的单词"governor"（总督、州长等）就是从"gubernator"演变而来的。"Kyvernitis"最初的意思是"舵手"，后表示船长或机长。多数英语文献里都说卡波迪斯特里斯的职务是"总统"，但是希腊语里与此对应的词汇早在19世纪20年代的临时宪法里就已经被使用了——特指政府中最高的职务。选举卡波迪斯特里斯担任领导人是一个临时方案，是一个应急措施，时间最长不会超过7年。在希腊语里，卡波迪斯特里斯从来没有担任过希腊的总统，他只是希腊的总督，一直到希腊革命最终结果的到来。

卡波迪斯特里斯到底对谁负责，人们从来都没有搞清楚。是对推举他上任的欧洲列强负责？还是对希腊人民负责？还是对保障他当选以及后来被他依照程序废除的希腊临时宪法负责？卡波迪斯特里斯是科孚人，在威尼斯统治的国土上出生，是一个贵族。他既是一个自家人，也是一个外来人。他是东正教联邦的产物，但是他在国外度过了大部分成年生活，积攒了政治经验。他一开始在俄国生活，后来在瑞士流放。最为重要的是，这些让他在选举人眼里有了权威。不论是卡波迪斯特里斯的教养，还是他的风度，都不能让他适应 19 世纪 20 年代末的伯罗奔尼撒半岛的世界。不管从哪个方面说，他都无法融入那个世界。

卡波迪斯特里斯这个人本身是有些高深莫测的。即便我们有将近两个世纪的后知后觉，但他的统治之术同样是高深莫测的。他是一位独裁主义者，孤独而严峻，在有些人眼里，他（至今仍然）是将他的国家从混乱状态拉到有序状态的救星。支持这个观点的依据是，在他执政三年半并被刺杀以后，希腊又出现了剧烈动荡的无政府状态。这次的无政府状态没有 1824 年内战那样的特点和借口。在内战期间，关于希腊革命的本质和目标的真正的、不可逃避的紧张形势是一触即发的。在卡波迪斯特里斯抵达之前，伯罗奔尼撒半岛已经陷入武装暴乱之中了。他在分属于不同欧洲强国的战舰的护送下，乘船进入纳夫普利奥，他发现对立的武装力量正在相互轰炸，并炮击两个大的要塞之间的城镇。这也许有助于解释卡波迪斯特里斯从来没有失去大多数民众的爱戴的原因。同时，他好像也乐于对民众表达浪漫的、家长式的情感。在他作为总督执政的大多数时间里，没有谁比他更能维护社会的秩序。另一方面，他对其他希腊领导人，甚至对忠于他的那些人的不信任，是他垮台的原因。

希腊革命最后的几次战役都是在卡波迪斯特里斯执政期间发生的，而且是发生在外部前沿地区。对希腊人来说，这有点儿虎头蛇尾的感觉。在伯罗奔尼撒半岛，肃清易卜拉辛及其麾下的奥斯曼军队残余势力的任务，是由梅森将军指挥他的正规法国军队完成的。这支奥斯曼军队是于 1825 年登陆的。经过 1828 年最初几个月的艰苦努力，希腊在鲁梅里重新站稳了脚跟，夺回了迈索隆吉翁，并向更远的北方推进，再次实现了控制。在鲁梅里的军事行动中，来自英国的热爱希腊的弗兰克·阿布尼·黑斯廷斯和理查德·彻奇发挥了很大作用，黑斯廷斯也因此牺牲。但是，随着俄国在 4 月底对奥斯曼帝国的宣战，曾经攻占迈索隆吉翁和雅典的令人敬畏的雷希德帕夏被调遣，率领所有部队奔赴巴尔干地区。随着雷希德帕夏的撤离，当地一下子变成了真空地区，说希腊语、说阿尔巴尼亚语的武装分子打了起来，或根据需要形成新的联盟。在说阿尔巴尼亚语的人中，有些是基督徒，有些是穆斯林。

1829 年 9 月，最后的战役在底比斯和里瓦迪亚之间的隘口爆发了。这场战役只不过是一场小规模的战斗而已，胜利的荣耀归于依普希兰狄斯的弟弟迪米特利亚斯。依普希兰狄斯在八年半前开启了希腊革命。但战争胜利与否已经无关紧要了。因为根据俄国人强制奥斯曼人在 1829 年 9 月签署的《阿德里安堡条约》，科林斯地峡以北将成为希腊国土的边界。这不是通过军事行动决定的，而是通过欧洲地图上的线条决定的。

卡波迪斯特里斯最重要的任务是，继续推进马夫罗科扎托斯在 1823 年就已经启动的外交战役。对于这项工作，尽管他有着坚定的决心和信心，但他行动的自由依然很有限。伦敦会议已经形成了不征求希腊意见就做出决定的习惯。卡波迪斯特里斯是一位训练有素的外交官，他在那么高的位置上，理应为他的国家赢得最大的利益。但是，他的优势变为一个劣势，成为一个不利因素。总督纯熟的外交技巧是在俄国工作时锻炼出来的。英国代表和法国代表断然不会相信他能真诚地代表希腊进行磋商，更愿意相信他是俄国利益的秘密代表人物。令人悲哀的是，梅森也不信任他，尽管梅森曾在他离开俄国时给了他很大的荣誉。虽然卡波迪斯特里斯在外交方面做出了很大的努力，但很难说最后的解决方案中的哪一点是来自他的建议。

卡波迪斯特里斯在国内事务方面影响最大。乔治 · 芬利等批评人士指责卡波迪斯特里斯是暴君，其一切行为都表明其自私的野心。[20] 从正面的角度看，卡波迪斯特里斯促进了教育的发展，鼓励采用欧洲大陆最新的试验方法建立新式学校。他以硬币为基础，在希腊建立了第一个现代货币——凤凰，还创建了国家银行。他组建了司法系统，开创了希腊急需的土地登记工作。即便将近两个世纪以后，在我写作本书的时候，土地登记工作依然是急需的工作，而且仍然没有完成。他还引进了后来每个希腊酒馆和餐馆都供应的主食——土豆。

所有的记录都认为，卡波迪斯特里斯在政治上倾向于他非常熟悉的俄国独裁专制。从这个角度来看，他的整个执政理念在希腊革命期间兴起的民主的、多元的氛围中显得方枘圆凿。他的政治观点与曾经试图请他担任会长的友谊社没有很大的不同。在卡波迪斯特里斯执政的日子里，希腊的政治倒退了。他被称为“启蒙的专制者”，这个说法似乎还算靠谱。[21] 尽管他只有 50 出头，但他的政策在独立后的希腊已经落伍了。也许他的统治留下的最大的遗产是，未来某些想当国家“救星”的人会效仿他，并将他视为独裁专制主义的示范人物。

从 1831 年年初，卡波迪斯特里斯开始镇压来自反对派的两次造反。一次造反的是海德拉的船主和商人，另一次造反的是马夫罗米查尔斯家族领导的马尼地区的傲慢军人。这两次造反的起因都是税收。中央政府希望最富有的国民能够提供必要的资金，从而维持政府的运作，而人们是不愿意交税的，尤其是马尼亚特部落人，他们从来没有向奥斯曼人交过任何税，所以现在也拒绝向卡波迪斯特里斯的代理人交税。希腊诸岛上的船主也都有自己的安排，而且在希腊革命前一直运作得很好。现在，他们也面临着上缴税款的压力。这些人和当地的其他利益集团的人不仅不愿意资助公共财政，还希望政府成为他们进一步扩大财富的源泉。他们甚至有自己的理由——生活在 10 年战争期间受到很大影响。10 年的破坏让每一个人都变得一无所有，包括中央财政。反对卡波迪斯特里斯的叛乱，从本质上看，就是抗税。

但是，那也不仅仅是钱的问题。马夫罗科扎托斯曾与希腊诸岛的中层阶级走得很近，现在却成为反对总督的政治派别领导人。卡波迪斯特里斯拒绝恢复他当选总督时依据的临时宪法，这对马夫罗科扎托斯来说太过分了。人们怀疑总督准备放手让俄国干涉，这更是火上浇油。当海德拉的海军上将米奥利斯公然挑战政府时，矛盾就变得一触即发了。米奥利斯上将的舰船被一支俄国舰队堵在波罗斯的海港内，他没有屈服让步，而是把希腊舰队的旗舰“希腊”号炸毁了。这艘旗舰是美国的亲希腊者募集巨资建造的。炸毁旗舰造成了浪费，真是荒唐无比。

到了夏末，两次造反都被平定了。但是，卡波迪斯特里斯的胜利并没有持续多久。截至10月，佩特罗比·马夫罗米查尔斯和他的两名亲属依然被政府作为人质拘押在纳夫普利奥。马夫罗米查尔斯是部族首领，也是马尼亚特人无可争议的领袖。看起来他并没有直接介入抗税的风波之中，他的弟弟康斯坦提诺斯和儿子乔治斯是否直接参与了抗税叛乱，就不得而知了。但是，马夫罗米查尔斯在监狱里，其他两人也处于松散的监押之中，只被允许在城墙内进行自由走动，而且每个人都有一名武装人员看护着。

1831年10月9日周日，上午一大早，卡波迪斯特里斯正要进入位于纳夫普利奥城一条后街的圣斯拜里顿教堂，此时，康斯坦提诺斯和乔治斯正分别站在门的一边，拿着武器等着他。这两人是有人看管的，但是很显然，管理并不严格。接下来发生的一切，好像是经过舞台彩排似的。总督看见了他们两人，犹豫了一下，然后继续往前走，几乎好像是自愿走向了死亡。他应声倒在地上。教堂门口的走道上有一个小洞，据说小洞是那枚射穿卡波迪斯特里斯的子弹留下来的，现在，游客可以顺着指示标记看到。其中一个刺客被当场处以死刑。由此可进一步证明，卡波迪斯特里斯尽管与政府其他领导人不和，但是依然深得市井大众的敬爱。另一个刺客也被抓住，经过审讯被处死了。

一个多世纪以后，诗人和作家尼科斯·卡赞扎基斯在1944年这个希腊历史的另一个转折点上，将这些事件搬上了舞台，把卡波迪斯特里斯的死亡描写成因国家分裂而做出牺牲的、像耶稣基督受死那样的行为。那个时候，政治上被笼统地称为“自由的、进步的人的反应”，往往是过激的。在有些地方，行刺者被盛赞为古典希腊刺杀暴君的哈摩第欧斯和阿瑞斯托吉顿的衣钵传承者。科拉伊斯这位鸿儒是第一位阐发希腊作为现代国家的思想的人，他在著作中抱怨道：“那两个谋杀犯救了他，让他这个犯法者逃脱了违犯希腊法律的惩罚，这个惩罚比死刑还重——将他驱逐出希腊，使其颜面尽失，无地自容。”[22]

总督被刺杀的消息一旦传开，无政府状态就会再次回到伯罗奔尼撒半岛，而且更加猛烈。

此后一年多，独立的希腊的政治生活支离破碎。没有任何一个党派或领导人能够一家独大，这些党派或领导人也不允许除自身之外的其他党派或领导人做大，成为政治的主导。希腊的政治就像是欧洲强国在对立的矛盾中疯狂涂抹的一幅漫画，只有最具远见的革命者才能成功地利用其错综复杂的矛盾。最后一次全国国民议会于 1832 年秋在屈辱中收场，荷枪实弹的士兵“冲进议会大厅……绑走了议长和几个副手，把他们当人质，以此让政府支付欠他们的军饷”。[23] 这次厄运连连的会议在纳夫普利奥城边的一个荒凉小镇召开，这个小镇是卡波迪斯特里斯创建的，目的是收容在希腊其他地方因为战事而流离失所的逃难者。它的名字是“普罗诺亚”，意思是“上帝”。卡波迪斯特里斯是上帝的虔诚信徒。关于在 8 月那天出席议会会议的代表是否注意到某种反讽，这没有任何记载。

就像开始的时候那样，希腊革命在国内秩序的几近崩溃中结束了。这个时候，暴力不是发生在希腊基督徒和穆斯林之间，而是发生在希腊同胞之间和基督徒同胞之间。的确，暴力的程度没有以前那么恐怖。但是，希腊依然有生命丧失，这带来更多民生问题。最后的敌视行动发生在距离首都纳夫普利奥不远的城镇阿尔戈斯，时间是 1833 年 1 月 16 日。几天后，希腊的新国王抵达，带着一支德国军队恢复了社会秩序。

1830 年《伦敦议定书》签署以后，3 个欧洲强国在落实约定方面需要一段时间。卡波迪斯特里斯被刺杀以前，法国、比利时和波兰动乱不断，英国也出现政府更迭，因此它们的视线都从希腊移开了。但是，希腊这个国家的命运再一次在欧洲北部的都市里被决定。这至少说明，这样的安排是导致希腊动荡不安的原因之一。

直到1832年年初，伦敦会议才再度召开，并同意将希腊的王位授予巴伐利亚国王路德维希还未成年的第二个儿子奥托。他们此前中意的人选是萨克森-科堡王子利奥波德，只是，利奥波德在深思熟虑后拒绝了这一好意，他后来成为比利时历史上的第一位国王。各方对奥托这位人选都表示满意，不过，他们又一次地没有征求希腊人的意见。这个时候，希腊已经没有具有威信的个人或团体能够代表国家了。奥托正像卡瓦菲斯的著名诗歌中的野蛮人一样，可以被看成“某种解决方案”。

1832年5月，欧洲列强在伦敦签署了新的议定书，修改了1830年确定的一些条款。奥托要在1835年达到法定成年人年龄后才能成为国王，在那以前，一位巴伐利亚摄政将代他行使权力。这个时候，希腊这个新国家的疆界要比一开始谋划的疆界大得多，但是仍然有3倍于生活在希腊境内的说希腊语的东正教徒，被排除在新的希腊之外。希腊北部的边境是从东部的沃洛斯以南一直延续到西部的阿尔塔以南。伦敦会议还确定了哪些岛屿并入这个新的国家，主要有距离大陆最近的爱琴海诸岛以及远在北边的斯波拉泽斯群岛，但是积极参加希腊革命并在其中发挥作用的克里特岛、萨摩斯岛和希俄斯岛这些更大的岛屿都被排除在外。在希腊有语言记载的3 500年历史上，希腊第一次作为一个政治实体出现在欧洲地图上。

随着奥托乘着一艘英国战舰于1833年2月6日抵达纳夫普利奥，希腊作为一名新生儿，就降生了。新的希腊不是什么人的发明创造，而像是一个计划外的婴儿，但是，毫无疑问的是，它的父母是欧洲列强和奥斯曼帝国。不过，与任何人类新生儿一样，希腊也是一个新的孩子，它要成长，要形成属于自己的、独特的、不可预见的品格。

第四章

蹒跚学步

（1833—1862）

这样的冬日，在希腊语里被称为“美好安宁的时刻”。太阳暖暖的，大海静静的，海水蓝蓝的。3 000 名士兵已经上岸，他们是来自德国的雇佣兵。来自几个国家的 70 多艘船只停泊在纳夫普利奥的海港，帆索上装饰着彩旗。一声接一声的炮响向年轻的未来国王致敬，欢迎他的驾临。枪筒里冒出的白烟遮掩了远处的风景。所有的人都来到城外，在史前的梯林斯城墙附近迎接未来国王及其随从的到来，并陪同他们入城。这是一片颜色亮丽、欢快雀跃、人声鼎沸的景象，是 12 年战争结束以后的胜利庆祝。17 岁的奥托身材高挑、修长，骑着高头大马，走在队伍的最前头。他身穿天蓝色的制服，被轻骑兵簇拥着，后边跟着 3 位巴伐利亚摄政，这些摄政将在奥托成年以前执掌希腊王国的权力。

希腊革命所有的政治和军事领导人都躬身前来，表达自己的敬意。科洛科特罗尼斯戴着华美的头盔，好像一直看着别处。马夫罗科扎托斯戴着高高的帽子和厚厚的眼镜，科莱特斯戴着他的红色土耳其毡帽。两人都半转着身，向那位他们从现在起就要效力的统治者投以疑惑和敬畏的目光。这些一直为这片土地的未来筹划的人，现在已经行动起来，将自己的权力让给命运的新人。而在路的旁边，是一队骆驼，它们耐心地等着帮主人们驮东西。此后不久，这片景象就被描绘在一幅四米高、两米长的油画上，今天还挂在慕尼黑的美术馆里。这幅画的作者是彼得·冯·赫斯，他当时参加了欢迎宴会。

乔治·芬利是另一位见证者，他在他的历史著作《希腊革命的历史》中用罕见的一段抒情文字来描述这一盛况。他在将近30年后写道："不同军队和海军的制服，不同的语言都证明，大多数文明国家派遣代表来参加希腊再生的盛典。"芬利继续回忆，从那时起，人们"都希望希腊第三次焕发活力，再一次在世界上取得灿烂的成就，占据重要的位置"。盛典结束一年后，年轻的、在欧洲接受教育的帕那吉奥提斯·苏索斯用希腊语在自己的小说里描述了亲临现场后的激动。因为事情仅隔一年，所以他无法预知数十年后的情况。他的小说是希腊王国独立后出版的第一部作品，小说中的主人公发出了激情洋溢的欢呼：

> 噢，希腊国王！旧的希腊将知识的灯光馈赠给德国。因为您的到来，德国加倍地回馈了那份馈赠，以此表示感激。您就是那位要复兴地球长子的人。[1]

欧洲欠希腊债务的说法，早在一个世纪前的欧洲旅行者那里就有了，现在更是深入地、真正地进入现代希腊人的意识中了。这种认识会一直流传下去。所以说，欧洲的未来和希腊的未来已经相互交织在一起了。其实，这只不过是希腊获得独立后的一个逻辑上的推论，那么"再生"或"复兴"这两个主题既然在欧洲欠债和未来交织这两个叙事中占主导地位，情况亦然。

那些提着脑袋闹革命并生存下来的希腊领导人成功实施了一个特别了不起的策略，说服现代最保守的3个强国接受一个观点，那就是3个强国的革命不是自由的、全国的革命（当然是了），而是一种古老时代的复苏。希腊领导人的策略起作用了。在整个欧洲"复苏"的气候下，一个全新的希腊国家的降生可以被看作一个终极的复苏，这种复苏比欧洲现存的任何一个国家的复苏都古老。

事情并不是这样。在欧洲于1830年承认希腊的独立后，一种新的政体进入欧洲的地缘政治中，那就是民族国家。一年以后，欧洲大陆出现了第二个这样的国家——利奥波德国王领导下的比利时。这种体制变化带来的深远影响，直到1848年才变得明显起来，因为1848年是欧洲大陆革命风起云涌的一年。只是在19世纪60年代，意大利和德国分别进行了成功的"统一"以后，民族国家才成为一种新的模式，从而荡涤了19世纪和20世纪初存在的多国组合而成的帝国模式，而且在21世纪的第一个10年中依然证明了自己强大的生命力。

在这方面，希腊是先行者。

但是，在19世纪30年代初期的政治氛围下，希腊探索国家体制建设实践的成功依赖于低调的风格。的确，在那个时候，官方叙事在人们的心中已经扎下了根，影响大而深，所以欧洲研究国家建设的历史学家对1830年希腊独立所取得的成就没有给予应有的评价。希腊历史学家对此也不愿意多费口舌，因为直到20世纪末，他们几乎总是一厢情愿地认为，他们的国家是一个特例，特别古老，因此与其他国家都不一样。新的希腊王国降生后的20年里，孕育了长盛不衰的概念"希腊国家"以及更宽泛的、更难定义的概念"希腊民族国家"。直到今天，我们还在使用这些概念。

在西方的目光下

选择巴伐利亚的奥托作为希腊的第一个国王，在很大程度上是由现实政治的考量所决定的。当然，机缘也起了一定的作用——路德维希一世的第二个儿子正好合适。巴伐利亚皇室维特尔斯巴赫家族与作为希腊新王国保护人的3个对立的强国，都没有任何密切的关系，所以这样的选择能被各方接受。对于被选中的人的品行和素质，似乎没有人在意。奥托在年轻的时候被描述为"自负、固执、轻浮"，后来则是"不可救药的优柔寡断"。[2]不过，在这种形势下，不论哪个人被指定为君王，他都别无选择，只有边干边学，就像奥托那样。还有一个问题是，如果一个国王统治国家近30年，那么他的性格对这个国家的政治影响到底有多大？尽管奥托有很多的缺点，但是他统治下的希腊要比之前的卡波迪斯特里斯治理时期的希腊好得多。毫无疑问，奥托对他移居的国家希腊感情深厚，他在出生地巴伐利亚流放的时候，也穿着希腊的民族服装，一直到生命的终点。

当1832年机遇来临的时候，有一个特别的原因促使巴伐利亚年轻的王子，或者是他的父亲代表他，接受了希腊的王位。此前10年，亲希腊主义就在巴伐利亚泛滥，并进入政府高层，影响了很多国家政策。就这方面来说，巴伐利亚在世界上是独一无二的。“亲希腊主义”这个词本来的意义是指“对希腊一切东西的热爱”。希腊革命前，这个词用来指被温克尔曼思想感染的那些人。德国的亲希腊主义主要是指对古典希腊所取得的成就的敬仰。对于希腊古典成就的仰慕，没有一个地方能比得上巴伐利亚当时的首都慕尼黑。如今慕尼黑很多的纪念碑都可以追溯到19世纪上半叶。

路德维希一世对奥托的王国也感兴趣，为奥托指定3个摄政（都是巴伐利亚人）的人就是他。路德维希一世甚至参与希腊王国具体的事务，比如，王宫在雅典的选址。奥托的统治中未设立议会、未实行宪法的决定就出自路德维希一世。1832年的条约的条款对君王的权力没有任何限定。考虑到希腊的无法无纪状态以及政治秩序已滑落到绝境，路德维希一世给予了奥托充分的支持——派了3 000人的德国军队，为奥托的赴任保驾护航，并让军队在希腊驻留了好几年。同样，他还让精明强干的几位顾问陪同奥托，帮助奥托站稳脚跟。

在第一个10年的大部分时间里，希腊王国与其说是条约里描述的一个拥有主权的独立国家，不如说是一个殖民地。这个特点被历史学家讨论过很多次，的确在大众记忆中留下了印痕，给这一时期贴上了一个与其说是慈爱不如说是感伤的标签——“巴伐利亚统治”。但是，这些安排的重要性不只是政治方面的。如果说殖民统治者的本性是强加给统治对象什么东西，那么那个东西就是德国的亲希腊主义，这在慕尼黑路德维希一世宫廷里盛行一时。婴儿般的希腊王国刚迈出的几步，是在具有高度保护意识的保姆的照顾下实现的。保姆以自己的生活为示范，认为她照看的孩子应该长成她喜欢的样子。俗话说得好："保姆懂得最多。"

希腊要变成西方的、欧洲的、现代的国家。但矛盾的是，实现这个目标的方式是要往回转，回到遥远的过去，"要由古人领导现代的人奔向现代化"。[3] 变成现代国家要付出的部分代价是，希腊和希腊人不辜负革命期间给他们带来很大帮助的宏大叙事。对此，统治者和被统治的大部分精英都认可。新的国家必须在每一个可能的方面都是"希腊"的。我们必须记住，采用"希腊"这个古代的名字本身，就是一个新的发展，第一次通过的 1822 年临时宪法实现了国家名字的法定化。不仅如此，这个新的国家还必须在任何一个方面都是"民族"的。

拿破仑战争期间，说德语的人生活在法国的统治之下，德国几乎已经完整地发展并宣传了民族主义，而且把它作为一种思想。不管 1833 年来希腊的那些人是否在统一德国方面有着同样的激情，他们中的多数人都是在这样的思想氛围中成长起来的。而希腊给他们提供了一个绝佳的机会，可以试着了解在他们自己国家 30 年后才出现的那些思想。从这个方面来说，希腊再一次成为先行者，尽管人们会不由自主地在脑子里想起那个不怎么让人痛快的比喻"天竺鼠"，特别是在 2010 年金融危机以后，人们可以经常听到这个比喻。这就说来话长了。

在奥托成年以前，摄政统治已经为国家军队和国家行政、司法和教育系统奠定了基础，至少在理论上到达了王国的各个角落。希腊王国要建一个国家银行，已经通过制定政策来处理以前属于奥斯曼帝国或穆斯林地主、现在属于"国家"的土地。卡波迪斯特里斯建立的全国货币"凤凰"，被重新命名为"德拉克马"。

很多举措从王国初年就开始实施了，但要开花结果还需要几十年的时间。土地分配直到 19 世纪 70 年代才画上句号。德拉克马一直到王国结束后才真正在日常生活中取代传统的奥斯曼帝国的货币。这再次提醒大家，愿望和结果往往是不一样的。但是，决心从一开始就有了，所有国家化的项目最终都能实现。

在所有国家化的项目中，重中之重的是国家军队。在军队方面的大力投入不是为了保护王国的边境安全，因为所有的边境安全都在国际社会中得到了保证。王国的敌人在国内。与此前的卡波迪斯特里斯一样，巴伐利亚人下决心清除军阀割据的地方权力基础和只效忠其头领的非正规武装部队。在创建国家军队的过程中，他们确定要对王国军队的指挥实行一元化领导，这也许是一个现代国家正常运作的前提条件。当然，这也需要数十年的努力才能取得结果。但是，没过多长时间，新的国家机构就发展起来了，甚至比巴伐利亚王朝的还要强大，并最终见证了巴伐利亚王朝的覆亡。1843—1974 年，希腊的国家军队反复不断地干预国家的政治生活。这是巴伐利亚人 10 年统治的另一个遗产。

东正教会也国家化了。教会中占绝对多数的希腊公民与东正教联邦的其他教徒相隔离了。但是，在巴伐利亚人以及在巴黎生活的科拉伊斯等很多希腊爱国者眼里，东正教联邦的领导人，特别是君士坦丁堡的东正教宗主教会牧首已经有了污名，因为他们效忠于那个可恶的奥斯曼帝国。教会国家化的措施是有争议的。因为毕竟在希腊革命中，多数战士都是以他们宗教的名义，冒着生命危险参与了对穆斯林的屠杀和驱逐。在雅典的希腊自治教会和在君士坦丁堡的东正教宗主教会牧首管区之间的正式分裂只是延续到 1850 年。但即便在今天，雅典和全希腊教会大主教依然对 19 世纪构成希腊王国的那些地盘实行宗教统治，而东正教宗主教会牧首对其余地区实行宗教管理。教会和国家在希腊从来就没有完全分离，这两者之间的认同可以追溯到希腊革命时期。但是，在巴伐利亚摄政时期，随着 1833 年“自治的”国家教会的创立，这个认同就变得体制化了。

新王国的认同在把雅典建设成首都的计划中体现得无以复加，其形式的凸显度和长久度没有其他地方可以比拟。从纳夫普利奥迁都的决定是在1833年做出的。奥斯曼帝国位于雅典的部队在卫城坚固的城堡要塞中坚持了很长时间，最后宁愿向巴伐利亚人投降，也不向希腊人投降。新首都的庆典仪式在第二年的12月举行。除了地上的古代神庙，希腊城的大部分建筑都已成为废墟。在希腊革命期间，雅典被希腊军队围困和抢掠了两次，被奥斯曼帝国军队围困和抢掠了一次。在这样一个地方建设现代都市，需要极大的信仰力量。

都市新规划的布局和公共建筑的规模远远超出了这个小王国的比例，也超出了这个小王国的实力。尽管都市建设在具体实施过程中有很大的缩水，但我们依然能清晰地看出最初的建设雄心有多么大。新的城市面貌直到20世纪初才完全具备。但是，我们必须再一次提醒，这些基础都是在奥托统治的第一个10年奠定的。新都市不仅有建设的问题，还有保护的问题。选择雅典作为首都的总体考虑是因为它有着众多的、卓越的遗迹以及这座城市在古希腊文明历史（也是所有欧洲国家的文明历史）中的作用。这些废墟、遗迹必须成为焦点。这恰如国家本身。矛盾的是，雅典不仅要变为一个完全现代的城市，还要再现其早就丧失的古代荣耀。因此，保护和采用各种措施全面展示能够体现希腊荣耀的一切东西，在新政府的规划中占据核心位置。

为达到这个目的，新政府的有关机构在希腊语中引入一个新词，向公民的心中植入了一个新概念。这个词是“考古学”，其词根来自希腊语，意思是“对古代的研究”，只是后来才进入西方语言的词汇表中。从语义上说，这个词在希腊语里完全是一个新词。1833年年初，希腊设立了考古服务局，第二年颁布了第一部考古法律，此后陆续公布实施了一系列考古方面的法律规章。1837年，雅典考古协会成立，《考古学报》创刊。考古学成为将未来规划与展现古代文化联系起来的新科学。截至目前，它一直发展得很好。但是，考古学也见证了一些毁坏。实现国家复兴，将新的和古代的进行无缝对接，从客观上要求把过去 2 000 年时间里发生在这座城市的所有人类活动痕迹统统抹去。保护古典和建设新城固然好，但更让人痛心的是随之而来的大规模破坏。

人们常说，在希腊王国的最初几年，为了给新的雅典城市规划让位，几十座精美的、具有历史意义的拜占庭教堂被夷为平地。其实，破坏的程度被夸大了，因为教堂中的“精华”，比如位于厄鲁姆大道上的卡普尼卡里亚教堂就逃脱了厄运。实际上，大多数极端地去除“所有野蛮时代遗迹”的行动都发生在卫城。[4] 王国首都迁都后，城市兴建工作就立即开始了。雅典曾是一座拥挤的城堡，街道、房屋和花园与古代建筑杂乱地拥挤在一起。现在，晚于罗马时代的一切东西都被清除了。地基甚至一直被挖到基岩，也就是今天游客可以走到的位置，那些地方在此前 3 000 年的人类居住历史上，从来没有如此完整地暴露过。1843 年，建在帕特农神庙里面的小清真寺消失了。雅典城里引人注目的地标是 14 世纪由佛罗伦萨公爵主持建造的法兰西塔，到了 1874 年，这座塔也不见了踪影。巴伐利亚建筑师利奥 · 冯 · 克伦泽主持推动的都城修建计划，得到了当时主要的希腊知识分子的支持，这让希腊形成了自己的建筑风格。从 19 世纪下半叶的照片来看，巨量的建筑垃圾和废料堆砌在卫城的南墙下，等着被运走。当时的卫城被彻底拆除。今天的考古学家几乎用一生的时间，在废墟里辨认着那些证据。但是，19 世纪 30 年代的做法就是，城市里的一切威胁很古老的和很新的东西并存的事物都要被清除。

宽阔的、笔直的大道铺设起来了，新的建筑物开始出现，第一个（也是最大的）建筑是王宫，奠基仪式于 1836 年举行。奥托的王宫坚固魁伟，被有些人比喻成一个兵营，在 1842 年完工。（今天，希腊议会在这幢建筑物内办公。）紧接着完工的是希腊的第一所大学和天文台。那所大学在将近 100 年的时间里是希腊唯一的大学。新的国家的重点在这些建筑中得到完美的体现。除了在 1862 年建成的新拜占庭东正教大教堂，其他公共建筑物的设计都呈现出了古典风格。包括大教堂在内，这些建筑物都是德国训练的建筑师设计的，其中多数建筑师是德国人或丹麦人。私人建筑也遵循这个原则，从最宏伟的大楼开始建设。那是建成于 1842 年的王宫广场对面的建筑，后来它成为大不列颠酒店。就这样，虽然新古典主义的楼堂馆所的单个规模比不上王宫，但逐渐在雅典市中心和多数省城如雨后春笋般建成了，主导着希腊的城市风景。20 世纪 50—70 年代，它们之中的大部分才被钢筋混凝土大楼取代。

不管是公共建筑还是私人建筑，其设计风格让古典建筑形式得以复兴。但是，它们是在同时代其他国家推动具有浪漫主义风格的哥特式建筑复兴的精神下实现的。所以，希腊建筑在致敬古代的时候表面上像是欧洲前一个世纪的新古典主义风格的建筑。这不是说希腊落后了。建筑设计师深知浪漫主义运动及其对本地传统的影响。但是希腊的本地传统直接对应着古代，中间不允许有任何东西插入。所以，王宫、天文台、科学院、国家图书馆、国家议会（后来的名字）、考古博物馆、理工学院、雅典市剧院以及扎皮翁展览馆等，都必须看起来像那些曾经为古希腊风景带来荣耀的神庙。

新国家的语言也经受了同样的待遇。在这方面，障碍更加难以克服。语言有自己的生命，而建筑物却没有。语言的反击会在百年的后半叶到来。但是在最初的 10 年里，希腊王国不遗余力地让国家语言的书写形式看起来尽可能地像古代希腊语言，虽然古代希腊语和现代希腊语在词汇、语法和句式方面存在很多差异。两者的发音也有很大的区别，但是这些不同从来没有受到重视，因为政府只考虑了语言的书写形式。没有人建议对希腊语的书写系统进行改革，其现代书写形式（今天依然如此）与古代书写形式完全相同。与建筑物一样，书写是可看见的，而看得见、摸得着的东西总是最重要的。除了最开始的阶段，后来希腊的建筑师不是德国人，而是在欧洲接受教育的希腊人。

1834 年，希腊王国颁布实施 7 年义务教育的法律，该法律同时规定，学生必须学习古代希腊语的语法规则，不能按照现代希腊语的规则阅读和书写。很快，古代希腊语不仅在受教育的人中间，而且在各行各业成为时尚，大家都用古代的词汇替代日常生活中的通用词汇，用古代的语法规则替代现行的词法和句法规则。日常生活中的语言复古从未在19世纪成为官方政策，却是那个世纪初远在巴黎的科拉伊斯积极倡导的——要对一个现代语言进行“修改”，对它进行搽脂抹粉，因为那个现代语言在几百年里已经失去了古典神韵。不论在科拉伊斯的理论上，还是在日常生活的应用中，这听起来都像一个美容过程，正如一个世纪后的诗人乔治·塞菲里斯所观察到的，这就是在现代建筑上粘贴一些古代的山花。

在19世纪50年代，曾经为奥托和巴伐利亚人的到来大唱赞美诗的小说家和诗人帕那吉奥提斯·苏索斯在语言复古方面走得更远，宣称要实现“古代希腊语言的复兴”。苏索斯在1853年写的一个小册子中说：“古代希腊的语言和我们自己的语言应该是同一种语言。他们的语法和我们的语法也应该是同一种语法。”[5] 他使用将来时的时态表述这番话，完美地展现了当时的精神追求，那就是默默地接受看起来即将繁荣复兴的对立面。我们再一次看到，通往未来的道路看起来是要复兴一个已经消失的过去。

但是，这样的复兴道路太漫长了。科拉伊斯自己都承认，复兴一门已经死亡的语言是不可能的。在19世纪的大部分时间里，希腊在语言方面采用的都是科拉伊斯建议的零散式的、化妆式的措施。不久，这种混合式的书写形式（塞菲里斯称之为“雅典科学院的建筑”）就广为人知，且有一个名字“katharevousa”（净化语），直译就是一种“正在纯化、规范”的语言。

所有这些重大的变革都是从上而下的，多数是巴伐利亚人启动的。他们带着欧洲人偏爱古代希腊的先入之见，并利用这些观念为一个功能健全的现代国家奠定基础。那些支持并实施变革措施的希腊人都是在欧洲接受教育的。他们也希望新的希腊成为一个西方国家，并尽自己的最大力量让希腊至少看起来像一个西方国家。就这一点来看，他们与巴伐利亚人是一样的。因此，“希腊民族国家建设”从本质上就变成了“希腊国家建设”。希腊这个民族国家就被定义为希腊国家。

但是，并不是每个人都这么想，或者说即便有人这么想，他们也不总是这么想。

东方地平线

巴伐利亚人启动的国家建设只不过是一枚硬币的一面。这个希腊新王国的机构还应该定义为“民族的”，但是民族国家本身的含义更难确定。国家的地理边界已经确定了，但也是随意确定的。直到最后一刻，也就是1832年尘埃落定之前，哪些希腊族人口应该包括在希腊公民之中一直都没有确定。如果以语言、宗教或者两者兼顾为标准，那么大致还有3倍多的可以被称为“希腊人”的人生活在希腊王国的边界之外，比如西边有爱奥尼亚群岛（当时依然是英国的保护领地），北边、南边，特别是东边有奥斯曼帝国。所以不可避免的是，在很多地方，希腊王国的建立被看作未完成的事业。事实也的确如此，从那以后，这种观点一直在希腊流行。2013年出版的一本为儿童撰写的通俗希腊革命史的著作的副标题是“从未完成的开始”。[6]

在希腊革命期间，很多人认为斗争必须进行下去，直到所有说希腊语的、东正教世界的人都得到解放。数百年来，那个世界历史上的首都一直都是君士坦丁堡，其名字的意思是“君士坦丁的城市”，在希腊语传统中被简称为“城市”。君士坦丁堡过去是（现在依然是）东正教宗主教会牧首管区的所在地。18世纪和19世纪初期的东正教联邦中，从来都只有一个“城市”。雅典在希腊革命前大约有1.2万人口，从来没有被当作东正教联邦的中心。因此，在1833年第一次讨论将国家首都从纳夫普利奥迁到雅典的时候，资深革命领导人扬尼斯·科莱特斯提出反对意见就不足为奇了，他认为希腊唯一可能的首都是君士坦丁堡。科莱特斯反驳道：“如果君士坦丁堡不可能成为首都，那么新的希腊就不应该有首都。”在希腊革命爆发5周年时，希腊举行了第一次纪念活动，人群中异口同声地呼喊着口号：“到城市去。”

赢得君士坦丁堡的这个长久的、强烈的愿望可以追溯到1821年的希腊革命以前。从1824年开始，希腊快速发展的新闻媒体对此推波助澜。[7]1833年以后，对巴伐利亚人的西方化统治最为不满的那些人是所谓的“俄国党”的领导人，他们被称为“纳皮斯特”。这些人集聚在资深军阀赛奥佐罗斯·科洛科特罗尼斯及其儿子根奈奥斯的周围，是那些关于山贼强盗以及后来的山区游击队的歌曲所颂扬的自足自立理想的继承者。他们矢志不渝地把目光投向东方，既希望得到俄国的保护，又希望通过谋占奥斯曼帝国的地盘来扩大希腊王国的疆域。

刚开始的时候，新政府下决心给这些人一些颜色瞧瞧。巴伐利亚人抵达希腊7个月后，科洛科特罗尼斯及他的一些追随者就被捕了。1834年，他们被公开判处死刑。这个判决是有风险的，因为有些被判刑的人是最受希腊人尊敬的革命英雄。也许，判决只是奥托所展示的宽宏仁慈的计划的一部分，因为事实上，在那些人服刑一年后，奥托就赦免了他们。同时，奥托给予了曾经很自由的新闻媒体严厉的限制。事实上，公审和大度赦免是权势力量的一种展现，但其背后隐藏着10年前内战期间的第一次裂开的缝隙。科洛科特罗尼斯及其随从犯有叛国罪，他们对抗奥托王朝，竭力策动民众，呼吁俄国助其将奥托和摄政驱逐出去。他们甚至还煽动山里的土匪。巴伐利亚人如果要活下来，就必须应对这个威胁。但是，科洛科特罗尼斯一直忠于“民族国家”的理念，这个国家主要是以东正教来定义的，远远超出了希腊国家的范围。

对科洛科特罗尼斯的逮捕、审判和监禁以最冷冰冰的形式显示了那道裂痕。但是，所有怀着更大、更强烈愿望的人并不都反对巴伐利亚人或他们的建国大业。帕那吉奥提斯·苏索斯的小说用充满热情的笔触描述了奥托的到来，其中一位农民对新国王的权力表达了单纯的信仰：“他的手一动，就能搅动整个希腊民族，从博斯普鲁斯海峡到克里特岛；他的头一点，就是发起全面革命的信号。”人民群众就是在这样的精神状态下（而不是以反对者的姿态）纪念 1821 年的革命，并喊出了“到城市去”的口号。第二年，苏丹驾崩后，奥托本人甚至冒出一个念头，要乘船去君士坦丁堡继承苏丹的王位。这个传言大致如此，当时的一个记录很有可信度。[8]

不久，机会降临，人们再次考虑利用国际政治实现希腊王国扩张的可能性。1839 年，马哈穆德的继任者苏丹阿卜杜勒·迈吉德面临着来自埃及总督的挑战，那个总督就是曾经率大军蹂躏过伯罗奔尼撒半岛和帮助征服迈索隆吉翁的易卜拉辛。有一段时间的欧洲强国外交处于混乱之中。在雅典，秘密社团不断兴起，都以参与过希腊革命的友谊社为样板，其中一个社团是纳皮斯特，它积极推动与俄国的亲密联系，对奥斯曼帝国采取更加敌视的态度。科洛科特罗尼斯的儿子是该社团的领导人之一，热爱东正教协会，密谋废黜奥托国王，很快便声名扫地，其中的内幕直到今天依然聚讼纷纭。但毫无疑问的是，热爱东正教协会的主要目的是组织对相邻奥斯曼帝国行省的秘密战争，从而将其地盘归入希腊的版图中。

此后不久，色萨利和克里特就发生了叛乱。尽管政府对其自由横加制裁，但雅典的新闻媒体达成了罕见的共识，依然给予了战争激情洋溢的支持。在 1840 年和 1841 年较短的时间里，克里特至少是具备与希腊实现统一的条件的。当时，欧洲列强的意见不统一，奥斯曼帝国前途未卜，希腊可能会有获得更大地盘的机会。就奥托本人来说，虽然他一开始有点儿手足无措，但一直对希腊王国的开疆拓土投以极大的热情。事实上，这是奥托统治期间为数不多的获得民众欢迎的领域之一。至少当时在首都精英圈之外发行量不大的一份报纸是这样说的：“我们就姑且信之吧。”

下面发生的就是对奥托及其顾问的警告了。危机又一次在远离希腊的欧洲国家中消失了。1841 年，欧洲强国再度走到一起，支持保持奥斯曼帝国领土完整的老政策。奥托进退维谷，两面不讨好。欧洲强国认为他把自己国家的利益置于欧洲协调机制之上，对此感到很失望。但在国内，这恰恰是希腊民众希望他做而他又没有做好的事。现在到了算总账的时候了。奥托作为至高无上的统治者，不受任何宪法或议会的约束和限制的好日子屈指可数了。半殖民地形式的巴伐利亚统治模式要让位于更像本国统治的模式。如果你冒险将传记的类比延伸到如此之远的话，那么在这种形势下，年幼的王国会本能地投向东方，因为那里有它的母亲。只是这种往东方的转向，引发了变革。

变革是从一次金融危机开始的。随着1832年国民议会事件的解决，希腊背负了6万法郎的新贷款，这是由欧洲强国担保的。从那以后，债务还本付息就成为希腊财政最大的开支项目之一。为了弥补亏空，实现收支相抵，希腊政府每年都被迫申请新的贷款。1843年，在国际危机发生以后，欧洲强国变得严厉起来，不再给希腊新的贷款来弥补其资金缺口，而是再度聚首，召开了曾经首先保证希腊独立的伦敦会议。无奈绝望之下，奥托采取了财政紧缩的措施，但是马上引起了人们强烈的不满。不过，这些措施远远不够。1843年夏，国王被迫同意屈辱的条件；国家未来税收的一部分要归债权者所有，直接支付给他们在雅典的代理人。而且在350万法郎的经费支出方面，希腊必须厉行节约。希腊的这种处境与其在2015年7月遭遇的所谓第三次紧急援助有惊人的相似之处。2015年，希腊政府同样被迫将自己的财政自主权拱手交给了欧洲债权者。

欧洲强国1843年的这次出手相救不是针对某个国王，所以即便奥托不服从命令，它们也会施以援手。只是这次奥托在国内的对手要造反了。9月14日晚，驻扎在雅典的骑兵上尉迪米特利亚斯·凯勒基斯观看葛塔诺·多尼采蒂首次排演的歌剧《卢克雷齐娅·波吉亚》。（那标志着巴伐利亚人到来以后的10年里，“有文化”的希腊人所发生的变化。）歌剧结束后，上尉回到他的兵营。他犹豫了几分钟，嘟囔了几个词，举起他手中的剑，然后高呼“宪法万岁”。[9]骑兵和步兵一起大步走到王宫，从一扇窗户里向国王递上了他们的一系列要求。这是一次不流血的革命，士兵们递上的诉求来自因奥托独裁统治而靠边站的政客们。但是，将这些诉求付诸实施并确保成功的是军人，而军人正是巴伐利亚人创建的用以维持他们带来的新秩序的那个力量。奥托会保有他的王位，但是说话算数的是军人和政客们。10 年的独裁统治走到了终点。希腊要拥有赢得独立后的首部宪法了。根据某些资料，这次政变的第二天（按照现在的历法是 9 月 3 日）代表希腊革命的真正结束。雅典市中心的一个主要大街直到今天还以这个日期作为它的名字。王宫前面的那片开阔空地在那个时候有一个相当迷人的名字——“缪斯的花园”，后来被改名为“锡塔玛广场”，也就是“宪法广场”。

1843 年 11 月，来自希腊王国各地的被选代表开始陆续抵达雅典。宪法的起草工作在 1844 年 3 月底完成。相较于改变国家治理的方式，影响更为深远的是一个词语，这个词语是“伟大理想”。它是在宪法的酝酿和起草过程中被提出来的，自那以后就是指在民族国家建设中的从一开始就被忽略的所有未完成的希望、渴望和愿望。

紧接着的建议是只有出生在希腊王国的人才能享有完全的政治权利。除了希腊教会自治外，这又在希腊民族化方面迈出了新的一步，其造成的影响是继续缩小希腊民族的定义，甚至将希腊局限于国家的范围之内。主持全国国民议会的人是当时已经 70 岁的科莱特斯，他依然穿着他的家乡伊庇鲁斯山区的褶裥裙，那个地方还在奥斯曼帝国的统治之下。与出生在君士坦丁堡的马夫罗科扎托斯以及其他优秀的议员一样，科莱特斯议长提出那样的建议时，也冒着这个建议被采纳后自己要告别议会的风险。在时人的眼里，科莱特斯有着准确拿捏公众情绪的本能，并具有将此天赋化为政治优势的技巧。希腊革命期间，他一直是现代化促进者一派在 1824 年内战中赢得胜利的主要设计师。20 年后，他仍然是一位有着令人敬畏的力量的人物。

在 1844 年向议会发表的讲话中，科莱特斯一开始就提到他和很多人（包括已经不在世的人）在希腊革命初期许下的誓言：“这个誓言是为了支持祖国的自由，我们发誓，为了希腊的自由，我们愿意做出一切牺牲，甚至牺牲我们自己的生命。”他继续阐述祖国在那个时候的世界地位：

> 从地理位置上看，希腊是欧洲的中心，东方在它的右边，西方在它的左边。通过衰落和覆亡，希腊注定启蒙了西方；但是，希腊要通过再生，来为东方启蒙。这两个使命中的第一个，是我们的祖先完成的；第二个使命，要由我们来完成。

这番话再一次说明希腊革命的国际维度。在这个世界上，希腊远不是孤立的，而是在地球的中心。科莱特斯继续说道：

> 根据这个誓言和这个伟大理想的精神，我看到我们国家的全权代表们相聚在这儿，这不仅为了决定希腊政权的命运，还为了决定希腊民族的命运。[10]

在定义国家时，科莱特斯远远不是依据国家的地理边界，而是依据当时人们说的国家语言来定义的，他寻求民族的、基于种族的身份认同。这方面的事情已经很清楚了，不怎么清楚的是，这个身份认同与那个古怪地飘荡在空中的词语“伟大理想”到底怎样联系起来呢？

“伟大理想”这几个字又出现了，这一次我们哀叹“自己已经偏离祖国的伟大理想那么远了，而那个伟大理想，我们知道最先是在维莱斯汀利斯的歌曲中表达出来的”。这里指的是“战歌”，它是维莱斯汀利斯注定失败的政治规划中唯一被广泛传播的东西。对于这份政治规划，我们要比科莱特斯或与他同时代的人了解得更多。事实上，这首“战歌”根本没有提出什么清晰的“祖国理想”。但是，这首战歌的确在奥斯曼帝国不同的人群中传唱。从地理上说，维莱斯汀利斯的“战歌”从贝尔格莱德一直唱到了埃及。当然，维莱斯汀利斯并没有促进任何一个民族或种族的事业，而是恰恰起到相反的作用。但是，在19世纪40年代的新世界里，这一点可以轻易地忽略。毕竟，维莱斯汀利斯已经明显地呼吁解放被君士坦丁堡的苏丹统治的整个帝国。这一点也被附加到“伟大理想”的含义中了。

“伟大理想”这个词语现在在希腊通常用大写字母来书写，在很短的时间里，这代表了一个全新的使命，不仅要“教化”东方，还要扩展国家的边界，从而惠及民族国家所有的成员，而不管他们在哪里。到了 19 世纪 40 年代末，这种使命感是那样强烈，以至于出现了一个新的政治派别。不断衰落的、从来没有体制化的“英国党”“法国党”“俄国党”逐渐归于一个新的二元对立，不再是赞成还是反对伟大理想，而是制定怎样的政策来实现它。马夫罗科扎托斯是在此后的 80 年里实施“小心翼翼”政策的第一位领导人，他在巩固已取得成果的同时，通过外交手段慢慢扩大帝国的边界。科莱特斯是根据 1844 年宪法当选第一位总理的人，他在执政方面的态度更加雄心勃勃，尽管他在议会中的讲话经过精雕细琢而显得很温和。

从科莱特斯 1847 年去世到 20 世纪初，“伟大理想”就简化为一个国家扩展计划，扩展的视野注目着东方。为什么年轻的希腊王国长大后要变成一个像它的祖先拜占庭那样的帝国呢？拜占庭帝国是一个位于东方的基督教大国，首都设在君士坦丁堡。

新的国家叙事

在 19 世纪 50 年代初，基于西方的希腊国家在融合统一广泛分散的希腊民族国家方面变得更加步履维艰，因为希腊民族大多数仍然被奥斯曼人统治，民族国家的中心地带还属于东方。希腊国家建设所依据的复兴叙事，一下子把希腊中间的 2 000 多年的历史抹掉了，而民族国家建设还没有形成一个清晰的叙述或政治规划。

巴伐利亚人启动的规划已经受到了攻击，极具讽刺意味的是，这个攻击来自巴伐利亚。1830 年（在欧洲强国的保证下希腊第一次实现独立的那一年）以及早在巴伐利亚人被任命为希腊第一个国王之前好几年，有一位名叫雅各布·菲利普·伐尔麦耶的年轻的奥地利教师在慕尼黑出版了他的研究著作《中世纪摩里亚半岛历史》第一卷。第二卷在6年后出版，完成了这段历史的全部书写。这是一段充满论争的历史，是从政治议程的角度写的。伐尔麦耶撰写此书的目的并不是针对希腊，因为他在19世纪20年代开始这项研究的时候，希腊这个独立的国家几乎还不存在。让他如鲠在喉的是在他寄居的国家巴伐利亚到处弥漫的亲希腊主义的氛围。伐尔麦耶试图在他的著作中证实，亲希腊主义建立在一个错误的假设之上。古希腊精神的每一处痕迹、古希腊人的每一滴血迹，都被数百年来罗马人、哥特人、斯拉夫人和阿尔巴尼亚人等你方唱罢我登场的伯罗奔尼撒征服者们彻底抹去了。因此，所谓希腊的复兴或再生，从逻辑上是不可能的，因为没有什么可以复兴的事物了。

伐尔麦耶的理论是无法自证的，从任何一个角度来看都是不恰当的，因为现在没有人认为文化是由种族决定的。但是，他的抨击的确击中了希腊国家叙事中的一个薄弱点。当然，实现长久湮灭的古代文明的"复兴"、"再生"或"复苏"，甚至设计建设都城作为古代文明可视的代表，都是非常好的。但是，那些有着历史观念的人迟早会问，"现代和古代中间发生了什么"。毕竟，根据19世纪上半叶出版的多数历史书籍（包括希腊人自己撰写的历史），在亚历山大大帝的父亲马其顿国王菲利普二世在维奥蒂亚的凯罗尼亚战役中击败希腊城邦联军时，古代文明的光荣时代就结束了。这是发生在公元前338年的事。那时与1821年希腊革命爆发之间，有一个太大的时间缺口，这需要某种解释。

其他历史学家在讲述这段历史时采取了不那么锋芒毕露的方式。[11] 尽管雅典的建设和城市规划或者语言改革的计划可以不张扬地、无挂碍地进行，但缺口一旦打开便再也合不上了。到了19世纪50年代初，新的希腊国家和希腊民族都需要它们自己的历史。需要打通的不仅有那些"丢失的"世纪，而且更明显的是，希腊民族和希腊国家这两个认同要素之间的协作也需要打通。这个缺口或鸿沟不仅是历史上的，还有地理上和观念上的，存在于公元前338

年和 1821 年之间、雅典和君士坦丁堡之间以及在对希腊人的两种不同的认识之间。

对此，有两位学者迎难而上，接受了这个挑战，他们来自老东正教联邦地域的两头。斯皮里宗·赞贝利奥斯是一位来自爱奥尼亚群岛莱夫卡达的贵族；康斯坦提诺斯·帕帕里戈普洛斯则生于君士坦丁堡，他的家人在奥斯曼人 1821 年的报复中幸存下来，避难于俄国，并在希腊独立后回到希腊生活。这两人都出生于 1815 年，年轻时在欧洲学习和游历。赞贝利奥斯利用其家族优势，在 19 世纪 40 年代中期就声誉鹊起，成为当时依然是英国保护领地的爱奥尼亚群岛首都科孚的哲学家、历史学家、民俗学家和小说家。帕帕里戈普洛斯则不得不自己谋生，早期是中学老师，后从 1851 年开始在雅典大学担任了 40 年历史学教授，直到去世。

新的历史就这样形成了，没有任何先兆，几乎是完全建立了起来。完成决定性一步的人是赞贝利奥斯。他于 1852 年在科孚出版了一本 700 多页的书，他写道："希腊文明的选民在神秘地触及并走过那段朦胧的、未被探索的历史后，才将文明的薪火从古代传递到现代，使之来到自由的时代。"这是关于那些"迷失的"世纪的第一次论述。寻找希腊历史有两个路径。这本书的书名是《希腊的民歌》。普罗大众的口头传统直到现在都被希腊人忽视，但是在欧洲其他地方已经成为学术研究的重要课题。因此，口头传统的研究是寻找希腊历史的一个路径。这本书的最后收录了希腊口头传唱的民歌。另一个路径是"关于中世纪希腊主义的历史研究"，这个研究对象所占的空间相比第一个路径，就大得多了。因此，口头传统歌谣中的民间的、大众的历史和拜占庭时代的文献记录的历史，共同填补了这个缺口或空白。[12]

希腊的历史思考就这样猛然往前迈进了。已经建立起来的"希腊"突然重生的叙事开始被赞贝利奥斯所称的"希腊主义""长时段历史"取代。像考古学一样，"希腊主义"是另外一个词，看起来像古代的词语，但实际上在当时是新词语，至少从那以后所具有的含义是新的。希腊精神开始出现于德国的历史书写中。对于将这一术语用于系统阐释基于希腊语言持续性的身份认同这个最重要的概念，赞贝利奥斯是第一位这样做的人。在今天的希腊语中，“希腊主义”被定义为“生活在世界上的全部希腊人、希腊民族的总和”，或“希腊文明以及承载那个文明的所有希腊人的总和”。[13] 赞贝利奥斯还是将新命名的“希腊主义”历史分为古代、中世纪和现代 3 个时期的第一人。他宣称，基督教已经“成为希腊主义的一个组成部分”。由此而来的“中世纪希腊主义”也是现代希腊人身份认同的重要组成部分，现代希腊人与古代希腊人所获得的权利是一样的。他说：“不管喜欢与否，我们都是中世纪的孩子……我们不能丢掉那个将我们与拜占庭中世纪联系起来的东方特征。”[14] 这是一个具有深远影响的综合推论的开始。

帕帕里戈普洛斯是一位历史学家，已经出版了历史著作，其中第一部著作就是对伐尔麦耶的回应。但是，帕帕里戈普洛斯在读了赞贝利奥斯的书以后，其思想才发生了根本变化。第二年，他出版了一本很薄的书，起了个很平和的书名《儿童版希腊史：从最遥远的古代到现代》。需要指出的是，帕帕里戈普洛斯第一次讲述的故事的文本只有 230 页，而且是大字版，遵循的是赞贝利奥斯前一年详述历史的路子。两者不同的是，帕帕里戈普洛斯对一种设想给出了符合逻辑的结论，他的故事有始有终（舍弃了民歌的内容，毕竟他是历史学家）。为了让“希腊主义”听起来不那么抽象，帕帕里戈普洛斯讲述的是希腊民族国家的历史，而且在第一页就非常简洁地给出了定义：“希腊民族国家是所有将希腊语作为自己语言的人的名字。”[15]

这个历史叙事后来被扩展为五卷本著作，著作于 1860—1874 年出版。这部巨著不再是儿童读物，而是有着最广大的读者群的通俗易懂的历史类图书，没有烦琐的文献来源等信息，也没有学术争辩的莫测高深的观点。这部五卷本著作进一步深化和阐述了 19 世纪 50 年代初就出现的新思考。帕帕里戈普洛斯还是推动另一种新观念的第一位希腊历史学家，这种新观念在最近几十年的德国历史书写中逐渐发展并完善起来。这种新观念就是“历史相对论”，它把历史定义为一个过程。进化的理论还没有诞生，但是德国历史相对论从知识方面看与进化理论属于同一个框架，历史上发生的一切都是一个连续演进的变化模式的一部分。把希腊“民族国家”的历史作为时代发展连续过程中的持续叙事来讲述，是帕帕里戈普洛斯的独特贡献。他的历史讲述将历史相对论的新视野系统应用于3 000年来保存在希腊语言里的历史记录中。一位现代思想史学家将这一创新盛赞为“19世纪希腊学术最重要的成就”，帕帕里戈普洛斯受之无愧。[16]

在新的研究体系中，“复兴”被“持续”代替。被重新纳入视野进行研究的那些世纪，说希腊语的拜占庭国王统治的时代，那些一直为人所忽视的尴尬的空白岁月，现在已成为最终被1821年希腊革命和新王国建立证实的几百年历程的组成部分。

帕帕里戈普洛斯在其儿童版著作第一页的简明定义发表以后，一切就随之而来。如果语言是定义民族国家的唯一条件，那么希腊和语言就必然一样古老。扣人心弦的、经久不衰的历史叙事也由此产生，一个历史悠久的国家在复杂多变的世事变革沉浮中努力实现自己的目标，有的时候像古典时期和19世纪20年代的革命时期那样取得了胜利，更多的时候成为其他国家胜利的陪葬品。但无论如何，它都一直坚守着“国家品格”，并在严峻的历史熔炉里不断地进行自我磨炼。这是一个大胆的、与时俱进的观念，与“国家历史是在欧洲其他地方书写的”的理论不谋而合。到了这个时候，历史书写的主体部分在1874年就完成了，进而转入对“伟大理想”这个理论进行必要学术支持的阶段。希腊国家不再与希腊民族的主张相冲突，而是为其做好服务工作。在无限古老的历史框架和极其辽阔的地理空间中，希腊逐渐找到了自己的位置，在现有边界以外寻求自己的命运，这包括了奥斯曼帝国的所有说希腊语的地方。

那时可能会诞生一个新的朝代，年轻的希腊王国的历史将会进入下一个阶段。但是，我们必须首先回到19世纪50年代，看看那段历史是怎样终结的。

现实的考验

1839年的《伦敦议定书》向希腊国家承诺“完全的独立”。前10年里，在巴伐利亚人的托管之下，希腊并没有体会到完全的独立。随着1843年的暴动，巴伐利亚人的影响结束了。除了国王本人，他的亲属和几个亲近的随从以及其他的巴伐利亚人都被遣送回国了。但是，如果“保姆”被解雇了，为人“父母”的欧洲强国就应该比以前“照料”得更多。19世纪40年代初的事件对奥托和他的大臣来说，应该是一个警醒，因为后面还有更严重的事件等着他们。

伟大理想的局限性在实践中还没来得及检验，奥托的国家主义就与另一个著名的、更加有权势的人的思想产生了冲突。这个人是英国外交大臣帕麦斯顿子爵，是“炮舰外交”的发明者，是英国公民在全世界的权利和自由的坚定实施者。面对一个如此强大的人，希腊这个小王国根本不是其对手。奥托和英国驻希腊的大使相互憎恶。在希腊的英国人，包括大使自己，一直受到冷漠、傲慢的对待。到了1850年，英国人的几次抱怨终于引起了其国内的注意，得到了外交部的重视。在向国内抱怨的人中，有一位是历史学家乔治·芬利，他的一些土地被政府征用，用于建设新的王室花园（现在是国家花园），但政府不给予任何补偿。这个花园就在王宫的旁边。

最终激发英国政府采取行动的事件是，在1847年复活节庆典期间，一个犹太商人的家遭到焚掠。唐·帕西菲科在直布罗陀出生，所以在英国的保护之下，他在自己的家被焚以后要求希腊政府赔偿，但是两年多都没有得到任何回音，于是，帕麦斯顿命令英国皇家海军采取行动。1850年1月，英国皇家海军将比雷埃夫斯港口封锁。希腊船长拒绝封锁，所以几艘希腊商船被英国用武力扣押。这一僵局持续了好几个月，最后在法国的斡旋下才得以解决。

唐·帕西菲科事件后来人尽皆知，这是希腊王国遭受的最痛彻心扉的耻辱。奥托和他的大臣再一次希望利用欧洲强国之间的利益竞争关系达到自己的目的，为自己的国家赢得好处。但是这一次，他们面对的是新情况，因为有一个欧洲强国为了捍卫自己的利益要采取单方面的行动。这一事件开了一个丑陋的先例。更难看的是，焚掠帕西菲科家的事件让希腊隐藏的反犹太主义露出水面，从而揭穿了人们通常听到的希腊没有反犹太主义传统的谎言。对此，英国也是有反响的。应议会的要求，帕麦斯顿为自己采取的行动进行了最全面的雄辩。不过在国内，并不是所有人都被说服了。英国讽刺杂志《笨拙》刊载的一幅漫画把希腊描述成失败者，上面写着“你怎么不攻打与你规模相当的国家呢？”[17] 唐·帕西菲科事件发生在19世纪30年代和19世纪50年代侵略中国的两次鸦片战争期间。可能正因如此，希腊才相对轻易地过关，同时也因国家小而免于命运变得更坏的惩罚。

3年后，当黎凡特爆发新的国际危机时，这个事件依然让希腊人觉得恍如昨日。新的危机起源于俄国和法国为了争夺耶路撒冷圣地监护权而起的争议。由于耶路撒冷是奥斯曼帝国的一部分，所以奥斯曼政府不得不充当裁决人。苏丹站到法国那一边，就相当于发出了一个信号，这个信号让俄国和奥斯曼这两个多年的宿敌再次进入战争，并于1853年10月宣战。对奥托和希腊政府的很多人以及新闻媒体来说，这无疑是天赐良机。在上一次这两个帝国打仗的时候，希腊就从战后的和平条款中获得了很大的好处。那是1829年。现在希腊独立了，支持俄国抗击共同的敌人，对希腊来说是更加自然的事。如果这回把宝押对了，那么希腊一定会再一次获得回报。

到了1853年年底，希腊的非正规部队跨越了边界以北的奥斯曼人控制的地盘。19世纪40年代初发生的危机又重演了，北面的伊庇鲁斯和南面的克里特都发生叛乱，而且都得到了希腊政府的支持。但是这一次，希腊无法得到其他两个欧洲强国的支持。法国这个时候正在拿破仑三世的领导下忙于建立“第二帝国”。在英国，掌权的依然是帕麦斯顿的辉格党。英国和法国共同决定，俄国不能肢解奥斯曼帝国，同时，这个帝国第一次被戴上了“欧洲病夫”的帽子。早在19世纪20年代，马夫罗科扎托斯就竭力说服英国外交大臣相信，一个强大的、独立的希腊如果站在逐渐衰落的奥斯曼帝国和拥有扩张雄心的俄国之间，就会成为解决“东方问题”最好的方案。1829 年，威灵顿公爵曾经差一点儿就让这个方案成为现实。但是，时移世易，时势异也。解决“东方问题”的好方案再一次变成以前采取的措施，那就是让那个“病人”活着。因为那是保持欧洲和平的唯一办法，即便这会使另一个欧洲强国发动战争也在所不惜。

英国和法国在 1854 年的春天参战，站在奥斯曼人的一边，很快就派兵登陆克里米亚半岛。这是多数战役爆发的地方。在希腊，英法两国的外交代表要求奥托宣布中立，从奥斯曼帝国的领土上撤回所有的非正规武装。遭到奥托拒绝后，英法向比雷埃夫斯港派遣联合海军舰队，去保护奥斯曼人的侧翼。希腊的这个主要港口又一次被封锁了，而且这一次还被占领了。奥托别无选择，只能撤退他的军队。后来，收拾残局的活儿落到倒霉的马夫罗科扎托斯身上，他是当时最温和的、最具外交智慧的政治领导人，组建了政府，推行了引发众怒的中立政策。

这一次，希腊没有一点儿颜面可以挽回。雪上加霜的是，英法还以 1832 年条约的条款来为自己的行为辩护，说明其正当性，这就赋予了它们以武力强行要求希腊每年归还所贷款项 60 000 法郎本息的权力。1843 年，欧洲强国曾威胁要冻结希腊的一部分财政收入，但是一直都没有执行。现在，这些强国根据法律条款，用另一种方式实现了这种威胁，那就是入侵行为。希腊王国的财政状况一直都没有得到改善。在英法两个强国眼里，希腊就是一个还未长大却要求自主的孩子。这两个大人派兵的做法似乎是捏着闹事的年轻人的鼻子说：“翅膀还没长硬，你怎么能乱飞呢？国家都还没有实现收支平衡，怎么能养得起军队去开疆拓土呢？”

1856 年 3 月，克里米亚战争在双方的筋疲力尽中结束了，俄国惜败。《巴黎条约》再次确认了奥斯曼帝国的领土完整。对希腊人来说，在可以预见的将来，伟大理想的实现似乎不可能了。英法联军继续封锁希腊，在占领比雷埃夫斯港之后，封锁又持续了一整年的时间，直到“控制委员会”能够监管希腊债务的最近偿还安排，英法联军才解除封锁。这之后，奥托在民众眼里的威望惨不忍睹，掉到了冰谷里。

这不是奥托的错。夹在群情激奋的国内舆论和两大欧洲强国“不可抗力”的国际势力之间，不论谁领导希腊政府，都很难有所作为。不过，英法这两大强国在克里米亚战争中的政策也经不起历史的评价。对于后面发生的事情，这只是其中一个原因，还有很多原因。

奥托在1836年回德国的旅程中迎娶了来自奥登堡的阿马利娅。20年后，这对夫妻仍然没有生养一男半女，因此从嫡系上看，奥托一世不会有直接的继承人。此外，奥托是天主教徒，他的王后是路德教徒，两个人都更适应他们所生活的国家的风俗习惯，包括语言和服饰，但他们都不愿意皈依东正教。希腊东正教会名义上的首脑属于对立的、传统上不被信任的基督教分支，这个事实一直是很多地方还有不满情绪的根源。这一点让那些亲俄国的“纳皮斯特”尤其感到愤怒，因为在克里米亚战争期间及以后的时间里，他们是最为痛苦和焦虑的人。

到了1859年，欧洲协调机制面临着一个新的威胁，而且这个威胁很快就被证明是致命的。南欧的一个小王国要挑战欧洲强国，且看起来大有占上风的势头。撒丁岛王国和皮埃蒙特王国成为长期酝酿的“意大利统一成为新的民族国家”的运动的先锋。这次运动的名字是“Risorgimento”，意思是“复兴”。只是，这里要复兴的是另一个不同的古代文明——罗马帝国。作为这次运动的思想领袖之一，朱塞佩·马志尼年轻的时候在希腊求学，对希腊的“复兴”充满仰慕。在革命早期的关键阶段，意大利得到了法国的帮助；在克里米亚战争期间，法国与撒丁岛王国精明地结成了联盟。1861年，意大利王国在皮埃蒙特王国的首都都灵宣布成立。但是很显然，这只是一个暂时的方案。意大利王国希望罗马成为首都，不过这要在10年后，待意大利彻底统一的时候，罗马成为首都的愿望才能实现。对任何一位能够读报纸的希腊人而言，意大利和希腊的情况是相似的，意大利的统一历程让他们的眼睛熠熠发光。截至 1861 年，意大利人已经站到了希腊人 1833 年站到的那个位置。新的意大利王国正像希腊王国一样，也把视角投向了那个古代的帝国之都，希望它成为自己未来的首都，毕竟，在过去的 1 000 年里，君士坦丁堡不是一直被称为“新罗马”吗？这好像没有被阻止，那么为什么希腊不能这样做呢？

对奥托来说，这好像是一个机会，可以挽救他的王位。虽然希腊人弱小贫困，但能帮助意大利的人也不多，只有一些个人以志愿者的身份参与意大利的统一大业，就像意大利人以志愿者的身份参加 19 世纪 20 年代的希腊革命一样。但是奥托的维特尔斯巴赫家族与奥地利有着紧密的联系。如果意大利赢得了统一复兴的斗争，那么这对奥地利的统治是不利的，因为奥地利从 1815 年就管辖着意大利北部大片的土地。当关键的站队时刻到来的时候，希腊政府站到了奥地利的一边，本来它可以一劳永逸地宣布自己的革命理念以及与意大利统一的缔造者共同拥有的目标。19 世纪 60 年代，两大“统一”运动风起云涌，标志着多民族帝国的老欧洲向我们今天所知道的 1918 年后形成的民族国家的大陆转折。奥托本可以率领希腊人民在这一伟大的社会进程中占有自己的一席之地，那样的话，他的前途就会变得明亮起来。毕竟，希腊人是先行者。不过，在希腊这个多灾多难的小王国所犯的错误中，这个错误也许是最大的。

世事如昨，总是有一触即发的危险态势。即便宪法已于 1844 年生效，奥托也依然没有失去对独裁政府的兴趣。1859 年的议会选举受到了很多干预和恐吓。那年夏天，雅典大学的学生中形成了骚动，这标志着一种力量开始进入政治。以后的每一代希腊政治家都不得不应对这种力量。1861 年的前几个月，由于拒绝接受最温和的改革，奥托几乎遭到了整个统治阶层的反对。2 月，有位心怀不满的、支持“伟大理想”的狂热大学生，差点儿成功刺杀阿马利娅王后。

1862 年年初，纳夫普利奥的卫戍部队爆发骚乱，政治气候不断恶化。到了秋天，国王和王后乘坐游艇，泛舟伯罗奔尼撒海岸，其目的是亲近他们的人民，希望得到公众的支持。当他们乘船向民众示好的时候，有几个省的军人进行反叛。10 月 22 日，致命的一击发生了。就像 1843 年的叛乱一样，这次反抗巴伐利亚人统治的依然是国家军队，是被巴伐利亚人招募和严格训练的士兵。只是这次，领导造反的不是将军，而是中层的指挥官。第二天，新的“革命政府”在雅典宣布成立。当国王和他的王后乘船返回比雷埃夫斯的时候，他们的船被一艘英国战舰礼貌地拦住了。欧洲 3 个强国都不支持奥托继续担任国王。就这样，奥托在英国皇家海军的目送下黯然离开了希腊。

就像奥托的英国死敌帕麦斯顿说得那样，希腊“长大了”。[18]

帕麦斯顿的断言可能为时尚早。但是，在过去将近 30 年的时间里，奥托到底有哪些成就？不论持何种态度，各类证据都相互交叉着，剪不断，理还乱。19 世纪 30 年代实施的很多项目在奥托扩张的时代依然在进行。很多中央政治和行政机构还不完善，在随后的几十年里需要进一步强化。但是，从政治上看，奥托就像他之前的卡波迪斯特里斯一样，是一个落伍的人。希腊的情况是小国寡民，主权不完全独立。几百年来，在这样的王国中担任具有启蒙思想的专制统治者，曾是德国的君主们所熟悉和适应的，但是到了 1833 年，这种情况就遇到压力了。30 年以后，那些小国君主被集中到一个新的“王国”中，只是这个王国只有名，没有实。在希腊，1822 年第一个临时宪法标明的进步政治，在 1828 年卡波迪斯特里斯上台后就被压制，一直持续到现在。改变这种情况，是下一个王朝非常重要的任务。

希腊的变革是根本性的，不可逆转的，至少对在雅典和其他大城市生活的人来说是这样的。但是，对散居在山谷和岛屿村庄的绝大多数人来说，生活好像没有改变多少。很显然，除了精英阶层能推动变革，其他人都是随波逐流。

19 世纪 60 年代初，精英阶层中的顽强固执的乐观主义和一种神秘的期待更好未来的希望携手并进。“伟大理想”正好为这些希望提供了一个聚焦点。

但是，与这些希望并存的，还有公众幻灭、嘲讽以及自怨自艾的暗流。在奥托统治的最后几个月，报纸敏锐地捕捉到这种新的氛围：

> 希腊曾经是欧洲世界梦寐以求的东方文明和西方文明的交汇统一的中心，但是如今的它如此狼狈，被欧洲世界看作一个负担，以及一个实现东方未来的障碍。

这份报纸甚至还指出，希腊“在奔向文明的进程中”，竟然失去了“其曾经拥有的很多好的东西”。这种阴郁并不是过眼云烟，未能随风散去。整整10年后，在对另一个“危机”的评价中，这种阴郁的氛围再度升起，依然在希腊的上空飘浮：“希腊自从解放后一事无成。”[19]

这种心灵追寻的内在原因之一，并非源自那些谴责或谩骂，而是在这一时期，年轻的希腊王国只是在蹒跚学步，它的老对手奥斯曼帝国却并没有停滞不前。1839—1856年，奥斯曼帝国推动了被统称为“重组”的系列改革，以确保帝国的非穆斯林臣民的政治和法律权利。这个“欧洲病夫”以自己的方式在推进现代化进程。这些改革对奥斯曼帝国中说希腊语的东正教徒的影响，远大于希腊王国的影响或以“伟大理想”的名义所说或所做的，这些教徒人数3倍于希腊人口。法纳尔阶层在1821年爆发的报复行动中几乎被消灭殆尽，但是到了19世纪50年代，他们就像其先辈一样，再次受到社会的青睐。东正教徒又一次在苏丹阿卜杜勒·迈吉德统治下的具有改良主义的奥斯曼帝国政府中占据了很高的职位。

乔治·芬利在奥托国王被驱逐后不久提出，奥托统治下的希腊最大的失败是，其在革命之后“没有建立起一个人口增长、领土扩张的民族国家……没有形成数百万生活在奥斯曼帝国奴役之中的希腊人在定居希腊后能享受自由的洪流”。[20]与此相反，希腊王国的公民却常常离开自己的国家去君士坦丁堡、士麦那、萨洛尼卡等日益现代化的、发展繁荣的奥斯曼帝国的城市中讨生活。

直到 19 世纪 70 年代，包括雅典和海港城市比雷埃夫斯在内的大都市才开始有了能与其他地方相媲美的发展。

1862 年 10 月，希腊再一次群龙无首。与卡波迪斯特里斯被刺杀以后发生的情况一样，社会秩序的溃败好像一触即发。由于新的历史叙事及伟大理想的普及，希腊没有重蹈覆辙，而是很快稳定了局面。但是，它的未来如何？在“通向现代化”（变得更像西欧那样）的比赛中，谁也说不准哪一方会率先抵达——是老态龙钟的“欧洲病夫”，还是新的“东方模范王国”？因为希腊就要有一个新的国王了。[21]

第五章

青年时代的理想和痛苦

（1862—1897）

1862年年底，没有人能说出下一步谁会坐上希腊已经空缺的王位。希腊公众看好英国维多利亚女王的第二个儿子阿尔弗雷德王子。挑选新国王的会议是由曾经废黜奥托国王的临时政府在12月召集的。在将近25万张选票中，95%的人支持阿尔弗雷德王子。这一民意选择让当时的观察家们大吃一惊。这种对英国突如其来的热情，至今仍然是一个谜团。在英国出生的君王可能会在统治中比奥托更加尊重议会和宪法。这其中还有爱奥尼亚群岛的因素。10年前，希腊人就心生不满，希望英国结束对爱奥尼亚群岛的领地保护，使其与希腊统一。传言说，在领地保护将近50年后，英国准备放弃了。也许由英国皇室的人担任希腊国王会有助于说服帕麦斯顿爵士领导的政府将爱奥尼亚群岛归还给希腊。若情况真是这样的，那就对了，尽管归还的方式是所有人都无法预见的。

这次选举最为突出的一点是只有93个选民希望由本国公民来担任国王，这些选民的人数很少，几乎可以忽略不计。尽管奥托后来的人望很低，他的统治还有那么多让人不愉快的回忆，但是仅仅两年前才开始实行的选举依然被深深嵌入两个原则：一个原则是君主统治；另一个原则是国家的首脑应该是外来者，远离或超脱于对立激烈的希腊政治生活。这两个原则之间当然会发生尖锐的冲突，只是那要等到20世纪了。

3个为希腊作保的欧洲强国签署了一个约定，约定声明“法国、英国和俄国的王室和皇室成员都不能接受希腊的王冠”。[1]这个消息传到希腊的时候，希腊选举国王的投票还没有结束。在任何情况下，维多利亚女王都不会让她的儿子去冒风险，重蹈不幸的奥托的覆辙。1863年2月，希腊宣布选举结果的时候，这已经不起任何作用了。英国不允许希腊人选举的阿尔弗雷德王子担任希腊国王。但是，这次选举结果让英国政府有了信心，要为希腊选择下一个国王。只不过，英国的选择要经过希腊国民议会的批准。在1832年，国民议会的批准仅仅是一个程序而已，但现在不是了。让希腊国民议会接受英国选择的动力是爱奥尼亚群岛。

这样就只有一个问题了，那就是找一位合适的候选人。基督徒威廉·费迪南德·阿道夫斯·乔治·格鲁克斯堡是丹麦王子（和哈姆雷特一样），年龄为17岁（也许更年轻些）。他的姐姐是亚历山德拉，将嫁给威尔斯王子爱德华，从而会成为英国的未来王后。威廉（人们一般这样称呼他）和奥托被任命担任希腊国王时的年龄是一样的。早在1862年12月希腊选举的时候，他就是候选人之一，获得了6票。让丹麦皇室的成员担任希腊国王不是希腊人的主意，而是英国政府的想法。在雅典，国民议会的议员们深知风是往哪儿刮的。所以，选举结果宣布还不到两个月，甚至在威廉王子还没有正式接受担任国王的邀约时，希腊国民议会就一致同意，选举他作为希腊国王。在丹麦王子的名字中，只有“乔治”可以融入希腊语中，它也是东正教历法中一位德高望重的圣人的名字。也许正是因为这个原因，当丹麦王子在1863年10月30日踏上他的王国后，希腊就在乔治一世的统治之下了。

乔治一世抵达后，希腊政府就立刻获得了在革命后期被拒绝的一部分自决权力。1864年批准的宪法是希腊议会的成果，20年前，奥托控制了对宪法的修改，此后，他以对自己有利与否为前提随意地操纵宪法。现在，国民议会决定，国王再也无权干涉宪法。乔治一世在上任的第一天发表公开讲话，以誓言约束自己，接受新的国家体制和机制的安排。这一次，国家主权终于回到了人民的手中。1864年版的宪法比上一个版本更进步的是，将投票权赋予几乎所有的成年男性（成年女性获得投票权要等到1952年）。在那个时候，希腊建立的政治体制是世界上最民主的体制之一。希腊又一次成为先行者。

希腊的另一个创新是国王头衔的名称，这也是国民议会的成果。奥托加冕皇冠时的称号是“希腊国王”，他的继任者在还不为人所知的时候，就成了“希腊人的国王”。在近20年的时间里，“伟大理想”的进展也就是这一点了。国王称号的变化所造成的影响在作为国际外交语言的法语里几乎不存在，在今天的英语中也不存在。不过，极具讽刺意味的是，奥斯曼帝国派驻伦敦的大使是说希腊语的东正教徒，所以他认识到了这一改变的重要性，看到了其中的挑战。虽然新的称号在欧洲强国依然得到了一致通过，但是其官方翻译发生了改变。[2]就这样，欧洲强国在不经意间就通过这个称号赋予了希腊新国王统治整个希腊民族国家的权力。

事实上，在乔治一世执政期间，希腊王国的疆域扩张了。执政第一年，英国履行承诺，在1864年10月让爱奥尼亚群岛成为希腊王国的一部分。英国通过殖民办公室对爱奥尼亚群岛以“领地保护”的名义进行统治，已经有半个世纪了。将爱奥尼亚群岛归还希腊，成为一个世纪以后开始的非殖民化时代的第一次彩排。对希腊来说，长达半个世纪的国土边疆扩张开始了。

这半个世纪和新国王的统治时代几乎是重合的。

扩张的政治

乔治一世掌管国家的前途命运那么长时间，而且在任期间没有像他之前或之后的其他国王那样出现任何大的君臣争斗或政权分裂，但是，这样的一位国王竟然很少受到历史学家的关注。现在留存的只有一本他的传记，而且还是100多年前的传记。后人很难评价他的个性，如果后人从留存的他的几封私人信件来判断，那么他可能有点儿平淡无奇。[3]但是，乔治一世既不是一个空头傀儡，也不是一个独裁统治者。从一开始，他就接受了奥托一直抵制的宪法对王权的限制。但是，他保留了任命政府部长和首相的权力。乔治一世在其整个统治期间似乎总是能够不显山露水地把握着“国家之舟”行驶的船舵。他于1867年迎娶了沙皇的侄女奥尔加女大公，确保了王后及未来的继承人将像臣民一样信仰东正教。这样做就一下子解除了困扰前任国王统治的烦恼。从那以后，在王朝关系上，这位希腊国王与希腊的三个保护国中的两个强国的统治家族建立了联系，与奥托总是与这些强国剑拔弩张相比，乔治一世获得的稳定局面是让人艳羡不已的。虽然希腊的这位国王从来没有像那些让他在政令上签字的主要高级官员那样声名显赫，但他也从来不像后来的王位继承人那样引起过激烈争议。因此，我们很难说希腊在这半个世纪的成功和失败，到底要在多大程度上归功于或归咎于管理这一切的唯一公众人物——国王的身上。

1864—1882年，希腊组建的政府不超过33个，其中几个“联合”政府没有说一不二的首脑。直到1875年，希腊才确定这样一个原则：组建政府的任务由在议会中享有多数支持的领导人负责。即便如此，这个原则并不常用于实践。政党是松散的团体，志趣相近的人组合在一起，发挥主导作用的是具有强大感召力的领导人。从希腊革命时起，这一特点就没怎么变过。19世纪70年代，希腊有4个党派，后来有5个党派。第一次出现像两党制那样的体制是在1880年以后，但那也和政党组织没有多大的关系，更多的是看两大对立党派领导人的个人魅力，他们在19世纪的最后20年里主导希腊的政治图景，与更早的英国的格莱斯顿和迪斯雷利一样。

从很多方面看，这两大对立党派的领导人是19世纪20年代希腊革命时期出现的那道旧裂纹的继承者和保存者。裂纹的这一边是开放的，希望加强与西方的交往；而那一边则是传统的，有着目空一切、自我满足的理想，希望向东方进行扩张。就希腊而言，这不仅源自政治，还源自家族裙带关系。

查理劳斯·特里库皮斯是亚历山德罗斯·马夫罗科扎托斯妻子的侄子。马夫罗科扎托斯是推动现代化进程的领袖，在19世纪20年代的希腊革命中，积极推动与欧洲强国的合作，比任何人做的都多。特里库皮斯的父亲是斯拜里顿，在希腊革命期间及以后的长期政府任职中都是马夫罗科扎托斯的忠实支持者，他在伦敦还担任过希腊驻英国大使，长达10多年。特里库皮斯还用希腊语撰写了最权威的有关希腊革命史的书，书是他在克里米亚战争期间在伦敦撰写和出版的。特里库皮斯很像他的姑父马夫罗科扎托斯，有着丰富的政治和外交经历，曾在他父亲担任大使的大使馆里担任秘书。在那个时代，裙带关系非常普遍，同时，靠此上位而能力总是不及的人也普遍存在。

赛奥佐罗斯·迪里吉安尼斯有一位很有名的、很有影响的叔叔——卡内洛斯·德利吉安尼斯，他是伯罗奔尼撒半岛一位富有的地主，在希腊革命期间也颇有声望，曾是科洛科特罗尼斯的主要支持者之一，当时他在19世纪20年代内战期间反对马夫罗科扎托斯以及现代化推进者。他们的姓氏在写法上有些不同，标志着两代之间价值取向方面的差异。侄子姓氏中的“Dili”，听起来要比叔叔姓氏中的“Deli”更像古希腊人的姓氏。“Deli”是希腊姓氏中一个常见的前缀，来源于奥斯曼土耳其语。近年来，历史学家为特里库皮斯的事业和思想倾注的精力远远大于对他的政敌的关注。迪里吉安尼斯就像科莱特斯一样，具有很快赢得民众欢心的天赋。他可以轻易地激发听众的热情，其煽情的方式要比更具知识修养的特里库皮斯的方式更加自然，更远胜于之前的马夫罗科扎托斯。

在这两个人的言论和政治事业中，旧的裂纹的阴影可以追溯到19世纪的下半叶。但是这一次，意见分歧造成的颤动可以控制在议会系统之内。与以前和以后不同的是，这道旧的裂纹没有在更大的范围内引起分裂。议会政敌所领导的党派并没有根据思想意识站队，也没有置身于对事情的对立态度中。特里库皮斯往往被描述为“进步的”，而迪里吉安尼斯则被描述为“保守的”，但是两个人都不根据形势的变化而改变自己的政策，他们的追随者也不轻易改变自己的效忠对象。迪里吉安尼斯被人引用最多的话是“只要是对手支持的，我都反对”。这反映了那个时候希腊党派体系的局限性。

所以，就当时而言，那道裂纹只是在表层，其中一个原因可能和国王的个性以及他发挥宪法作用的方式有关。但是，不管怎样，在对希腊民族国家的本质和目的的认识上，这是一个难得的意见统一的时期。融合了“伟大理想”和新的历史叙事的理论体系在帕帕里戈普洛斯于 1874 年出版了第五卷《历史》后更加完善了。在乔治一世时代，自始至终只有一个政策，那就是扩大疆域，尽最大可能把更多的地盘纳入边界以内。这一目标既作为适度和克制的最大底线反映在特里库皮斯的政策声明里，也反映在迪里吉安尼斯的更富挑战性和更加激进的语调中。1876 年的东方危机期间，特里库皮斯在他事业的早期阶段说：“希腊主义的国家思想就是要解放希腊的土地，建立包括全部希腊民族的统一的希腊国家。”[4]

现在，人们记得特里库皮斯，主要是因为他在基础建设方面的富有远见的投入，比如，道路、铁路、港口、科林斯运河等，以及他将工业化引进到一直以农业为主的经济中。今天，人们对他的这一遗产表达的最直观的敬意，是那座长 3 公里的查理劳斯 · 特里库皮斯斜拉桥，它优雅地横跨科林斯海湾的入口，将伯罗奔尼撒半岛和希腊西北部的道路网络连接起来，是在 2004 年建成通车的。但是，在 21 世纪，所有国内扩张的目的都是为国外扩张搭建一个跳板，这是这一时期几乎所有希腊政策背后的推动力量。

在 1864 年和平地将爱奥尼亚群岛纳入本国版图以后，希腊在 19 世纪末以前进行的新的领土扩张的机会应该不少于 4 次。历史学家往往会夸大希腊政客在这些关键时刻犯下的错误。但是，希腊政客面对的困难是很大的，更引人注目的是，这些困难关系到他们当时对复杂多变的国际舞台能提供多少真知灼见以及后来的希腊政府（学会）适应国际形势变化的方式。

在这些困难中，有些是希腊政客们已经熟悉的。欧洲强国的保护一方面确保了希腊的领土完整，另一方面也阻止了希腊对另一个国家的主权的侵犯。创立国家军队本来是为了恢复国内秩序，现在却废黜了一位国王，军队规划建设从来就不是为了发动侵略战争。希腊这个国家资源贫瘠。即便在19世纪50年代末的强行重组以后，希腊依然深陷债务。奥斯曼帝国虽然是“欧洲病夫”，但也许病得并不是那么厉害，反而比希腊大得多、强得多，从三面环伺着这个小王国。

不过，最大的困难是那些新出现的困难，因为它们来自完全意料不到的领域。希腊自1830年以来取得的一切成就，现在被整个欧洲大陆效仿。以民族为界限的国家主义正在各地如火如荼地开展。尽管政客们依然在口头上对拿破仑战争结束时建立的欧洲协调机制表示尊重，但是现实已经发生了变化——出现了新的情况，人们在19世纪下半叶更常听到的一个词语是“权力平衡”。19世纪60年代，意大利和德国各自进行的“统一”活动永远地改变了欧洲的地图。随着普鲁士在军事上击败奥地利和法国，新的德国在1871年横空出世，成为另外一个欧洲强国。一切皆有可能。自从普鲁士人在1871年元月进入巴黎以后，这个新的野心勃勃的民族国家的任何要求就再也不能被忽视了。

这些事不仅发生在西方。在奥斯曼帝国的欧洲行省中，已经赢得某种程度的自治、但还没有完全独立的民族，越来越多地以自己定义及治理的方式逐渐向民族国家靠拢。1829年以来，塞尔维亚的情况就是这样。到了1859年，随着克里米亚战争的结束，多瑙河流域的公国也开始自治，采用了新的名字“罗马尼亚”。在争取独立的人群中，最大的群体是巴尔干山区和黑海内陆地区的说斯拉夫语的人，他们开始以保加利亚人的身份要求得到承认，组建自治政府。

在19世纪60年代，希腊是东南欧唯一的拥有完全主权的国家。但是其他的国家正在效仿它的路子。希腊现在面对的国家对手，大多在20世纪获得独立，它们的起步时间则是19世纪。如果要追溯巴尔干人的“巴尔干化”，我们就会发现它不会早于19世纪中叶。[5]

面临这种态势，第一个受害者是东正教联邦。东正教基督世界的精神和文化都在1821年的革命浪潮以及奥斯曼帝国在同年的报复中遭受了严重打击。1833年以后，这个联邦出现分裂，希腊单方面采取行动，建立了自己的教会。现在则有了新的变化，第一个变化发生在1860年，君士坦丁堡中说保加利亚语的人也提出建立自己的教会。对基督教会的管理来说，这也许只是一件小事，但是它的影响在10年后则显得非常大。1870年3月，奥斯曼帝国政府正式成立了一个独立的教会——保加利亚督主教会。为了报复，东正教宗主教会牧首管区两年后开除了保加利亚督主教会的基督徒。新的、尖锐的宗教对抗因此上演。

保加利亚人并不是唯一的案例。也是在这个时候，新建立的罗马尼亚公国通过使用瓦拉几亚语积极塑造自己的身份认同，并从此开始称呼公民为罗马尼亚人。曾经在18世纪统治过瓦拉几亚与摩尔多瓦100年的接受希腊教育的精英阶层，现在变为压迫者，他们因为与当地人离得更近，接触得更多，所以遭受的憎恨比奥斯曼人还要多。如果正如里加斯·维莱斯汀利斯和其他人设想的那样，东正教联邦整合成一种政治势力并在决定整个地区的前途中发挥作用的可能性是存在的，那么这个可能性在19世纪60年代就彻底消失了。

正在发生变化的另一个方面是俄国的态度。因为在克里米亚战争中的失败，俄国精英在民族问题上有了新的视角，进一步认清了自己，看到了自己在世界上的地位。列夫·托尔斯泰关于拿破仑战争的史诗巨著《战争与和平》是在19世纪60年代创作完成的，这本书将那个时代的态度变化投射到了更早的时候。俄国的国家政策（也被称为“公共同情心”）不再支持东欧的信仰东正教的信徒，而是支持那些说斯拉夫语的人。因此，泛斯拉夫主义应运而生。就在这个时候，也正是因为同样的原因，为俄国党的生存提供30多年滋养的希腊民众舆论和政治生活很快就不再有什么大的影响了。俄国现在支持的是希腊的对手，而希腊还没有真正面对这些新对手。奥斯曼帝国不再是唯一的敌人。从19世纪60年代开始，就在希腊的公民和政治领导人同心协力决定实现其伟大理想的时候，游戏的规则发生了变化，演变成一个更像是三维立体国际象棋的规则，这让事情的实施难度变得更大了。

第一个机会出现在1866年。那年9月，克里特国民议会单方面宣布克里特加入希腊，与希腊实现统一。19世纪，在奥斯曼帝国所有的欧洲行省中，克里特是最不稳定的。这个岛上的东正教徒在1821年的革命之初，就差一点儿实现了统一。他们在1841年再一次造反，最近的一次造反是在1858年。与其他现代革命不同，克里特在19世纪掀起的不下于7次的革命所奋斗的目标不是自治，或自决，而是合并，实现与希腊的统一。克里特的诉求将希腊政府置于艰难的境地。希腊这一次依然延续了克里米亚战争期间的做派，蒙上了一块保持中立的遮羞布。但同时，在其后的3年里，希腊的舰船冲破奥斯曼人的封锁，将志愿者和武器弹药运送到克里特岛，将因战事而导致的无家可归的逃难者从克里特岛运出来。

19世纪，希腊非正规武装多次到境外参战，出兵克里特岛仅是其中的一次。在这些人中，一些人是希腊公民，另一些人则是奥斯曼帝国的臣民。这样的战争是秘密进行的，是违反战争“规则”的，即便在希腊国内，也是有争论的。所以，这样做往往导致国内土匪的暴乱，同时也显示了让人担忧的现实，那就是希腊政府依然不能对自己国土上的军队进行统一、绝对的领导。惨剧终于在国内发生，那是在克里特岛暴乱结束一年后的1870年，一支来自英国的贵族旅行队伍在距离雅典仅几英里的地方被土匪抢劫，有几位贵族被杀害，这事骇人听闻。从另一方面看，希腊革命初期的几场战役的胜利，是这些非正规的武装游击队赢得的。直到19世纪末，希腊政府和民众对这些非正规武装的态度都充满着矛盾。

克里特叛乱发生以后，欧洲强国一如既往地介入进来。俄国依然处于向其后期政策泛斯拉夫主义转型的时期，所以有一段时间，它是鼓励暴乱的，看起来也支持希腊王国的愿望。在19世纪，希腊第一次且唯一一次在与没有完全获得独立地位的巴尔干邻邦建立联盟方面，进行了很认真的尝试，取得的具体成果只有一项，那就是与塞尔维亚签署条约，内容是不管哪方反抗奥斯曼帝国，另一方都给予支持。这个条约注定是短命的，在解决现在称之为“克里特问题”的难题方面也无法发挥作用。但是，这样的联盟的形成本身就显示了东南欧政治版图正在发生的变化。希腊作为一个主权国家，第一次根据自己的意愿承认其他国家的存在，它的国际关系不再仅仅限于与欧洲强国之间的周旋。先后独立的国家可以在“后院”磋商，互助互利。不过，这种可能性要想完全实现，还要等到半个世纪以后，只是到了那个时候，也没有延续太长的时间。

这次叛乱在所有克里特叛乱中是最惨烈的，持续的时间也是最长的，一直持续到 1869 年年初。那个时候，奥斯曼人已经重新占了上风。欧洲强国再次召集会议，带来了解决方案，从而及时避免了希腊和奥斯曼帝国之间的公开战争。但丢人的是，希腊政府被排除在这次会议之外，除了接受在巴黎召开的会议上确定的条款，别无选择。比起 1841 年和 1854 年，这次的结果并不能令人满意。

希腊扩张领土的第二个机会，差不多在 10 年之后降临。那时，政局的复杂状况变得更具挑战性。新的东方危机的最早征兆出现于 1875 年。那年夏天，在巴尔干半岛与希腊对着的另一边的波斯尼亚和黑塞哥维那，爆发了地方性的暴乱。1876 年 5 月，塞尔维亚和黑山向奥斯曼帝国宣战。同时，保加利亚行省也发生叛乱。在第一轮的对峙中，奥斯曼人获得了胜利。奥斯曼人对保加利亚人的报复，引起了英国反对党领袖威廉·格莱斯顿等高层人士的不满，使之采取了以牙还牙的政策。针对奥斯曼人对保加利亚人的残暴，英国人对基督徒也采用了暴力手段。针对这一点，希腊内部出现很大分歧。

作为共同信仰基督教的信徒，这些敢于蔑视东正教宗主教会牧首而创立自己教会的保加利亚人，从传统的敌手那里争取自由，这应该得到支持吗？或者，那些保加利亚人是否像奥斯曼土耳其人一样也对希腊和希腊的利益构成了同样的威胁？

1877 年 4 月，俄国与奥斯曼帝国开战，大力捍卫斯拉夫的权利，这是它以前从来没有为希腊做过的。在雅典，秘密社团和公开的委员会再次兴起。很多奥斯曼帝国行省中的希腊领事开始贮备武器弹药，并将其提供给当地信仰基督教的武装分子。志愿者和土匪（两者之间的区别经常不明显）再一次跨过希腊北边的边界，加入俄国人的阵营，攻击奥斯曼帝国的后方。到了 1878 年年初，即便一向谨慎的乔治一世也考虑发动战争，而且在雅典得到了群众的热烈支持。希腊开始了史无前例的征兵。所有这一切活动的目的，不是帮助有着共同基督教信仰的教友，不管他们是俄国人还是保加利亚人，而是在战争结束以及不可避免的和平会议进行分赃以前尽可能多地获取奥斯曼人的土地。

1878 年 2 月初，一支 25 000 多人的希腊军队跨过边境，进入色萨利，只是发现俄国人和奥斯曼人的仗已经打完了。俄国人再一次逼近君士坦丁堡，奥斯曼人恳求和平。希腊军队被紧急召回，没有放一枪一弹。在其他地方，比如，色萨利、马其顿甚至是克里特，希腊志愿者和游击队参加的战斗持续了几个月，其间得到雅典城的非官方委员会的支持和煽动。

与战争一样，后来的和平几乎是乱作一团。《圣斯特法诺条约》创建了一个新的、面积很大的保加利亚公国，但是希腊和塞尔维亚什么都没有得到。条约的名字来自君士坦丁堡一个区域的名字。这一次，新的欧洲强国——德国出来说话了。德国国王的外交大臣奥托·冯·俾斯麦在德国首都召集了一个会议。1878 年 7 月的这次柏林会议对原来的《圣斯特法诺条约》进行了修正，条约确定了以后 20 年东南欧的政治走向。保加利亚的地盘被肢解，分割成两个不同的公国保加利亚和东罗美利亚，这两个公国都没有完全独立。为了认可既成事实，条约同意塞尔维亚、黑山和罗马尼亚的国家独立。条约承诺，希腊拥有其原边界以北的土地。这次柏林会议还产生了两个副产品，它们都在以后引发了反响：一个副产品是奥匈帝国有权占有和统治奥斯曼帝国的行省波斯尼亚和黑塞哥维那，另一个副产品是双边协议让奥斯曼帝国赋予英国在塞浦路斯岛上同样的权利。

给希腊的领土的承诺要等到3年以后兑现，因此这一兑现将会大打折扣，而且柏林又举行了新一轮磋商，乔治一世在国内还进行了第二次征兵动员，从而给在前方进行外交磋商的首相提供支持，直到奥斯曼人最终签署协议。参加外交谈判的首相是一向反对战争的特里库皮斯。1881年7月2日，领土问题得以解决，希腊获得了213 000平方公里的土地，其位于色萨利和伊庇鲁斯南部。因为这次领土扩张，希腊的肩上首次扛上了管理相当多的穆斯林人口的担子。色萨利是希腊王国19世纪获得的第二块、也是最后一块土地。第一块土地是爱奥尼亚群岛。而色萨利是希腊北部的一块新土地，是通过外交手段获得的，不是通过战争抢来的，尽管争夺过程非常艰难。

年轻的希腊王国在学习，也在成长。19世纪80年代初，它获得了新的领土，但也增加了新的敌人，其中最主要的敌人是新成立的保加利亚公国。保加利亚的背后站着强大的俄国。突然之间，欧洲强国让“欧洲病夫”活着的政策好像不再那么强势了。因此，如果奥斯曼帝国崩塌以及被一个敌对的东正教国家强力接管，那么奥斯曼帝国中说希腊语的东正教徒应该怎么办？在1860年以前，这个问题会显得不可理解。而20年过去了，这个问题变得非常紧迫。

保加利亚人为希腊人打开了通向第三个机会的道路。1885年9月，普罗夫迪夫发生了一场革命，单方面将保加利亚和东罗美利亚这两个不同的公国都纳入索非亚政府的控制之下。塞尔维亚和希腊都把此看作一个威胁。但是希腊这一次没能与保加利亚共享边界，因为奥斯曼帝国的马其顿处于两者之间。所以，采取行动的是塞尔维亚，它与保加利亚一样都是斯拉夫国家，只是在行动中被保加利亚彻底打败了。在希腊，迪里吉安尼斯刚刚上台，就发现掉入了被自己滔滔雄辩燃起的战争热情的陷阱。随着敌对状态的减弱，保加利亚和东罗美利亚已经完成了实质性的统一，就差名义上的认可了。迪里吉安尼斯不甘心，竭力想从奥斯曼人那里抢夺土地，以补偿自己。但是，当希腊的军队开到边境前线的时候，迪里吉安尼斯发现自己处于骑虎难下的境地，部队撤不回来了，这与克里米亚战争期间奥托国王遇到的情况是一样的。两个老牌强国英国和奥匈帝国的海军，两个欧洲新贵德国和意大利的海军在1886年5月和6月封锁希腊30天。这一次，希腊注定得不到什么好处。迪里吉安尼斯被迫将政府交给他的死对头特里库皮斯。

19世纪，希腊王国扩张的最后一个机会是在1897年。不过那个时候，特里库皮斯雄心勃勃的基础设施和军队扩张规划让希腊濒临破产。我们在讨论希腊世纪末如过山车般的胜利和灾难之前，还是先把眼光放远一点儿，看看国家边境以外的地方，探索一下这个国家更广阔的前景，因为希腊国内的很多人当时也是这样做的。

民族国家及其界限

在希望与希腊统一方面，没有任何一个地方的愿望比克里特强烈。“统一或者死亡”曾题写在克里特1866年革命的旗帜上。这句标语源于希腊1821年战争的口号“自由或者死亡”，只是改动了前一个词。在爱奥尼亚群岛，“统一”一直是进行征兵动员的响亮口号。那个时候以及后来，克里特的战争都是发生在爱国人民和外国压迫者之间。事实上，克里特25%~40%的人口是穆斯林，这些人有自己的爱国主义。他们是17世纪皈依伊斯兰教的当地克里特人的后裔，对于本土的克里特传统，他们感到很自豪。多数人的第一语言是希腊语的克里特方言，对奥斯曼土耳其语似乎没什么了解。

根据帕帕里戈普洛斯的定义，正如今天所称，“克里特人”应该是“希腊民族国家”的一部分。但是在19世纪的克里特，人群区分的标准是宗教，而不是语言。与穆斯林一样，克里特人仰奥斯曼土耳其人的鼻息，以求保护，他们忠于奥斯曼帝国的统治体制。与残杀或驱逐所有穆斯林的国家进行统一，对他们来说是根本行不通的。所以，在起义造反的克里特人眼里，其他克里特人（尽管他们也说希腊语）就像君士坦丁堡派来的官员，都是凶恶的敌人。所以，19 世纪的克里特革命实际上是一个漫长的跨群体的斗争。

从克里特往东，就到了更远的塞浦路斯，那里的情况有点儿特殊。说希腊语的东正教徒占总人口的比例要比克里特大，大约是 80%。人口占少数的穆斯林说的是奥斯曼土耳其语，尽管整个塞浦路斯岛通行希腊语。英国在 1878 年进行的统治，一开始是受欢迎的。但是到了 19 世纪末，这里第一次有了与希腊统一的呼声，到了 20 世纪，统一运动形成了汹涌的势头。

安纳托利亚的说希腊语的飞地——蓬托斯和卡帕多西亚，从来就没有多少与希腊统一的愿望。希腊语学校是给富人建的，学生通过这种方式认识到自己是希腊人。对其他人来说，“希腊族的农民和奥斯曼土耳其族的农民都通过自己的信仰，组织和参加社会活动，根据当地主流的穆斯林统治等级制度衡量自己的社会地位”。[6]那些地方没有多少变革的机会。在卡帕多西亚以及君士坦丁堡，相当多的来自东正教徒社区的人使用希腊字母，但是他们说和写的语言是奥斯曼土耳其语。这些人被称为“卡拉曼里人”。19 世纪下半叶，希腊曾尝试说服他们相信自己就是“货真价实”的希腊人，但是这没有什么效果。在 19 世纪，这些社区的人到底如何看待自己的身份认同，我们现在依然不清楚。

从安纳托利亚海岸往西，人口的增长和迁徙模式为希腊的发展提供了另一个侧面。埃登是一个行政管理区，它包括士麦那。在那里，说希腊语的东正教徒人口呈指数级增长。这不仅影响了城市，因为士麦那的希腊人在 19 世纪和 20 世纪之交成为最大的族裔；而且影响了农村，特别是沿着铁路网络不断扩张的乡村。同时，其他移民者向美国远行。对很多希腊的穷人来说，随着人口的增长，国家经济不能给他们提供发展的机会，有时甚至连他们的生存都不能保证，而如果他们走出国门，就能活下去。19 世纪末，对希腊王国的公民来说，“机会的乐土”不仅在东边的奥斯曼帝国，还在西边大西洋的彼岸。

对亚历山大里亚的富裕商业区和埃及首都开罗的一个相对较小的商业区来说，尤其是这样。19 世纪初，希腊人开始大规模移民埃及。美国在 19 世纪

60 年代的内战导致了国际市场对埃及棉花需求的极大增长。很多希腊人在那些年赚了钱，比如，本纳基家族。后来，这个家族出了一位杰出的雅典市长，他将自己的私人艺术收藏品捐给国家并以此为基础建立了本纳基博物馆。英国地中海舰队轰炸亚历山大里亚后，埃及沦入英国的直接控制之中。在埃及生活的希腊人继续发大财，还经常与伦敦、利物浦、曼彻斯特等城市的希腊侨民联系，直到 20 世纪 50 年代末、60 年代初，由于新的政治状况，那些希腊人的后裔大多数回到了希腊。

吸引外来者的另一块热土，是被誉为“世界欲望之都”的奥斯曼帝国首都君士坦丁堡。在这座城市，很多希腊家族寻求可追溯到拜占庭时代的先祖。1453 年被奥斯曼人攻占以后，这座城市一直有意吸引东正教徒，到了 19 世纪下半叶，在 100 多万的总人口中，大约 1/4 的居民是希腊人。[7] 奥斯曼帝国体制启动系列改革后，最先被改革的对象就是这些希腊人。奥斯曼帝国的改革被称为“坦齐马特”，是从 1839 年开始的，而且在 1856 年克里米亚战争结束后势头很猛，其部分原因是受到了来自帝国欧洲盟友的压力。

1861 年 4 月，一群优秀的公民在佩拉（今贝伊奥卢）一所时尚的房子里聚首，商讨一个文学社团的创建。佩拉当时是“欧洲人”集聚的地方。虽然引燃希腊革命的友谊社已经过去了 40 年，但是希腊词汇“协会”依然能造成极度紧张的气氛。所以，文学社团创建者们就必须换一个不同的、听起来没有破坏性的希腊词汇，于是确定了“学会”这个词。就这样，君士坦丁堡希腊教育学会诞生了。[8] 它是 19 世纪下半叶奥斯曼帝国几十个这样的学会中延续时间最长、影响最大的学会。通过创建、资助和组织学校，这些学会成为在奥斯曼帝国说希腊语的社区中传播世俗和进步思想的最有影响力的渠道之一。“民族再生”和“民族责任”的思想能够传播到奥斯曼帝国中所有受过教育的说希腊语的人那里，在很大程度上要归功于教育学会。

这些学会通常与希腊国内具有相同志向的人保持密切、友好的联系，但是它们并不是希腊的代理人，因为不管什么情况，它们都不能公开地这样做。

有时候，它们的确会引起奥斯曼帝国当局的怀疑或敌视。但是，这些怀疑大多都是捕风捉影，没有任何根据。孩子的父母在上学和成长的过程中认为自己在希腊文中是 Romioi，在奥斯曼帝国官方的话语中是 Rum（意思是奥斯曼帝国的东正教徒臣民），而这些孩子在学校里则被告知，他们是希腊人，是两大古代文明的子孙。但是，在所有的社交方面，他们依然是 Rum。学会的主要负责人往往不是奥斯曼帝国政府中的高官权贵，就是奥斯曼帝国社会中的商贾巨富。当然，负责人不只是这些人。

19 世纪下半叶，有很多东正教希腊人担任奥斯曼帝国高官，而且享有很高的威望。他们才华横溢，声名显赫，一点儿不亚于一个世纪前的法纳尔。但是，由于众所周知的原因，不管在希腊，还是在土耳其，他们在后来的国家历史中消失了。在政治上，他们在 20 世纪 20 年代初以后就没有了继承者。如果他们将个人所思所想诉诸笔墨，那么他们所写的文字还有待于发现。他们中间有亚历山德罗斯·卡拉西奥多里斯，也被称为“喀拉蒂奥多利帕夏”。他的父亲是苏丹的私人医生，是教育学会的第一任会长；他的母亲是亚历山德罗斯·马夫罗科扎托斯的一门远亲。卡拉西奥多里斯曾两次担任奥斯曼帝国的驻外大使，在其长期的外交生涯中成为最受信任的、最成功的大使之一。作为奥斯曼帝国在 1878 年柏林会议上的主要代表，他受命参与修改《圣斯特法诺条约》，从而使条约的多数条款对帝国有利。

奥斯曼帝国驻希腊的历代大使都是说希腊语的东正教徒，这令人称奇。身处雅典的奥斯曼帝国大使在对帝国的忠诚上从没有二心。康斯坦提诺斯·墨索罗斯，也被称为“穆苏鲁斯帕夏”，他是奥斯曼帝国驻英国任期最长的大使，赴任前对乔治一世的新王室头衔提出了反对意见，成功地改变了此头衔在法语里的官方翻译。他将但丁的《神曲》翻译成拜占庭希腊语，并于 19 世纪 80 年代在伦敦出版。穆苏鲁斯帕夏绝不是希腊王国的朋友，但他是那个时代最有能力、最有知识的希腊人之一。

希腊人在奥斯曼帝国占据优势的领域还有传统的商业以及新兴的金融

业。君士坦丁堡的主要银行机构是希腊人创立的，其大部分管理人员也是希腊人。苏丹宫廷也与希腊的公司做金融买卖。这是现代化的前沿。这些个人和机构的活动为奥斯曼帝国的现代化提供了金融支持，还资助了有利于家乡发展的项目，比如，学会以及那些学会创办的学校。有些人和机构还在希腊进行投资。让特里库皮斯基础设施建设项目成为可能的很多“国外”资金，实际上来自奥斯曼帝国富有的希腊人。这些投资活动到底有哪些是在民族团结的理念下被推动的，哪些是在冷冰冰的商业投机中被推动的，这很难说得清。

希腊银行家中最为知名的是安德烈亚斯·辛格洛斯，他通过联姻进入马夫罗科扎托斯家族，成为喀拉蒂奥多利帕夏的一门远亲。辛格洛斯在君士坦丁堡赚了很多钱，成为当地首屈一指的金融家之一。然后他在19世纪70年代把自己的家搬到雅典，并在那儿广施善款，成为著名的慈善家，从雅典城中心到海边法利罗的宽阔大道就是以他的名字命名的。有这样成就的希腊人还有不少。他们中的大多数人依然保留着奥斯曼帝国的国籍。虽然可以全球旅行或者到伦敦和亚历山大里亚等地定居，但是他们并不愿意成为希腊王国的子民。

当然，在奥斯曼帝国的首都，没有人谈论与希腊的统一。下面是君士坦丁堡一位希腊银行家的观点，他在1861年用法语对一位来访的考古学家说道：

> 希腊人（东方对独立后的希腊居民的称呼）就是一个个大孩子。我这样说只是因为，就像他们吃东西一样，他们会认为事情很容易，然后事情就办完了……他们爱说什么就说什么吧，反正我们在君士坦丁堡不需要他们。至少奥斯曼土耳其人不掺和。[9]

这样的倨傲和坦率非常罕见。但是，我们也的确可以看出，对于希腊王国的“伟大理想”，君士坦丁堡中受教育程度最高的希腊人是唯恐避之不及的。在他们心中，奥斯曼帝国的未来不是垮塌、被肢解，而是继续和深化从1839年就开始的改革进程。通过这种方式，假以时日，奥斯曼帝国会重新成为一个现代化的欧洲强国。随着这一目标的实现，在君士坦丁堡的希腊人将凭借其智慧和财富做出更大的贡献，当然也会有更多的收获。

苏丹阿卜杜勒·哈米德在1876年颁布了新的宪法。在参加短命的奥斯曼议会第一次会议的代表中，有19名代表是希腊族（总数是130人）。在给英国外交大臣的一份文件中，有些代表表达了建立一个"统一的希腊-奥斯曼国家"的愿望。这将是一个强大的、统一的东方大国，包括基督徒、穆斯林，从而成为制衡西方、控制斯拉夫扩张的力量。[10] 在过去，希腊人和奥斯曼人这两个对立矛盾的群体不可能像现在这样立刻握手言欢。希腊文化（赞贝利奥斯和帕帕里戈普洛斯所定义的）和奥斯曼文化（帝国改革计划所定义的）是能够学会和平共处的。

1878年，奥斯曼帝国被俄国打败，议会解散，宪法搁浅，即便如此，这些想法也依然流传了下来。在随后的30年里，奥斯曼帝国再次回到过去的专制轨道上。不过，虽然帝国守旧，但是至少在1912年以前，很多希腊族个人以及组织依然坚守着自己的奥斯曼身份认同。他们在官方话语体系中是奥斯曼帝国的东正教徒臣民，但是在家里以及相互之间是希腊人。

奥斯曼帝国的版图中还有一个地区不存在商量的余地。1878年《柏林条约》签订以后，所有的"欧洲奥斯曼土耳其"的地盘就剩那一块长条的领土了——从君士坦丁堡往西，沿着爱琴海北岸，穿过巴尔干半岛南部，一直到亚得里亚海。不论是希腊语，还是欧洲其他语言，它们都保留了这些地区的古代名字，比如，色雷斯、马其顿、伊庇鲁斯、阿尔巴尼亚。

在这些地区的说希腊语的人中，我们很难发现他们对希腊统一这一理想的热情，虽然在这些岛屿中，那份热情在不同的时代都存在过。如果希腊语在这些地区的生活口语中被广泛使用，甚至可能在书面语中被广泛使用，那么它也不过是很多共存了数百年的语言之一。对大量生活在这些地区的人来说，有东正教徒的身份就足够了。那些称呼自己为希腊人、塞尔维亚人、保加利亚人、罗马尼亚人、阿尔巴尼亚人的压力，几乎都来自外面，到了 19 世纪末，这种压力不断增强。

正是因为这个原因，国家政府以及压力集团收集和发布的证据就不应全信，特别是马其顿的各种利益集团公布的数据大相径庭。[11] 从 19 世纪 70 年代开始，希腊和保加利亚组织鼓动当地武装分子，去恐吓村民站在这一边，反对另一边。古代教会用斯拉夫语举行祈祷仪式的教堂以及由保加利亚大主教任命牧师的教堂，成为希腊人的攻击目标。同样，那些遵守希腊祈祷仪式以及效忠于希腊大主教的教堂，则遭到保加利亚大主教支持者的攻击。在有两种语言的社区，这些做法往往是奏效的。为了和平，为了息事宁人，整个村子的人往往会改变信仰，然后过些日子，当另一拨拿着武器的人到来时，他们再改回信仰。对个人、家庭和社区来说，这片土地成为被可怕的选择蹂躏的地方，而那些选择是他们自己不能控制的。

由于有这样那样的诉求和反诉求，将要开启的对马其顿的争夺就不像对语言和教育的争夺那样全心全意了。如果人们能够被说服，或者被威逼利诱，用希腊语进行祈祷，并学会用希腊语阅读、写作，那么他们就被纳入了希腊国家的范围之内。“国家扩张”开始有了一个全新的维度。处于这一过程中的人们在当时对此如何看待，文献上几乎找不到记载。而那些能够写下自己想法并将其留给子孙后代的人，其实已经表明了他们的立场。因为你一旦拿起笔进行写作，你必然需要选择使用“希腊语”或者“保加利亚语”，因此你就已经有了自己的态度。

在城镇以及那个地区最大的城市萨洛尼卡，受过教育的希腊族的确表达过意见。与在君士坦丁堡的人一样，他们因为受到奥斯曼帝国的制约而必须保持中立。但是，对于对立的东正教民族群体，他们可以尽情地显露鄙夷。这些地区的学会要比奥斯曼首都的学会在政治上活跃得多。比如，在马尔马拉海岸的拉德斯托斯，也就是今天的泰基尔达，一个新成立的教育学会于

1871 年提出宗旨："如果我们能在有生之年立刻行动起来，那么希腊的缪斯就会在短时间内改变生活在这儿的斯拉夫人，使他们从敌人变为教会和希腊文化的淳朴孩子。"学会创立者的目的是将"希腊化"在尽可能多的地方实现，以尽可能快的速度实现，因为他们面对的斯拉夫威胁"由于人们知识传播方面的懈怠而变得更加可怕"。[12] 这也同时表明，学会创立者的爱国热情在群众中的根基比他们希望的要浅。

这是一个地方性的计划，但是在这些地区，如果没有得到真正的指导，这些当地群体组织的活动与雅典的压力集团的活动相比，就会显得黯然失色。截至目前，影响力最大的社团是 1869 年在雅典建立的希腊学术传播协会。在 19 世纪 80 年代，雅典的报纸在"来自马其顿"的大标题下定期发表报告和评论。其中一篇文章的作者甚至建议，在最坏的情况下，这个"完全希腊化"的地区应该独立，而不是被斯拉夫人或奥地利人占领。让马其顿与希腊王国统一的最为强烈的声音不是来自马其顿，而是来自雅典。[13]

作为奥斯曼帝国的大城市之一，萨洛尼卡正值鼎盛时期。在这个城市中，希腊族的人数少于穆斯林和塞法迪犹太人，其中后者是最大的群体。犹太人仍然说着属于西班牙语的一种方言，那是他们的祖先在 15 世纪末从西班牙撤回时带来的。其他人都是从基督教国家最近的宗教迫害中逃难来的。他们对于融入另一个国家几乎没有任何欲望，特别是他们回忆起特里波利斯的犹太人和穆斯林在 1821 年被残杀的时候。萨洛尼卡的第一份希腊语报纸在 1875 年创办。当然，为了遵守奥斯曼帝国的审查，这份报纸的主编积极推动与城市其他社区的友好关系，宣传君士坦丁堡正在兴起的"希腊奥斯曼文化"，而不是宣传雅典的扩张或反保加利亚的政策。[14]

所以，当萨洛尼卡于 1908 年 7 月 23 日爆发青年土耳其党人革命的时候，当宪法权利要赋予奥斯曼帝国所有臣民的时候，这个城市的希腊族的人与其他人一样兴高采烈，这就一点儿也不奇怪了。此次革命之后，马其顿成为锻造 20 世纪以及更远未来的希腊国家和希腊民族的熔炉。

胜利和灾难

1893 年 7 月 25 日，科林斯运河正式开通，乔治一世亲临现场。来到现场的还有安德烈亚斯·辛格洛斯，当承建这个工程的法国公司破产以后，他送来了及时雨，拯救了这个项目。希腊海军的汽船鸣放礼炮。与 1833 年希腊第一个国王奥托上岸那天的仪式相比，这个竣工仪式不免显得有点儿寒酸。此后不久，这个场面就被在慕尼黑接受艺术培养的希腊画家康斯坦提诺斯·沃拉纳基斯画在了油画里。爱琴海到爱奥尼亚海、比雷埃夫斯到帕特雷，第一次实现了通航，缩短了 100 英里的路程，人们再也不必拐个大弯绕行马塔潘角以及伯罗奔尼撒半岛南端那片汹涌澎湃的海域。科林斯运河的建设历时将近 10 年，是查理劳斯·特里库皮斯启动的众多基础设施建设项目中最宏大壮观的一个。

7 月的一天，主政希腊公共生活达 10 年之久的总理，却不在他的办公室里。因为国王在 2 个月前解除了他的职务，解散了他领导的政府，试图将王国从沉重的债务中解脱出来。19 世纪 80 年代的 10 年是疯狂借贷和花费的 10 年。希腊的债务从独立革命时代就开始了，1878 年的债务重构使得希腊第一次进入了国际资本市场。特里库皮斯就任总理职务之初，面临着投资基础设施或军队建设的抉择，结果他两项都选了。他通过借钱使这两个建设同时进行。一位当代评论家指出，经过这 10 年的大规模建设，希腊实际上已经破产了。[15]

解除造成经济跌宕起伏的设计师的职务，是一个错误决定，国王很快就会发现这一点。外国投资者对刚刚组建的新政府信任不足。那年夏天，紧急关头到来了。科林斯运河入口的礼炮的烟雾还没有散尽，希腊主打的出口产品——无核小葡萄干的价格出现断崖式下跌。到了 11 月，特里库皮斯再度担任总理，承担这个恶果。1893 年 12 月 22 日，他在议会中的发言内容也许是虚构的——“很不幸，我们破产了”，但这件事是真实的。希腊再一次成为国际弃儿，国家的金融控制权再一次转移到外国债权者的手中。

希腊倒下了，但是并未出局。就在法国和英国的银行家精明地算计能从一个陷入瘫痪的国家经济中获得哪些回报时，另一位法国人正在酝酿一个几近完成的想法。这位法国人是皮埃尔·德·顾拜旦爵士，他是一位教育改革者，深信体育运动在道德和身体方面的作用。他的想法在希腊宣布破产前一年就提出来了，那就是重新恢复古代奥林匹克运动会，使之成为一个现代国际体育竞赛的盛事。1894 年，第一届国际奥林匹克委员会组建。多亏迪米特利奥斯·维凯拉斯充满激情的慷慨陈词，雅典被选为举办第一届奥运会的城市。维凯拉斯是一位希腊商人和作家，成年后的大部分岁月在伦敦和巴黎度过。

特里库皮斯的健康每况愈下，很快就永远地离开了他的总理办公室。他对举办奥运会提出反对意见，他坚持希腊不投入一分钱。但是，顾拜旦与希腊皇室以及其他名门望族有着良好的关系。第一届现代奥运会顺利举行，开幕式时间为希腊革命的官方纪念日——1896 年 3 月 25 日，按照西历是 4 月 6 日。那天也是周一，是复活节，象征完美。

现代奥运会的举办非常成功。4 天后，从马拉松湾到雅典市中心重建的泛雅典体育场的 25 英里长跑带来了奥运会的高潮。这是第一个马拉松，是为了重现古代希腊人和波斯人之间战争的辉煌时刻而设计的。（古代没有这样的比赛。）8 万多名观众潮水般地涌进体育场，观看曾经是希腊士兵的斯皮里东·路易斯冲过最后的终点线，成为世界上第一个马拉松冠军。路易斯快到终点的时候，两位皇室王子康斯坦丁和乔治从他们爸爸的身边跑过去，与路易斯一起进行最后的冲刺。这是比国王大不了几岁的王国的胜利时刻。第二天，远在法国地中海度假胜地戛纳的查理劳斯·特里库皮斯去世了。

从某些方面看，雅典奥运会的胜利要归功于希腊王国的最初几年的建设。雅典新旧结合的城市面貌依然在塑造之中，重建的体育场是最新的建筑，城市建设的规划是由 19 世纪 30 年代德国建筑师做出的。外国游客看到新东西在古老基础上的无缝叠加后，无不感到震撼。奥运会的复兴和希腊的复兴可以看作两位一体，完全是一个东西。希腊革命以及巴伐利亚人带来的亲希腊的王国蓝图所启动的进程的顶点就是复兴。

但是在19世纪末，现实还得继续，复兴还没有实现。希腊人对他们古代遗产的强烈自豪感一点儿都没有减少，但是他们不再把自己的国家看作实施复兴行动的国家，也不再像顾拜旦和第一届国际奥委会真正相信的那样，认为他们设计的这个现代盛会将重现希腊古代体育运动的竞赛。赞贝利奥斯和帕帕里戈普洛斯已经填补了将现代和古典分开的时代空白。拜占庭被重新发现。现在，对希腊民族国家来说，一厢情愿地实施复兴行动是不够的，更不用说从来没有很好地、欢欣鼓舞地实施过。不管奥运会的复兴对世界体育意味着什么，对希腊来说，它意味着对一个复兴的复兴，是对60年前就臻于成熟的思想的具体化。

即便在奥运会举办期间，希腊王国以外的地方，比如，它的北方和南方，跨区域之间的暴力依然难以控制。在马其顿，拿着武器的说希腊语、说保加利亚语的基督徒之间发生了冲突，以暴力恐吓群众，让群众在他们之间站队。在克里特，说希腊语的基督徒和说希腊语的穆斯林之间也发生了冲突。在这两个地区，相互间的谋杀每天都在发生。乡村地区已经变得难以治理。在希腊，影响公众情绪的不是对受害者的人道主义关心，而是对民族国家长期发展目标被对手抢夺的担忧。当欧洲强国与奥斯曼帝国在克里特问题上达成一个新的协议时，那个在19世纪20年代几乎成为希腊一部分的“大岛”好像就越来越远地离开了希腊的视线，最终从希腊的手里滑落了。如果保加利亚人在马其顿占了上风，那么希腊人可能就永远地丧失了那里的土地和民众。

面对这些危险，为了未雨绸缪，一群年轻的军官在1894年年底模仿曾经的友谊社，创建了另一个秘密社团。这个社团是民族协会，从兵营和隐蔽处应时而生，成立不久就成为一个颇有影响的压力集团。它的会长是与军方八竿子打不着的人物——雅典大学的校长、著作等身的拜占庭历史学家、王储的导师，（极有可能的）未来总理。1896 年 10 月，民族协会公开化了，通过新闻媒体募集资金，支持非正规的军事行动，甚至对国王提出一系列的要求。其他社团显得更隐蔽，也显得更加安静，一点儿声息都没有。奥运会结束后的几个月里，“伟大理想”看起来真的要实现了。19 世纪的最后一个机会已经到来了。

这个时候，迪里吉安尼斯再度执政，但是在 1897 年的最初几个月酝酿出来的公众情绪，即便这位老练的平民主义者也掌控不了了。由于奥运会马拉松项目的胜利历历在目，所以人们要取得胜利的欲望非常强烈。克里特倒是相对平静，不过其在前年的春天和夏天刚爆发了一场席卷全岛的暴力事件。欧洲强国再一次出手，与奥斯曼帝国一起提出一个解决方案，但是方案实施得并不是特别好。到了 1897 年 2 月，希腊采取了行动，这是革命以来任何一届政府也没有公开进行过的。

在国王的次子乔治王子的率领下，一个小型舰队全副武装地从比雷埃夫斯驶往克里特当时的首府哈尼亚，用了不到 24 个小时就上岸了。3 天后，希腊远征军登陆。乔治国王的侍从武官迪莫利翁 · 瓦索斯上校宣布，以乔治一世的名义对克里特进行军事占领。在苏丹的同意下，克里特的控制权转给了英国、法国、俄国和意大利的海军以及海军陆战队。

不过，希腊这次遇到的小挫折并没有浇灭民族协会的热情，因为革命热情已经影响了王室、新闻媒体、军队以及一开始谨小慎微的政府。雅典到处是激奋的群众示威游行。所有阶层的人都来到大街上，要求宣战。这幅景象就像 1914 年很多西欧城市所发生情况的预演。1897 年 3 月，45 000 名步兵和 500 名骑兵部署在希腊和奥斯曼帝国边界的色萨利和伊庇鲁斯。统率这支军事力量的人是王储康斯坦丁，他曾在半年多前陪伴着马拉松冠军一起向终点冲刺。希腊非正规武装对奥斯曼领土的袭击促使苏丹在 4 月 17 日向希腊宣战。

1897 年的战争持续了不到一个月。希腊军队不仅在数量上，而且在能力上，都远逊于最近接受过德国训练并配备帝国武器的奥斯曼帝国的军队。这位未来国王以及他的随行官员所展示的领导能力受到特别尖锐的批评。希腊军队大溃败。得胜的奥斯曼帝国军队乘胜追击，直捣希腊领土的腹地。希腊的拉里萨和蒂尔纳沃斯及其在沃洛斯的前沿作战基地都落入奥斯曼人之手。色萨利遭到蹂躏，10 万多名难民流离失所。1881 年之前的边界以内的第一个城池拉米亚，也被希腊军队弃守了，因为希腊军队一直往南撤退，希望在古战场温泉关附近进行最后的抵抗。

欧洲强国的又一次干预挽救了康斯坦丁和他率领的部队，使他们避免经历最后的生死考验。欧洲强国的磋商一直持续到年底，其间，苏丹被要求放弃他的军队取得的所有成果，从而换取一笔巨额赔偿以及边界的些微调整。在莫纳斯提尔（今北马其顿共和国比托拉）的奥斯曼军事学校受训的一位 17 岁的学员，对欧洲强国的横加干涉有着强烈的挫败感。据说，他从此痛苦地认识到："如果奥斯曼帝国赢得胜利，欧洲列强就出来干涉；但如果失败了，它们就不管了。"这位军校学员的名字是穆斯塔法·凯末尔，后来更为人所知的名字是阿塔土克，他是"现代土耳其国家之父"。[16] 这次短暂的战斗结果所决定的，不只有希腊的命运。

在 1897 年的崩溃中，还有一个认识需要明确。保证希腊独立的协议签署了快 70 年了，现在依然奏效。希腊这个国家的存在，从来都不只是希腊人自己的事情，也不是他们自己能保卫的。现在，随着 19 世纪末的到来，世界上所有的人都可以看到，不论在欧洲的地图上，还是在决定欧洲大陆未来的几个强国那里，希腊的地位已经得到了保证。不管 20 世纪的"欧洲"会变成什么样，希腊肯定都是其中不可缺少的一部分。对爱国的新一代奥斯曼官员来说，这个现实不管有多么让他们愤慨，他们都不可能通过武力来改变希腊革命以及随后几十年取得的成就。

即便如此，鉴于以前发生的和以后可能再次发生的事情，希腊这次付出的代价是高昂的。由于希腊财政破产，对苏丹的赔款只能由欧洲强国来支付。为了归还这笔资金和其他的巨额债务，欧洲强国在第二年成立了国际金融委员会，这是从希腊政府的控制下夺取国家经济的有效一步。希腊独立以后，这种事已经发生 3 次了，而这一次也不是最后一次。

对希腊来说，1897 年的这次失败紧随 1893 年的破产，是对 19 世纪国家颜面的一次最大羞辱。对年轻的国王来说，在所有的教训中，最痛彻心扉的就是这样一个很明显的现实：虽然想依靠自己的力量应对一个强大的敌人，但它既没有军事实力，又没有经济实力。

1897 年的灾难是对特里库皮斯政策的死后辩护。[17] 就其本身来说，这么大规模的灾难即便证明了某种事情的正确，这种正确也是很怪异的。希腊国家唯一的进展是克里特在第二年成为一个自治的公国，受到欧洲强国的保护，由乔治王子担任首脑。在随后的岁月里，特里库皮斯启动实施的很多项目都被注入了新的活力，其在 1912 年和 1913 年带来的回报是非常明显的。但是，随后 15 年里的更大的胜利以及更坏的灾难证明，1897 年所揭示的那个痛苦的现实，就像物理学定律那样是不可改变的。

第六章

军事行动

（1897—1913）

在雅典和整个希腊王国，这次失败带来的震荡是深远的，将持续数年。与20世纪20年代和20世纪40年代遭受的失败相比，1897年的失败所带来的实际损失还是很有限的。但是，宣扬了半个世纪的一整套论断突然之间受到了质疑。每个人都在找替罪羊，就连国王和王室也以那些奥托国王统治最后几年里听到的种种诽谤中伤的话来开脱。乔治一世和他的王子们能这样做吗？希腊所有的机构都处于极度焦虑的状态之中。公民群体的心灵追寻以及自我憎恶达到了前所未有的深度。在这出大戏里，只有一个角色免于责备，正如一位战争辩解者所说的："被打败的是希腊国家，不是希腊民族。"[1]

民族国家的概念是可以自由扩展的。这个超领土的实体看起来越是受威胁，越是不可触及，由失败而激发的各种想象就越令人激情澎湃。一位热情洋溢、能言善辩、年轻的外交家、激进主义分子、作家、日记作者、社会人物以及未来政治暗杀的受害者全力支持这种新的态度。他的名字是伊万·德拉库米。1897年，他的事业才刚刚开始，他将希腊国家和希腊民族的关系比作衣服和穿衣服的人之间的关系。希腊这个民族在其3 000年的历史上穿过很多不同的政治制度的外衣。现在的王国穿的是最新的制服，但所有的衣服都是过渡性的，最终都会被替代。真正重要的是穿衣服的人，也就是希腊民族。[2]

在进入20世纪之前，希腊国家和希腊民族从来没有那么远距离地分开过，或者从来没有如此艰难地融合统一：希腊国家实力太弱，根本不能扩展；希腊民族在物理上太分散，在政治上太不成熟，从而在半个多世纪的时间里不能实现作为“伟大理想”的统一的国家。没有人能预见这两个观念对希腊人来说意味着怎样的致命争斗，或者说最终将几近全部的希腊民族纳入同时期大大扩张的希腊国家边界之内会引发怎样的冲突。

国内的颓废

1900 年的雅典是一个充满极端对比的地方。自 1834 年成为首都以来，雅典的人口增长了 9 倍多，从大约 12 000 增加到超过 120 000。在它未与比雷埃夫斯港口连在一起时，比雷埃夫斯港口在同一时期的人口从 0 增加到 50 000 左右。即便如此，雅典和比雷埃夫斯港口两地的居民总数也不到君士坦丁堡人口的 1/5，不到士麦那的 1/4。雅典市中心有宽阔的大道，精致优雅的开阔空间——两边坐落着新古典风格的科学院、大学以及国家图书馆等宏伟建筑，中间是川流不息的六车道。绅士、淑女穿着西方最新款式的时装，可以徜徉在大道两边，或者坐在一位美国游客描述的“像巴黎咖啡馆一样”的咖啡馆外面，欣赏由马拉动的公交车缓缓驶过。那个时候的照片以及在巴黎接受过训练的印象派画家保罗·马蒂奥波洛斯的作品都传达着“优雅、高贵和满足”的气息。[3]

但是，仅仅在几百米之外的雅典城的西边，就是贫民窟，数百名从乡村来城市找工作的单身年轻人在那里居住。19 世纪 80 年代以来，雅典的暴力犯罪规模远远超过了欧洲其他的首都城市。据估计，在 19 世纪的最后 20 年，雅典和比雷埃夫斯港口的谋杀案数量比同时期伦敦、巴黎或阿姆斯特丹多 50 多倍。[4] 暴力甚至发生在国家的最高层。1898 年，国王本人差点儿被刺杀。迪里吉安尼斯就没有国王那么幸运了。因为 1897 年的失败，迪里吉安尼斯被迫辞职，后于 1905 年重新上台。他在议会的台阶上被刺身亡。杀手是一名专业赌徒，对政府宣布的限制赌场的措施深感不满。这些措施的实施也从另一个方面说明，那时的社会普遍存在黄、赌、毒现象。

普西里区等地、提塞翁等古代神庙以及比雷埃夫斯港口，滋生蔓延着吸食大麻的毒窝、妓院和形形色色的黑社会组织。传统的社会行为规范是在山区、岛屿的小社区中经过几百年的演变而形成的，现在则要适应新的城市下层阶级的穷困环境。男性英雄主义依然是值得炫耀的资本，而且基于有着共同价值观的荣耀。但是，这儿的“英雄”已变成草寇或流氓，这些人靠自己的小聪明混迹于社会，除了憎恶有钱人和鄙视顺从的、以自己诚实劳动讨生活的人，什么也不干。草寇们的做派一般是蔑视权贵，他们出刀迅速，在复仇方面冷酷无情。他们能吸食大麻，纵情豪饮，同时还要时刻保持农村祖先遗传给自己的强大的自控力。对于女人，他们会逢场作戏，显得若无其事，有时会采用暴力、压榨手段，从而有意地显示自己的冷漠和性能力。这样的黑社会产生了自己的特殊语言，这种语言一方面是作为逃避被发现的暗号，另一方面也是加强组织团结的形式。

在临时的大麻毒品窝、酒馆以及被称为“阿曼咖啡馆”的具有东方情调的咖啡馆里，来自黑社会的男人会用歌曲来表达带有浓烈个人色彩的傲慢和忧伤。歌曲通常用一种当地改造过的土耳其长脖子鲁特琴演奏，这种鲁特琴也叫“萨兹”，在希腊语里被称为“布祖基琴”。这就是后来被称为“雷贝蒂卡”的音乐和歌曲文化的初始。这一文化现象看起来神秘莫测，在希腊和其他国家备受推崇。从 20 世纪 70 年代起，这类音乐就被看作能与美国蓝调相媲美的希腊蓝调。孕育这一蓝调的传统和城市黑社会既被国家主义者厌恶，又因显露出内敛和失败主义而被左派鄙弃。那个时候，雷贝蒂卡传统中的最早的歌曲都是某种更宽泛的暴力、犯罪和绝望等氛围的征兆和特别的展现，这种氛围可能是真的，也可能是想象的，弥漫于世纪之交的希腊首都之中。

在这种情况下，很多人的另一个选择是彻底离开这个国家。从 19 世纪 90 年代起，一个新的目的地向正在寻找工作的希腊年轻人敞开怀抱。不少人在那里找到了比在雅典、比雷埃夫斯，以及后来的君士坦丁堡、士麦那、萨洛尼卡等奥斯曼大都市工作还好的机会。现在，他们开始在世界各地创建说希腊语的社区。去往美国的人数最多，这些人把希腊底层社会的歌曲也带到了美国。由于唱片业快速发展，纽约和芝加哥为雷贝蒂卡的商业成功奠定了基础。希腊的移民高峰是在1907年，移民人口达到36 000，他们几乎都是二三十岁的单身男青年。[5]

希腊社会群体的另一个对立面是那些年还出现了其他更加需要知识以及审美的人生通道。在万马齐喑究可哀的时代，人们，特别是年轻人，开始寻求其他东西来逃离曾经的宿命。这就是第一个妇女运动的背景。在当时的社会，妇女被严格地禁锢在家庭里，总是被隔离在男人世界之外。《妇女杂志》于1887年在雅典创办，发行了20年，其编辑、撰稿人以及读者都是妇女。杂志的创办人和总编辑卡利罗·帕伦是希腊第一位女权主义者，第一位终身写作的女作家。杂志的很多社论呼吁政治改革，比如将投票权等权利赋予妇女，直到半个世纪后，妇女才拥有投票权。1897年的战争及其造成的影响为妇女运动增加了动力，因为很多妇女在战争中充当护士，或在慈善组织里工作。[6]

1900年以后，其他的代表新思想的著作从法国传播到希腊，其中就有法国翻译的德国哲学著作，特别是卡尔·马克思和弗里德里希·尼采著作的节选。社会主义思想第一次在希腊得到宣传。希腊虽然还没有社会主义的政党，但是1902年，一个名为“社会主义运动”的团体成立了，并在1907年发表了宣言。[7]在法国，那个时期被称为“世纪末”时代，正在兴起所谓的“颓废”和“唯美主义”等运动。这些运动的拥趸赋予艺术和个人享乐至高无上的价值，从而导致人们厌倦或憎恶现实世界。这些态度与1897年希腊战败以后的雅典受教育的年轻人一拍即合。1906年，雅典大学一个22岁的学生以卡马·尼尔瓦米的化名出版了一部小说，他似乎很推崇这种态度。这部小说名为《蛇与百合花》，讲述了一对年轻恋人的故事。这对情人宁可自杀，宁可在充满异国情调的鲜花的肉欲芳香中窒息而死，也不愿意过世俗眼里圆满幸福的爱情生活。小说出版后，这个学生紧接着发表了一篇论辩文章，对小说主人公的症结进行了分析，认为其根源可以被描述为早期从法语中翻译过来的术语“世纪病”。又过了很长时间，二战以后，这部小说的作者用自己的真名发表作品，创作了《希腊人佐尔巴斯》和《基督最后的诱惑》，获得了国际声誉。他就是希腊的文学天才尼科斯·卡赞扎基斯。

生活好像在效仿艺术。这个“世纪病”吞噬着希腊。几年后，雅典第一公墓真的发生了一对年轻恋人的自杀事件，这引发了公众关注，上了各大报纸的头条，被称为“希腊开自杀风潮的先声”。[8]表面上看，这似乎与希腊2010年金融危机爆发后猛然增加的自杀率类似。但是，100年前结束自己生命的那些人好像是被一种确定自我个性的急迫感驱使，这在某种形式上与他们所在地区的草寇的反社会行为有一定的相似之处。不论在小说里，还是在现实中，自我毁灭都需要在舞台上呈现，而且是以一种美学上的审美行为来呈现。

在另一个高冷的事件中，艺术和生活以一种怪异、悲剧的方式走到了一起。伯里克利斯·贾诺波洛斯是一位报纸专栏作者和散文家。1910年4月，他40岁，穿着一套白色法兰绒西装，戴着白色的手套，骑着一匹马，疾驰着冲向大海。在海深处，他举起手枪，对准自己的太阳穴，扣动了扳机。两周后，他的尸体被发现。自杀前不久，他发表了一份宣言，对“希腊精神”或“希腊性”大加赞赏。在贾诺波洛斯看来，做一名希腊人就是做一名人类的成员。但是，好像只有希腊人才完全具备人类的这个品质，因为：

> 希腊人在这个世界上的命运，不论在哪个时代，不论在今天还是明天，都是对宇宙的人性教化。[9]

贾诺波洛斯在很多方面都与他同时代的德拉库米不同，但是对于在20世纪初经历的极端对立的雅典生活，他们都做出了反应。他们深受肇端于1897年的失败主义气候的影响，似乎一生都没有摆脱失败主义的阴霾。不论解决方案有多么极端，他们都像飞蛾扑火一样寻求那些关于民族主义、艺术和美学的新思想。贾诺波洛斯对古典希腊的精神肃然起敬，德拉库米则更欣赏神秘莫测的“民族灵魂”。但是，这些思想本身以及在德拉库米眼里的行动，都是从两个人极度猜疑的西欧传播而来的。他们对希腊民族国家的理解不是源于古希腊，而是源于法国查尔斯·莫拉斯和莫里斯·巴雷斯鼓吹的当代神秘民族主义。这就是德拉库米于1913年提出“民族是新的宗教”论断的根源。[10]贾诺波洛斯的死亡风格直接来自巴黎文学和知识圈的核心。这些思想和行动与雅典的咖啡馆、宽敞大道和公共马车及其在印象派画家保罗·马蒂奥波洛斯油画中的迷离而朦胧的招魂，都是契合的。

在20世纪初的几年里，公众生活中有更多的、传统上的不满。1906年以前，短命政府你方唱罢我登场，就像特里库皮斯和迪里吉安尼斯崛起之前、乔治一世统治初期那样，反对党派动辄进行阻挠。报纸社论大声疾呼“民族危机”“国将不国”。

1901年和1903年的有组织的政治抗议出现暴力升级，致使雅典死了几个人。人们上街示威的原因有很多，其中一个是希腊语言问题。早在1888年，语言学家扬尼斯·萨卡利斯就强烈呼吁，将希腊的口语或“通俗”语言作为国家正式的书面语言。萨卡利斯是第一个提出“语言问题是政治问题”的人。的确如此。支持他的激进思想的人开始用日常通用的希腊语的形式来翻译一系列基督教福音典籍，这种行为既冒犯了传统的宗教感情，也让传统的民族主义情感难以被接受。当然，这其中还有其他的因素。但是，《卫城报》刊载的那些翻译后的文章，足以引发大学生的骚乱——搜查报社的办公室，砸坏印刷的机器。两年后，一部古典希腊悲剧的译作引发了更多的暴力，只不过规模要相对小一点儿。在这样的情况下，上街闹事的都是有着保守思想的学生，而且受到一些教授的纵容和教唆。在这个新的、躁动不安的氛围中，任何威胁国家统一理想的事情，都会激发人们的狂躁情绪。现在，在公共场合下选择使用哪种形式的希腊语言，比以往任何时候都能证明一个人对国家的信仰。如果你是通俗语言的使用者，那么你会重视希腊语的口语形式，并把它作为国家“灵魂”的栖息地。如果你属于对立的阵营，那么你会看到，古典希腊语言任何向现代希腊语言的让步都会被当作对希腊人天赋权利的背叛。

不过，20 世纪最初的几年里并不都是坏消息。在 1897 年以后的 15 年时间里，经济得到强力复苏。国际金融委员会对希腊财政进行了严格监管。20 世纪初期，希腊经济走向的预期甚至需要调高，这与 2010 年后发生的情况形成鲜明的对比。总体上说，进入 20 世纪，希腊人的生活要比他们的父辈好。教育上，特里库皮斯 20 年前就开始推动的教育普及逐渐见到效果。截至 1907 年，超过 40% 的 8 岁以上的人口可以读书写字，这是 30 年前的两倍。考虑到女孩受教育的机会少，这个数据可能意味着，希腊王国中一半以上的成年男子在 20 世纪的第一个 10 年里，就脱掉了文盲的帽子。[11]

但是不久后，改变整个地区面貌的活跃力量不是在希腊的国境之内，而是在国境之外。

国外的行动

在南方的克里特岛，占人口大多数的基督教徒与往常一样，坚定地追求与希腊的统一。不管希腊的自信在国内受到多大的打击，这种悲伤的情绪好像从来没有越过克里特海。克里特岛上的基督徒对此毫不介意，他们可能是在 1897 年的战争中唯一获得好处的人群。从名义上看，克里特公国依然是奥斯曼帝国的一部分，但是在欧洲强国的坚持下，奥斯曼帝国的军队在 1898 年就撤走了。同时，一支由英国、法国、俄国和意大利等国家的士兵组成的多国部队负责维护基督徒和穆斯林之间的和平。在雅典的希腊政府对于遭受的失败依然记忆犹新，不敢越雷池一步。在这样的形势下，希腊没有哪届政府会冒险接受克里特与希腊统一的诉求，尽管每一届希腊政府都非常渴望统一。

所以，实现统一的路就只有靠克里特岛上的基督徒自己来走了。1905 年，作为克里特岛的统治者，乔治王子与当地的政治领导人极度疏离，以致有些人和他们的武装支持者占据、封锁了白山脚下的村庄塞里索斯，不准人进入。最后，塞里索斯叛乱得到和平解决，没有造成伤亡，但是乔治王子为此丢掉了他的职务。这次叛乱的领导者是一位40岁的律师，来自哈尼亚，在1897年的叛乱中第一次崭露头角。这次叛乱标志着克里特在通向最终与希腊统一的道路上迈出了第一步，也标志着埃莱夫塞里奥斯·维尼泽洛斯政治生涯的起步。维尼泽洛斯可能是20世纪最著名且最具争议的政治家。

在另一个方向，马其顿变成了一座慢慢喷发的火山。在这个地区，奥斯曼人依然掌权，尽管不能对地区进行完全控制。说希腊语的人和说斯拉夫语的人之间的暴力冲突早在19世纪80年代后就开始加剧了。现在，希腊人不得不在整个地区与塞尔维亚人和保加利亚人两个方面的力量争夺当地人群对希腊国家意识的认同。有些说斯拉夫语的人甚至还积极推动马其顿独立运动。保加利亚首都索非亚成立了马其顿内部革命组织。这个组织不像其名字显示的那样，它更倾向于支持保加利亚，而且其方法都是极端革命性的。1903年4月，这个组织的一伙人在萨洛尼卡引发了大规模的爆炸事件。在经历了好几天的恐慌以及受到警察的严厉镇压后，爆炸肇事者并没能激发更大范围的报复，进而没有引发更大规模的叛乱。

1903年8月2日夜里，经过精心细致的准备，这个组织在莫纳斯提尔地区策划发动了一场起义，但是在希腊非正规武装和希腊东正教卡斯托利亚主教的帮助下，这场起义被奥斯曼帝国无情地镇压了，起义的领导者被处以极刑。从那以后，这场起义就被保加利亚人称为“圣以利亚日伊林顿起义”，因为起义那天正好是圣以利亚日。这一天后来被北马其顿共和国确定为国庆日，自1992年起，北马其顿共和国和希腊在马其顿这个国名问题上一直争得不可开交。

我们从这些细节可以看出，让当地人以及雅典的希腊人愤怒的因素，不是有着共同信仰的东正教徒的命运。伊林顿事件就是一个警示性的信号。在不能依靠自己的力量抗衡的情况下，如果其采取行动，那么整个地区很快就会被保加利亚教会（督主教会）控制，并被普及保加利亚语言，最终被尚不是一个独立国家的保加利亚公国主导。马其顿与克里特岛的情况不同，希腊不会去冒公开干预马其顿事务的风险，更没有兴趣为了马其顿而打上一仗，因为政府没有资源，也没有海外外交影响力。但是，在新闻媒体和有影响力的人物施加的压力下，雅典在1904年年初成立了一个马其顿委员会。

在驻萨洛尼卡领事馆的掩护下，希腊向马其顿派遣了军官，充当其代理人。这些军官领导的非正规武装的对手是马其顿内部革命组织招募和控制的非正规武装分子克米塔吉斯人。非正规武装的指挥官对雅典的马其顿委员会负责。每当奥斯曼帝国和欧洲强国发难，历届希腊政府总是否认那些非正规武装与希腊有瓜葛，辩称在马其顿的希腊人进行的所有武装行动只不过是自卫行为。这就是马其顿乡村的暴力情况，这种说法尽管远没有反映整个事实，但流传了好几年。

今天，位于萨洛尼卡海岸附近的曾经的希腊领事馆已成为马其顿革命博物馆。这个名字中的"革命"指的就是希腊语中所说的冲突，代表一场非官方的、未宣战的、秘密的战争，这场战争没有明确的开始时间，也没有明确的结束时间。按照惯例，这场冲突的时间指的是最激烈的那一段时间，开始于1904年雅典的马其顿委员会的成立，结束于1908年。但是，小规模的敌视行为在那之前已进行了10年之久，在那之后也一直持续，直到1912年整个地区的格局再也不可更改时才彻底结束。希腊对马其顿的战术与对奥斯曼政府的战术是一样的，包括恐吓、敲诈、折磨、暗杀、告发、攻讦等手段。因此，希腊的目标是很小的，根本不可能实现克里特那样的胜利，也不可能扩大自己的领土。不过，希腊那些挑事者的目的是"征服心灵的领土"，意思是尽最大可能地在当地农民心中植入希腊的国家意识，因为那些农民的身份认同是宗教，而不是语言和国籍。[12]

由于没有其他可行的办法，马其顿革命采用了古老的游击战术。19世纪20年代的希腊革命也曾采用游击战术，从那以后，希腊国土以外的冲突中也零星地使用过这一战术，且都取得了明显成效。为了鲜明地召唤过去，很多志愿者穿着褶裥短裙、朱阿夫夹克、背带交叉的衣服、牧羊人斗篷、厚重的鞋子等，这些服饰充分显示了绿林好汉以及古老武士英勇事迹的“民族性”。比如，鞋子被称为塔苏基亚山地靴，是平都斯山脉另一边的山民所喜欢的。志愿者战士和职业土匪之间的区别也逐渐凸显出来。志愿者战士依然拿着希腊的军饷，而职业土匪则像他们的19世纪20年代前辈那样拼命地抢夺每一分钱。当时的威胁迫使这两部分人通力合作。志愿者战士从当地土匪那里学会了极端条件下的基本生存技能。土匪则非常厌恶服从命令，特别是在暴露于敌人火力之中的时候——在这样的战事中，土匪往往明白如何避免此类危险。[13]

在所有的志愿者战士中，最著名的是帕弗洛·梅拉斯，他也是在战场上牺牲的最年轻的士兵之一。他是一位政治家的儿子，娶了伊万·德拉库米的妹妹。伊万·德拉库米本人也参与了这场“革命”，他当时的身份是希腊驻马其顿的高级领事官员。梅拉斯与他的内兄一样，在雅典的社会里深受尊敬，是一个风度翩翩的人物，他受命指挥1904年2月从西部进入马其顿的第一支希腊队伍。8个月后，他因被奥斯曼帝国的巡逻队误认为在逃的保加利亚人而遭到伏击，并因此牺牲。他有一张穿着游击队衣服的戎装照片，照片是他在牺牲前不久照的。照片上的上尉英俊潇洒，后来成为一幅广为流传的油画上的主人公。人们通过无名氏口头创作的歌谣这一传统形式来哀悼他的牺牲，把他歌颂为英雄。从那以后，在希腊语中，帕弗洛·梅拉斯这个名字就成为马其顿革命的一个象征。在那个时候，他的名字和肖像都有助于招募新兵，实现“伟大理想”。几十年来，萨洛尼卡还保留着关于他的记忆，还有一个以他的名字命名的兵营。他牺牲的地方位于卡斯托利亚附近的斯达迪斯塔，现在则以他的名字命名为“梅拉斯”。

在随后的几年里，雅典人对保加利亚人及其所做的一切都表示愤怒，而且这种情绪达到了极点。1904 年希腊议会保存的记录里有这样一句话，“伏尔加河里跑出了怪兽，横冲直撞”。此外，报纸发表了慷慨激昂的评论，怒斥保加利亚人“狡诈、野蛮、不文明、无道德、像狂野动物、嗜血如命”。1903 年，一位作者在社论中写道：“拜占庭历史学家曾经描述的那个污蔑上帝和憎恶上帝的国家依然如故，而且延续到我们现在的时代。”[14] 这个说法为后来的文学创作定下了基调，很快就得到人们的赞赏。在文学中，关于这种思潮的最广为人知且经久不衰的样板是佩内洛普·德尔塔创作的儿童小说《在保加利亚人屠夫的时代》。这部小说出版于 1911 年，将读者带回将近 1 000 年前，即拜占庭皇帝巴西尔二世辉煌的东征西杀时代。巴西尔二世逝世于 1025 年，此前不久，他征服了大部分巴尔干人，并在征伐过程中获得了“保加利亚人屠夫”这个绰号，这也是小说书名的由来。“保加利亚人屠夫”还被当时伟大的诗人科斯提斯·帕拉马斯作为史诗中的英雄歌颂过。在那部史诗中，高潮部分是马其顿革命。

这些文学作品将有着千年历史的“保加利亚人屠夫”拉回到雅典市民的公众意识中。10 年来，一件最为重要的事已经开始改变整个地区的地缘政治了。这件事也发生在马其顿，但与那儿正在进行的民族斗争无关。按照第一次公开宣称的日期，这件事是 1908 年 7 月 23 日在莫纳斯提尔和萨洛尼卡爆发的土耳其革命。在奥斯曼帝国军队中，有些心怀不满的军官要求恢复未实施的 1876 年宪法。苏丹阿卜杜勒·哈米德很快从策略上做出必要的让步。第二天，人们的欢呼就从马其顿传到了首都和整个帝国。

在萨洛尼卡，位于海港边的奥林珀斯广场一夜之间更名为自由广场。从这个广场往塞尔迈湾望去，人们就可以看到古代众神的家园。时至今日，这个广场的外形改变了很多，但是还保留着这个名字。不过，在每天从那里经过的人群中，很少有人会联想起 1908 年青年土耳其党人为之奋斗的自由。就是在这个地方，革命后的几天里，革命领导人之一恩维尔帕夏向狂热的群众发表了振聋发聩的雄文，有一位当地法国人目睹了那一刻：

> 公民们！今天武断专制的统治者消失了，坏政府再也不存在了。我们都是兄弟。再也没有什么保加利亚人、希腊人、塞尔维亚人、罗马尼亚人、犹太人、穆斯林了，我们都在同一片蓝天之下，我们是平等的，我们都为成为奥斯曼人而感到自豪。[15]

选举的消息在整个帝国传开了，选举也在几个月后如期举行。奥斯曼希腊人再一次在君士坦丁堡的议会选举中获得了自己的席位。即便在冲突不断的马其顿，对立的保加利亚人和希腊人也停止了敌视状态。在萨洛尼卡，两个族裔群体的代表坐到了一起。奥斯曼帝国再也不是“欧洲病夫”了，它旧貌换新颜了。“青年土耳其党”的领导者们，比如，恩维尔帕夏，的确是年轻人，但在土耳其语中，这个运动的名字实际上并不是指“年轻”，而是指“新的”。这次革命的领导者的正式官方名字是统一与进步委员会，是关于现代化的运动。

说到此处，我们必须停下来看看当时希腊人的反应，包括在奥斯曼帝国和希腊王国的希腊人。由于后来发生的事情，即使这些反应没有完全被人遗忘，也大多被当作历史的注脚。但是至少在1908年年底和1909年的几个月里，当地的整个政治态势看起来是全然不同的。

土耳其革命爆发后仅3周，希腊驻奥斯曼帝国的大使就写回函件，对发生的一切给予审慎的欢迎，他将这次革命称为“两个民族国家（指的是希腊和土耳其）在自由方面的合作，即实现了公民的真正平等，以及对已获得权益和优势的尊重”。但是，他还提出警告，称“骨肉兄弟之情”的新精神可能是一个幌子，或者只浮于表层。如果青年土耳其党的目的是将基督教文化，特别是希腊文化，吸纳到占据主导地位的“土耳其文化”之中，那么真正的改变，即希腊社区的真正利益的获得，将是不可能实现的。[16]

并不是每一个人都对此怀有戒心。一个最不可能发声的人说出了下面的话。这个人是希腊总理维尼泽洛斯，他在1909年1月的一份克里特报纸上写道：

> 所有的希腊人……深有感触……土耳其革命的成功不仅拯救了土耳其政权国家，而且拯救了希腊文化，使之免于被肢解和陷入灾难……土耳其宪政国家的建立，是另一种形式的伟大理想的实现。

和维尼泽洛斯一样，德拉库米也是充满激情的爱国主义者，他也在这个时候的日记里吐露了自己的心声：“‘伟大理想’实现了。”他在一个比拜占庭的限制还多的国家看到了希腊文化在政治上的未来。他继续写道：

> 土耳其（奥斯曼帝国）与拜占庭有着同样的首都，只要这个国家存在，这个城市（君士坦丁堡）也会是希腊的首都，特别是现在土耳其已经拥有了一部宪法。[17]

1907—1909年，德拉库米在君士坦丁堡的希腊大使馆工作。土耳其革命发生的时候，他就在那里。在后来的几年里，他与在马其顿的另一位希腊资深领事官员阿泰纳斯奥斯·索利奥蒂斯–尼克莱迪斯，联合支持半官方的希腊行动，希望在对付保加利亚国家主义方面能够找到与土耳其革命的共同基础。君士坦丁堡组织从1908年延续到1912年。在这些年里，希腊代表继续积极加入奥斯曼帝国新组建的议会，根据他们的一份声明，他们加入议会的目的是，“与我们共同的祖国（奥斯曼帝国）的其他民族一道，创建宪政的奥斯曼政权国家，履行同样的义务，享有同样的权利，为这个新国家的强大和繁荣做出应有的贡献”。[18]这种新形式的奥斯曼文化在君士坦丁堡以及莱斯博斯岛（米蒂利尼岛）等希腊东正教徒较多的周边地区，反响特别强烈。这些地区明显缺乏与希腊进行统一的愿望，与克里特岛和萨摩斯岛等其他南部的岛屿形成鲜明对比。[19]

随着20世纪第一个10年的结束，很多希腊人一定在思考，“伟大理想”是否已不同于人们半个多世纪前所建议的那样，也许人们没必要再为此而战斗了。这样想的不只是希腊人。20世纪初，在奥斯曼帝国的外国观察家也这么想，因为从“进步”和法治方面看，奥斯曼帝国中的基督徒已经取得了更好的成就。[20]对更宽泛意义上的希腊人来说，也就是对在希腊国家之外的希腊人来说，“希腊奥斯曼文化”也许会是问题的答案。毕竟，希腊国家和希腊民族国家不必成为一个统一的政治实体。一个越来越趋于成熟的希腊王国和一个现代化的、复兴的奥斯曼帝国也可以同舟共济。难道这不是奥斯曼帝国在1839年改革开始以后的多数时间里的实际情况吗？

从今天的角度看，我们需要把我们知道的关于20世纪的历史放在一边，努力看到可能在当时出现的景象。同样，对一个当地观察家来说，他很难预测今后几年将发生什么，对希腊王国，或对奥斯曼帝国中的希腊人，或对奥斯曼帝国来说，事实也是如此。

拿起武器

土耳其革命后不到3个月，不祥迹象就出现了。在奥斯曼帝国的边缘，有些人正等着利用新国家成立所带来的机会。1908年10月5日，保加利亚宣布独立。一夜之间，费尔南德王子从苏丹名义上的一个臣民成为“全保加利亚人的沙皇”，这个头衔与希腊的乔治一世的头衔，有着同样的含义，很明显是为了一争高下。第二天，奥匈帝国单方面宣布，将波斯尼亚和黑塞哥维那纳入自己的版图。奥斯曼帝国的这两个行省从1878年《柏林条约》以后就一直由奥匈帝国管辖，但是在正式的名义上仍然是奥斯曼帝国的一部分。这些行动交织在一起，引发了第一波新的东方危机，在随后的几年里撕碎了那份实行了30年的条约，引发了第一次世界大战。

对克里特来说，这个突然到来的时刻太好了，其绝对不能错过。对维尼泽洛斯和地方基督教领导人来说，土耳其革命在理论上可能对希腊的利益有好处，但如果发生在自己的地盘上，就对希腊的利益没有好处。对于克里特的未来与希腊王国休戚相关，他们从未表示过任何怀疑。保加利亚宣布独立后没几天，克里特地方政府再一次宣布与希腊统一。庆祝活动在首府哈尼亚举行。现代评估以及当时的人所做的一些评估表明，如果希腊政府推动这一事件，那么可能在 1908 年就把克里特纳入自己的版图了。但是，这是一个艰难的抉择。当时的希腊总理是乔治斯 · 塞奥托卡斯，他来自科孚一个古老的贵族家庭，为人谨慎，所以把此事交给了欧洲强国来处理。因此，克里特的状况又持续了好几年。

这一切进展对奥斯曼帝国的声誉造成了伤害。那个时候，帝国内新的统治者掌握权力的能力还很脆弱。这种脆弱在几个月后就得到了充分的展现。1909 年 4 月，君士坦丁堡的一个反动集团不仅轻易推翻了青年土耳其党领导的政府，还全面恢复了苏丹的权力，宣布国家回到 1839 年前的伊斯兰教法之中。这是已进行了半个多世纪的现代化进程的全面倒退。首都爆发的这次暴力冲突持续了 10 天，最终以青年土耳其党重新掌权而结束。这一次，苏丹被废黜，取而代之的是一位傀儡人物。土耳其革命的领导人巩固了他们对帝国的控制权。但是，1909 年 4 月，在君士坦丁堡发生的事件第一次显示了帝国的大多数穆斯林臣民，特别是那些说土耳其语的人的意见的深度和广度。这些人（用现在的话说）是被改革进程“抛在后面”的人，大多被遗忘了。奥斯曼帝国的改革一直被适应和“追赶”欧洲思想和欧洲强国的愿望推动着。

在随后的几个月里，青年土耳其党不断完善自己的观念，成为这个新国家的主导者。在不到两年的时间里，青年土耳其党所领导的政府几乎就像它的前任一样，变得独裁专制。同时，它在处理生活在国内和国外的大量基督教徒方面，形成了一个新的强硬态度。奥斯曼主义还没有让位于 10 年后才出现的土耳其国家主义。但是，不管一开始的想法是不是这样，希腊驻奥斯曼帝国大使在 1908 年革命爆发时产生的疑虑，很快就会得到证实。青年土耳其党的奥斯曼主义越来越认同伊斯兰教和土耳其的语言。这形成了恶性循环。奥斯曼帝国内外的基督徒越是强调自己的民族权利和主张，说土耳其语言的穆斯林领导人越是打压他们。执政党越是变得土耳其化和伊斯兰化，就越是疏远说其他语言和信仰其他宗教的人，这让民族主义者、分离主义者的身份界限变得更宽了。

同时，希腊也发出声音，呼吁实现自己版本的复兴。1908 年 10 月，雅典日报《卫报》敢说敢言的编辑夫拉西斯 · 加夫瑞里迪斯在一系列社论中呼吁进行“和平革命”。可能也是在 10 月，一群低阶军官开始在雅典秘密集会，密谋效仿青年土耳其党进行自己的革命。[21] 在随后的几个月里，人们对于国家没有实现与克里特统一的不满，为这些革命计划的实施增加了推动力。经济困境是短期的，但是当时的人们对此感受很深。反抗示威者走上了街头。

政府最高层领导的反应让人错愕，更让人情绪低落。希腊总理塞奥托卡斯竭力逃避责任，在 1909 年 3 月底提出辞职，终于在 7 月卸任。这个时候，新的克里特危机正在酝酿。根据安排，最后一支国际维和分队将撤离克里特岛，对于以后的和平如何维持，政府并没有具体的计划。于是，希腊实现与克里特岛的统一有了新的可能。不过，此时已经让政府恢复稳定的青年土耳其党不可能等闲视之。希腊反对派领袖迪米特利亚斯 · 拉里斯经过几天的考虑接受了国王的命令，组建了一个少数派掌权的政府，但他也只是虚与委蛇，当一天和尚撞一天钟。乔治一世看起来也一反常态，好像准备随时放弃一切。自从 1897 年革命失败后，他的人气一直没有恢复。他的儿子在军队中担任重要职务一事，遭到公开批评。乔治一世深感大臣都在应付他，欧洲强国在克里特问题上也不支持他，所以向英国驻希腊大使吐露了要逊位的想法——带着所有的家人，“横下心走了，再也不回来”。[22] 8 月，王宫里的这些传言被泄露给新闻媒体。到了这个时候，希腊底层军官的密谋已经成为公开的秘密。果不其然，英国的战舰再一次出现在比雷埃夫斯港口。形势像是奥托国王最后日子的重现。在雅典，似乎没有人愿意承担责任。人们能达成一致的认识是一切都乱作一团。

1909 年 8 月，雅典要塞的初级军官走进了这个权力的真空，他们的密谋实际上从 7 月才真正开始。他们组成了军事联盟。在一位有着同样想法的日报编辑的机智联络下，他们很快就从暗处走到了明处。这个联盟要求军队进行改革，公共服务实现大众化，不过联盟成员的身份一直都是秘密。即便政府屈服于压力要实行联盟所要求的改革，这种改革也是很难完成的，因为执政者在议会里并不占多数，而且政府没有向军事联盟低头。

密谋者在公共假日圣母安息日采取了行动。在 8 月 28 日（根据当时希腊使用的日历，是 8 月 15 日）最初的几个小时里，雅典要塞中的大部分军官走出了城市，在许墨托斯山下的一个低矮的小山头古蒂的山顶上抢占了有利的位置。现在，这个地区是几家军队医院和雅典大学医学院的所在地。那个时候，这个小山头是战略要地，扼守着进出雅典、通向北方和东方的一条大道。在古蒂，军事联盟建立了一个加强营。加强营大约有 3 000 人，包括军官和士兵，有着很强的作战实力。很快，来自北方基菲西亚的骑兵支队，加入了军事联盟的队伍。天未破晓，联盟就向政府发出了最后通牒。

在几个小时的时间里，拉里斯政府宣布下台，新政府宣誓就职，承诺满足军方的要求。在希腊，军方迫使政府更迭的情况不是第一次，也不会是最后一次。但是，像古蒂事件一样，军方独自行动还是第一次。这是一次不流血的政变，在实施过程中也是完全成功的。从这些方面看，它与土耳其革命很相似，其支持者也会毫无疑问地将其称为一场“革命”。不过，与青年土耳其党相比，军事联盟的根底要浅得多，相对来说，它的要求是很有限的，而且主要与军队内部程序方面的问题有关。那些关于触及更大领域的大问题的要求都非常温和，而且大而化之，所以无关紧要。[23] 就其本身来说，联盟除了推翻了一个政府，自己什么也没有得到。其推翻的政府在民主合法性上有问题，而新上任的政府的合法性问题则更大。这次政变成为一个例子，在其后的几十年里被多次效仿。不到几个月，这次政变就偃旗息鼓了，但是在结束之前，其依然策划了一个事件，这个事件成为其最后的遗产。正是在军事联盟的邀请下，一个新的人物、一个全新的政府开始主导希腊王国的政治生活。

即便是在今天，对埃莱夫塞里奥斯·维尼泽洛斯的影响的判定在希腊依然会引起很大的分歧。没有任何一位希腊政治家能像他一样从欧洲强国那里赢得那么多的尊重。可能除了卡波迪斯特里斯以外，没有任何一位希腊政治家能在希腊民众中获得毁誉参半的评价，支持者和反对者界限分明，旗鼓相当。不管人们爱戴他还是憎恶他，维尼泽洛斯在永久性改变希腊的地理版图方面比任何人做得都多。但是，被改变的不只是地图，人的思想和整个思维方式与以前也不一样了。一个世纪过去了，这些变化的影响仍然没有完全消失。维尼泽洛斯是一个谜，他没有留下任何日记或其他私人文字，人们无从了解他的思想和动机是如何发展的。作为一位政治家，他集成了马夫罗科扎托斯的外交智慧和耐心以及科莱特斯或迪里吉安尼斯的公众魅力。他的政敌向别人抱怨的他的鲁莽、不讲原则的机会主义其实就是一个老谋深算的战略家的实用主义。那么，他的一生应该被写成圣徒传了，因为人们几乎以宗教般的虔诚将维尼泽洛斯奉为预言家和国家的救世主。如果不是有些小肚鸡肠的人嫉妒他，那么他那些经过深入思考而制订的计划会在任何一个方面都取得胜利。不管今天的人如何评价他的贡献，有一个事实是，至少在一代人的时间里，希腊社会是分为两极的，那就是“支持维尼泽洛斯的人”和“反对维尼泽洛斯的人”。

出现这种情况的一个原因可能是，与之前的马夫罗科扎托斯和卡波迪斯特里斯不同，维尼泽洛斯既是一名希腊人，也是一名外来者。他来自克里特，他的上任标志着一个更宽泛意义上的、遥远的民族掌握了国家的运转。对此，不是每个人都喜欢。

即便有军队联盟的支持和乔治一世勉强的默许，维尼泽洛斯的上台执政之旅依然显得有点儿横行霸道。他第一次在雅典与军队联盟的军官和政客们的协商是秘密进行的，不在公众的视线之内。在伦敦《泰晤士报》发表的一篇访谈中，维尼泽洛斯断然否认这样一个事实：他是被军队联盟邀请到雅典来商讨担任未来总理的事。[24] 在那样的形势下，他在雅典只停留了3周，但是他在雅典停留后，后来的计划都被安排好了，好像是遵照他的意愿制订的。解决导致政变困境的唯一途径，是对宪法进行彻底修正。新的制宪大会在选举之前，需要组建一个临时政府，同时解散军队联盟。

所有这一切都如愿发生了，只是进展很缓慢。制宪大会议员选举会议一直拖到1910年8月才召开，并替代议会。会议期间，维尼泽洛斯不在雅典，他先去了克里特，后去瑞士度假。但他的名字出现在包括首都在内的那个选区的选票上。最后，他的票数高居榜首，当选议员。新的制宪大会在9月14日首次召开。4天后，维尼泽洛斯乘坐一艘特制的轮船离开比雷埃夫斯港口，直抵雅典中心，在锡塔玛广场向大约一万名群众发表演讲。这是他在希腊的第一次公开演讲，他对新的制宪大会清晰明确的职权范围进行了深奥分析。这就是他的演讲口才和个人魅力的力量，维尼泽洛斯轻松地赢得了胜利。一个月后，这位从克里特来的政客走马上任，担任希腊总理。

在制宪大会中，支持维尼泽洛斯的人和反对他的人基本上各占一半，这位新总理能否控制其中的多数人还是一个未知数。被任命为总理一周后，维尼泽洛斯说服国王解散现有的制宪大会，在12月11日进行一次新的议员选举，组建所谓的“修正的国民议会”。选举前三周，发生了两件非同寻常的事情：一是维尼泽洛斯成立了他自己的政党，二是现有的、在前一个议会中占有半数以上议员席位的3个党派决定联合抵制新的议员选举。

选举的结果无须多说。这被称为“宪法政变”和“议会专制”。[25] 维尼泽洛斯新创建的自由党几乎完全采用了他在克里特领导的同名党派的运作模式。于是，自由党在全国各地建立了地方党组织，第一次将纪律严明、结构有序的党派引入了希腊政治之中。自由党的控制权紧紧地掌握在党的最高领导人手中。维尼泽洛斯在全国强化他的权力基础。在权力的对立一方，其他党派对选举的抵制成为希腊议会政治中几个重大行动的先声，不过这个抵制行动注定会事与愿违。这3个抵制党派的领导人到底要通过抵制行动达到什么目的，现在我们还不清楚。从技术上说，维尼泽洛斯要求解散制宪大会并得到了国王的批准，这违反了1864年宪法的规定。这是因为制宪大会与正常的议会不一样，除非自己做出解散决定，否则是不能被解散的。但是，抵制选举永远也不能废除曾经做过的事。

1910年12月11日的选举使维尼泽洛斯以压倒性的多数优势获得了权力，他可以授权监督“修正的国民议会”在其职权范围内对宪法的修改以及其他的改革措施。此前，希腊已经出现了变革，只是变革还没有完全体现在法律条文上。

在随后的几个月里，希腊进行了前所未有的立法活动，对宪法的修正很快就完成了，其主要目的是精简政府机构，简化办事程序。个人和公民的权利得到加强，但是宪法增加了新的条款，那就是在极端的例外情况下，他们的权利可能会被悬置。修宪的一个创新是第一次将一直争论不休的“语言问题”在正式的法律层面进行讨论。维尼泽洛斯赞同那些推进口语成为希腊官方语言的改革者，但是作为一名实用主义者，面临劲敌的反对，他仍然允许这样的法律条款的存在：“国家的官方语言是希腊起草宪法和法律文本的语言，所有对语言的改变都是被禁止的。”[26] 宪法和法律所用的语言被称为“净化语”。口语和“净化语”的正式分离一直持续到1976年，这可能是维尼泽洛斯几年后在希腊社会划开更深裂口的预兆，这个裂口的修复同样需要很长时间。

修正后的宪法在1911年6月生效。在随后的9个月里，“修正的国民议会”继续行使权力，而且现在已正式改组为一个正规的议会。在那段时间里，议会颁布了337部新法律，数量之多让人震惊。这些法律大多数是关于规范政府程序的，还有一些是关于社会改革的，其中包括拆分色萨利的巨型农场等问题，在那些农场上劳作的农民看起来和农奴没有什么两样。那个地方是

1881年进入希腊版图的，是农业生产率最高的省份，但不可思议的是，直到30年后，它才为国民经济贡献了收入。监狱的条件和司法的程序得到改善，工会的地位得到承认，对劳动中的妇女和童工的剥削受到了限制。

维尼泽洛斯上台后的18个月里所取得的多数成绩，可以归因于他的个人能力和激烈的政治竞争。到1912年3月新议会选举的时候，国家财政已经有了盈余，这是一个现在还不能得到完全解释的不小的奇迹。政府终于有钱投入建设19世纪80年代特里库皮斯时代确定的军事和民用项目了。英国和法国分别派军事小组来完善海军和陆军的组织结构以及装备设施。

如果从事后分析，那么我们可以轻易地将这一切归结于一个长远的战略规划，就像维尼泽洛斯能够预知1912年要出现的机遇和挑战一样。其实，不管是维尼泽洛斯所做的，还是他所建议的，都没有恩维尔帕夏和青年土耳其党在奥斯曼帝国采取的变革措施激进，更比不上一战后穆斯塔法·凯末尔推动的巨大变革。维尼泽洛斯在宪法和立法方面所采取的一切行动，正如他于1910年在雅典第一次发表公开讲话中所说的，都是在修正的精神上进行的。在推动国家基础设施、经济和军队的现代化建设以及为“伟大理想”奋斗的进程中，他所做的完全是实施特里库皮斯30年前确定的项目。维尼泽洛斯上台初期的成就是理顺政府机制，让事情得到处理，然后再进行机制改革。如果说维尼泽洛斯有什么“愿景”，那就是希腊从前的“伟大理想”，这个理想在1897年失败后变得黯淡无光，但是并没有被放弃。尽管这个愿景已少了一些诉求，但其在1912年遭受的争议并不比15年前多，更不会造成分裂。

那年3月议会选举的时候，不论是和平还是战争，希腊都比以往有更充分的准备。“老”党派认识到他们在上次选举抵制中的错误，再次参加了这次的选举。但是，他们现在没有机会了。维尼泽洛斯及其领导的自由党包揽了所有的席位。新的议会授权和以前一样沉甸甸的，而这一次，再也没有人对其合法性进行诽谤中伤了。

到了1912年夏天，希腊已经准备好了，虽然没有人知道它到底要干什么。

战事纷起

在希腊之外，自 1911 年下半年以来，事态一直急速发展。19 世纪末，欧洲就几乎结束了对非洲大陆的殖民扩张，因为那里再没有多少土地可以征服了。非洲的地中海沿岸及其腹地曾经都是奥斯曼帝国的一部分。1830 年以后，法国控制了阿尔及利亚，英国在 1882 年控制了埃及。在 20 世纪的第一个 10 年里，摩洛哥被法国和西班牙瓜分。奥斯曼帝国手里就只有一段非洲海岸了，那个时候它被称为“的黎波里塔尼亚和昔兰尼加”行省，也就是现在的利比亚。而且，参与殖民地竞争的欧洲强国又多了一个，虽然它来得比较晚。1908 年，奥斯曼帝国外部的行省都被抢走了，而且没有受到任何惩罚。现在，轮到意大利了，它对北非那片土地提出了要求，那片土地也正好是离它的海岸最近的地方。

意大利和奥斯曼帝国在北非的战争爆发于 1911 年 9 月 29 日。这场战争对意大利人并不利，所以第二年年初，意大利人就将他们的军事行动扩展到爱琴海。佐泽卡尼索斯群岛包括距离安纳托利亚西南端最近的 12 个岛，含罗得岛在内，岛上居民绝大多数是说希腊语的东正教徒；它被意大利单方面纳入自己的版图。意大利对这个群岛的占有一直持续到二战时期。意大利的战舰出现在达达尼尔海峡，于是“奥斯曼帝国的终结”或“奥斯曼帝国衰亡的战争”开始了。[27]

这就是巴尔干半岛各对立的基督教国家之间进行一系列双边谈判的背景，其中很多谈判都是秘密进行的。保加利亚和塞尔维亚在 1912 年 3 月签署了正式条约。维尼泽洛斯本人利用《泰晤士报》的记者，开始谨慎地打探保加利亚政府的消息。当时，希腊民众依然沉浸在拜占庭皇帝巴西尔二世的“保加利亚人屠夫”的英雄形象之中，希腊非正规的游击队武装还在马其顿继续与保加利亚的克米塔吉斯人作战，所以，维尼泽洛斯的战略是高风险的。但那个时候，奥斯曼帝国与意大利的战争显示，奥斯曼帝国已经变得非常虚弱。

土耳其革命最初的包容一切的精神在很大程度上烟消云散了。希腊在 5 月 30 日与保加利亚签署了互助条约，此后，维尼泽洛斯将注意力转向塞尔维亚，希望与其达成这样的一个救助备忘录。

就其本身来说，这些外交活动还不足以在巴尔干半岛掀起战争。但是，奥斯曼帝国在另一边还面临着压力。在与亚得里亚海接壤的奥斯曼帝国行省，阿尔巴尼亚人站了出来，要求独立，建立属于他们自己的民族国家。他们从 1912 年 1 月开始，不断起义，反抗奥斯曼人的统治。巴尔干地区的其他基督教国家没有任何理由同情阿尔巴尼亚人，因为阿尔巴尼亚人的要求侵害了希腊、塞尔维亚和黑山的利益，而且与其他国家不同的是，他们的革命运动不是基于共同的宗教信仰，因为说阿尔巴尼亚语的人有信仰东正教的，有信仰天主教的，也有信仰伊斯兰教的，且不同信仰的人数都差不多。但是，正如 1821 年发生的阿里帕夏政变在客观上给伯罗奔尼撒的起义者提供了保护伞，1912 年阿尔巴尼亚人的这次造反行动也束缚了奥斯曼帝国的军队。

另外，君士坦丁堡的又一次政变将青年土耳其党暂时逐出了政坛。7—10 月，奥斯曼帝国首都陷入“内战”的状态。[28]随着奥斯曼帝国政府在 9 月让步，其与意大利以及与阿尔巴尼亚叛乱者之间的敌对形势才结束。奥斯曼帝国的疲弱已经有目共睹。即便如此，在第一次巴尔干战争爆发的时候，多数欧洲国家还是大吃一惊。战争打响以后，人们认为就像以前那样，奥斯曼人能够解除这一次的威胁。

黑山在 1912 年 10 月 8 日向奥斯曼帝国宣战。10 天后，希腊、保加利亚和塞尔维亚相继宣战。希腊就像 15 年前那样，派了两支部队翻越山隘，往北开进，一路从色萨利进入马其顿，一路从西边进入伊庇鲁斯。去马其顿的部队的兵力更强一些，依然由康斯坦丁王储指挥。同时，希腊海军很快控制了通往北爱琴海和东爱琴海的航道。10—12 月，萨摩斯、利姆诺斯、萨索斯、萨莫色雷斯、米蒂利尼（莱斯博斯）、希俄斯、忒涅多斯和伊姆布罗斯等岛屿，一个接着一个地竖起了希腊的旗帜。从那以后，除了后面两个岛屿，其他岛屿一直在希腊人的手中。在1912年12月16日海峡入口附近的达达尼尔战役中，帕弗洛斯·康德里奥迪斯海军上将乘坐无畏战舰“阿维罗夫”号，率领一支小的希腊舰队取得了胜利，封锁了从地中海通往君士坦丁堡的道路。

同时，保加利亚的陆军直接往东南猛切，向阿德里安堡（埃迪尔内）和君士坦丁堡推进。不同队伍的高级指挥官相互间很少协作甚至没有协作，这无疑帮助希腊在马其顿赢得了最大的利益。11月8日，康斯坦丁王储率军进入萨洛尼卡，仅用几个小时就打败了保加利亚的一个师。4天后，在一个寒冷的雨天，王储迎来了他的父亲乔治一世和维尼泽洛斯。这三人骑着马，在当地希腊居民的欢呼声中，志得意满地穿过插满蓝白色希腊国旗的街道。实际上，这些希腊族居民仅占当地人口的1/3，其余的市民可能因为大雨而待在自己家里。但是，对希腊和希腊人来说，这是继希腊革命的辉煌岁月后，希腊取得的最大胜利。希腊国家获得了第二大城市，这座城市后来被誉为“陪都”。这才是“伟大理想”应该取得的成就，而此前一直都没有做到。

11月底，巴尔干半岛的盟军几乎在各个战线都赢得了胜利。只有希腊人当时在伊庇鲁斯的主要城镇约阿尼纳陷入困境，所以拒绝加入12月初达成的停火协议。参战各方以及欧洲强国的代表齐聚伦敦，参加和平会议。维尼泽洛斯不甘心希腊置身事外，尽管他的国家还没有放下武器，他依然从萨洛尼卡乘火车到巴黎，于12月12日抵达伦敦。可以想象，希腊的未来又一次在欧洲强国的一个或多个首都中被人摆布，因为此前一直是这样。只是这一次，维尼泽洛斯下决心要亲自到场，他是一个天生的谈判家，可以应付自如，纵横捭阖。

在这次和平会议上，事情的结果与从前大相径庭。1912年12月和1913年1月进行的第一轮磋商，在一开始就火药味十足。1月23日，会议磋商彻底脱离轨道，因为在君士坦丁堡，一场血腥的反政变运动让被赶走的青年土耳其党再度控制了政府，其随即拒绝接受来自伦敦会议的和平条款。维尼泽洛斯把此信息作为努力的一个线索。返回国内的时候，维尼泽洛斯带回的不是和平协议的条款，而是一些更有诱惑力、更具有深远影响的东西。在到达伦敦后的几天时间里，他先是拜会了当时担任财政大臣、后来担任英国首相的大卫·劳合·乔治，然后拜会了当时的海军大臣温斯顿·丘吉尔。通过一系列的私人会谈，他规划了未来与英国（也许包括法国）进行"协作"的可能性，这正是将近100年前马夫罗科扎托斯第一次向英国外交大臣坎宁建议的全部内容。这一次，希腊的民选总理亲自来磋商这一问题，大卫·劳合·乔治大为动容。据报道，他在维尼泽洛斯离开伦敦的第二天说："维尼泽洛斯是一个大人物，是一个很了不起的人物。"在随后的10年里，面对巴尔干和平会议未取得成功的阴影，维尼泽洛斯的很多对外政策都是基于伦敦那些卓有成效的私下会谈制定的。[29]

同时，所有这一切都是绝密的。不过，维尼泽洛斯还是努力获准与他的国王分享其在伦敦讨论的内容。在回雅典的途中，维尼泽洛斯在萨洛尼卡短暂停留，只是为了告诉国王伦敦会议的情况。没想到，那是他与国王的最后一面。那之后不到两个月，也就是3月18日，乔治一世照例下午出门散步，去城市最著名的地标——位于海边的白塔。陪同他的只有一名侍从。保持一定距离并尾随其后的是两位克里特的警官。国王返回的时候，一个年轻人突然从一直坐着的长凳上跃起，在很近的距离内从后边对着刚刚经过的国王开了一枪。国王当场死亡，而希腊原本会在6个月后举办他登基50周年的庆典。尽管人们有各种猜测，但是没有充分的证据证明这场刺杀有政治动机。刺客是亚历山德罗斯·席纳斯，被官方宣布为"酗酒症患者"和流浪者，在被警察关押后不久就死了。

乔治一世在有生之年看到了他所统治的国家在国土面积和人口总数上实现了翻番。在他登上王位的第一年，爱奥尼亚群岛就纳入了希腊的版图。在他去世前，希腊军队终于在1913年3月6日攻进约阿尼纳，从而以自己的胜利结束了第一次巴尔干战争。和平并没有带来边疆的稳定。但是截至目前，希腊最大的领土扩张主要是在乔治一世的统治下实现的。他治下的希腊国土已经和现在的面积差不多了。

关于维尼泽洛斯与乔治一世的继任者分享了多少他从伦敦带来的消息，我们可能永远也不会知道了。[30]

在巴尔干战争中，基督教国家获得了重大胜利。但同时，从历史上说，这一地区永远失去了欧洲强国所强制安排的长久和平。其实，欧洲强国也做了尝试。1912 年 12 月和 1913 年 1 月，欧洲强国还召开了伦敦大使会议（与维尼泽洛斯在伦敦参加的会议同时进行），参加人员是来自英国、法国、俄国、德国、奥匈帝国和意大利的代表，会议的目的是修正 1878 年柏林会议确定的和平安排的条款，从而使其适应巴尔干半岛新的现实。会议代表基本上按照当时的军事形势，为已经疲惫不堪的各个交战国编制新的条款。《伦敦条约》在 1913 年 5 月 30 日签署，是欧洲协调机制采取的最后几个行动之一。

这个条约也是效果最差的条约之一。条约还没签署，获胜的巴尔干国家之间就已经打起来了。保加利亚抢占了色雷斯的爱琴海沿岸，领土直接与君士坦丁堡的西部接壤，但是丧失了在马其顿的土地。占有马其顿的国家主要是塞尔维亚和希腊。条约签署的那一天，保加利亚的新政府在索非亚成立。也是在这一天，维尼泽洛斯与塞尔维亚签署了双边条约。第二次巴尔干战争的舞台已经搭建好了。

保加利亚首先在 1913 年 6 月底采取行动，同时向在马其顿的希腊军队和塞尔维亚军队发起进攻。与第一次相比，第二次巴尔干战争的时间短，也更混乱。希腊人和塞尔维亚人携手作战，不让保加利亚人进入马其顿。保加利亚人变成了公敌，任何人都可聚而攻之。青年土耳其党再一次在恩维尔帕夏的领导下抓住机会，从保加利亚人手里夺回了东色雷斯，包括埃迪尔内。罗马尼亚没有参加第一次巴尔干战争，这次则从保加利亚那里夺取了一块位于多瑙河沿岸的土地。[31]

战争很快就结束了，持续时间仅仅一个多月，于 7 月 30 日戛然而止。罗马尼亚首都被选为协商和平停战条款的地方。8 月 10 日，来自希腊、保加利亚、塞尔维亚、黑山和罗马尼亚的代表签署了《布加勒斯特条约》，有些代表似乎希望欧洲强国插手，从对自己有利的方面修改条款。但是，欧洲强国之间的分歧几乎与这些巴尔干半岛对立各方之间的分歧一样大。因此，东南欧的版图是巴尔干半岛国家自己重新划定的，这是该地区历史上为数不多的情况之一。11 月，希腊和奥斯曼帝国单独签署了《雅典条约》，最终将克里特岛统一到希腊王国的疆域之内。至此，希腊的国土面积增长了 68%。在不到一年的时间里，希腊的人口从 270 万增长到 480 万。

这些条约签订以后，希腊也迎来了一位新国王。康斯坦丁有金色的头发，白皙的皮肤，比多数士兵高一头。作为希腊军队总司令，他积极履行责任。他在 1897 年的失败已经被人遗忘了，也被人宽恕了。康斯坦丁加冕国王时已 40 岁，年龄是他前面两任国王就职年龄的两倍多。他成为国王之前有着政治和军事方面的历练。因为父母的关系，他与英国王室和俄国皇室有亲戚关系，同时又迎娶了德国皇帝威廉的妹妹。如果这种关系在不可预料的欧洲政治版图中还能起到作用，那么康斯坦丁是最具优势的，他是截至当时希腊历代君主中与欧洲强国王室和皇室渊源最深、最广的一位国王。

希腊在战争中获得了胜利，国王成功加冕。维尼泽洛斯作为总理在议会中有压倒多数的绝对优势，他的统治也有了可以依据的新修正的、现代化的宪法。国王尽职尽责，维尼泽洛斯在外交和国家治理上可圈可点，君臣同心，领导着希腊走向胜利。几年前看起来几乎不可能实现的事情，目前正在写入历史。奥斯曼帝国的影响已经退出了欧洲。希腊国家踌躇满志，期待成为幅员辽阔、影响深远的民族国家。那么，“伟大理想”最终成为政治现实，还需要多长时间呢？

第七章

自我分裂

（1913—1923）

随后不久的全球冲突造成了巨大的人员伤亡，在此映衬下，1912 年和 1913 年两场巴尔干战争期间交战各方的生命损失并不明显。但是，这两场战争对该地区的平民百姓产生了更加致命、更加长久的影响，甚至对战争以外的地区也产生了影响。数以万计的穆斯林被迫离开欧洲。大批基督徒也无奈地离开了他们的家园，因为他们说的语言不对，因为他们在教堂里使用的祈祷仪式不对。很多人再也回不到生养他们的故土了。

穆斯林逃难者开始涌入奥斯曼帝国首都君士坦丁堡。有一段时间，他们似乎给公共秩序带来了威胁。他们继续迁徙，很多人最终定居在安纳托利亚西部的乡村，那里正好是说希腊语的东正教徒人数最多的地区。在一年的时间里，由于多米诺骨牌效应，在安纳托利亚所有的爱琴海岸，从巴尔干半岛逃难而来的穆斯林逐渐把怨气撒到希腊族居民身上，他们因曾经遭受的损失而向希腊族居民进行报复，这种报复常常得到当地奥斯曼当权者的默许和纵容。随着希腊的城镇和村庄被摧毁，新的移民浪潮开始了。1914 年上半年，几千名在安纳托利亚的希腊族居民放弃了他们的家园，去希腊寻求避难。

当然，不是所有东南欧的穆斯林都能够逃离，或愿意逃离。《布加勒斯特条约》签订的时候，希腊已经接纳了大约 35 万名穆斯林。1912 年以前，希腊唯一的比较重要的穆斯林居住区集中在色萨利，建立于 1881 年。现在，希腊的穆斯林差不多占到新增人口的10%。突然发现自己所在的国家不是自己所选择的、不是自己发自内心所效忠的人，不只有穆斯林。希腊很多基督徒说的是斯拉夫语，如果他们不移民到塞尔维亚或保加利亚，就会发现自己好像在一个不同的国度，在那个社会成为少数族裔。这种社会身份会为以后埋下隐患。还有一些人说的是阿尔巴尼亚语或瓦拉几亚语，而不是希腊语。在萨洛尼卡的一个60 000多人的犹太社区中，大部分人说的是一种西班牙方言——拉地诺语或犹太西班牙语。这些新的公民如何被同化为希腊人呢？

几乎是同时，人们开始谈论“古希腊”，从而区分1912年以前的国家疆域以及从那以后进入希腊版图的“新土地”。在某些背景下，这些术语仍然存在。一旦胜利带来的欢欣鼓舞开始消散，被派到新土地上的为当地公众服务的官员和士兵有时会对他们新的同胞显露出令人震惊的殖民主义心态。1913年5月，一位有雅典上层社会背景的高级军官在萨洛尼卡给家人写信，信上说：“在这个城市中，9/10的人是犹太人，人们怎么会喜欢它呢？它没有希腊的东西，也没有欧洲的东西，什么都没有。”[1]

同时，200多万说希腊语的东正教徒依然生活在希腊的边疆之外。罗马尼亚、保加利亚和新成立的阿尔巴尼亚等国，都有希腊人居住的社区，这些人发现自己因属于少数民族而处于危险境地。但是截至当时，数量最大的希腊人生活在奥斯曼帝国中。在那里，青年土耳其党政府的态度更严厉了，它在1913年年底与保加利亚单独签署条约，确定了交换少数族裔人口的原则。迫于形势，为了在海外的希腊人，维尼泽洛斯在第二年也开始考虑与此类似的措施。

巴尔干的形势瞬息万变，第三次巴尔干战争可能会爆发，一切都可能发生。1914年6月28日，在萨拉热窝，一名叫加夫里若·普林西普的塞尔维亚民族主义者开了致命的一枪，使得奥匈帝国皇位的继承人弗朗茨·斐迪南大公去世。近年来，巴尔干半岛的任何一次危机都反复证明它会威胁整个欧洲更加脆弱的权力平衡。这一次，危机又得逞了。斐迪南大公被刺杀一个月后，奥匈帝国向塞尔维亚宣战。几天内，第三次巴尔干战争升级为“世界大战”，也就是“结束所有战争的战争”。

站在战争的哪一边

战争的爆发将欧洲大陆的各个强国拉入战场，进行捉对厮杀。一个世纪以来，欧洲强国建立协调机制，强化外交斡旋，就是为了避免出现战争。在1914年8月最初的几天里，欧洲分裂为两大联盟，每一方都咬牙切齿地要消灭另一方。一方是协约国，包括英国、法国和俄国；另一方是同盟国，也就是德意志帝国和奥匈帝国。

不论愿意与不愿意，希腊要想置身事外，可能性极小。对希腊政府来说，所能做的是尽可能地趋利避害，一方面抓住机会，另一方面让威胁最小化。人们选择哪个阵营都面临生死攸关的问题。在强国的冲突中，尽管希腊的国土已经翻了一番，但依然是一个小国，很容易就会被大国之间的战争碾轧。

就希腊而言，面前有3个选择。很少有人赞同希腊加入同盟国。即便有人拿出说服力很强的意识形态方面的理由或者追求个人利益的强烈愿望，地缘政治这个简明的现实就排除了这种可能性。战争爆发以后，康斯坦丁很坦诚地对他的小舅子德意志皇帝说：“地中海在英国和法国联合舰队的虎视之下。”希腊商船、希腊岛屿和希腊港口可能面临毁灭。[2] 如此，希腊的选择就减少为两个：要么参加协约国，要么保持中立。无论做出什么选择，希腊都有完美的、合理的理由。问题是，这两个选择如何取舍呢?

选择加入协约国既有地理方面的考虑，也有历史关系方面的因素。俄国近些年一直对希腊不怎么够朋友，但是协约国的3个成员国正巧都在将近一个世纪以前签署协议让希腊成为独立国家。奥斯曼帝国于1914年11月加入同盟国后，突然出现了欧洲大陆最大的地缘政治力量——按照希腊在友谊社之后和1821年革命之前所梦想的集结在一起的那种态势。19世纪50年代，希腊的3个“保护国”中的两个结成一伙，对付另一个，还强制要求希腊保持中立，因此那种大国结盟的形势没有出现。现在，希腊的3个保护国结盟了，传统的敌人都到了对立的阵营之中，希腊政府为什么要避而远之呢？这是奥托国王和他那时候的政治领导人最渴望做的事了。

协约国的胜利当然会带来长久盼望的奥斯曼帝国的解体，那么所谓的“东方问题”一下子就解决了，这正是采取了早在1823年马夫罗科扎托斯第一次大胆地向英国时任外交大臣乔治·坎宁所提的建议。如此一来，俄国人会尽享君士坦丁堡这顿大餐，而希腊可能就无缘这份最令人垂涎的胜利品了。但是，劳合·乔治和温斯顿·丘吉尔在1912年年底与维尼泽洛斯的会见中，谈到了在安纳托利亚获得其他成果的前景，特别是那块包括士麦那的飞地。士麦那在当时是世界上最大的希腊族聚集地。巴尔干战争让希腊控制了几乎整个爱琴海，包括靠近安纳托利亚海岸的几个最大的岛屿，比如，莱斯博斯岛、希俄斯岛和萨摩斯岛。在大陆获得一块立足之地，也不一定就是一个不切实际的梦想。考虑到在两次巴尔干战争中的成功，如果希腊站到协约国的一边联合战斗，那么这也许会为1821年就开始的希腊革命大业带来一个胜利的结局。

如果参战，那么希腊在国家防御上也有好处。截至目前，在所有巴尔干国家中，只有塞尔维亚在奥匈帝国的攻击之下参战。保加利亚、罗马尼亚和黑山都保持中立，阿尔巴尼亚还不是一个被完全承认的国家。保加利亚做什么都非常关键。协约国的海上力量可能会很好地保护希腊，打消保加利亚对萨洛尼卡的企图，协约国的保护比同盟国对保加利亚施加的压力更有效。不过，以协约国作为“保护国”也有不利的方面。这些潜在的盟国在历史上有一个传统，那就是以最初的保护条约的名义侵犯希腊的主权。希腊的港口在19世纪被封锁了不下三次，分别是1850年、1854—1857年、1886年。希腊在最初进行政策讨论时好像没有考虑这个方面，但是也许应该考虑。政策考虑并不需要最高大上的动机，但是希腊选择站在协约国一边时也要符合一定的政治逻辑，而不应该冒着被那些强国劫持的风险，违心行事。

同样，保持中立也是合情合理的，而且要简单得多。像希腊这么大的国家，军事力量有限，其根本不可能影响欧洲战争的结果。如果希腊加入战争的一边，希腊人民就会成为参战军队和战争事件的抵押品，而参战军队和战争事件永远不是希腊能控制的。为什么要拿近一个世纪已经获得的一切去冒险追求未知的、虚无缥缈的、可能永远也不会出现的未来呢？最好的情况是，一旦战争结束，不论结果如何，完全的、合法的中立就应该保证希腊新建立的边界的完整。最坏的情况是（尽管这个情况可能只是在后期才开始显现），最近获得的领土要再交出去。但是这能保证 1912 年之前边界之内的王国领土没有危险吗？另外，希腊还有奥斯曼帝国中的希腊族的问题。如果希腊保持中立，就可以确保那些希腊人不被其所在国扣押为人质。希腊人的生活，希腊人的财产，希腊人的幸福，在国内外都会得到保护。战争造成的可怕的人员伤亡就会避免。毕竟，与塞尔维亚和比利时不同，希腊并没有受到同盟国的直接威胁。

这是一个无法实现的选择。希腊在一战中的故事，以及从那以后为人所知的“政治大分裂”往往被委婉地淡化为个人对立，他们是民选政府总理维尼泽洛斯和加冕国王康斯坦丁。就像他们在 1823 年和 1824 年国内冲突中所做的那样，私人之间的关系以及个人的魅力和倔强、坚定的性格肯定会发挥作用。那个时候的国家也参与了一场波及范围很广的战争，也被弄得四分五裂。但是，正如 19 世纪 20 年代的国内冲突，这个“分裂”不仅仅是个人以及追随他们的那些人之间的分裂。这不仅仅是对主权或统治权的争夺。从根本上说，这甚至不是关于合理决策的分裂，因为两种决策都基于完全、完美的理性建构，虽然用于实施这些决策的方法不怎么完美。注定将希腊分裂的恰恰是选择的本质，因为战争本身将欧洲分裂开来，随之而来的是欧洲文化的分裂。希腊在 19 世纪 20 年代的特殊环境下诞生，并一直在那样的环境下孕育发展，所以不可避免地成为破裂的欧洲大陆以及破裂的欧洲文化的缩影。

在做出决策的最高领导人之中，有人与欧洲分裂的这方或那方有着亲密的个人和工作关系，都是不足为怪的。在克里特岛自治的 15 年间，维尼泽洛斯通过与欧洲保护强国的交往，使自己的外交才华得到了历练。那些保护强国是英国、法国、俄国和意大利。维尼泽洛斯的第一外语是法语，他第一次去伦敦访问的时候，与劳合·乔治和温斯顿·丘吉尔进行了密切交流。维尼泽洛斯是地地道道的岛上居民，他的地缘政治是基于大海的，他与那些国家的思考方式是相同的。

另一方面，康斯坦丁娶了德皇威廉的妹妹，且在德国军事学院受过训练，非常推崇德国的军事训练方法。他的参谋长，也是他的主要军事顾问之一，是扬尼斯·梅塔克萨斯，非常能干，也在德国受过军事训练，与他的观念一致。在战争开始时，维尼泽洛斯政府的外交部部长是乔治斯·斯特里特，这位部长来自一个德国家庭，当年与奥托国王一起来到希腊，他曾在德国学习法律。这些人的德语都很流利，在说德语的国家中就和在自己的家乡一样。他们发自内心地相信，德国军事机器将获得这场战争的胜利。

正如后来所显示的，他们有这样的想法，并不能说明他们“不爱国”。他们都是希腊精英的一部分，是在希腊革命塑造的王国里长大的。这个王国受到欧洲强国的干涉，在形成过程中还受到德国 19 世纪亲希腊主义的影响。希腊的精英通晓欧洲主要的语言和文化，这是现代希腊王国的本质特点。只是，这些欧洲强国正兵戎相见，拼得你死我活。不管是哪一方的希腊精英，都能与交战国此方或彼方的外交代表进行更容易和更坦诚的交流。不过，他们彼此之间无法顺畅交流，这在很大程度上昭示着后来的分歧。

但是，分歧有更深层的原因。一直以来，19 世纪 20 年代所形成的裂痕从来没有愈合，只是在前 50 年里，它隐藏在完美的一团和气的表层之下。后来，这道裂痕主要体现在关于自由的对立认识上。现在，希腊成为一个自由的国家快 100 年了，其分歧在于怎样看待希腊人的使命。对一方来说，最重要的是解放希腊这个民族国家；对另一方来说，最重要的则是保护希腊这个政权国家。希腊的分歧就像一战的缩影，两个选择是不相容的。1915—1922年，从内心分别认可这两个不同选择的人，在不断地相争。

裂痕再现

1914年8月，希腊政府达成的共识是保持中立。首先打破这种共识、提出不同意见的人是维尼泽洛斯。8月18日，一战爆发还不到3周，他向协约国在雅典的大使提议，如果协约国邀请，希腊就会在战争中加入它们的行列。那个时候，奥斯曼帝国和多数巴尔干国家都保持中立，协约国对于在东南欧开辟新战场都不热情。希腊的提议被礼貌地拒绝了。但是当奥斯曼帝国在11月加入同盟国阵营的时候，协约国政府的军事规划者开始重新思考维尼泽洛斯的建议。英国大使问他："希腊愿意帮助塞尔维亚吗？"维尼泽洛斯回答："如果这种帮助只是为了打击奥匈帝国，那么希腊不愿意。但是，奥斯曼帝国里的希腊少数族裔正在遭受更大的压力。如果奥斯曼帝国被攻击，而且在战后被肢解，那么希腊即便在巴尔干半岛做出一些牺牲，也是值得的，因为这能解放在奥斯曼帝国的希腊少数族裔。"基于此，协约国在1915年1月24日向希腊发出了正式参战的邀请。

这个邀请直接将维尼泽洛斯与国王及其总参谋部置于面对面的冲突之中。那个时候，国王等人只要一想到把领土给（依然中立的）保加利亚从而换取在安纳托利亚更大的但是可能无法防御的领土时，便感到恐惧不安。这种怀疑看起来是有道理的。只不过，当保加利亚加入同盟国一方后，为了阻碍维尼泽洛斯计划的实施，康斯坦丁和那些同样的顾问居然能拱手让出面积更大的马其顿领土，这个"分裂"的讽刺意味已经很明显了。

到了2月，达达尼尔战役爆发。希腊应不应该派遣军队去加里波利支持协约国军队的登陆？维尼泽洛斯是全力支持的。有一段时间，国王和他的顾问甚至也动心了。尽管国王加冕时的称号是"希腊康斯坦丁一世"，但他喜欢让自己的称号更有神秘感，在称号上加上了拜占庭最后一名国王的序号。所以在部队（他最有威望的地方），人们都尊敬地称他为“康斯坦丁十二世”，也就是说，他是拜占庭帝国的国王。达达尼尔战役的目标是夺取奥斯曼帝国的首都。理所当然的是，翘首等待的国王应该在那里，以“得胜大将军”的身份走在他的部队的最前头。“得胜大将军”是古老的拜占庭帝国的一个称谓，难道康斯坦丁的支持者已经开始视康斯坦丁为拜占庭帝国的国王了？

最终，这都纯属瞎操心。正如我们知道的，加里波利登陆以耻辱收场，成为协约国在整个一战期间惨败的战役之一。不过无论如何，俄国都会否决希腊任何形式的加入，因为君士坦丁堡已经许给沙皇尼古拉二世，变成“沙皇格勒”了。但是，在所有这一切发生之前，希腊国王在 1915 年 3 月 6 日接受了总参谋长的意见，驳回了总理的提议。维尼泽洛斯深感挫败，愤怒之下提出了辞呈。在第二天的新闻发布会上，他“满含热泪”地说：“明天，协约国将成为加里波利的主人，后天将成为君士坦丁堡的主人；我们的旗帜将不能出现在我们梦想城市的解放之中……这一损失是无法弥补的。”[3]

从这一刻开始，雅典的媒体为了它们所支持的人展开论战。从数量上看，支持维尼泽洛斯的媒体和支持国王的媒体大致平分秋色。支持维尼泽洛斯的媒体运用生花妙笔，连篇累牍地呼吁解放君士坦丁堡，实现“伟大理想”，在奥斯曼帝国的“完全属于希腊人的土地上”废黜专制暴行。另一方则更为温和，淡化关于“伟大理想”的期待，让读者相信，在英明的君王的领导下，希腊已经免除了一些灾难。[4] 从此刻起，所谓“分裂”的界限就划下了，双方的争斗也开始了。康斯坦丁走马灯似的换着总理，实际上已经成为一个政党的领袖。在反维尼泽洛斯主义的旗帜下，1909 年政变后一直靠边站的“旧”党的政客重新组建了一个新的党派——国家主义党，其领导者是才华横溢、命运多舛的议会演说家迪米特利亚斯·古纳里斯。

维尼泽洛斯很快卷土重来。1915 年 6 月 13 日，他领导的自由党在 3 年里的第一次选举中获胜。虽然总票数有所减少，但其依然拥有执政要求的多数选票。那年夏天，国王卧病在床，他的病情也许比当时披露出来的更严重，他好像再也没能真正恢复健康。虽然康斯坦丁再一次强打精神参加了新一届政府的就职仪式，但他不愿再与维尼泽洛斯共事的情绪还是很明显的，新政府的就职仪式一直拖到8月底才进行。几天后，康斯坦丁向德国驻希腊的大使吐露了自己对一个人的失望之情，这个人“直到昨天还宣称，坚信协约国将赢得最终的胜利”。[5]国王心中的信念正好相反，他无意把自己的国家拖入战争。但是他发自内心地相信德国军事的超强实力。他与维尼泽洛斯不可能合作，事实也证明如此。

几个星期后，保加利亚于9月21日启动军事动员。很明显，希腊在巴尔干半岛上的老对手就要参战了，它加入的是同盟国一方。希腊也马上进行了自己的军事动员，这样做不会在国内引起任何争议，因为希腊人知道，保加利亚人一直有所图谋，想重新夺回在第一次巴尔干战争期间赢得的但在第二次巴尔干战争期间又丢失的爱琴海沿岸，以及在1912年差一点儿成为他们的国土的萨洛尼卡。对协约国来说，它们的关注点与希腊是不同的，在它们心中，保加利亚参战势必对塞尔维亚形成新的威胁，而塞尔维亚此前就一直抵抗着更强大的奥匈帝国的反复猛攻。

于是，维尼泽洛斯再次向英国和法国提出，如果保加利亚人进攻，那么希腊军队可以帮助其守卫塞尔维亚。不过，希腊的总司令是国王，不是总理。24小时内，维尼泽洛斯不得不收回他说的话。但是，他将此提交议会讨论。1915年10月4日，保加利亚正式向协约国宣战（尽管不是向希腊宣战），维尼泽洛斯在议会赢得了支持。但是国王不受议会的约束，他无视“多数赞同”的原则，又一次解除了总理的职务。

对协约国来说，最重要的事是塞尔维亚的防御问题。在其后的几周里，塞尔维亚同时受到奥匈帝国从北边、保加利亚从东边的进攻。康斯坦丁国王可能对于解除维尼泽洛斯的职务颇为得意，因为他在给柏林的一封私人电报中曾如此夸耀自己。但是，对于英法联军1915年10月开始的萨洛尼卡登陆，他无计可施。这支登陆部队有数千人，由英国、法国和殖民军队组成并由法国将军莫里斯–保罗·萨拉伊指挥。同时，英国在10月正式向希腊政府提出建议，如果希腊加入协约国，那么希腊将拥有对塞浦路斯的主权。这是协约国的最后一次协商，既有强制，又有诱惑。即便如此，协约国依然没有赢得康斯坦丁以及维尼泽洛斯被迫辞职后希腊组建的由少数党派执政的政府的同意。因此，英国和法国就干脆以强制性的措施解决了问题，直接占领了希腊各地的岛屿和具有战略意义的地点，包括克里特的索达湾、通向萨洛尼卡的海路入口的卡拉布努要塞以及整个科孚岛。万一出现特殊情况，科孚岛就是被击败的塞尔维亚流亡政府和军队的所在地。爱琴海北部的利姆诺斯岛已成为英国新建的海军基地，具体地点为穆兹罗斯。协约国的这些行动根本无视希腊政府的想法，明目张胆地侵犯希腊声明的中立立场。

到了这个时候，康斯坦丁被迫进行新的议会选举，因为他的政府已经丧失了议会的信任投票。选举是从1915年12月19日开始的。根据维尼泽洛斯和他的支持者的看法，这次选举是违宪的，因为他的自由党依然享有议会的多数支持，他的政策提议从10月起就一直搁置于议会。而且，在全民动员的条件下举行选举也是不公平的。具有讽刺意味的是，维尼泽洛斯1910年就是通过同样的办法对付康斯坦丁的前任乔治一世并成功上台的。尤其具有讽刺意味的是，维尼泽洛斯竟然也重复了当时被惹恼党派的愚蠢做法：抵制选举。的确，12月19日的选举的投票人数比6个月前少了很多，但是我们不可能知道是因为投票人（只有男人才有投票权）在前方打仗，还是因为他们积极响应自由党抵制的号召。不管怎么说，选举的结果表明，作为议会中的一个力量，维尼泽洛斯领导的自由党成了牺牲品。不论是无意还是有意，不可避免的是，竞选的功夫从此以后要下到议会以外了。

1916年上半年，紧张局势继续升温，5月底出现转折点。这个时候，塞尔维亚人被奥地利人和保加利亚人击败，他们的国家被颠覆了。塞尔维亚的残余部队首先被疏散到科孚岛的安全地带，然后从海路被部署到萨洛尼卡，与已经在那儿的法国军队和英国军队混编。正如后来人们所知的，随着意大利军队（现在是协约国一方的）和俄国军队的到来，马其顿防线得到加强，变得越来越宽。希腊的志愿者成立了新的兵团，他们大多数是从“新土地”上被征募而来的，因此，马其顿防线的协约国交战方就增加到了6个。从官方上说，希腊依然是中立国，但是已经完全卷入了战争。从协约国的角度看，希腊的军事力量对其后方是一个潜在的威胁。从另一方面看，在同盟国眼里（特别是德国、奥匈帝国和保加利亚），希腊政府像以往一样全力推行的中立政策贻笑大方，因为这个政府已经丧失了对自己国土之内的战略要冲的控制。

1916年5月底，德国开始对希腊提要求了：希腊的前沿要塞鲁佩尔必须向德国的盟友保加利亚投降。康斯坦丁控制下的政府准备满足德国的要求，这让维尼泽洛斯的支持者大为震惊，但他们也无可奈何。这个时候，协约国出面了，在靠近雅典的地方展示了英国和法国的海军力量。6月21日，英国和法国的代表发出外交“照会”，要求希腊军队立即解散，要求希腊政府成为一个“非政治”实体，让协约国成员国在希腊自由行事。这是对希腊国内事务的公然干涉。为了证明这一照会内容的合法性，英法两国援引了1832年保护希腊条约中“保护国”权益的条款，据说该内容还写进了希腊1864年的宪法。康斯坦丁别无选择，只有照办。

协约国的横加干涉比以往任何时候都更强烈地激起了希腊民众的反对。这些反对的声音也是针对维尼泽洛斯的，背后是国王及其政府的支持。维尼泽洛斯给法国总理发了封电报，表达他的感谢：“保护国就像父母一样，完全行使了它们的权利。”[6]康斯坦丁对德皇吹嘘如何解雇总理，至少还是在私下进行的。但是，维尼泽洛斯的这封电报的内容被泄露给新闻媒体，这引起轩然大波，让事情变得更加糟糕。

本来，英法这个“照会”的目的是解散希腊的军队，进而解除其对协约国军队的威胁。但是，由于希腊出乎意料的反应，这一照会让数千名完全忠于总司令（国王）的武装人员回到社会上。他们无人管束，更没有什么纪律约束。在将近一年的时间里，他们自称“在乡军人”，成为暴力和恐怖的代名词。忠诚于维尼泽洛斯的人成立了一个“国家在乡军人联盟”，与忠诚于国王的人对着干。这是内战即将发生最明显不过的标志了。

8月，罗马尼亚加入协约国一方，马上改变了马其顿防线的军事力量平衡。萨拉伊将军指挥的部队和保加利亚、奥匈帝国与德国的联军进行了激烈的厮杀。在随后的几个月里，法国、英国以及塞尔维亚的残军重整旗鼓，在其盟军的支持下，在西马其顿略占上风，稍有斩获。同时，保加利亚开始将东马其顿纳为己有，这没有遇到任何反对。它的军队将所到之处的说希腊语的人赶尽杀绝。9月初，战略要地卡瓦拉镇投降，一起投降的还有防御这个镇的一个希腊整编师。“中立”的希腊正在被欧洲大战的两方瓜分，它的军队刚刚被解散，它的国家领导人则吵得不可开交。

1916年8月27日，维尼泽洛斯在雅典市中心对大规模的人群发表了演讲。他依然呼吁与国王的合作，他认为国王是受了参谋长的蛊惑而走偏了道。但是，他也很明显地暗示了即将采取的措施。两天后，他的意思就变得很明白了。在萨洛尼卡，希腊的军队驻扎在那儿，军队的军官是最近成立的国防委员会的成员，他们展示了自己的实力，表示不再忠诚于雅典的国王和政府。这一行动往往被描述成叛乱，尽管参加的军官根本无意建立自己的“政权”。他们之所以成功，唯一的原因是萨拉伊将军的大力支持。这不是普通意义上的起义，所以被希腊政府指控为最高形式的叛国罪。

现在已到了维尼泽洛斯的时刻，但是他还在犹豫是否采取行动。最后，在9月25日，他乘船去了克里特，那是他曾经出发的地方。在克里特首府哈尼亚的外面，按照百年来的革命传统，维尼泽洛斯全副武装地出现在民众面前，宣布成立新的希腊王国临时政府。他发布的宣言称，“我们是一个国家，在政府缺位的时候，我们必须应对国家危机”。宣言继而解释说，“如果政府背叛了自己的责任，那么国家就应该行动起来，完成其赋予政府的任务”。[7]从此以后，大约几十年的时间里，这个“分裂”一直横亘在1912年之前的王国“旧希腊”和在巴尔干战争中获得的“新土地”之间。

国家与政府

维尼泽洛斯从克里特经过海上诸岛，来到萨洛尼卡。这座希腊规模第二、新获得的城市马上要成为临时政府的所在地。在其后的 8 个月里，希腊将有两个政府，一个在雅典，一个在萨洛尼卡。这是 1823 年和 1824 年的历史重演，与那时发生的情况一样，每个政府都指控对方非法。位于萨洛尼卡的临时政府在 11 月向同盟国宣战，而在雅典的“官方”政府则依然保持中立。1916 年 12 月，临时政府在萨洛尼卡宣布，国王被废黜了；而在国王统治的雅典以及“雅典和全希腊教会”教区，维尼泽洛斯则被视为十恶不赦之人，被教会驱逐，其肖像被虔诚的公民在祈祷仪式上扔的数千个石头埋了起来。

与 19 世纪 20 年代一样，一个政府的军队与另一个政府的军队针锋相对。11 月初，在旧希腊边界附近，马其顿的卡泰里尼在经历了一场小规模军事冲突后被国防军占领。后来，法国在旧的边界上建立非军事区进行干预，当地才没有发生更多此类的行动。到了 12 月初，内战蔓延到雅典的街头。因为当时希腊使用的日历比西历晚 13 天，所以从那以后，这个冲突在希腊就被称为“十一月事件”。康斯坦丁的政府被停泊在法利罗和比雷埃夫斯港口的英国、法国和意大利的战舰围困。将希腊军队遣散已经不能满足协约国的要求了。希腊没有加入维尼泽洛斯和萨洛尼卡临时政府的那部分机构，仅仅按照其一直宣称的那样保持中立是不够的，它们必须进行中立化。

12 月 1 日，联合舰队的司令官向雅典的希腊政府递交了最后通牒，要求其交出军工厂和重武器及弹药。那天发生的事和 28 年后几乎同一天在雅典市中心的另一场冲突有着惊人的相似，后一个冲突标志着希腊内战中最后的、最剧烈的冲突阶段的开始。1916 年 12 月 1 日星期五，3 000 名盟国士兵（多数是法国人）在登陆希腊后抢占了双方争夺的军火库和军需用品。他们发现被解散的希腊军队在等着他们。当天上午 11 点左右，第一枪打响了。盟国士兵和希腊军人之间的战斗在雅典几个地方爆发。外国人被击退，盟国舰船上发射出的炮弹在市中心爆炸。

康斯坦丁最多是赢得了一场付出惨重代价的胜利。经过调和，盟军的部队撤回到舰船上，当时只归还了一部分抢到的武器装备。但是，星期五那天的事件变成了全城对被怀疑为维尼泽洛斯支持者的人进行打、砸、抢的信号。在大不列颠酒店里，枪声四起。雅典市长、备受尊敬的希腊埃及裔棉花百万富翁、慈善家艾玛纽埃尔·本纳基，被暴怒的民众从家里拖走。他的女儿是小说家佩内洛普·德尔塔（《在保加利亚人屠夫的时代》的作者），她笃信，正像发生在其他人身上的那样，那些暴徒把她的父亲带到伊利索斯河，将他私自处死了。第二天，她去市监狱寻找，“不知道我们发现他的时候，他是否还活着”。后来，她的父亲毫发无损地被放了回来。[8] 维尼泽洛斯的支持者被控为叛国罪。其他人被谋杀或被殴打，其财产被抢掠。两年后，巴黎出版的一份官方报告称，在那两天的暴力冲突中死亡的有 35 人，将近 1 000 人被监禁。支持维尼泽洛斯的报纸等新闻媒体的办公场所被捣毁，其编辑被拘押。那些暴徒和在乡军人对入侵首都的“保护强国”无可奈何，就拿自己的同胞泄愤报复。尽管没有证据证实这一点，但是据说，维尼泽洛斯的支持者一直计划发动一次起义，从而配合可恶的外国人的登陆入侵。

在乡军人在那两天时间里的行动以及后来几个月里的更差的表现，被 100 年后一位受人尊敬的历史学家描述为“原法西斯主义行为”和“大屠杀”。[9] 在乡军人的袭击目标是逃难者，不少是一贫如洗的难民，他们从安纳托利亚逃出来，躲避那里的迫害，到自由的希腊寻求安全，却被视为维尼泽洛斯的支持者。这仅仅是因为他们来自希腊新土地，他们期待维尼泽洛斯能解放他们的家乡，而这被认为是支持维尼泽洛斯政策的表现，所以被看作最大的错误。在反维尼泽洛斯的阵营里，很多人瞧不起那些来自希腊旧国境线以外的人，称他们为“陌生人、外来者、逃难者、克里特人”，认为他们是“花钱买到的贱民”，是“恶棍坏蛋”。[10]“伟大理想”和民族国家的统一就这样结束了。

暴行并不总是发生在一方。维尼泽洛斯的临时政府在其控制的地区颁布了戒严令，任何抵抗都会被无情镇压，最严重的镇压发生在萨洛尼卡附近的哈尔基迪基半岛以及拿索斯的阿皮兰索斯村，那里的妇女和儿童都不能幸免于难。甚至维尼泽洛斯的老家克里特岛以及萨摩斯岛，也发生了骚乱。

“十一月事件”及其后果对希腊的两极分化产生了无法弥补的影响。在此之前，欧洲强国一直不愿意正式承认萨洛尼卡的希腊临时政府，现在，它们正式承认了。同时，它们还对旧希腊实施严密的封锁。在遭受羞辱之外，雪上加霜的是希腊发生了大面积的饥荒。有报道称，军需用品被绝望的公民哄抢一空。除了保留他们赖以存在的保持中立的遮羞布之外，国王的政府几乎再无任何作为，好像只是寄希望于德国人和保加利亚人的进攻，以推翻位于萨洛尼卡的临时政府。如果德国人和保加利亚人获胜，国王的政府就将马其顿的大部分国土送给保加利亚。此时，古老的战术又复活了。非正规的志愿者战士穿过边界，扰乱敌人，但政府对此不负任何责任。只不过这次的“边界”是旧希腊和新土地之间的非军事区。以前用来为王国开疆扩土的办法，现在则用来对抗位于北部的对立的希腊政府。

1917 年 5 月，临时政府组建的希腊军队第一次在马其顿防线采取行动。在一个月的时间里，这支部队的人数增长到 6 万。就希腊的国内事务而言，协约国认为可任意摆布这个分裂的国家，它们又一次在伦敦做出了关键的决策。那是在 5 月底，它们在伦敦召开会议，认为必须废黜康斯坦丁，且在必要时会采取武力。这个要求依然是以“保护国”的名义发出的。国王和他的直系亲属在 6 月 15 日离开希腊。他并没有正式逊位，经协约国同意，他的王位由他第二个儿子亚历山大继承。

维尼泽洛斯返回雅典担任统一后的希腊的领导人的道路，现在被打通了。在是否参战的问题上，经过将近 3 年痛苦的分裂，希腊与协约国达成了和平协议，首次正式参战。所以，“政治大分裂”应该结束了。

但是，事情远没有结束。1917 年 6 月底，维尼泽洛斯在雅典市中心的自由广场向公众发表演讲，现场听众人数比他 1910 年第一次上任时欢迎他的人少多了，人们也忧郁多了。在他讲话的时候，法国军人全副武装地占领了城市里每一个房顶和每一个战略要点。很多法国军人来自非洲殖民地，这一点尤其让希腊当地人民的自尊心受到伤害（用今天的话说，那里的种族歧视比当时欧洲的任何一个地方都严重）。维尼泽洛斯是以“国家”的名义执政，那么主人是谁？即便维尼泽洛斯是滔滔辩才，也难以掩饰这样一个事实：他是被“保护国”送到国家领导人的宝座上的。当然，19 世纪 20 年代以来，希腊一直就是这个样子。但是，这正是那些对此颇有怨言的人愤怒的原因。

在讲话中，维尼泽洛斯期待希腊人民的“精神统一”。他宣布，除了那些罪大恶极的人，其他人一律不会被报复。但是，情况远不是如此。没人相信这番冠冕堂皇的话。议会被解散了，但是，对一个刚刚全面动员参战的国家而言，现在又不可能举行大选。比自由党抵制的 1915 年 12 月那次选举早两年的选举重新回来了，因而赢得了“拉撒路[①]议会”的绰号。在这个人为恢复的议会中，维尼泽洛斯于 1917 年 8 月获得了信任投票。

前政府的领导人和支持者被连锅端掉，被流放到科西嘉岛，法国人在其中起到了最重要的作用。虽然维尼泽洛斯在早先的讲话中对级别较低的人有过承诺，但他们一样被清洗了，被赶出了军队、政府部门、司法机关甚至教会。曾经宣布维尼泽洛斯为“十恶不赦之徒”的大主教被废黜，取而代之的是一位克里特人，他是维尼泽洛斯的朋友和支持者。

在 1917 年的最后几个月和 1918 年的第一个月，当协约国正在准备应对同盟国对马其顿防线的下一次进攻时，希腊比以前分裂得更严重了。1918 年 5 月，3 个希腊师在斯克拉迪莱根，也就是希腊与北马其顿共和国现在边界线

---

① 拉撒路是《圣经·约翰福音》中记载的人物。耶稣在拉撒路死后断言其将复活，也确实如此。此处借用这一记载，以指该议会“复活”。——编者注

以内的地方，与协约国的盟友一起战胜了保加利亚的军队。这 3 个师都是在希腊的新土地上招募的。那年的早些时候，旧希腊的军队整建制地发生哗变，遭到严厉惩戒。在这些处罚活动中，克里特军警的作用非常明显。他们来自大山深处，作风强悍，让其他希腊人深感恐惧，他们疯狂效忠于他们的同胞维尼泽洛斯。尽管表面上，统一的希腊在一战中为协约国盟友做出了重要的贡献，但它的内部依然秘密进行着一场残暴的战争。

正是在这样的背景下，马其顿防线在 1918 年 9 月取得了突破性的进展。希腊军队在协约国投入马其顿防线的军事力量中占 1/3。在保加利亚人提出单独议和的那一天，德国最高统帅部从柏林发来消息，战争打输了。这场战争首先是在东方结束的。10 月 30 日，在利姆诺斯岛穆兹罗斯的英国海军基地，协约国与奥斯曼帝国签署了停火协议。最后的停火协议是关于西线战场的，在 11 月 11 日签署。第二天，得胜的协约国的部队进驻君士坦丁堡。由于俄国在十月革命之后不再参战，所以也就没有人谈论什么“沙皇格勒”了。英国、法国、意大利联合组建的军管机构负责管理君士坦丁堡，管理持续了将近 5 年的时间。希腊军队也得到允许，发挥了一点儿作用——在君士坦丁堡的希腊族居民中受到热烈的欢迎。同样受到欢迎的还有无畏战舰“阿维罗夫”号，这艘战舰在第一次巴尔干战争中就获得了荣誉。

这个时候，维尼泽洛斯已经到了伦敦。早在停战前，他就向英国首相劳合·乔治提交了他关于肢解奥斯曼帝国的详细建议。根据他 1912 年与还是财政大臣的劳合·乔治交流的内容，维尼泽洛斯建议以 3 种方式分割奥斯曼帝国的核心地区安纳托利亚，其中，整个西部地区（与爱琴海接壤的地区）划归希腊。虽然贡献微薄，但是他的国家也为协约国的胜利做出了贡献。维尼泽洛斯早早地提出要求，希望在胜利的大餐中分得一杯羹。

和平会议于 1919 年 1 月在巴黎召开，持续了整整一年，其影响是改变了欧洲和中东的版图，用我们今天所熟悉的、那个时候依然在演进的民族国家替代了历史悠久的帝国。这次会议最为人所知的成果是《凡尔赛和约》。这份和约的编制速度比较快，到6月就完成了，而与奥斯曼帝国的和平磋商又花了一年多的时间。

其间，维尼泽洛斯的大部分时间都是在希腊以外的他擅长的谈判桌上度过的。英国年轻的外交人员哈罗德·尼科尔森对他非常钦佩，并不吝赞誉：“他和列宁是欧洲仅有的两位真正伟大的人物。”每当听维尼泽洛斯发言，尼科尔森就深深折服于其“混合着优雅、匪气、政治、爱国、勇气和文学等多种特质的魅力，最重要的是，维尼泽洛斯是高大威猛的、健硕的、微笑的汉子，两只眼睛在镜框后面熠熠发光，头上戴着一顶方形黑丝无边便帽”。英国外交大臣寇松对于维尼泽洛斯“滔滔不绝”的雄辩也有深刻的印象。[11]

通过坚韧和巧妙的政治手腕，维尼泽洛斯在领土上和声望上为希腊赢得了巨大的收获：第一个收获是在1919年5月获准占有士麦那和安纳托利亚西部的埃登行政区；第二个收获是根据一年多后签订的《色佛尔条约》，获得奥斯曼帝国在安纳托利亚一片面积更大的土地以及不包括君士坦丁堡在内的色雷斯大部分地区。不过，后来的发展表明，这两个很明显的收获对于希腊是灾难性的，但是在当时谁也无法预见。这两个收获不仅是参战并获胜的结果，还是在对立的、更强的国家之间锲而不舍地寻求结盟、利用矛盾的结果。实际上，希腊之所以在19世纪20年代取得显著的成绩，也是因为采取了同样的策略。

1920年8月12日，《色佛尔条约》签署刚刚两天，维尼泽洛斯就离开巴黎了，因为他在那儿的工作已经完成了。希腊对士麦那的行政管理刚刚过了一年的时间。希腊在英国印刷了10 000张写着“伟大希腊”的彩色地图，这些地图不久后还要印制在明信片上。地图上的橙色部分是希腊的领土，几乎完全包围了爱琴海。地图上，君士坦丁堡周围的一块空白地带是国际管理区。根据《色佛尔条约》，地图上的安纳托利亚的西南角和佐泽卡尼索斯群岛的一块空白地带，将划归意大利。地图还对希腊进行了拟人化，希腊好像是一位长发少女，一只手举着一面巨大的希腊国旗，另一只手拿着一张布告，布告上面写着："希腊注定要活下去，应该活下去"。地图的左上角有维尼泽洛斯的头像，他留着络腮胡子，戴着他标志性的平透镜。这是新的希腊，"涵盖两大洲、五大洋"，维尼泽洛斯和他的支持者总喜欢如此描述。除了色雷斯的一部分地区，《色佛尔条约》定义的新希腊的所有地盘都已经有希腊的驻军。色雷斯很快也会有希腊驻军。

希腊已经实现了现代建立国家以来一直渴望实现的主要目标——不断地开疆扩土，将所有的希腊族的人都纳入进来。维尼泽洛斯非常自信，对于那些依然生活在希腊国境线以外的希腊族的人，他要么通过同样的外交手段扩大边界，要么吸引那些国境线外的希腊人回到家园，比如，说土耳其语的穆斯林进入安纳托利亚中部的奥斯曼帝国残余的地盘，而说希腊语的基督教徒进入希腊控制的地区。

1920 年 8 月的那个晚上，当维尼泽洛斯在巴黎里昂站候车的时候，"伟大理想"完结了。那一刻，两个持枪男子跑过去，开了枪。经查明，开枪人是希腊前军官，在最近的整肃中被革除了职务。希腊的内乱战火已经烧到了文明世界的首都巴黎。从那时起，局面一发不可收拾，整个和平的幻想开始崩塌。

"伟大理想"的终结

维尼泽洛斯逃过一劫，只受了点儿轻伤，在巴黎的诊所里待了没几天就出院了。维尼泽洛斯遇刺的第二天，消息传到雅典，整个城市反应强烈，这引发了对已知的维尼泽洛斯反对者的暴力浪潮。尽管规模小一点儿，但这场暴力活动被描述为"十一月事件"的重演。伊万·德拉库米当时批评维尼泽洛斯的言辞最犀利，暴力活动最盛的时候，他被安全部门的特工从小汽车里拽出来，当场打死。这个暴行就发生在光天化日之下，发生在繁忙街道之上，发生在靠近今雅典希尔顿酒店的地方。雅典市长艾玛纽埃尔·本纳基在 1916

年曾被指控犯有合谋串通罪，当他受到暴徒威胁的时候，德拉库米肯定是无动于衷的。现在，内战依旧，只是人的命运反过来了。

这就是维尼泽洛斯在签署《色佛尔条约》并获得胜利后返回时的雅典的氛围。他不得不做的第一件事是进行议会选举。出于实施戒严令和在安纳托利亚进行征兵动员的需要，“拉撒路议会”已经人为延期了两次。1915 年 6 月后，希腊就没有举行过全面竞争的选举。所以，戒严令被解除，选举定于 11 月举行。持反对立场的政客最终获准从流放地科西嘉岛返回希腊。迪米特利亚斯 · 古纳里斯创建的“国家主义党”现在更名为“人民党”。古纳里斯在 1920 年 10 月的第一次竞选演说中，提到“废除现任政府的专横暴行”。在未来，国家“应该净化，去除任何专横暴行的温床”。[12] 他的竞选之路并没有赢得开门红。

亚历山大国王在雅典城外的塔托伊皇家园林被一只宠物猴子咬了一口，伤口化脓感染，并因此去世。这个出乎意料的事情让希腊的局面变得更加复杂。在就任国王后的 3 年时间里，康斯坦丁的这位年轻继任者在多数情况下都是被迫行事，实际上是一个傀儡。为了举行国王葬礼，也为了确定一名摄政，议会大选不得不推迟一周。11 月 14 日，当大选举行的时候，它不再是只针对维尼泽洛斯政府执政情况的投票。让维尼泽洛斯的反对者怎么都想不到的是，这次大选还真有一个另外的选择，成为一场各具魅力的对手的竞争，他们在过去的 10 年里各有胜负，这两个人分别是维尼泽洛斯和被流放的康斯坦丁。

这个时候，他们两个人都不能说与人民非常亲近。1917 年后，康斯坦丁一直在瑞士的流放中荒废时光。在过去执政的 3 年里，维尼泽洛斯的大部分时间是在国外度过的，才刚刚回到希腊。维尼泽洛斯与其血肉相连的支持者之间保持距离，这有助于营造自从“十一月事件”以来就环绕着他们每一个人的宗教狂热的氛围。一份支持维尼泽洛斯的报纸将维尼泽洛斯视作英雄，把他比作基督和穆罕默德，称他是上帝在人类启蒙历史的新的关键时刻派来的先知。对支持者而言，维尼泽洛斯就是弥赛亚，是上天在世间的代表。可以想见的是，对敌人来说，维尼泽洛斯就是“假先知”，是“伪造的弥赛亚”，是被“撒旦的欲望”驱使的神经错乱的疯子。[13]

自由党输了。忙乱的投票和计票结束后，99% 的选票都支持康斯坦丁，这个结果令人难以相信，似乎不合情理。康斯坦丁回到希腊，又登上了他的王位。早在投票结果还没公布的时候，新的希腊政府就收到一份代表英国、法国和意大利的外交“照会”，上面写着“那个人在战争中对协约国不忠诚，且其敌视行为为协约国带来了巨大耻辱和巨大损失，如果希腊让他重登王位，必须先得到它们的同意”。[14] 这不公平？可能吧。这是干涉国家内政？当然。但是，这也不是什么新鲜事。另一份公报说得更清楚，如果康斯坦丁回来当国王，那么欧洲强国就不会为希腊提供任何金融资助。这个警告再清楚不过了。

令人震惊的是，尽管新的希腊政府曾表示不再占有在安纳托利亚的奥斯曼帝国的土地并撤兵，但这次一意孤行，表示继续占领安纳托利亚。

维尼泽洛斯下台前，曾请求劳合·乔治授权希腊军队继续向东推进，从而履行《色佛尔条约》中的条款。自从希腊军队 1919 年 5 月在士麦那登陆以来，从某种程度上看，正是由于希腊军队的到来，一个新的力量进入被击败的奥斯曼帝国的政治之中。的确是这样，我们从后来的历史中可以看到这一点。我们前面曾提到穆斯塔法·凯末尔，他当时还是来自萨洛尼卡的一名 17 岁的军校学员，没有参加 1897 年的战争，但是对欧洲强国干涉奥斯曼帝国有着痛彻心扉的感受。希腊在与奥斯曼帝国的战争中战败，却被欧洲强国拯救。凯末尔在世界大战中表现优异，率领奥斯曼帝国军队成功地阻击了协约国的加里波利登陆，在俄国和美索不达米亚防线也进行了成功的阻击。那个时候，他还没获得“阿塔图尔克（土耳其国家之父）”的称号。

1919 年 5 月，就在希腊军队从士麦那撤离 4 天后，凯末尔抓住机遇，在安纳托利亚张贴公告，宣布自己为新运动的领导人，反抗对奥斯曼帝国的肢解。1919年9月，土耳其国民大会第一次大会召开，起草并发布了《国民公约》。这成为土耳其共和国的建设蓝图，一直延续到今天。

凯末尔无视伊斯坦布尔苏丹政府的权威，与其他民族主义者迅速在安卡拉成立了对立的临时政府。因为苏丹已经沦为傀儡，他的政府已被占领国控制，所以《色佛尔条约》的条款一公布，土耳其民族主义者就决定拒绝接受。有你的初一就有我的十五，现在轮到安纳托利亚说土耳其语的穆斯林对付说希腊语的基督徒了，就像百年前基督徒对付穆斯林那样。奥斯曼帝国已成过去。现代土耳其共和国将按照欧洲的模式，在安纳托利亚说土耳其语的核心地带，以及包围伊斯坦布尔的一小块欧洲土地上，建立一个世俗国家。伊斯坦布尔将不再是首都。而且，与其他民族国家一样，这个国家的支持者们为了将国土从外国占领者手中解放出来，已做好了参战的准备，不惜献出自己的生命。所谓外国占领者，指的就是这次世界大战的胜利者。但是，维尼泽洛斯从协约国那里接受了占领士麦那和埃登行政区的指令，这就意味着希腊成了占领军的代表。于是，希腊和土耳其之间爆发了战争，战争从1919年持续到1922年，这场战争被土耳其看作“独立战争”。希腊和土耳其为了建立现代民族国家，都以对方为对手，打了一场“独立战争”，从对方的占领和奴役下独立出来。

当然，在1921年年初，人们是不可能认识到这一点的。希腊在雅典成立了新的政府。将新政府组成人员及其支持者凝聚在一起的，只有对曾迫害过他们的维尼泽洛斯支持者的仇恨。维尼泽洛斯悄无声息地离开了希腊，但依然密切关注着事态的发展。在多数观察家看来，凯末尔在安卡拉获取新政权的过程就像是一场叛乱，新生国家还没有获得国际上的认可。巴黎和会的整个逻辑是，战胜者主宰失败者的命运。当然我们现在知道，这个逻辑有点儿问题。德国的莱茵兰被法国占领了，其经济因为恶性通货膨胀而瘫痪，经济瘫痪的部分原因是不得不支付巨额赔款。奥匈帝国解体。不论巴黎和会如何分配奥斯曼帝国的残余领土，这都是来自国际社会的新命令，它都必须遵从。

正是在这样的态势下，维尼泽洛斯才在1920年10月给劳合·乔治写了封信。凯末尔的公然挑衅和威胁只不过是促进了《色佛尔条约》的强制实施。如果有一个《色佛尔条约》主要签署国的授权，维尼泽洛斯就会再一次派遣希腊军队去奥斯曼帝国执行《色佛尔条约》。

这也是雅典新的保王派政府早在1921年就决定实施的战略。关于他们为什么这么做，依然是一个谜，因为这个战略是他们痛恨的维尼泽洛斯的遗产，而且他们还要完全依靠英国的支持。康斯坦丁重返希腊王位，失去了英国的支持。有人认为，虽然希腊新政府害怕国内的敌人维尼泽洛斯，但是同样憎恨驱逐希腊族的凯末尔及其土耳其民族主义者，因此强打精神，向世界，尤其向英国展示，即便没有维尼泽洛斯，政府也一定能管理得很好。如果希腊新政府不对凯末尔采取军事行动，那么可能会被推翻。这一旦成真，“维尼泽洛斯式的恐怖”就会重演。希腊即便在安纳托利亚的战争中被土耳其打败，也比面对维尼泽洛斯回来要好一点儿。[15]

所以，又是因为深度撕裂的政治，希腊新政府在1921年春天陷入与凯末尔的战争，派去打仗的部队正是那支几个月前刚刚清洗过军官的部队。这些军官是上一任政府提拔的，所以遭到了清洗，他们中的很多人都有战功，参加了1917年和1918年的马其顿防线战役。希腊军队在3月的第一次进攻被击溃。此时恰逢希腊革命爆发100周年，这次失败显得尤为不光彩。经过重组，人民党领导人古纳里斯再度领导希腊政府。出于对第一次军事失败的不甘心，康斯坦丁亲自率兵去士麦那，不过他也就是一个象征性的最高指挥官罢了。请求康斯坦丁亲征，好像是古纳里斯的主意。扬帆出征的那个日子是另一个纪念日——5月29日，那是君士坦丁堡1453年陷落于奥斯曼人之手的日子，最后一任拜占庭康斯坦丁皇帝在战争中死亡。1921年的这一天，拜占庭康斯坦丁皇帝的精神继承者、被一些人称为“康斯坦丁十二世”的希腊国王带兵出征了，旨在实现“圣城”回归东正教的古老预言。不要对康斯坦丁过于苛求，他虽然才50多岁，但“已经老态龙钟，病容满面，没有了往日的固执和意志”。[16] 7月10日，两个希腊武装纵队往东进发，攻击凯末尔的临时首都安卡拉。

萨卡里亚河之战被描述为“一战的最后的战役”，[17] 是于8月底和9月初在安纳托利亚高原中部的酷暑中进行的。希腊军队的补给能力已经达到极限。土耳其人则有着可以从远东不断地补充兵员的优势。但是，土耳其人也缺少粮食、武器和弹药。安卡拉的临时政府不能像一个组织有序的国家那样动员一切资源。希腊有着更好的组织和更强的军队。但是，不到最后一刻，战争的结果都是无法预测的。凯末尔甚至制订了放弃安卡拉的应急计划，首先撑不住的却是希腊人。经过将近3周的鏖战，希腊下令撤退。其实，希腊的军队距离凯末尔的临时首都只有不到50英里的距离。但是，希腊已无计可施，只有撤退。

战争的残局拖了整整一年。希腊军队依旧坚守在战争开始前构筑的防线上——距离爱琴海岸以东大约200英里。11月，古纳里斯政府在雅典的议会里赢得信任选票，竭力游说英国外交大臣寇松，希望英国出面调停希腊与土耳其之间的冲突，并希望得到一笔贷款来应付军队高居不下的支出。英国方面半心半意地答应了，但是没有任何行动。为了筹集资金，希腊政府采取了越来越疯狂的措施：在1922年春天，将所有流通的钞票全部召回，要将它们一分为二,一分钱掰成两半花。希腊政府最终在1922年5月倒台，新的联合政府上台。所谓联合，从某种程度上说，就是维尼泽洛斯主义反对派的联合。

随着战场上的战火拖延不熄，希腊在安纳托利亚的战役没有任何体面结束的迹象，希腊国家和希腊民族国家之间的裂痕进一步增大。过去6年持续不断的内战以及其他冲突搅动起来的所有丑恶开始浮出表面。8月，一份亲政府的报纸《每日报》发表了一篇著名的社论，题目是《回家……》。社论呼吁“再也不能在那个还活着的人无情地施加到希腊人身上的冒险事业上流血牺牲了”，当然，那个人指的是维尼泽洛斯；现在“应该放弃小亚细亚，把它还给其尊贵的居民吧”。在希腊语里，从罗马时代起，小亚细亚一直被称为“安纳托利亚”。使用“小亚细亚”这个词汇好像是为了抹去希腊基督徒和土耳其穆斯林之间的差别，而这一差别是希腊从一开始建立民族身份认同所依据的基础。该报编辑乔治斯·弗拉乔斯后来承认那篇社论是在古纳里斯的授意下撰写的。对古纳里斯来说，现在重要的不再是“已经解放了”的民族国家的未来的问题，而是希腊国家及其机构的荣誉和名声，特别是军队的荣誉和名声。

也许最令人不寒而栗的话，出自希腊在安纳托利亚地区职衔最高的政府官员——士麦那高级专员阿里斯泰迪斯·斯特里贾迪斯之口，此话似乎是预言。有人问：“在已经不可能避免一场人类灾难的情况下，你为什么不帮助希腊人逃离那个城市？”据说，斯特里贾迪斯是这样回答的：“他们最好待在这儿，被凯末尔杀掉，如果他们返回雅典，就会把那儿的一切弄得天翻地覆。”[18] 尽管 1922 年那场噩梦般的战争已经过去了很久，但那种恐惧依然没有散去。

与一年前的萨卡里亚河战役一样，结局是在夏末酷热的几周里突然而至的。土耳其人于 1922 年 8 月 22 日拂晓在很长的战线发起攻击，两天后，希腊军队全面撤退。截至 9 月 8 日，残兵败将龟缩在士麦那的狭小腹地中。根据命令，希腊残军迂回士麦那，往南撤退，然后从切什梅港上船回国。切什梅港与希腊希俄斯岛中间仅隔了一道很窄的海峡。对将近一个世纪的扩展梦想来说，这样的结局是一种耻辱。“伟大理想”死了。

第二天，也就是 9 月 9 日，凯末尔的先头部队进入士麦那。这一天依然是士麦那的纪念日。1982 年，度库兹埃路尔大学在士麦那创立，大学名字的意思就是 9 月 9 日。在土耳其的希腊人和亚美尼亚人的苦难就要开始了。亚美尼亚人无处可去，在自己的家中被有组织地杀害。在一周多的时间里，希腊妇女和儿童涌进城市。士麦那著名的码头有 1 英里多的海岸线，全挤满了绝望的难民。岸边建有新古典样式的高楼，欧洲强国盟友的战舰停泊在海湾中，但是船员接到了严格的命令——只能搭救自己国家的人。到了夜里，土耳其人的探照灯扫射着岸上的人群，机关枪和狙击枪肆意地向这群人开火，将试图游到装甲舰安全地带的人击毙。恰在此时，有一位美国慈善家伸出援手。他的船队使数千名前奥斯曼帝国的希腊人在凯末尔的最后期限到来以前离开了士麦那，多数人是妇女、儿童和老人。适龄的男人早就被围捕了，被征入劳动营，到内陆服苦役。

整个城市很快就淹没在火海中。从 9 月 13 日起，一连三天，大火烧毁了这个“异教之城士麦那”的大部分。这场大火受到美国人、希腊人、获胜的土耳其军队以及后来进城的非正规军的谴责，纵火被认为是犯罪。不论是有意还是无意（有证据表明可能是无意），大火的结果是几乎将希腊人和其他欧洲人的所有可视痕迹全都清除了。这些外来人在这里生活了好几百年，把士麦那建设成了黎凡特最大的文化圣地和商业中心之一。

1921—1923 年，在士麦那城及其周围和安纳托利亚的其他地方，到底有多少希腊基督徒和亚美尼亚基督徒丧生，谁也不知道。据推测，大概上万人丧生。这么巨大的死亡数字也只反映了奥斯曼统治之战期间各方全部生命损失的一小部分，这场战争长达 12 年，现在终于要结束了。据估计，截至 1923 年，生活在奥斯曼帝国 1911 年疆域之内的所有人口，包括穆斯林和基督徒，减少了 20% 左右。也就是说，人口死亡率（包括进出帝国的难民）是 1/5。[19]

一年多后，土耳其共和国正式宣布成立，在它的年鉴中，伊兹密尔（士麦那）的攻取标志着国家独立战争取得了最重要的胜利。对希腊人来说，这座城市的毁灭以及随之而来的大屠杀和驱逐出境，成为他们记忆中的“小亚细亚大溃败”（往往简称为“大溃败”）中最恐怖的一幕。

惩罚

那个时候，希腊的反响很迅速、很强烈。士麦那的灰烬还没有变凉，分散在附近岛屿希俄斯岛和莱斯博斯岛上的部队军官就在 9 月 26 日成立了革命委员会。这个委员会要求政府解散、康斯坦丁立即退位，进而为这次灾难负责。革命者搭乘的船只还没有到达比雷埃夫斯港，惊慌失措的政府就已经答应了他们的全部要求。康斯坦丁在月底离开了希腊，这一次是永远离开了。他的长子继承王位，成为乔治二世。不久前在士麦那城外被击败的大约12 000名士兵，现在则昂首进入雅典。革命委员会接管了政府。这次事件本来可以成为抹平过去几年来恶性分裂的一味精神良药，但是机会好像很快就消失了。没过几周，新的军政府背后的主导力量渐渐浮出水面，他们是维尼泽洛斯的支持者。这位希腊前总理一直隔岸观火，在国外表示自己愿意代表新的政府。

同时，应外国政府及其在雅典的代表的强烈要求，希腊成立了公审法庭，判决对这次灾难负有最大责任的5名政客和1名军事指挥官有罪。“六人”（这是日后人们对他们的称呼）在古蒂的山顶上被处决。古蒂这个小地方既可以成就胜利，也可以见证失败。1909年，这里首倡暴动，将维尼泽洛斯第一次送上权力的宝座。现在，这里成了那“六人”事业和生命的终点。他们是希腊前总理迪米特利亚斯·古纳里斯；外交部部长乔治斯·巴尔塔季斯；战争部部长乔治斯·塞奥托卡斯；当时不幸担任总理的佩特罗斯·普罗托帕帕扎基斯；尼古拉斯·斯特罗斯，是维尼泽洛斯的宿敌，刚担任外交部部长；军队参谋长乔治斯·查兹奈斯蒂斯。

军事法庭对那“六人”叛国罪的指控当然是荒谬的。没有任何一个人，包括被指控有罪的那几个人，会愿意损害自己国家的利益，更不用说摧毁了。但是，指控定罪和判刑执法完全反映了一战初期以来在维尼泽洛斯支持者和反对者之间流行的谴责和反谴责的语言风格。“叛国罪”是对国家真正利益的误读。很明显，那“六人”成了替罪羊，是在国家蒙羞和报复失败的狂乱中被依法谋杀了。正如前面所观察到的，这样的放血治疗只能让谁该为这次灾难真正受到惩罚的问题沉到了表面之下，而且让问题隐藏了几十年。[20]

这个事件引发了维尼泽洛斯个人应负多少责任的问题。对那些从一开始就害怕和憎恶维尼泽洛斯的政策以及影响的人或者那些在“维尼泽洛斯式的恐怖”岁月中受到迫害的人来说，罪魁祸首就是维尼泽洛斯，这是不证自明的。至少从 1915 年起，维尼泽洛斯就被他的对手称为“卖国贼”。不论是因为出现在安纳托利亚的国家耻辱，还是因为那“六人”的死刑判决；不论是在维尼泽洛斯生前，还是在他死后多年，希腊社会的这一批人是不会原谅维尼泽洛斯及其支持者的。更为冷静的历史学者，不论是当时还是以后，对维尼泽洛斯及其遗产都没有敌意，但也不愿意宽恕他。

还有一种说法被提出，那就是那次灾难的根源在于维尼泽洛斯 1919 年决定接受协约国的授权并派遣军队去士麦那。一年半后，他在选举中败北，由于没有认清土耳其国家主义的真正本质，他让自己犯下的错误变得更加复杂。因此，在安纳托利亚腹地与凯末尔进行新的军事决战的计划，从一开始就注定要失败。最终的灾难是维尼泽洛斯的错误导致的，他是这次失败的始作俑者，他的继任者只不过是将他的计划推向了痛苦的终点。不管怎么说，在安纳托利亚西部构建一个希腊飞地，从来都是行不通的（正如梅塔克萨斯将军 1915 年警告的那样）。在那个地区，任何边界都抵御不了土耳其人从东边的进攻。将士麦那从其穆斯林土耳其腹地隔绝，在经济上也不会有什么好处。如果希腊统治那个地区，那么士麦那几年后就会丧失存在的理由。[21] 所以，这个说法还有令人信服之处。

这些问题无可避免地会引发一些思考。但是，我们先来谈第二点，将士麦那与萨洛尼卡的情况比较一下。两个城市的自然背景和经济历史非常相像，甚至都被大火烧毁过，而且烧毁之前的传统城市布局也差不多。一个城市在 1917 年发生了大火，另一个城市在 1922 年发生了大火。士麦那的希腊人口和占全市总人口的比例都大于萨洛尼卡。自从 1912 年成为希腊的一部分后，萨洛尼卡在很多方面都与大陆腹地隔断了。这包括在冷战期间将欧洲分开的“铁幕”存在的那半个世纪。那道“铁幕”就从萨洛尼卡北部 50 公里处经过。希腊与马其顿和色雷斯的边界是在 1913—1923 年勘定的。1941 年遭受入侵时，希腊根本无法防御。可以设想一下，维尼泽洛斯和凯末尔在安纳托利亚西部商定了希腊的边界，在没有后来发生的人口急剧变动的形势下，这个城市可以得到进一步的巩固。毕竟，维尼泽洛斯1923年在洛桑与凯末尔的代表伊斯梅特帕夏以及1930年与凯末尔的磋商，充分证明了他解决争端的外交才华和实用技巧，而希腊当时面临的形势还没有1920年和1921年的形势有利。极具讽刺意味的是，如果上面的情况出现了，那么与中立的土耳其毗邻的希腊安纳托利亚省就可能成为20年后希腊逃脱轴心国军队占领的唯一通道。

那么，1919年就会有进入安纳托利亚的重大决定。关键在于，维尼泽洛斯只有在确保能够得到欧洲强国的支持后，才会采取行动，也总会采取行动。[22] 1919年，他获得了他需要的欧洲强国的支持；1920年，他下令军队在安纳托利亚和色雷斯扩大占领区时，也得到了他需要的欧洲强国的支持。在黯然离开总理办公室时，他又一次期待得到欧洲强国对他留任的支持。与他的总理继任者不同，如果没有得到更强有力的保证，那么他绝不会在1921年继续推进领土扩张。但即便没有这些保证，那场战役也几乎大获全胜，这已经是非常了不起的了。在萨卡里亚河之战中，希腊距离胜利仅一步之遥。土耳其人都做好了放弃安卡拉的准备。即便凯末尔本人似乎也经历了绝望的时刻，有可能放弃战争。[23] 协约国军队尽管不再积极支持希腊人，但是依然控制着君士坦丁堡和爱琴海与黑海之间的海峡。它们占据前奥斯曼帝国那个立足点的决心还没有受到考验。（1922年9—10月的恰纳卡莱危机期间，考验降临，随之而来的让步使得英国首相劳合·乔治黯然辞职。）单纯从军事的角度来看，即便在那年8月土耳其反攻的时候，优势的天平依然偏向希腊这一边。如果希腊军队的士气再高一点儿，那么战争的结果很可能是另外一个样子。[24]

因此，即便在维尼泽洛斯第一次派遣希腊军队的3年后，即便在他卸任总理将近两年后，安纳托利亚的失败也并不是必然的。同时，即便希腊没有后勤保障和外交优势，如果维尼泽洛斯一直担任总理，那么通过军事力量击败凯末尔的战略也要比一般认为的更容易成功。

如果说维尼泽洛斯有错的话，那么他的根本错误发生在更早的时候。他与外国政要进行磋商的才华远远高于在国内使用的政治手腕。正是因为他过早地坚持希腊加入协约国，他的国家才被强加上了“政治大分裂”，协约国成员国也认为维尼泽洛斯的建议有点儿超前。他本来还可以再等等。他本来可以与康斯坦丁和参谋长进行合作。他本来可以把他的游说才华用在最需要的地方，而这个地方也正是离他的家最近的地方。国外和国内两个阵营之间丧失信任，似乎发生得太早了点儿，由此造成的损失将被证明是不可弥补的。维尼泽洛斯的国家扩张计划的总体逻辑是基于他作为克里特人，也就是一个外人对民族国家的理解的。如果他想获胜，那么他就得把他理解的国家概念贩卖给旧希腊的领导人和民众，因为那些人已经习惯于19世纪30年代巴伐利亚人到来以后的舒适的、按部就班的生活。

梅塔克萨斯将军的观点完全具有代表性，他是康斯坦丁的前参谋长，也是后来将希腊带入二战的独裁者。在1914年7月战争一触即发时，他在一封私人信件中吐露：“在这次巨大的灾难中，我希望我们亲爱的小小希腊能够幸免。”[25]在“分裂”声最大的那些日子里，保王派的新闻媒体天天在宣传这样的观点，一点儿都没有个人的真诚。维尼泽洛斯及其支持者怒斥这些东西，将其称为“狭隘主义”，而他们与此相反，去竭力追求“民族国家”没有边界的地平线。维尼泽洛斯的失败是因为没有认识到那些希望维持“一个小小的、光荣的希腊”的领土完整的人的激情和恳切，没有让他们得到渴望的东西。维尼泽洛斯好像不能理解他的对手的观点，所以就诉诸与磋商和沟通完全对立的措施。比如，大概是1915年夏天，他曾断定，实现他的目标的唯一办法是推翻他领导的政府的宪法基础，废除国王的权威。维尼泽洛斯采取的每一步措施都会强化他在国外的作用，但会致命地削弱他在国内的作用。

最多晚至1914年，灾难的种子便种下了。但是，维尼泽洛斯在一件事上是没有做错的，不能被冤枉。那就是他已经完全吸取了1897年的教训。1912—1920年，希腊的每一点军事进展和外交成果都是与外国合作伙伴联合取得的。军事和外交是协力推进的，一方促进和服务于另一方，一方对另一方经历的机遇和困境给予积极回应。在1921年和1922年，尽管这两方都很重要，难分伯仲，但是希腊保王派政府不愿意或者没有能力恢复与外国的合作伙伴关系，这产生了不利的影响。对此，希腊政府自己也感觉到了，因为在1922年8月面对土耳其的进攻时，希腊新招募的军队缺乏斗志，士气低落。作为现代国家，与土耳其相比，希腊是先建国的，其外交和战争双管齐下，意在扩大疆域。“大溃败”的直接原因是外交的失败。这个错误，维尼泽洛斯永远也不会犯。

代表希腊参加和谈的是维尼泽洛斯，这次和谈是由新成立不久的国联主持的，安排在瑞士的湖畔小镇洛桑。维尼泽洛斯的谈判砝码不多。穆斯塔法·凯末尔的代表是伊斯梅特帕夏，后来为人所知的名字是伊诺努。他态度强硬，不妥协，一定要实现自己提出的要求。完整的和平条约的内容直到第二年7月才尘埃落定，其条款包括国际社会承认凯末尔领导的土耳其是一战以后新建立的民族国家之一。如果从希腊开始算起的话，那么欧洲大陆民族国家的建立历程就将近一个世纪了。

维尼泽洛斯和伊斯梅特帕夏于1922年11月聚首洛桑，他们在外交磋商中面临的最为迫切的问题，是如何应对一场即刻就要爆发的人道主义危机。大约80万希腊人已经逃离安纳托利亚，还有25万人正在从东色雷斯蜂拥而出（希腊军队于10月解救出来的人）。伊斯梅特帕夏态度很明确，新的土耳其政府不准备让这些人再回去。磋商的结果是一个大胆的人口迁徙计划。如此大规模的迁徙是前所未有的。1923年1月30日签署的《洛桑条约》，对20世纪和以后解决未来冲突产生了不好的影响。

条约的开端就赤裸裸地言明希腊和土耳其全权代表达成的协议：

> 从1923年5月1日起，两国进行强制性的人口交换，交换的人口是居住在土耳其领土上的信仰东正教的希腊族土耳其公民和居住在希腊领土上的信仰伊斯兰教的希腊公民。

没有土耳其政府或希腊政府的批准，这些人不得返回他们生活过的土耳其或希腊。

唯一的例外是生活在君士坦丁堡的希腊人和生活在西色雷斯的穆斯林。[26] 一夜之间，几乎整个希腊民族国家被塞进希腊国家的现有边界之内。“伟大理想”在士麦那城外的战场上结束了，没有想到的是，它现在以这么一种方式完结，但这毕竟也是一种实现。但是，一战期间重现的那道裂痕，直到50年后才得到修复。

第八章

从头再来

（1923—1940）

世界上大多数说希腊语的人现在成为100年前在革命中诞生的希腊国家的公民，这在希腊历史上还是第一次。其结果是，1922年以后的20年时间里，发生了很多与19世纪30—40年代希腊独立后最初那些年很类似的情况。再一次，几乎一切将从头开始建设；再一次，就像巴伐利亚人统治时期一样，人们苦苦思索——如何马上变成希腊人和现代人，所谓现代人也就是西欧人。到处都是新的思想，到处都对欧洲开放，特别是对西欧开放。正如曾经发生过的那样，拜占庭帝国和东正教的东方遗产再一次黯然失色，人们更愿意重新定义自己的文化渊源，从最绚烂的古希腊文明直接承继到今天。这是可以理解的，因为从地理上说，希腊是那个古代文明的核心地带，古代文明的两个中心雅典和斯巴达正好与希腊国家基本上确定的疆界相吻合。当希腊军队从安纳托利亚狼狈地撤离以后，那个东方的地平线就永远地消失了。将拜占庭帝国千年的历史记忆与此联系起来只会带来更多痛苦。

1922年“小亚细亚大溃败”以后的20年是各方面都大力复兴的时代。因为国家的政治基础几乎被打破了，经济已经崩溃。从经济上和社会上说，希腊在两次战争期间要比10年动乱之前还要穷，还要落后。[1]一个世纪前也是这样，那时现代希腊刚从革命造成的破坏中诞生。在这两个时期，独裁政府要么是一个现实存在，要么是一个挥之不去的威胁，希腊现代历史上的其他时候则没有这种情况。就像 19 世纪 30 年代那样，再一次，当人们说起希腊民族国家的时候，他们实际上指的是希腊国家。20 世纪 20—30 年代的复兴，将以前所未有的、极端的方式聚焦希腊国家及其国家制度的建设。

复苏和重建

1922 年以后对土耳其难民的安置，被称为“希腊国家在和平时期的最大成就”，这是很公允的。[2] 但是，与希腊国家将近 200 年里的其他成就一样，这个成就也是在国际合作的基础上取得的。协调国际救援行动的是成立不久的国联，具体事务由美国外交人员亨利·摩根索负责，这一工作持续了 7 年时间。洛桑会议的调停人是挪威前极地探险家弗里德约夫·南森，他是国联第一任难民事务高级专员。国联出面协商安排的外国贷款也很必要。再一次，希腊前方的路不只与希腊人有关。

1922—1925 年，到底有多少难民来到希腊，这可能永远也没有人知道。最可靠的推测是 130 万 ~140 万人，这个数字相当于希腊原来人口的 1/4。为了便于理解，如果我们以这个比例计算，就英国而言，2019 年的移民人口就是 1 600 万，是在 3 年时间里陆续消化吸收的。而就美国而言，这个数字就是 8 000 万左右。洛桑会议规定，希腊新来的难民要把在希腊生活的大约 1/3 的穆斯林“换出去”，从而使得希腊净流入人口达到 100 万左右。根据 1928 年人口交换后进行的第一次人口普查，在希腊，每 5 人就有 1 人是难民。[3]

希腊这个国家被改变了，这种改变不只是人口上的，还有社会、政治、经济上的，甚至还有体格上的。雅典、比雷埃夫斯以及萨洛尼卡等城市周围，涌现出一大批棚户区小镇。在马其顿、伊庇鲁斯、色雷斯、爱琴海北部和东部岛屿以及克里特等新国土以及希腊早在 1881 年就获得的色萨利，世世代代安居乐业的穆斯林家族和社群被迫离开，从而为新来的难民让位。多数点缀乡村风景以及在古老绘画和摄影中凸显萨洛尼卡天际线的宣礼塔被拆掉了，清真寺被改成仓库或电影院。据说，不论是当时还是从那以后，很少有希腊人对那些被迫离开家园的穆斯林表示同情。在克里特，艺术史学家和小说家潘泰利斯·普雷韦拉基斯目睹了说希腊当地方言的“土耳其克里特人”被强制搬离的过程，并记录下来：

> 军人在土耳其人居住区的周围拉上了警戒线，控制了港口的入口，然后让土耳其人排成一列，依次上船……他们甚至因悲伤过度而昏厥过去……他们从家里走出来，穿着破旧的衣服，双手有着血污。妇女摘掉了她们的头巾。他们走在两排士兵之间，就像是被现场抓获的小偷，他们红着眼睛往边上看着曾经的家园，他们的嘴巴紧闭着，强抑着内心的悲伤。

几乎一个世纪以后，这些人的子孙后代在西安纳托利亚这个新的被安置的家园生活，保留了克里特方言以及一些克里特习俗。[4]

在希腊，所有的眼睛都关注着那些新来的难民的困境。摩根索大使描述了他于 1923 年 11 月在萨洛尼卡港口看到的司空见惯的场景：

> 我看到 7 000 人挤在一个正常情况下只能乘坐 2 000 人的船上。他们像沙丁鱼一样在甲板上拥挤着，蠕动着，这简直是人类惨剧。他们在海上已经漂泊了 4 天，船上没有地方允许他们躺下睡一会儿。他们没有东西吃，无法上厕所。四天四夜里，他们一直站在空旷的甲板上，任凭秋雨浇淋，任凭夜风透骨，任凭艳阳暴晒。他们上岸的时候，眼窝深陷，衣衫褴褛，病容满面，浑身虱子，饥饿不堪，散发出恐怖难闻的屎尿味道，绝望地弯腰前行……[5]

这是希腊军队在安纳托利亚溃败以及士麦那大火一年多以后的情况。当时逃离士麦那、西安纳托利亚以及东色雷斯地区的难民的遭遇一定比这还要糟糕，其惨状可能无法想象。摩根索看到的是洛桑会议的决议正在实施时的情况，希腊人口从远东的疏散和撤离相对来说比较有秩序，他们不是直接从战场上被抓住并在威逼下逃难的。而且，这些船上还有些军人，他们是俘虏，在土耳其腹地的劳动营的残酷条件下幸存下来，终于等到《洛桑条约》的签署，在 1923 年 7 月敌对状态结束后最终被释放。

人们常言，这些难民带来了新的技术、新的人力，对世界更宽阔的认识，更辛辣、更具异国情调的食物（最后一项肯定是真的）。这一切都为希腊带来了长远的利益。但在 20 世纪 20 年代，人们的感觉绝不是如此。与很多不同历史危机中的多数移民一样，这些难民好不容易才适应新的家园。首先，迎接他们到来的是大量的恐惧和怀疑。1916 年希腊内战期间，雅典城里第一次出现市民对那些逃离奥斯曼帝国迫害的人的谩骂。在 20 世纪 20 年代，这种谩骂的声音被放大了——新来的人根本不是什么“真正”的希腊人，而是“土耳其的杂种”，不是什么真正的基督徒，只不过是“在酸奶里浸洗了一下”。[6]

他们来自各个社会阶层。有些人来自城镇，有些人是农民或牧民。很多人发现，他们被安置的地方是他们不适应的环境，比如，以前的城市居民被安排在农业地区，农民面对的是不熟悉的土壤、地形地势和气候。有些人是来自安纳托利亚腹地的东正教徒，说的不是希腊语，而是土耳其语。而希腊狂热者认为，来自黑海沿岸特拉比松附近地区的本都人说的方言，比其他语言都更接近古希腊语，但是其他地方的希腊人已经很难听懂这种方言了。在接下来的 20 年里，“难民”已成为一个类别，被作为一个未同化的（巨大的）因素，在希腊的社会和政治生活中非常突出。比雷埃夫斯郊区的一个难民区，是希腊最为著名的难民区之一，后来以绰号“科基尼亚”进入了希腊神话，这个绰号直到今天都几乎让官方名字尼凯阿黯然失色。尼凯阿的名字源于《尼西亚信经》的诞生地尼西亚，就是今土耳其伊兹尼克。真正的同化可能一直到20世纪80年代才完成。

其他族裔的人群尽管人数少得多，但在同化吸收方面更为困难。虽然人口交换使希腊免除了为大部分穆斯林寻找居住地的麻烦，但还是有少数穆斯林留在了希腊，他们生活在西色雷斯的穆斯林少数族裔居住区，受到《洛桑条约》的保护。从某种程度上说，他们的居住区与希腊的其他地方割裂了。西色雷斯的穆斯林是希腊唯一被官方承认的少数民族。其他没有通过人口交换而离开的穆斯林，有说阿尔巴尼亚语的恰梅里亚人，他们都生活在伊庇鲁斯。在那个地区的其他地方有（现在还有）瓦拉几亚人社区，他们是说与罗马尼亚语相似的语言的基督徒。希腊的好几个地方都有一些存在了几百年的犹太社区，那里的人说的是希腊语（这些人是拜占庭犹太人）。但是在萨洛尼卡，有个社区与犹太教保持着明显的身份认同，说的是源自西班牙语的一种语言，这个社区在20世纪20年代依然有5万多人。在20世纪20—30年代，马其顿还有很多从前归属于保加利亚教会而且依然说斯拉夫方言的人。虽然在两次世界大战期间，他们的人数可能达到了25万，但是希腊政府从来没有正式承认过他们，他们被称为“斯拉夫马其顿人”。[7]

与1913—1923年相比，现在不愿意留在希腊的人少多了。但是这些依然生活在希腊的其他族裔的数量，一点儿不少于那些从种族上被认为是希腊人但又往往因为是“他者”而被鄙视的人的数量，在随后的20年里将遭遇很大的同化压力。[8]在国家和内涵更宽的民族之间的区别几乎都被抹去以后，中央政府仍在努力同化其不同民族的国民。但即使同质性出现了，这也不是因为希腊政府，而是因为20世纪40年代的完全崩塌——一场世界大战的恐怖和残酷的占领。当那个时刻到来，那些不同的民族多数会因为自身的不同而付出高昂的代价。

尽管有这些艰难的挑战，但20世纪20年代也有一些了不起的成就。难民得到了安置，与其他人一样，居者有其屋。经济开始复苏。新的一代知识分子和艺术家正在思想和观念激荡的熔炉里成长起来。其中一位是乔治斯·塞奥托卡斯，他在下一个10年开始写作，在全景式的小说《阿耳戈号》中描述了那个时代的大学里的青年学子。那些学子被称为"阿耳戈号英雄"，他们会为了每一个新的哲学、政治和艺术思想或运动进行充满激情的辩论，但是会深情凝重地、意志坚定地团结在所继承的"伟大名字"之下，并不辜负它。对这些年轻的男人以及少数的女人来说，现在是他们的时代：

> ……他们要让自己从贫瘠的过去中解脱，面朝大海，再一次追求精神生活，不再亦步亦趋地模仿他们伟大的祖先以及比他们祖先还晚出现的国外先贤，而是要当探索者，当征服者，当真正的希腊人。[9]

塞奥托卡斯在文章中回顾了这些极富创新的一代人成长的岁月。他们的创新不仅体现在文学方面，而且体现在所有的艺术方面。在文学上，他们被称为"20世纪30年代的一代"，但是早在10年前，也就是在小亚细亚大溃败刚结束时，他们这个群体就孕育形成了。塞奥托卡斯的第一本书出版于1929年，以辩论的形式展现了希腊艺术的新时代。这本书的名字是《自由精神》，作者一开始想象自己在高空的飞机上俯视欧洲大陆。在这样的高度，一个国家和另一个国家之间的差异开始隐去。《自由精神》认为，尽管欧洲有种族的不同，但它实际上是一个实体，希腊人应该走出去，到大欧洲中实现自己的命运。小亚细亚大溃败已经吹走了一个完整的世界。正如欧洲其他国家在一战的创痛之后凤凰涅槃，希腊富有创新能量的年轻人应该抓住机会。塞奥托卡斯得出结论："对勇敢的先锋探索者来说，时机成熟了。"[10]

诗人乔治·塞菲里斯是塞奥托卡斯的朋友，他早期的一首诗摆脱了传统诗文创作的束缚，成为所在城市现代地平线上的一个象征符号。诗的名字是《辛格鲁大道（1930年）》，这让人想起那条宽阔的、笔直的大道。那条刚落成的大道将雅典市中心和法利罗海岸连接了起来，大道的名字来自君士坦丁堡银行家和慈善家安德烈亚斯·辛格罗斯。[11]这两位作家在幼年时都是奥斯曼帝国的公民，其中塞菲里斯在士麦那，塞奥托卡斯在君士坦丁堡。两人在巴黎完成学业后都定居雅典。20 世纪 20 年代末，奥德修斯 · 阿莱普德利斯还在巴黎，学习和吸收新兴起的超现实主义的精神，并翻译该思潮的主要推动者之一保罗 · 艾吕雅的诗作。阿莱普德利斯后来取笔名埃利蒂斯，一部分原因就是表达对艾吕雅的敬意。20 世纪后半叶，塞菲里斯和埃利蒂斯分别在 1963 年和 1979 年获得了诺贝尔文学奖。

这些名字只是其中的著名的名字，下面还有很多其他的名字。进入 20 世纪 30 年代，希腊前所未有地出版了大量的进行新思想和新技巧试验的诗集与小说，这在巴黎、伦敦和纽约引起了轰动（也常常引起愤怒）。其他的艺术领域也是这样。1925 年，在巴黎和慕尼黑完成学业后，季米特里斯 · 皮基奥尼斯返回希腊，成为几十年来对希腊建筑影响最大的人之一。皮基奥尼斯最为人称颂的，是 20 世纪 50 年代的对围绕雅典卫城的矮坡的景观设计。在绘画领域，尼科科 · 吉基里亚科斯-吉卡斯，超现实主义画家尼科斯 · 恩戈诺普洛斯、扬尼斯 · 察鲁希斯和扬尼斯 · 莫拉利斯等人都是在这一时期形成自己艺术风格的。作曲家尼科斯 · 斯卡尔科塔斯在德国艰难度日，在 1933 年回到希腊以前，他下定决心要走阿诺尔德 · 勋伯格倡导的音乐先锋派的路子。德米特里 · 米特罗普洛斯在 20 世纪 50 年代最为人知的头衔是纽约交响乐团指挥，还是一名先锋作曲家，并在离开希腊去美国前走上了与勋伯格相似的音乐道路。这些艺术领域的创新者或早或晚都获得了国际认可，他们赢得国际荣誉的规模是任何一代希腊人都不能比拟的，空前绝后。

获得国际认可的不只是年轻人。尼科斯 · 卡赞扎基斯 40 多岁时，已经转向了共产主义，在 1928 年出版了他在苏联的游记。同时，他开始构思可能是后来出版的最长的诗，是他为荷马的《奥德赛》写的续集。与其同时代的还有一位具有传奇色彩的人物——安杰洛斯 · 西凯利亚诺斯。1927 年和 1930 年，他与他的美国妻子伊娃 · 帕尔默一起在德尔斐组织举办了古希腊戏剧节。戏剧演出的目的是重现古希腊戏剧曾经拥有的全部要素，将戏剧台词与音乐、舞蹈和舞台可视艺术完美地结合起来。通过这种方式，古代剧院变成了一种超级现代的艺术形式。新的电影艺术媒介第一次用于拍摄在原始舞台场景下演出的古希腊戏剧。尽管没有马上引起其他地方的效仿，但是德尔斐戏剧节是 20 世纪 50 年代以后在全世界蓬勃兴起的国际艺术节的先驱，特别是希腊雅典的阿迪库斯剧场和埃皮达鲁斯的剧场多次举办的艺术节的先驱。

在 20 世纪 20 年代末和 20 世纪 30 年代，希腊文化和知识生活中充满着青春的生机与活力，但是其政治阶层或政治体制中的情况不是这样，掌权的是年老的一代。大溃败后最初的几年里，正常的国家政权控制都实现不了，因为 10 年前的分裂在继续凸显。

政客和军人

在国外惨败的军队在 1922 年归国后就开始掌权了。这是一个“革命”的政府，其在当年 11 月处死了那“六人”。1923 年 10 月，忠于乔治二世的军官试图发动一场反革命政变，虽然计划失败了，但是这为后来两次战争期间的多次军方干预开了先河。首先解决君主政治问题的是军人，而不是政客。总的来说，政客的知名度不如军人高。

传统上，军队一直坚定地忠于王室，在巴尔干战争期间效忠于康斯坦丁。但是，在因不满而导致的 1909 年的第一次军事政变中，一小部分人想彻底废除君主政治。这两个集团之间的裂痕被军官从 1916 年开始的一系列党派清洗和反清洗不成比例地放大了。对每一个在职的高级军官来说，至少还有一位曾被解职的同级别军官伺机再度上台。在两次战争期间，希腊实际上有两伙军方高级官员，但是岗位只够一伙人。因此，他们之间的对立已经不再是政治忠诚的问题，而是简单的保住就业岗位（如果在职）或夺回就业岗位（如果在野）的问题。在随后的 20 年里，体现这个现实做法的是支持君主制还是支持共和制。政治领导人几乎总是一成不变地发现自己被抵押给相互之间横眉冷对的军队对立派别。

1923 年年底，希腊从名义上回归文官治理，但这并不能改变当时的状况。在一个典型的事与愿违的事件中，希腊在 12 月举行了小亚细亚大溃败以后的首次议会选举，但是选举受到了支持国王的、反对维尼泽洛斯的所有党派的抵制。1924 年最初的几周时间里，维尼泽洛斯返回雅典，被选为总理。但他也没有能力管住军方，让军方不插手政治。3 月召开的一次选民大会通过投票废除了君主政治体制。在制宪大会确认选举结果后，希腊在 4 月正式成为共和国。在以后的半个世纪里，君主政治是希腊政治生活中争论得最激烈的话题之一。

1925 年，塞奥佐罗斯·潘加卡斯将军解散制宪大会，很快就任命自己为总统，对此，好像没有人感到奇怪，更不用说振臂一呼抗议了。作为一名年轻军官，潘加卡斯是 1909 年古蒂“革命”的发动者之一，那次革命把维尼泽洛斯送上了权力的宝座。潘加卡斯只当了一年多总统，就被他的对手赶下了台。这位对手也是一名将军，名叫乔治·孔季利斯，很快就迫于压力恢复了议会制度。1927 年，希腊的主要党派试图用几个月的时间搁置争议，协作管理政府。但是，直到第二年年初，它们都不能很好地合作。至此，政治舞台又留给了年迈的维尼泽洛斯，因为他才是唯一能够统一这个四分五裂的国家的领导人。

维尼泽洛斯多次声明，他已经退出政坛。但是在 1927 年 4 月，他从自我流放地回到了克里特老家。一年后，他宣布自己是新改组的朝气蓬勃的自由党的党魁。1928 年 8 月 19 日，距离他的生日还有几天的时间，维尼泽洛斯领导的自由党以希腊选举历史上的压倒性的优势获得胜利。支持维尼泽洛斯的人与其他小党派联合，在全部 250 个席位中获得了 223 个席位。待一切都尘埃落定后，塞奥托卡斯在小说中把维尼泽洛斯重返议会的场景放置在高潮部分：

（他）个子高挑，身材笔直，瘦削，结实，脸颊刮得锃亮并泛着健康的红润，朝四下里微笑致意，神秘的微笑中有慈父般的温和、女人般的优雅和高高在上的透视一切的能力；他专制又友善，平易近人，心胸开阔，待人亲切，意志坚定，对于他自己和他周围的一切都可以应付自如；他是个铁汉，但有着不同寻常的柔情、良善、智慧和灵活性。这就是总理埃莱夫塞里奥斯·维尼泽洛斯，他是奥德修斯的儿子，他充满着激情、力量、精神以及最为重要的艺术气质。[12]

对诸如塞奥托卡斯等维尼泽洛斯的支持者以及像他那样从新的土耳其迁徙到希腊的人来说，这是一个胜利的时刻，是一个令人狂欢的时刻，它标志着两次世界大战之间希腊唯一稳定的、民选政府的开始。这个统一的机会能将那么长时间走不到一起的所有党派聚集起来。毫无疑问，维尼泽洛斯是一位具有世界声望的政治家（不要介意这儿的夸张），他获得了修复那道裂痕的授权。在那道裂痕形成的过程中，他负有很大的责任。他宣称，他要改变希腊的面貌，让这个国家“完全变个模样”。这就是被称为“维尼泽洛斯主义第二个黄金时代”的开端。[13] 塞奥托卡斯和他那个时代的希望与梦想似乎就要完全实现了。

这一切的开端非常好。几乎 20 年前，维尼泽洛斯第一次总理任上启动了不少项目，但是后来都停顿了，现在雄心勃勃的经济和社会改革计划让它们得以复苏和实施。土匪是希腊农村生活苦难的根源，巴伐利亚人在一个世纪前就想消灭他们，此刻终于把他们彻底剿灭了。现在依然使用的社会安全体系是在那时候建立的。新的农业银行的成立、土地所有制的改革、沼泽湿地的垦拓，都促进了主要靠土地生活的人口的繁荣和发展。

希腊在外交政策方面采取了更加大胆的措施。正如 1923 年与意大利、1925 年与保加利亚发生的小摩擦所显示的，希腊新边界的安全还不能得到完全的保证。从希腊在安纳托利亚被击败的那一刻起，维尼泽洛斯就接受了新希腊地缘政治的现实。他开始系统地与以前的对手和敌人建立区域性的联盟，一个接着一个地修复了与意大利、阿尔巴尼亚以及新成立的南斯拉夫之间的关系，并确定了边界。希腊与罗马尼亚之间的关系在上一任政府那里就已经变密切了。维尼泽洛斯还尽最大努力与保加利亚达成谅解。这些外交成就中最引人注目的是两个现代共和国——希腊与土耳其在 1930 年 10 月底签署的影响深远的《友好、和解和司法解决条约》。这是促成 1934 年建立巴尔干联盟的条约，包括希腊、罗马尼亚、土耳其和南斯拉夫。在地区性强国中，只有保加利亚还没有完全与希腊和解，但是两国之间的关系至少比以前好多了。

在更广阔的舞台上，维尼泽洛斯就任总理不久就出访巴黎和伦敦，期待与从 19 世纪就延续下来的“保护国”重建友好的关系，不再像过去那样对它们那么依赖。俄国已成为苏联，早就废除了沙皇时代签署的一切协议和条约。在与英国和法国的合作方面，对维尼泽洛斯来说，重要的不是有着百年历史的国家保护，而是资本投入和贷款。在这些方面，他也取得了成功。他还效法英国，坚持实施金本位制，但这一决定很快被证明是造成他的国家和政府失败的原因。

失败的部分原因还在于对外政策取得的另一项成果。希腊和土耳其在自己的国家和战场上杀戮对方的公民这一事件仅仅过去 8 年，维尼泽洛斯就和凯末尔领导下的土耳其达成了外交谅解，这是一项了不起的成就。为了说服议会和公众相信传统的敌人现在必须变成朋友，维尼泽洛斯使出了浑身解数，把所有的论辩技巧都用上了。保护国家的领土完整是必要的，所付出的代价是那些难民的巨大的、未实现的要求。实际上，谅解让那些在逃往希腊过程中失去一切的难民不得不放弃将来可能获得的赔偿。尽管谅解文件的措辞是两国公民可以自由地进出两个国家并在另一个国家购置房产，但是其政治影响恰恰相反。希腊 1/5 的选民认识到这样一个现实，他们永远地失去了自己的房子。在此以前，难民手中的选票几乎都投给了自由党或支持维尼泽洛斯的党派，以后，这种情况再也不会出现了。在选举投票上的损失要到两年后才能显现，到了那个时候，更大的灾难将为自由党领导的政府带来很大的困扰。

维尼泽洛斯政府刚执政一年多，1929 年 10 月，华尔街股市崩盘，国际银行和金融系统随之崩塌。在世界最发达的经济体遭受大萧条的时候，希腊一开始受到的冲击相对较轻。到了 1931 年 9 月，英国突然宣布放弃金本位制，英镑急剧贬值。希腊货币德拉克马和其经济状况马上遭遇难以忍受的压力。希腊在历史上第二次被迫违约，不能还债，最后宣布国家破产。这一幕发生在 1932 年 4 月 25 日。政府虽然在议会中拥有绝对多数席位，但是已经开始摇摇欲坠了。一系列的坏消息加剧了经济危机。自由党内部的丑闻和分歧弱化了维尼泽洛斯的权威。他本人倒是没有卷入任何一件恶行之中。但是，维尼泽洛斯从来不向他手下的部长们咨询，也不向他们吐露自己的心事。由于缺乏信任，加上一定程度的自负，随着进入古稀之年，他渐渐发现自己被孤立了。

影响维尼泽洛斯选举的重要因素：一是在汇率方面，将本国货币德拉克马绑定英镑，以及金本位制的经济政策的失败；二是与土耳其建立睦邻友好关系掀起的余波。希腊的烟草种植主要集中在新土地上，那里一贯最支持自由党，而国际烟草贸易的溃败使自由党的处境雪上加霜。维尼泽洛斯意识到社会大潮逐渐离他而去，所以就在 9 月打响了选举战役，选票重新揭开了旧伤口。他认为，这次自由党必须在“从 1915 年就一直持续的内战”中获胜，要么通过协作的方式，要么通过一方胜利的方式。[14] 从政治上看，希腊在 1932 年第二次破产后，修复源自一战的裂痕的机会已经消失了。双方的政客及其军方的支持者根本无意于减弱旧的分歧，也没有进行任何沟通，反而开始相互争斗，重新点燃将近 20 年前的仇恨。更为严重的是，所有政治领导人都是一个年代的人，都是在那个两极时代成长起来的。当塞菲里斯和塞奥托卡斯与其同时代的年轻人推动希腊艺术转型的时候，政治阶层好像非常缺乏新鲜的血液和新生的思想。

选举结果是自由党和人民党的票数非常接近。人民党现在的党魁是帕纳伊斯·察尔扎里斯，他是“一位善意的地方律师，没有维尼泽洛斯的魅力、能量或远见”。[15] 自由党4年前获得重大选举胜利所依据的全部优势，都随风消散了。一开始是察尔扎里斯，后来是维尼泽洛斯，他俩先后组建了政府，但都不稳定，而且在第一次信任投票中就没有过关。1933年又举行了一次选举，结果两边的票数完全相同，但这一次根据选举制度，人民党获得了多数席位。于是再一次，军队的将军们上场了。

在维尼泽洛斯执政的4年间，军方作为一个政治力量一直是靠边站的。现在，他们回来了。选举第二天，武装部队中最狂热的自由党支持者之一发动了军事政变，试图改变选举结果。尼古劳斯·普拉斯蒂拉斯是有前科的，他是在1922年战争失败后夺取权力并创建“革命”政府的两名军官之一。与两次战争期间多起这样的事件一样，由于缺乏全面的支持，这次行动在几天后就无疾而终了。维尼泽洛斯依然很讲政治，自觉地与那些以他的名义行动的军官保持距离。

但是，政治正在无情地摆脱议会的控制，滑向暴力的深渊。那年6月，维尼泽洛斯和他的妻子差一点儿被刺杀：在从雅典到基菲西亚的路上，枪手追着他们的汽车开枪，子弹打在他们的车上。政府好像无动于衷，没有将行凶者绳之以法，所以被指责为“拖延怠政”。在其后的两年里，人民党执政，议会成员上演“全武行”。维尼泽洛斯只是作壁上观，任由事态发展，“等待着即将到来的爆发，而且采取的是最残暴的内战的形式”。[16]

1935年3月1日，内乱爆发了。普拉斯蒂拉斯再度出山，这一次，他得到了维尼泽洛斯的全力支持。从谋划到实施，这场内乱都像是教科书上的案例，将军（或政客）毕其功于一役，发动最后一战。与1916年的情况完全一样，这次政变试图通过新土地来对抗旧希腊，同时在克里特、海上诸岛和马其顿等地举行起义。政变者好像不是要直接挑战政府，而是再一次将目标设定为分裂国家，在萨洛尼卡这个陪都建立他们自己的政府。战斗在北方打起来了，过了几天，察尔扎里斯的政府瘫痪了。因此，有人认为，“如果叛乱的计划再周密些，领导再有力些，说不定就成功了”。[17]

但是，普拉斯蒂拉斯失败了。他和维尼泽洛斯都逃离了希腊。其间，他们都被缺席审判，并被判处死刑。维尼泽洛斯再也没有回来，一年后死在巴黎。不过，普拉斯蒂拉斯在希腊政治中还有自己的未来。3 个低级别的叛乱者很不幸，被公开审判，并遭处决。其他人被当众羞辱。所有涉嫌的军方高级军官以及政府和司法部门的人，都被清除。如果说维尼泽洛斯希望通过支持普拉斯蒂拉斯的行动从而像 1916 年那样重新掌控政权，那么其死敌则竭力进行报复从而像 1922 年那样夺回政权并处死那“六人”。

这些事件还未尘埃落定，一场民众都不怎么热心的选举就在戒严令中开始了。为了这场选举，戒严令只是在 6 月 9 日被临时解除。支持维尼泽洛斯的人的反应与人们在 1916 年受到威胁后的反应一样，那个经典的、自食其果的错误——对选举进行抵制再次出现了。这一次，他们的抵制没有任何作用。军方的维尼泽洛斯反对者根本无意于依靠任何政治党派，甚至不愿意依赖那个将他们从荒蛮战场上拉回来的党派。他们是被边缘化了十几年的人，只是在报复那些镇压未遂政变的人的新浪潮中，才被卷入了权力的顶端。结束维尼泽洛斯主义的唯一办法就是废除共和国，将乔治二世从英国流放地请回来。没有人会认为，恢复君主政治能够修复政治裂痕或带来更稳定的政府治理。恰恰相反，在那些被憎恶的维尼泽洛斯反对者看来，那只不过是证明现在谁掌权而已。老的“分裂”又强势回归了。

首先遭难的是总理察尔扎里斯，这位人民党的党魁曾被无可争议地选举为政府的首脑。但是，这并没有阻止武装部队的头脑们于 1935 年 10 月 10 日，在察尔扎里斯去雅典的路上，把他的汽车截住，并礼貌地请他辞职。后来，议会系统也沦陷，成为军队中同样根深蒂固的敌对态势的牺牲品，这种敌对态势已经酝酿发展 20 年了。

军方对民选总理的逮捕实际上是另一次政变。这次政变将乔治·孔季利斯将军送上了权力的宝座，他就是那个曾经推翻不受欢迎的潘加卡斯将军的人，并从那以后改变政治观点，成了一个保王主义者。在孔季利斯的第二次政变中，他的个人抱负得到了最大的实现。在军方保王派分子的支持下，他首先再次实行戒严令，并在这些条件下于11月3日围绕恢复君主政治进行了匆忙的全民公投。结果是令人难以置信的，竟然有97.87%的选票赞成国王的回归。

希腊国王乔治二世在1935年11月25日登陆法利罗。自从独立革命后，希腊历史上的第一个共和国延续了11年半。有一个经典的现代研究给这个共和国贴上了“夭折”的标签。因为它只是建立在政治权宜之计的基础之上，而且需要军方支持，不过，参政的军官的职衔和政治分量都被20世纪最初10年的内乱不自然地夸大了。这个共和国的根基太浅，没有建立长久的体制。不管是总统，还是民选的下院，都没有吸引卓有声望的人，也没有产生很大的影响，所以他们就要与共和国体制一起被废除。如果维尼泽洛斯自己竞选总统（有个时期确实存在这种可能性），那么事情也许会出现不同的结果。往事如风，希腊共和国的覆亡只是更大的政治失败的一部分。两个政治派别都曾在不同的时间，以不同的方式向威权主义转型。到了1935年，两者之间确实有再次发生内战的危险。[18]

乔治二世与乔治一世存在很大的差异，与他的父亲康斯坦丁则有着更大的不同。乔治二世第一次登上王位是在1922年，当时康斯坦丁在安纳托利亚战败后被驱逐出希腊。乔治二世只当了18个月的国王，就面临了与他父亲一样的命运，尽管他并没有被迫退位。这些经历让乔治二世心怀怨恨。他再次回到曾经被拒绝的国家后，总体上是不信任希腊人的，尤其是不信任希腊的政客们。据报道，他曾这样说：“希腊不能被看作一个西方国家。希腊人是东方人，他们向来将好心对待看作软弱可欺。”[19]他的父母和祖父母分别是丹麦人、俄国人和德国人。乔治一世曾经勤政爱民，希望成为臣民的领袖。他之后，康斯坦丁努力让自己变得比希腊人还像希腊人，赢得了率领的冲锋陷阵的将士的爱戴。乔治二世是被希腊民众认可的本国的第一个君王，他之前的奥托等国王，不管是在他们自己心中，还是在他们的臣民眼里，都是外来者。

乔治二世在英国流放的时候结交了很多朋友，包括英国王室成员。当然，他与英国王室也有亲戚关系。所以不可避免的是，他发现，向英国大臣锡德尼·沃特洛吐露心声要比向他的同胞更加容易，正如他的父亲和维尼泽洛斯在一战期间与他们的外交对手谈判那样。乔治二世的回归确保了希腊与英国保持友好的关系，当然，前提是他稳坐在王位上。重返王位的国王和英国外交部之间的相互信任与依赖好像在短期内为两个国家都带来了利益。但是，不管双方如何表达善意，这种亲密关系都会在下一个 10 年里对希腊的政治生活产生巨大的、扭曲的影响。

国王一开始做得很好，解除了孔季利斯的职务，坚持举行了一个自由的、公平的议会选举，这为他赢得了极好的声誉。这次选举是在 1936 年 1 月举行的，而且没有一个人抵制，选举结果又是维尼泽洛斯派和人民党领导的反维尼泽洛斯派打了个平手。议会制政府恢复了，但是僵局并没有得到解决，尽管这次有不同的理由。这次的不同在于，权力的制衡掌握在一个此前一直在希腊政治中发挥微小作用的政党的手里。希腊共产党从此进入了希腊历史的舞台。

政治断层转移

希腊社会主义劳工党是在 1918 年成立的，当时得到了维尼泽洛斯的鼓励和支持，因为他希望工人阶级在“政治大分裂”的争斗中能站在他的一边。1924 年，希腊社会主义劳工党改名为“希腊共产党”。同时，它也成为共产国际的一个支部。共产国际是列宁在 1919 年创立的一个国际组织。希腊共产党的思想严格遵从苏联模式。事实上，即便苏联已经解体很久了，它的信念到今天依然存在。

在后来的 10 年里，一些希腊共产党的代表有时在议会中能赢得几个席位，但产生的影响很小。从在城市居住的、从事工业劳动者的意义上，它几乎没有什么“无产阶级”。但是，共产主义在烟草业发现了自己的追随者，因为该行业的大量劳动者的工资很低，工会制度也才刚刚开始。共产主义在一小部分知识分子中有了一些支持者。1935年以前，也许是受到19世纪俄国泛斯拉夫主义挥之不去的回音的影响，共产国际支持“在希腊的北部省区为斯拉夫马其顿人建立一个单独的国家”。如果与其放弃民族国家和民族主义的原则一起被统筹考虑，这个想法就足以疏离大部分希腊人。

随着国际运动逐渐在希腊扎根（尽管扎下的根还很浅），在20世纪20年代结束以前，共产主义就已经让希腊政治的当权派警惕了。希腊对一个非常恐惧但又不怎么理解的现象的下意识反应，是维尼泽洛斯在1929年7月颁布了一部新的法律，法律主要针对颠覆“既定社会秩序”的“特殊犯罪行为”。后来，这部法律被称为《特殊法》（*Idionym Law*），主要针对共产党人和工团主义者，之所以如此命名，是因为“Idionym”这个词在希腊的法律术语中的意思是“特殊”。这部法律饱受诟病，尤其受到希腊左派的批评，希腊左派把它当作维尼泽洛斯试图推行威权主义的证据。希腊第一次通过法律宣布，政治意见不当要负刑事责任。在维尼泽洛斯执政的最后3年里，约有1 500人基于这部法律被判刑。1931年，对于罪犯，希腊再度引入国内流放的刑罚，通常是将罪犯流放到爱琴海上的一个偏远的小岛上。这种刑罚以及《特殊法》一直实施到1974年，这个时候，真正的或可能的共产党人已经呈指数级增长了，当然，被拘留的共产党人也呈现同比例增长。

1935年，共产国际改变了它的立场。两年前，希特勒走上了德国权力的顶端。现在，共产主义者被鼓励参加更广泛的反法西斯阵线。“在马其顿和色雷斯的说斯拉夫语的人拥有自己的国家”的口号被舍弃。希腊议会的大门也向希腊共产党打开了：希腊共产党赢得了15个席位。共产主义者夺取希腊的权力、颠覆“既定社会秩序”的风险很容易被夸大，截至当时，那种所谓的风险只在俄国发生过，而且是在世界大战的特殊压力下发生的。但是在1936年最初的几个月里，希腊的秩序的确受到极大的威胁。为了理解其中的原因，我们需要看看希腊经济在那些年究竟发生了什么。

从 1929 年 10 月华尔街股市崩盘开始，希腊的农业出口就遭受了严重的打击。截至 1932 年，烟草、酒和葡萄干的产量都减少了 1/2，数千名工人失业，1932 年的对外贸易总额只有 3 年前的 60%。希腊的国民生产总值减少了 1/3，失业率却增长了 1/3。[20] 随着国际市场的崩溃及大幅度转型，希腊与其他国家一样，被迫依赖自己的资源。“自给自足”成为当时的口号。在最后几个月里，维尼泽洛斯的自由党执政政府采取了与经济自由主义完全相反的一套措施：上调了进口产品关税，国内生产在政府的行为下有意地增加。希腊以前从来没有这么大幅度地干预过经济，而且一旦措施到位，这就变成国家在干预，而不是政府在干预。在 1933—1936 年的那些政治越来越混乱的日子里，经济管理被那些“技术官僚”掌控，比如，希腊银行和农业银行的官员以及高级公务员。短命的政府除了袖手旁观，什么也做不了。

非常了不起的是，这一切措施都管用。截至 1935 年，国内外的观察家在感受到“经济从危机中获得了极大的复苏”以及“人们比两三年前更看好国家繁荣的氛围”时，感到非常惊奇。农业银行通过积极干预促进新的、产量更高的小麦品种的种植，大幅度降低了希腊积重难返的对进口粮食的依赖。经济好转的成功却带来了新的不稳定，并将改变那些年影响希腊社会和政治生活的裂痕。在保护主义和国家干预的新情况下，富人变得更富，穷人变得更穷。正如一位历史学家所说：“消耗现有系统能力并最终重置政治力量的，是经济增长。”[21]

随着不平等的加剧，国家机关越来越没有能力应对不平等所造成的后果。1935 年和 1936 年的最初几个月，罢工和示威变成家常便饭。1936 年 5 月，萨洛尼卡烟草工人的罢工使得整个城市陷入停滞。经过一个多星期的升级，5 月 9 日的大游行示威遭到了武装宪兵的镇压，32 人死亡，300 多人受伤。英国大使锡德尼 · 沃特洛在这些事情发生前一个月给外交部写信：

> 随着新问题的成形，新的裂痕可能会逐渐地遮蔽旧的裂痕，将过去

的仇恨转入新的渠道……也许，问题是不可解决的；也许，议会制政府会轰然倒塌。[22]

他是对的，4 个月以后，政府垮台了。当这一切发生的时候，其打击不是从下面来的，不是从共产党人和工人阶级来的，而是从上面来的。

截至目前，在我们的讲述中，扬尼斯 · 梅塔克萨斯是一个多次出现但多数情况下都不怎么起眼的名字。他的成长经历可以追溯到 1897 年的战争灾难，当时的他是一名年轻的军官。对多数关注那些年公共事件的希腊人来说，他们对梅塔克萨斯的印象基本上也是那样。不过，1936 年年初，梅塔克萨斯的时刻到来了。几位主导希腊政治 20 多年的老政客在 1936 年陆续驾鹤西游！被流放的维尼泽洛斯在 3 月去世；人民党领袖察尔扎里斯在 5 月撒手人寰；孔季利斯将军（他推翻了两届政府，一次是维尼泽洛斯支持者，另一次是保王党）走得更早，在 1 月底就给自己的人生画上了句号。命运使然，在 4 月，国王任命的临时总理也翘了辫子。梅塔克萨斯临危受命，帮助议会度过过渡期，直到新的政府组建。梅塔克萨斯在那个月过了 65 岁的生日，在政客中，他不是最年轻的，但是他还能活 5 年。他度过 5 年光阴的方式，可能连他自己都不曾预料到。

不过，有一件事是清楚的，他没有想到自己要担负的重任。“梅塔克萨斯将军远没有作为一个独裁者要取得成功所必备的强健体质，”英国驻希腊大使沃特洛的继任者于 1939 年写道，“他个子矮小，大腹便便，穿着邋遢，从来不会激发大众的热情。”[23] 梅塔克萨斯这位“将军”自从在一战开始时担任康斯坦丁的参谋长以来，就没有穿过军装。宣传照好像对他进行了美化，隐去了他的大肚子、秃头顶，特别是他圆圆的、胖胖的脸颊。宣传人员要把他塑造成一个和蔼可亲的、慈父般的形象，与希特勒、墨索里尼的火爆的、钢铁般的形象完全相反。

但是梅塔克萨斯有着另一种不同寻常的钢铁意志。他出生于爱奥尼亚群岛上的一个贵族家庭，不过他的国家从一开始就不承认贵族头衔。对于希腊唯一的官方认可的世袭家族王室，他一生都充满尊敬。他恪守军事纪律，年轻时曾在德国接受训练。从政治上来说，他最为关心的是希腊的主权和领土完整。在一战期间，梅塔克萨斯是最积极倡导中立的。后来，在维尼泽洛斯于 1920 年选举失败的时候，他几乎是独自一个人站在保王派的一边，反对继续进行在安纳托利亚的战争，显得非常与众不同。梅塔克萨斯的坚韧和精明让他建立了自己的党派，并顽强地领导这个党派一直前进。他与维尼泽洛斯一样，推崇实用主义，是反维尼泽洛斯阵营中的第一个承认共和国的政治人物。不过，在 1935 年维尼泽洛斯派政变失败，政治大潮涌动倒退的时候，他也是第一个放弃共和国的人。

但是，与维尼泽洛斯不一样的是，他在选举方面从来没有获得多大运气。他的自由思想党常常被误解为“自由思想者”，从名字和行动上都很难得到那些痛恨并反对维尼泽洛斯“自由党”的选民的支持。1936 年，梅塔克萨斯的党获得的席位比共产党还少。选民从来没有对梅塔克萨斯热心过，他也从来没对选民示好过。在这个时候，他甚至已经开始鄙视整个议会制度了，而这个制度则是希腊在过去 20 年来发展演变的结果。在这方面，他绝不是孤立无援的。维尼泽洛斯曾经也持有同样的看法，他在给普拉斯蒂拉斯的信中暗示过这点，当时的普拉斯蒂拉斯正试图通过武力夺取政权。

那么，这一切是怎样发生的？最不可能的人物是怎样在 1936 年 8 月 4 日后成为独裁者的呢？

1 月底，议会的选择从数学上看无非有 3 种组合。第一种组合和第二种组合是，自由党或者以人民党为首的维尼泽洛斯的反对党派分别与共产党联合，形成多数。第三种组合是，这两大拥有多数席位的派别搁置争议，联合执政，把共产党挤出去。维尼泽洛斯的反对党派与共产党之间的谅解与合作是不可能实现的，两者在意识形态方面的差距太大了。这就只剩下自由党和共产党的联合，以及自由党和维尼泽洛斯的反对党之间的合作。这两种组合也都陷入了同样的困境之中。

选举以后不到一个月的时间里，自由党和共产党各自让步，从而联合组建了政府。但是，军方的参谋长对此有自己的看法，看守政府的国防部部长向乔治二世传达了军方意见。国王立即召见梅塔克萨斯，让他负责国防部的管理。几天后，梅塔克萨斯被任命为副总理。在军方的反对声中，看守政府的性质发生了变化。

1936 年 4 月 13 日，看守政府的总理康斯坦提诺斯·德穆尔齐斯死了。乔治二世根据 1864 年宪法的规定，行使了他的特权，任命所在党派在 300 个议员席位的议会中仅拥有 7 个席位的人担任总理，他就是扬尼斯·梅塔克萨斯。两周后，他在议会以压倒性的优势赢得了信任投票，事后看来，这好像很神奇。通过这种方式，主要政治派别的议会代表都像在梦游似的，都愿意废除那个他们本来应该服务的民主制度。

赢得选举 5 天后，梅塔克萨斯宣布议会一直休会到 9 月。事情进展得很快。罢工浪潮一个接着一个，愈演愈烈。5 月，萨洛尼卡发生了暴力行动，这让人们深感恐惧，以为共产党组织的大起义就要来临了。梅塔克萨斯尽自己的一切能力来消除那些恐惧。乔治二世可能也对那些传言感到恐惧。那个时候，外交观察家认为威胁被夸大了，此后的历史学家也认同这个观点。到了 7 月，各个政治党派第二次认真地尝试组建新的政府。但是，这个新政府很快就像共产党参与组建的上一个政府那样，也不被军方接受。自由党人为了支持反维尼泽洛斯派所付出的代价，是召回被军队开除的人，这些人在前年因报复维尼泽洛斯派而被赶出军队。这一下子就让现役军官的工作受到了威胁，因为这些人就是代替那些人上岗的。而那些人又是上一次清洗的受害者。

国王看起来接受了各党派领导人提出的组建联合政府的建议，实际上却和梅塔克萨斯决定要采取行动了。采取行动的托词是，希腊工人联盟要在 8 月 5 日星期三举行 24 小时的大罢工。大罢工开始的前一天，希腊宣布实行戒严令，宪法条款被搁置，议会被解散。很快，所有的党派被解散，包括梅塔克萨斯自己的党。希腊“8 月 4 日独裁政权”开始了。

这就是当时的形势，甚至不需要有人站出来展示实力。没有任何人发起任何抵制。到了有人想起来要反抗的时候，一切都太晚了。梅塔克萨斯和他的支持者经年累月、不厌其烦地宣传的理由是，要预防共产党的暴力夺权。

现实并不是这样。看起来真正让梅塔克萨斯采取此行动，并让他说服国王支持他的原因，是他害怕军队中会再度出现 1916 年那样的内战。如果维尼泽洛斯派与反维尼泽洛斯派实现大联合，两大对立集团的官员拼个你死我活的情况就真有可能出现。西班牙刚刚发生的事进一步增强了这种恐惧和担心。

仅仅在梅塔克萨斯攫取权力两周前，驻扎于摩洛哥和加那利群岛的西班牙军队对西班牙共和国刚刚选举的人民阵线政府宣战。1936 年开始的西班牙内战后来显示出是一场共产党和法西斯主义各自代理人之间的战争。但是，在最初的几周内，这个特点并没有凸显出来。希腊那些思考缜密的观察家可能会认为，西班牙发生的就是一场国内一半军事力量对另一半军事力量的战争。同样的事情真的会在希腊发生？我们永远也不会知道答案。但是，我们至少可以从结果来进行判断。西班牙佛朗哥将军在 7 月的干涉引发了内战，希腊梅塔克萨斯将军在其后 3 周的干涉则没有引发内战。另一方面，不管梅塔克萨斯和乔治二世的动机如何，从长远看，他们行动的影响不是阻止国内冲突，而只是延缓了冲突。

可能分裂希腊社会的那道裂痕游移不定，而梅塔克萨斯独裁政府就像是在裂痕上浇筑了一层厚厚的水泥。当被浇筑水泥的整个板块再度开始运转时，推动运转的力量的本质可能会发生变化。对于不断积累的压力，水泥并不能压制，也不能疏散，但是可以让其沿着不同的轴线进行分裂。希腊共产党在很大程度上是想象中的威胁，只不过是 1936 年夺取权力的借口，在很短的时间里就被梅塔克萨斯的独裁政府摧毁了。但是，希腊添油加醋的描述反而助长了它的勃发。1936 年，共产主义在希腊不是一股很大的力量，但是 10 年后，它不可小觑。

尽管希腊官方一直压制左派，左派力量却吊诡地发展壮大起来，成为梅塔克萨斯独裁政府的受益者，将继续主宰着20世纪40年代以来的知识分子的生活。随着1936年极右独裁政府的上台，现代意义上的左派和右派进入了希腊的政治舞台。当裂痕在下一个10年里再一次出现时，它将沿着左派—右派的轴线分裂，从而将希腊分成两半，这导致了20世纪希腊的第二次内战。

"新国家"和"第三希腊文明"

新的独裁政权首先对新闻和交流进行了彻底控制。第一天的晚上，警察搜查了全国所有报纸机构的办公室，下达了对言论的指示，编制了具体的行为指南。政府甚至不让公众知道他们阅读的报纸已经完全变成了独裁者的宣传工具，尽管这个秘密并没有隐瞒太久。当月中下旬，独裁政府成立了一个新的机构——新闻和旅游宣传局，其职责如下：

> 指导公众舆论，管辖的事务涉及希腊和对外的报刊，各种类型的会议和展览，剧院，电影院，留声机唱片，所有形式的广告、讲座和报告，出版物以及各类普通的印刷品，现场或通过技术手段重新制作的表演，确保以上内容符合国家传统和民族理想的框架要求，包括对广播电台的控制。[24]

新闻和旅游宣传局这个机构的名字虽然听起来平淡无奇，但它是以戈培尔在柏林建立的臭名昭著的宣传部为样板创建的。事实上，梅塔克萨斯独裁政府采用的大部分宣传措辞以及宣传方法，就是直接从纳粹德国和法西斯那里借来的。新的新闻媒体完全是为了控制舆论，促进独裁政府的政策在全国的宣传。不久，到处都是宣传口号，这些口号甚至印在灯泡上、信函的邮戳上以及农村的各个地方。其他从纳粹那里学到的东西是，存在时间很短的劳动营以及梅塔克萨斯最得意的创举——全国青年组织。该组织是强制性的，传授课程必须包括政治教导。全国青年组织的年轻成员（1939 年，其人数达到 100 万）和工人被征入劳动营，学习使用一种类似纳粹军礼的仪式，不过据说"领袖"本人从来不还礼。

梅塔克萨斯和政府的其他老年高官（几乎没有一个部长有着从政的背景）对于希腊民族国家和希腊国家不加任何区别。对他们来说，高于一切的东西是公司式国家。梅塔克萨斯对于"希腊国家"的信仰是他的执念。在他看来，国家就是一个"活着的生物体"，有自己的存在，有自己的利益，建立在"一个有组织的全国民众"之上。在独裁政府执政的最初几个月里，它开始推进建设所谓的"新国家"。梅塔克萨斯第一次在萨洛尼卡给希腊第二大学的学生发表了演讲，内容令人不寒而栗：

> 我禁止你们，不论是男的，还是女的，有不同于国家思想的想法。我要求你们不仅要具有和国家思想一样的想法，还要信仰国家思想，满腔热情地在国家思想的指导下工作。如果你们有人有任何不同的思想，就不能在这儿接受教育。[25]

与希特勒声称其建立的是第三帝国以及墨索里尼声称其建立的是第三罗马一样，梅塔克萨斯在 1937 年 6 月的那次讲话中提出了建立"第三希腊文明"的思想。这与其说是要描述现在的情况，不如说是为了表示未来的目标，要建立"一个比过去更为优越的文明，让我们的国家立于那些优秀的、值得人民骄傲地生活的民族之林"。[26]希腊独裁政府及其意识形态拥护者从过去的时代中选择的示范样板，不是民主的雅典，而是军事化的、公司化的、纪律化的斯巴达，斯巴达激发了德国的军国主义传统，这甚至可追溯到纳粹之前很久。

但是，希腊“8 月 4 日独裁政权”不只是意识形态和口号，它的大多数国内政策（包括压制共产党的措施）都不是新的，而是对从维尼泽洛斯统治时期就已经开始的政策的强化。事实上，维尼泽洛斯 4 年的议会制统治时期和梅塔克萨斯的专制统治之间的连续性要比通常所认为的更强。

国家体制首先进一步加强，公民服务水平得到提高。警察体系也得到强化。独裁政府启动了一大批公共工程。一系列法律的颁布在很大程度上解决了 1932 年经济复苏后引发的劳资关系危机，解决了之前任何一届民选政府都无法处理的问题。罢工被宣布为非法，但是雇主为抵制工人的要求而停工也是违法的。8 小时工作制开始实施。在工业领域的纠纷中，双方必须接受强制性的仲裁。社会安全体系是维尼泽洛斯时代的遗产，当时还处于萌芽状态，现在得到长足发展。这些措施的目的，是促进“社会改革”和“财富的公正分配”，这种方式可以解决在复苏年代遭受严重损失的工人和失业者中最为突出的问题。[27] 依靠国家推动的扩大就业的措施，似乎也不是非常成功的，税率又提高了。不过，在增加小麦产量方面，希腊继续执行了维尼泽洛斯执政最后一年启动的政策，取得了明显成效。1936—1938 年，小麦产量实现了翻番，这相应地减少了对进口粮食的依赖。

很多新出台的法律都能直接安抚心怀怨气的农民和农业工人。梅塔克萨斯将所有的社会阶层都纳入公司式国家的管理之中，把自己塑造成被压迫者的“领袖”，竭力减弱来自下层社会的威胁。精心设计的公众形象、讲话和广播报道，把独裁者宣传成“第一农民”和“第一工人”。不管那个时代的形象塑造现在看起来多么离奇古怪，甚至荒诞不经，它们与梅塔克萨斯推广口语或民间语所取得的杰出成就是一脉相承的。梅塔克萨斯首倡编写正式的希腊口语语法，在 20 世纪的大部分时间里阻止了民间语和政治左派相联系、官方语言（净化语）和政治右派相联系的趋势。

梅塔克萨斯独裁政府采取了直接针对共产党并在后来逐步扩展到任何持不同政见者的一些做法，被证明是最有效的内部措施。他最喜欢的专政工具不是军队，而是警察。公安部部长康斯坦提诺斯·马尼亚扎基斯是希腊最令人恐惧的人。他不仅是农村宪兵队和市警察局的负责人，还负责秘密侦查工作，而且干得很有成效。数千名共产党人被围捕、被审讯并被灌蓖麻油，很多人被押送到偏远岛屿上的拘留营。如果他们想被释放，就得签"悔改声明"。1940 年，希腊独裁政府夸口有 47 000 人签了声明，而这个数字是 1936 年记录在案的共产党人人数的 3 倍多。[28] 至于共产党组织本身，在那个时候已经转入地下了，其领导人尼科斯·扎哈里亚季斯以及中央委员会委员都进了监狱。独裁政府夺取权力时所借口的那个威胁，即便曾经存在过，现在也被消除殆尽了。另外，数千名被独裁政府伤害过的人现在有了一个出口——可以在今后发泄新的不满，只是付出的代价是进入拘留营。如果独裁政府没有对付共产党，那么这个出口是不会有的。

事后看来，1936 年的希腊正在逐步滑向极权主义，阻止独裁专制是很难实施的，因为在当时的欧洲，到处都有极权专制，而且其在二战发展到顶峰。议会民主先受到威胁，继而逐渐不得人心，这一情况并不只发生在希腊。墨索里尼从 1922 年开始就在意大利独掌大权，希特勒从 1933 年开始在德国独裁专政。很多国家也跳进了这股极权主义的洪流。对 20 世纪 30 年代中晚期的很多希腊人来说，过去几年的政治动乱和 1936 年无数议会的僵局显露了民主体制的局限性，这种民主体制不仅在希腊国内瓦解，而且在整个欧洲都发生崩裂。当一切都试过并失败后，那个矮胖的、自诩为"领袖"的人及其似乎永不停歇猎取权力的极权主义措施，真的代表了未来的发展方向？

当然，公开的反抗很少。普遍的观点好像是"新国家"有很多让人期待的地方，这总比以前的混乱好吧。至少现在再也没有人谈论内战的威胁了。有组织地推翻独裁政府并恢复议会制政府的尝试只发生过两次，都是在 1938 年，只是昙花一现，被立刻镇压了。到了那年秋天，所有人都很清楚，梅塔克萨斯已经坐稳了江山。

艺术家和知识分子的反抗也不明显。这与 20 世纪 60 年代末和 20 世纪 70

年代初希腊出现的“上校”独裁专政形成了鲜明的对比。这个时候，除了诗人科斯塔斯·瓦尔纳利斯和年轻的扬尼斯·里佐斯以及20世纪20年代以马克思主义的观点写过第一部希腊革命史的扬尼斯·科尔达托斯，其他艺术大师鲜有认同共产主义的。里佐斯只是在地下出版物中发表过几首诗作，比如共产党的报纸《激进主义者报》。但是，他的很多作品都没有明显的政治方面的内容，均发表在受到审查的主流期刊上。就多数情况而言，作家和知识分子与独裁政府刻意保持着距离。公开焚书以及禁止这些作家从前出版的作品，也很难让他们受到读者更多的喜爱。这种情感似乎应该是双向的，梅塔克萨斯曾经在一次讲话中说：“我尽管尊敬纯粹的知识分子，但是我得承认，我与从事其他具体职业的人沟通起来更为畅快。”[29]

这并不是说，就像这个时期的纳粹德国发生的那样，希腊的艺术家和知识分子不是被招安了，就是屈服于高压而噤声了。希腊也不像德国那样，出现了艺术家和知识分子的大逃离。诗词、小说、视觉艺术、戏剧和电影（最后两项受到独裁政府严格的控制）已经开启了它们自己的、更加精巧的对自给自足的追寻，寻求具有独特希腊特征、历史和文化的本土之根，并在同一个方向上共同前进。不管是文学创作，还是绘画和音乐，20世纪20年代末在希腊这片国土上迸发的先锋实验技术，与同时期兴起的民族自我发现的历程实现了融合。在英语世界中广为人知的小说《希腊人佐尔巴斯》是尼科斯·卡赞扎基斯在20世纪40年代初期创作的，为这种趋势提供了很好的范例。如果以同样的方式去审视，我们就能清楚地理解独裁专制政府本身（相比起来显得粗糙简陋和沉重缓慢）。

希腊社会中有这样一部分人，他们不愿意归顺独裁政府，独裁政府也看不起他们，不愿意管理他们。这就是城市下层阶级，他们的声音直到20世纪的第一个10年才开始受到社会的关注。这部分人的数量早已大大地膨胀，随着20世纪20年代难民潮的到来，他们自我表达的内容得到极大的扩展。在比雷埃夫斯港口码头以及雅典、萨洛尼卡、其他较大城市的贫困郊区周边，很多一贫如洗的人涌进这些地方的底层小偷小摸的世界和公然反社会的曼杰斯社区中。被称为“雷贝蒂卡”的音乐和歌曲所表达的，是一种与正统音乐和歌曲完全不同的自给自足的追求。

在政治上，让贫穷人口栖身并维持他们的歌曲的曼杰斯社区和城市底层阶级从来没有被组织起来。但是，独裁政府上台几周后将“留声机唱片”这一项目令人惊奇地列入媒体审查名单，这正是源于他们。对独裁政府的意识形态理论家来说，雷贝蒂卡就像一块红色的破布。它是属于工人阶级的，其音乐本身一点儿都不受政府的影响，其自身的价值甚至比国家推崇的价值还高，它的实践对“新国家”代表的一切都产生了腐蚀。诞生孕育“第三希腊文明”的社会里，怎么能容忍大麻瘾君子、犯罪行为和对公司式国家的蔑视呢？

也许，雷贝蒂卡最令人反感的是其音乐本身。曼杰斯最喜爱的乐器是布祖基琴，它与土耳其的萨兹琴属于同一个乐器家族。雷贝蒂卡的音乐依然是遵从模式体系的，主要是基于木卡姆体系，在很多方面都带有中东音乐的特色。它听起来不像“欧洲音乐”，更不像西方的音乐。那个时候，希腊比100年前都更坚决地将自己视作西欧的一部分，因此，所有这类让人们想起“东方的”过去的东西，都必须抹杀掉。也许比让人们想起土耳其统治更严重的，是雷贝蒂卡的音乐让希腊人回忆起他们曾经大范围在东方流散以及希腊曾是奥斯曼帝国的一部分的历史。与现代土耳其的睦邻友好这件事，是维尼泽洛斯出于国际政治利益的考虑而启动的，梅塔克萨斯从未干扰。但是，奥斯曼人的历史记忆以及希腊民族国家的面积远大于希腊国家的历史记忆，是不能被容忍的。

希腊独裁政府采取了行动。音乐类型、乐器以及发声技巧等一切被看作是“土耳其”的东西，都被从唱片录制公司的订货本或节目单上清除了。作曲家和演唱者被监禁或被流放到偏远的岛屿上去，其理由是他们涉嫌各种各样的“反社会”的行为。布祖基琴在这个时候被看作等同于土耳其的过去，等同于孕育这个琴的底层社会的犯罪，在独裁政府的眼里成了颠覆国家的象征。乐器很容易被搜查，被销毁，它们的主人则被传唤审讯。此时，布祖基琴“年轻的近亲”巴格拉马斯琴登上音乐的舞台，它更容易隐藏在衣服的里面或者被放在外衣特别缝制的口袋中。

尽管这些措施被采纳，但与其他或真实存在或假想臆造的敌人形成鲜明对比的是，雷贝蒂卡繁荣起来了。虽然雷贝蒂卡被审查“清除”掉了，但它的留声机唱片从来没有如此受欢迎过。两次战争期间最伟大的词曲作家和布祖基琴演奏家马科斯·万瓦卡里斯很多年后回忆，20世纪30年代末的夏天，他和他的小布祖基琴演奏乐队的成员在雅典破败凋敝的小镇沃塔尼科斯开了一个小商店：

> 每天夜里都喧嚣吵闹……各色各样的人都会来商店，既有高等社会的贵族，也有曼杰斯和街头混混，他们要在这儿一直闹腾到天亮。雅典全部的精英都来这儿……雅典、比雷埃夫斯这两个城市的所有人及其周边地区的人都来这儿。来这儿的人还有拉里萨的、萨洛尼卡的以及希腊其他地方的人。[30]

自吹自擂、言过其实是希腊人言语风格的一部分，但这些语言还是反映了一部分真相的。雷贝蒂卡发展起来了。不论看起来多么不可能，那的确是在梅塔克萨斯执政的岁月里实现的，希腊这个特别的身份表达开始从孕育它的底层阶级走出来，进入主流社会，并被画家雅尼斯·察鲁希斯盛赞为“现代希腊文化存在的唯一证据”。[31] 梅塔克萨斯的独裁政府不会认可这一说法。但是在一个所有公共言论都被控制、所有关于公众态度的直接证据都不允许被收集的社会，这种音乐的生存以及在那些年里往各个社会阶层的传播本身就是希腊精神特质的证明，是任何独裁专制政府从来都不能驯服的。

雷贝蒂卡的发展为一位希腊历史学家在21世纪就独裁专制政府及其中央

集权愿景发表的结论提供了佐证："对希腊人来说，与希腊民族国家的概念不同，希腊国家一直是普通民众嘲笑的目标。因此，在他们的古老传统中，对于这个伟大的设计，他们只不过是空谈而已，口惠而实不至。"[32]

最后通牒

从一个方面看，梅塔克萨斯的独裁政府和纳粹以及法西斯政府没有什么两样。墨索里尼 1935 年就暴露了他往海外扩展的帝国野心——派兵入侵阿比西尼亚（今埃塞俄比亚）。在德国，纳粹思想意识的核心是，以牺牲东欧和亚洲的"低等"人为代价，扩大自己的国土，为自己的民族营造"生存空间"。希腊"8 月 4 日独裁政权"与军国主义和扩张主义都无关，希腊在 1922 年就有了更加痛苦的教训。那个时候，梅塔克萨斯就反对在安纳托利亚的战争，此后发生的一切都没有改变他的观点。他希望"我们亲爱的小小希腊能够幸免"，这是他在一战开始时的一封私人信件中表达的，并一直伴随着他走到二战的关键时刻，走到生命的终点。

梅塔克萨斯的独裁政府延续了维尼泽洛斯设计安排的当地防御联盟体系，包括与土耳其的协作。对希腊独裁政府来说，最头疼的问题是来自欧洲强国的威胁（这也是任何一届希腊政府都头疼的问题），因为强国之间好像又一次发生了冲突，而这个冲突一定会导致战争。希特勒在 1938 年吞并了奥地利和捷克斯洛伐克的一部分，那么墨索里尼要在地中海和巴尔干半岛舒展一下筋骨，进行领土扩张，就只是时间问题了。

在地中海东部能够与意大利抗衡的唯一强国是英国。英国时任首相内维尔·张伯伦在同意肢解捷克斯洛伐克并宣布实现"我们这个时代的和平"后没过几天，也就是 1938 年 10 月 3 日，梅塔克萨斯向英国外交部提出了坦率真挚的请求：

> 与英国结盟是我想要做的事。为什么不呢？我们必须认清这样一个基本的事实，在发生欧洲大战的情况下，使用希腊的岛屿和港口将是英国海军和空军的必然选择。即使贵国没有主动把希腊看作一个盟友，也会被迫这样做……

当然，这是1916年发生的情况。对于那段痛苦的经历，梅塔克萨斯和很多希腊人都记忆犹新。他的解决方案就是悄悄地借用他当时的政敌维尼泽洛斯的政策，主动争取联盟，而不是陷入被占有和发生内战的致命困境之中。[33]

梅塔克萨斯在日记中袒露了他的内心想法，那就是，他的建议会被拒绝。想想一年半以后，如果英国和德国战事正炽，但是意大利和希腊还没有开战，那么他可能会琢磨："这些国家现在会向我们提出结盟吗？我不寒而栗。但是这样也许会更好。"[34] 不管怎么说，梅塔克萨斯的直觉是对的。在英国，绥靖的气氛四下弥漫。更实用的计策是（这是一种短视），即便英国不背负盟友的责任，最后也能获得梅塔克萨斯承诺的一切。[35] 所以，这些国家都跌跌撞撞地走向了战争。

1939年3月，德国军队进入此前没有被第三帝国吞并的捷克斯洛伐克的其他地区。到了月底，纳粹宣传部部长戈培尔第二次访问希腊。他与梅塔克萨斯进行了会面，对希腊在战时将保持中立偏德国的态度表示满意。就梅塔克萨斯而言，他在自己的日记中用电码标注道："两边都要有保证。"[36] 一周后，意大利军队在阿尔巴尼亚的海岸城市都拉斯登陆，24小时后占领了全国。梅塔克萨斯再也没有什么保证了。又过了一周，英国和法国政府发布声明，支持希腊和罗马尼亚的领土完整，反对侵略。这个声明根本不能起到任何保证作用，注定会被雨打风吹。接着，在9月1日，希特勒入侵波兰，二战爆发了。

前9个月的欧洲战事常常被称为"假战争"，而在巴尔干半岛，这却是"假和平"。意大利直到1940年6月才参战。这个时候，多数北欧国家都已经在纳粹的炮火中沦陷。不列颠之战在英吉利海峡的上空进行，到了9月，德国的轰炸开始摧毁英国的城市，温斯顿·丘吉尔政府无暇他顾，即便在意大利要马上进攻希腊的时候，也不能为希腊提供多少支持。

8月15日，正是一年一度的蒂诺斯岛朝拜圣母马利亚的高潮时刻，一艘由潜水艇发射的鱼雷击沉了停泊在港口外边的希腊巡洋舰“艾利”号。没有人怀疑那艘潜水艇是意大利的，但是新闻不允许这样说。梅塔克萨斯给英国政府发了紧急电报，请求其在意大利进攻希腊时给予帮助。几天后，丘吉尔亲自回答了电文，但没有做出任何承诺。梅塔克萨斯一直坚守自己的原则，对新闻媒体只字不提他与英国的磋商，主要是避免刺激意大利采取更大的行动。

同时，梅塔克萨斯与德国政府保持秘密的接触，他还没有放弃希望，期待希特勒能够对他的盟友墨索里尼施加限制。但是，纳粹提出的条件是，希腊必须加入轴心国。对此，梅塔克萨斯不能冒险答应，他的理由与当年康斯坦丁拒绝德皇同样要求的理由完全相同，依然是地缘政治方面的考虑。希腊是一个海洋国家，而英国则是大海的主宰。[37]在那个充满危机和不确定性的仲夏，梅塔克萨斯在日记中记下了自己灰暗的宿命论思想：

> 如果德国人赢了，我们就都得成为德国人的奴隶。如果英国人赢了，我们就会变成英国人的奴隶。如果两边都没有赢，欧洲就会分崩离析。不管怎样，大厦将倾。我的主啊，多么绝望啊！[38]

那年，希腊的夏天持续了很久。10月都快结束了，夜里还很热。雅典有传言说意大利人要从阿尔巴尼亚打过来了。政府已经起草了秘密命令，准备一有情况就马上进行后备役军人的紧急动员。10月25日星期五，政府依然没有发现意大利军队进攻的迹象。那天晚上，梅塔克萨斯去歌剧院听一个意大利演出公司上演的普契尼的作品《蝴蝶夫人》。他在日记里写道：“热烈欢迎。”第二天，意大利驻希腊大使埃马努埃莱·格拉齐邀请演出人员以及希腊政府的要员到大使官邸进行庆祝。到了星期天，意大利的新闻就声称，希腊的暴徒袭击了驻扎在阿尔巴尼亚的意大利军队。[39]

10月28日星期一，格拉齐和梅塔克萨斯再度会晤，时间是凌晨3点，地点是梅塔克萨斯在基菲西亚简朴的家中。梅塔克萨斯不得不从床上起来，接待这位不速之客。表情尴尬的意大利驻希腊大使格拉齐此行是来送达最后通牒的：希腊必须开发未特别指定的战略要地，允许意大利军队借道经过，且不受任何阻碍。据说，梅塔克萨斯的回答就一个字，“不”（Ochi）。从那以后，这个日子就被希腊确定为国庆节，为了纪念这个抗争的行为。事实上，当时不论发生怎样的对话，双方都是用法语进行的，因为法语是当时的国际外交语言。梅塔克萨斯真正说的话可能是他的第一个部长不久后参加紧急内阁会议时所记录保存的：“如果情况是这样的话，先生，我们就打仗吧”。[40]

在20世纪，希腊第二次被卷入一场欧洲战事，这场战事很快就席卷了整个世界。梅塔克萨斯作为军事和政治独裁者，向来不受民众的欢迎，但是在一夜之间，他成了国家的英雄。

第九章

彻底崩溃

（1940—1949）

结果几乎让所有人都大吃一惊，最感到惊讶的是意大利独裁者。最后通牒下达两周前，墨索里尼给他的参谋长勾勒了他的占领希腊的计划，就像他此前占领阿尔巴尼亚那样，当时他没有遇到任何抵抗。随着德国军队在北欧的节节胜利，欧洲南部的轴心国意大利也跃跃欲试，要实现自己攻城略地的计划。墨索里尼根本没有咨询希特勒，他认为胜利应该唾手可得。

但是，在亚历山德罗斯·帕帕戈斯将军指挥下的希腊军队在伊庇鲁斯奋力抵抗，这让意大利军队向希腊的推进迟滞了好几天。1940 年 11 月 14 日，希腊军队开始反击。正如后来希腊语所描述的，这是一场“阿尔巴尼亚战役”，希腊军队击败了从阿尔巴尼亚进攻的意大利军队，至今这场战役都被人奉为史诗之战。

在 1940 年到 1941 年的冬天，希腊军民同仇敌忾，一心对外。军衔较低的维尼泽洛斯支持者终于回到 1935 年政变未遂后被迫离开的军营，而且受到欢迎。直到现在，和解统一的精神都没有感染上层军官。但不管怎么说，很多被驱逐的军官自愿参战，为抵抗外辱贡献他们的英勇、才智和力量。曾几何时，军队人满为患是 1916 年内战留下来的一个致命的遗产，现在竟也有对国家有利的一面，这些军人慷慨赴难。截至 1941 年 1 月 10 日，帕帕戈斯已经在阿尔巴尼亚南部多有斩获，深入意大利占领区 30 英里左右。

这一直被毫无争议地称为希腊“最光辉的时刻”，与丘吉尔在不列颠战役前夕为议会所做的、经常被人引用的演讲《最光辉的时刻》形成强烈的呼应。[1]希腊的胜利是靠同样的团结和牺牲精神赢来的，这种精神在那时得到英国战时领袖的大力倡导。而且，正如不列颠战役的胜利，希腊阿尔巴尼亚战役的胜利也是在一个国家为了自己民族生存而独自抗击强敌的形势下取得的。终于，那个让梅塔克萨斯痛彻心扉、一生都耿耿于怀的 1897 年的惨痛教训，可以作为历史的一页被翻过去了。

或者，它真的被翻过去了吗？

10 月的那个早上，梅塔克萨斯送走意大利驻希腊大使后，在日记中写道：“我做的第一件事是给白慕德打电话，请求英国帮助。”英国驻希腊大使赶到的时候，天还未亮，内阁成员还没有到齐。[2]从那一刻起，希腊军队在阿尔巴尼亚始终保持胜利，而梅塔克萨斯和他的政府则在外交上走着钢丝。迟至 1941 年 1 月，尽管英国增兵最终被提上了议事日程，但梅塔克萨斯依然不敢接受这一建议。因为，希特勒会把英国增兵看成一种挑衅，而且英国新增的部队数量太少，根本不能保护希腊抵抗第三帝国的进攻。那年冬天，希腊的新闻媒体都不能在报道中说，国家正在与法西斯主义作战，“因为我们也是法西斯国家”。根据官方口径，希腊只是在与“意大利的武装力量”作战。[3]但是，面临来自英国和德国越来越大的压力，希腊的这种态度或立场还能维系多久？

到了 4 月，梅塔克萨斯就年届古稀了。他的健康有段时间亮起了红灯。他最后一则日记的时间是 1941 年 1 月 17 日。1 月 29 日，他死于肺炎，留下了待解决的紧急的困境。英国驻希腊大使白慕德在 3 天后给外交部发回报告，对梅塔克萨斯不吝赞誉，说他是“希腊的伟人之一，实际上也是欧洲的伟人之一，他的行为和个性对战争的进程产生了重大影响”。白慕德完全相信这位独裁者对“大英帝国的善意和友好”，认为直到生命的最后一刻，梅塔克萨斯都“坚定地参战，与英国肩并肩地站在一起，不仅反抗意大利，还反抗德国”，白慕德对此深感满意。[4]

不过，梅塔克萨斯本人并不这么看。在他去世前不到一个月所写的一则很长的日记中，他抱怨希特勒和墨索里尼的出尔反尔，德国的领袖和意大利的领袖都背叛了他们自己的意识形态原则。他写道："自8月4日起，希腊已经成为一个反共产党的国家，一个反议会的国家，一个极权国家。"在梅塔克萨斯看来，这些是应该接受庆贺而不应该被指责的。他继续写道：

> 如果希特勒和墨索里尼为人真诚，他们就应该尽最大的努力支持希腊。即便基于地缘政治的短期利益或需要让希腊与英国走得近一点儿，他们也应该默许。但是，事实恰恰相反。除了一些不可避免的以及有些情况下必要的友好关系之外，希腊与英国一直保持着距离。希腊从来没有给予英国或承诺英国什么帮助。[5]

梅塔克萨斯是一个法西斯主义者，秉承着自己的意识形态，而他的军队在世界上第一次开始打击法西斯主义的蔓延。在生命的最后几个月里，梅塔克萨斯领导他的人民解决了延续了1/4个世纪的分歧，"新国家"以及"第三希腊文明"很少被提及，更不用说共产主义的威胁了，因为那本来就是施加和维系独裁统治的借口。从1922年小亚细亚大溃败就开始的痛苦的，有时甚至是痴迷的希腊国家及其机制的重建，在1940年11月和1941年3月的同心同德、联合抵抗意大利入侵者的战斗前线中，得到了最后的证实。

这个希腊国家的突然的、完全的崩溃就在眼前，造成崩溃的原因是希特勒。但是，崩溃早在1941年1月29日扬尼斯·梅塔克萨斯去世的时候就已经开始了。

国家崩溃

国家崩溃是从顶层开始的。"8月4日独裁政权"没有宪法依据。梅塔克萨斯是“终身独裁者”，却没有制定“终身独裁者”的更替机制。乔治二世现在面临的机会之一是，一举废除专制政府，以广泛的政治人才和利益的联合取而代之。考虑到希腊没有议会以及没有选举时可能出现的不同情况，乔治二世可以效仿英国的做法，丘吉尔的战时内阁就是在上一年就职的。不过，国王却将视线投向了希腊国家银行行长亚历桑德罗·科里齐斯，任命他为新的希腊总理，只是后者的政府阅历极其有限。独裁政府的其他机构和人员一并照旧。

梅塔克萨斯在生命最后几周还备受困扰的窘境直到2月底才解决。英国外交大臣安东尼·艾登和英国驻中东军队的指挥官韦弗尔将军到访希腊以后，最终确定向希腊派遣军队。从3月开始，英国、澳大利亚和新西兰的军队登陆比雷埃夫斯港。同时，保加利亚宣布加入轴心国，德国军队立即在那儿集结。现在我们知道，希特勒早在前一年12月就下定决心入侵希腊了。

进攻在1941年4月6日发起，德国的步兵师同时进攻南斯拉夫和希腊。第一波进攻是从保加利亚发动的，几天时间就结束了。萨洛尼卡4月9日被占领。一周后，德军沿南斯拉夫全线推进，从西马其顿进入希腊。这使得英国、澳大利亚和新西兰的军队无法长久坚守阵地。同时，希腊陆军的主力在阿尔巴尼亚前线击退意大利军队的一次新的进攻后，突然发现自己差一点儿就被包围了。希腊军队在山区暴风雪和零度以下的环境中经过近6个月的苦战已经疲惫不堪，不管是军官还是士兵，都没有士气迎击从身后迫近的以逸待劳的、战斗力更强的德军。几天时间里，希腊军队的纪律开始涣散。由于得不到来自希腊的正式命令，当地指挥官开始自寻出路。

那么在雅典，谁有权下达命令呢？4月18日正是东正教的耶稣受难日。那天下午，希腊内阁在大不列颠酒店的总指挥部召开会议，会议由国王主持。消息已经泄露出去，希腊政府将转移到相对安全的克里特岛。各地的士气都很低落，尤其是内阁，有些内阁成员甚至敦促投降。根据职责，科里齐斯本来应该主持这次会议，可是这位可怜的银行家却请求国王在这次会议结束后接受他的辞职。因为遭到国王的拒绝，科里齐斯到家后竟然开枪自杀了。希腊没有了军队，没有了政府，一半的国土已经落入了敌手。

最后的抵抗来自英国、澳大利亚和西班牙的军队，时间是4月22—25日，地点是温泉关——最有名的古战场之一。但是，与公元前480年的列奥尼达和他的300名勇士的壮举一样，这只不过是权宜之计，是为了迟滞敌人进攻罢了，是为了疏散英国认为必要的政府和人员而赢得时间。4月27日，德国国防军第一个装甲纵队开进雅典。纳粹的“卍”字标志在卫城升起。对多数希腊人来说，德国占领期开始了。

由于科里齐斯自杀，乔治二世有了第二次创建具有更广泛基础的政府的机会，当然这个时候，政府的作用只不过是象征性的。经过动荡不安的3天，总理人选落到了另一位银行家的头上，而这3天则是由国王亲自负责的。埃曼努伊·楚泽罗斯比他的前任干得时间长。他还有其他的特质，特别是政府搬迁到克里特岛以后，这些特质显得更有用。克里特岛是维尼泽洛斯的家乡，这里对梅塔克萨斯的反对声一直是最有力的。楚泽罗斯从出生就是克里特人，在过去积极支持维尼泽洛斯。虽然有这一点优势，1941年4月底从雅典逃离的希腊政府依然没有成功改组，没有对“8月4日独裁政权”的罪行进行大的清算。楚泽罗斯在总理的位子上干了将近3年，成为在那些动荡岁月里连续担任总理时间最长的人之一，不过他在任期内不需要参加激烈的竞选，也不需要赢得议会的信任投票。

希腊政府在克里特岛逗留了不到一个月。5月20日星期二，德国开始在克里特岛的战略要地进行伞兵登陆。防守克里特岛的是新西兰、澳大利亚和英国的部队。克里特岛上所有能打仗的男人都在上一年秋天被调拨到阿尔巴尼亚前线，他们在其指挥官向德国人投降后被遣散。即便如此，克里特民众也都拿起武器抵抗侵略者，给敌人造成了很大的伤亡，而他们很快会遭到残酷的报复。同时，乔治二世以及最后一批公务员不得不仓皇穿越白山，从海上前往埃及这个安全的地方。克里特战役在10天内就结束了。德军占领了克里特要塞，它成为德军的前哨，直到二战结束。

而后，希腊政府处于流亡状态，由乔治二世和他的总理楚泽罗斯率领，在英国的保护下，慢慢地逃亡，经过亚历山大里亚和开普敦到伦敦，两年后最终到达埃及首都开罗。直到 1942 年 2 月，“8 月 4 日独裁政权”才寿终正寝，因为到了那个时候，在希腊大多数地区，国家已分崩离析。

德国单独打败并占领了希腊，但是希特勒对他新征服的这个国家仅有 3 分钟的热情。与其他被征服的国家相比，希腊在纳粹眼里好像只是一个战利品，而不是围绕自身利益进行滋养培育和保持维护的国土。希特勒很快将希腊大部分地区交给那些方便行使管辖权的盟友，比如，保加利亚和意大利，这使得纳粹的态度更明显了。

西色雷斯的大部分地区和东马其顿全部地区都被交给了保加利亚管理。巴尔干战争和一战期间的“种族清洗”在这两个地方立刻又开始了。德国人只控制那些最具有战略意义的敏感区域，比如，最靠近中立国土耳其的岛屿和大陆以及毗邻南斯拉夫的马其顿大部分地区，萨洛尼卡、克里特岛的大部分地区、雅典和比雷埃夫斯周围的小部分地区。其他地盘则全部由意大利负责。

希腊傀儡政府宣誓就职，为首的是乔治斯·措拉克戈鲁，他是强迫伊庇鲁斯守军投降的高级军事指挥官之一。政府真正的权力掌握在占领国的全权代表手里，并体现在不同的往往是相斥的日常事务中。公民事务管理很快就分崩离析了。轴心国征用老百姓的粮食，不仅将其作为军粮，还将其运回自己的国家，从而让自己国家的人吃。由于年初战争的爆发，希腊被占领后的第一个夏季的粮食收成大幅减少，正常的粮油分配和供给制度被破坏了。因此，农民和牧民大多拒绝交出他们的粮食。公民的粮食定量不得不持续减少，直到低于生存水平。物价飞涨，德拉克马断崖式贬值。被占领后的第一年，面包价格从每份 70 个德拉克马涨到 2 350 个德拉克马，到了 1944 年，则涨到 200 万个德拉克马。

即便在最好的年成，希腊在粮食谷物方面也从来没有自给自足过。生产过剩的产品，比如，烟草、葡萄干、柑橘和橄榄油等，传统上是用于出口的，以帮助国家支付所需的进口产品，但是现在都被占领者抢走了。英国依然具有海上霸权优势，可以实行严厉的封锁。这正是梅塔克萨斯和其他人早在1914年就预见的挥之不去的梦魇，因为他们坚持认为，希腊是一个海洋国家，与一个控制海洋的国家作对，是没有活路的。现在，希腊人别无选择。希腊国内真的发生饥荒了。

在被占领后的第一个冬天，仅仅雅典和比雷埃夫斯就有4万人被饿死。1941—1943年，饿死的人据估计达到了25万，接近总人口的5%。城市的情况最糟糕，那些能够自己生产粮食养活自己的地方的情况最好。希腊就这样突然地回到了残酷的生计经济时代，奥斯曼帝国和拜占庭帝国时代的经济就是这个样子。雅典、比雷埃夫斯以及萨洛尼卡和其他较大的城镇已经发展到没有相对复杂的交换体系就不能正常运转的规模，但是那个交换体系也崩溃了。最后，多亏红十字会的努力，一些有限的救援物资被允许通过封锁线。第一个冬天的情况最坏。在整个占领期，几乎每一个人都依赖黑市生存，黑市在很大程度上已经替代了合法的经济。如果饿死的危险有所减弱，那么其他危险很快就会出现，因为暴力已经控制了希腊的各个角落。

陷入暴力

随着入侵者的到来，希腊出现了极端的暴力。这也是从顶层开始的。到了被残酷占领的第三年，其腐蚀性的影响蔓延到希腊社会的各个方面，特别是希腊人内斗。自19世纪20年代的革命以来，希腊还没有发生过类似的情况。

从一开始，任何公然反对占领军的迹象都会引发监禁、折磨或处决。很快，大规模的行刑以及整个村庄的毁灭成为司空见惯的事。到占领期结束的时候，“1 000 多个村庄被夷为平地，100 多万希腊人眼看着他们的家园被洗劫、被焚烧……有 20 000 多平民被德国国防军杀害或打伤，有的被射杀，有的被绞死”。[6] 那些数字还不包括伤亡于意大利人和保加利亚人之手的数字，现实中的情况远不像路易·德·伯尔尼埃在其畅销小说《科莱利上尉的曼陀铃》中描述的那么温情。那些数字也不包括一些希腊人伤害其他希腊人的数字。

在占领军有意谋杀的希腊公民中，有高达 8 万人的死亡不是因为抵抗，他们被杀害的唯一理由是他们是犹太人。1943 年春天，德国人把萨洛尼卡全部的西班牙系犹太人集中起来，用火车把他们驱逐出境，再塞入货车中。“几乎所有人都被送到了奥斯威辛集中营，那儿的记录显示，有 48 974 名犹太人来自希腊北部，其中 37 386 人被立即毒杀。几乎没有一位幸存者返回家乡。”这些数字最令人恐惧的是它们的精确性，而希腊在 20 世纪 40 年代遭受的大部分暴行是没有如此精确的数字来说明的。后来，雅典、爱奥尼亚群岛、约阿尼纳和克里特较小的犹太人社区也遭受了同样的命运。据估计，“希腊 90% 的犹太人被杀死”，这是欧洲犹太人被杀害的最高比例之一。[7]

大屠杀的全部恐惧真相直到战争结束以后才为人所知。但是，随着入侵者的到来而产生的暴力趋势很快四处蔓延。第一批认真组织抵抗和报复的计划是 1941 年秋季在雅典制订的，只是希腊政府权力中心很快从雅典搬走，于是希腊开始了艰苦的、各自为政的国家解放历程。希腊毕竟是大山之国，在短短几个世纪以前，每当中央政府比较弱，大山之中、大岛之内就会成为滋生土匪、地方武装和游击队的地方。尽管从理论上说，这些人之间的区别很明显，但在希腊的历史上，他们的行动之间的界限往往模糊不清。1821 年，解放希腊大部分国土的大多是小规模的、基于当地的游击队，而奥斯曼人则主要集中在城镇和沿海要塞。到了 20 世纪 40 年代，这样的模式再度重演。

关于这些游击队的很多信息，不论是战后马上披露出来的，还是很久以后才为人所知的，都是英国特别行动处的官员，以及后来的美国战略情报局的官员发布的。总体来说，大约 400 名英国人和美国人跳伞空降到被德国占领的希腊，与希腊人联合对敌。在英国人中，有一个很有名的人物，他叫克里斯托弗·蒙塔古·伍德豪斯。英国人都叫他“蒙迪”，希腊人则叫他“克里斯”，他在希腊中部的山区里度过了两年多的时间，后来被任命为美英驻希腊游击队联合军事任务团团长。与比他早一个多世纪的乔治·芬利一样，伍德豪斯也用余生的大部分时间来撰写他耳闻目睹的历史，并将它们放在中世纪和现代希腊以及希腊人更长远的历史长河中进行分析。与芬利一样，伍德豪斯也对希腊人民怀着深沉的、真挚的爱，同样也对那些希腊领导人的缺点和政治软弱持严厉的批评态度。与更早时期的亲希腊的人一样，伍德豪斯和他的同事对他们所目睹的战争结果也起了决定性作用（至于到底是什么作用，至今历史学家仍然争论不休）。不可避免的是，他们与亲希腊的人一样，要帮助希腊，但是各自的原因不同；他们要帮助当地的希腊人，但是在某种程度上与那些人的目的也是不同的。

从英国特别行动处的角度看，一些很特别的战时目标有待实现。最初的任务是破坏德国对北非隆美尔部队的补给线。拉米亚山区戈尔戈波塔莫斯峡谷上铁路高架桥的炸毁一直为人所称颂，尽管它发生得太晚了，对北非战役的结果没有什么影响。那时是 1942 年 11 月。在接下来的 8 个月里，英国特别行动处的目的是蒙蔽德国人和意大利人，让他们相信盟军要在欧洲开辟的新战场是在希腊。这需要不停地对德国的军事目标进行破坏，而且很明显，英国特别行动处取得了一些成功。盟军于 1943 年 7 月攻进西西里岛，意大利投降，在希腊的英国特别行动处接到命令，继续骚扰占领军，对其保持高压态势，同时尽最大努力维护希腊各游击队之间的和平，直到德军撤退。

英国特别行动处以及后来的美国战略情报局在希腊的故事已经从各种不同的角度被多次讲述。这是一个关于英国特别行动处和美国战略情报局官兵的顽强、勇敢的故事，更是关于他们深深同情与自己并肩作战的经历严峻考验的希腊人民的故事。但是，这个故事难以避免地歪曲了希腊人到底为了什么而战的事实。这并不是说，英国人心怀叵测地利用了希腊的抵抗运动，从而达到自己的政治目的，虽然有些人如此。其实，英国人和希腊人有不同的考虑。

对那些冒着生命危险在大山中战斗的希腊人来说，北非隆美尔部队的补给线可能只是在理论上有吸引力。“动物行动”是盟军于 1943 年欺骗德国时使用的战役代码，如果希腊人知道其内容，那么可能更不感兴趣，当然，盟军不会告诉希腊人这个假战役的事。希腊人所知道的，而且十分清楚的是，盟军的破坏行动以及英国人不停地敦促希腊人做的那些事只能招致德国人对希腊平民的大规模报复。英国军官和美国军官看到希腊游击队不愿意直接参与对德军的抵抗时，认为希腊人具有严重的机会主义倾向、希望将来德国占领军撤离后独享战争成果，所以两国军官时常感到很懊恼。但是，他们这样想，恰恰是没有抓住希腊人抵抗行动的要旨。

对那些参与抵抗德军的希腊人来说，最主要的目的是尽可能多地扩大他们对地盘和资源的控制，同时避免激烈的战争、不必要的伤亡以及敌人的报复。1942—1944 年，在山区中，生命的意义就是每天都活着。与很多在二战期间被占领的国家一样，“解放”不是由将来的强大的军队、国王和将军带给他们的，而是每天都在发生的、一点儿一点儿争取到的。到了 1943 年夏天，那片山区已经成为“自由希腊”。

第一波有效的抵抗是由希腊共产党发动的。德国占领军进入希腊后，释放了梅塔克萨斯独裁政府关押在监狱里的很多共产党人。毕竟，在那个时候，希特勒与斯大林还签署了互不侵犯条约，所以德国有所顾忌。但是，希腊共产党的强硬领袖尼科斯·扎哈里亚季斯依然被关押在监狱里。战争期间，扎哈里亚季斯的大部分时间都是在德国达豪集中营度过的。在希腊，一个临时领导机构很快组成，这就是 1941 年建立的民族解放阵线（希腊语缩写为 EAM）。民族解放阵线的组织机构是从底层建立的。正如其名称所显示的，它的宗旨是寻求广泛的民族团结的基础，而不是得到某个特别党派的支持。但是，民族解放阵线早期的成功在很大程度上得益于共产党的领导干部在地下政治活动中积累的经验。整个德国占领期中的民族解放阵线领导人中有乔治·西安托斯，他是扎哈里亚季斯缺席领导岗位时的代理总书记，也有季米特里奥斯·约安尼季斯。西安托斯不拘成文规定，与约安尼季斯共同领导希腊共产党。西安托斯曾是一名烟草工人，伍德豪斯后来这样描述他："尽管他冷酷无情、野心勃勃，但是依然有着朴素的友善和很强的幽默感。"[8]

这个新的组织在成立一年后制定了自己的目标，这个目标是在著名的共产党知识分子和希腊民间语推动者季米特里斯·格利诺斯签署的宣言中发布出来的。民族解放阵线的第一份宣言让人想起了为希腊 1821 年革命铺平道路的里加斯·维莱斯汀利斯和友谊社的宣言——号召社会各阶层团结起来，进行"民族斗争"。这个组织只提出了非常宽泛的目标，宣言里短短的一句话是"直到希腊人民赶走外国侵略者"。当然，其目标还包括言论自由、新闻自由和集会自由（所有宪法规定的权利都被梅塔克萨斯独裁政府取消了），以及制宪大会选举等。[9]

在这份宣言开始传播的时候，民族解放阵线就已经创建了自己的军事力量——希腊人民解放军，其希腊语缩写为 ELAS，读起来与希腊国家的名字一模一样。这支部队在 1943 年 2 月只有 2 000 人，后来人数呈指数级增长，到了 6 月，这支部队发展到 12 000 人。那年 9 月意大利投降后，德国军队直接控制了保加利亚人占有的希腊东北部以外的所有地区，而这个时候，希腊人民解放军的人数又翻了一番。从意大利军队夺取的武器极大地扩充了希腊人民解放军在山区的军火库。到了 1944 年秋天德军从希腊撤出的时候，希腊人民解放军指挥的军队据估计有 5 万人。

在德国占领的那几年里，民族解放阵线和希腊人民解放军联手取得了希腊政治历史上前所未有的成就——不依靠任何一位有魅力的个人和特定的党派，组织发动了群众运动。实际掌握控制权的共产党人有意地让自己躲在阴影里。希腊人民解放军里很多扛枪的人不是共产党人。据说，希腊人民解放军的一名军官这样感叹："我怀疑他们中的有些人并不知道共产主义是什么。"

这是那些年里一再被人提起的话题。[10] 从另一方面看，民族解放阵线和希腊人民解放军给希腊的村庄以及后来被解放的城镇带来了巨大的政治变革。伍德豪斯本来对它们的领导能力及动机是不信任的，但是在初次看到这些变化后，很快就表达了敬意：

> 除了德国人使用的主要通信设备外，它们几乎控制了整个国家，给这个国家增加了以前从未有过的东西。山区里的通信方式，不管是通过无线，还是通过信使，还是通过电话，从来没有这么好过。机动车道也被民族解放阵线 / 希腊人民解放军修建好了，投入使用了……文明和文化的恩惠如涓涓细流，第一次进入山区。学校、地方政府、法院和公共设施曾在战争中被毁坏，现在又能运转了。剧院、工厂和公民大会首先开始运行了。[11]

截至目前，一切都很乐观。在被德国占领、饥馑的混乱之中，希腊的山区里重建了可以运转的国家机器。人民被赋予了未曾享有的权利，特别是妇女，“她们在希腊历史上第一次拥有了投票的权利，她们的作用……得到各种形式的肯定”。[12] 自从希腊独立后，公共通知和报纸首次使用每个人都懂的语言——希腊民间语。但是，所有这一切只是硬币的一面，硬币还有另一面，那是更为黑暗的一面。

对此，1942 年底流传的民族解放阵线的宣言中已经有明确的暗示，它将极大的注意力投向了国内的敌人。国王和“旧的政治党派”成为预定的目标。更令人不安的是，它警告，“以任何方式拿起武器反对民族解放斗争的统一的人……都被视为通敌分子，不管是主动的还是被动的，都是叛国者”。它用整整一个段落威胁那些与敌人发生性关系的妇女。在最后，它发布命令，要“缉拿和羞辱所有的告密者、卖国贼、密探和通敌分子”。它还宣称，“血债要用血来还，要挫败所有残暴的外国侵略者和本国叛徒的一切阴谋”。[13]

民族解放阵线和希腊人民解放军在全希腊吸引热情洋溢的青年自愿参军的同时，也在很大程度上疏远了其他人。如果“卖国贼”是指那些愿意支持占领国思想和行动的人，那么在1942年年底是很难找到的，对于意志消沉的城市警察和农村宪兵，希腊人民解放军从一开始就只是把他们当作傀儡政府的鹰犬。民族解放阵线和希腊人民解放军使用的语言和策略表明，即使它们有着有效的组织体系、强烈的爱国热情以及坚定的信念，也永远不会在德国占领期垄断抵抗活动。

从前的军官以及越来越多的政客选择利用偷渡者的路线逃出希腊，经由中立国土耳其，最后到达中东，并在那里为流亡政府服务，把家乡的纷争广而告之。对大多数人来说，他们没有离开国家的机会，如果不逆来顺受，那么唯一的办法就是像希腊老话所说的，“到山里去”。但是，所有无奈之下走这条路的人绝不会加入希腊人民解放军。在危机四伏的社会中，在当地享有忠诚口碑的组织及其有魅力的领导人，往往要比民族解放阵线和希腊人民解放军浮夸的公开吹嘘及其有意隐身的领导人，更能提供安全可靠的团结环境。

在这些组织中，最有名的是希腊民族民主联盟（希腊语缩写为EDES）与民族社会解放运动（希腊语缩写为EKKA），它们都是由1935年未遂政变后被解职的维尼泽洛斯军队支持者领导的。他们是恣肆张扬的拿破仑·泽瓦斯和上校季米特里斯·普萨罗斯，后者更是赢得了与他并肩战斗的英国突击队的尊重。泽瓦斯的指挥基地在伊庇鲁斯，而普萨罗斯则在鲁梅里一带活动。至少从对待占领军这个角度看，无可置疑的是，在宗旨方面，这两个组织以及其他很多的、更小的活跃于希腊不同地方的组织与民族解放阵线和希腊人民解放军是相似的。当第一支英国突击队在1942年9月底抵达希腊的时候，军人们就发现山区中存在着相互竞争的游击队力量，并顺理成章地做出决定，要说服那些游击队为了一个共同的事业与他们一起战斗。

但是，民族解放阵线和希腊人民解放军的领导人有自己的私心。民族解放阵线在宣言中敦促并在其散发的数千份公告中反复号召的全体希腊人民的团结，与英国人的共识、劝说或合作都没有任何关系。德国占领军的野蛮残暴已经激起公愤，而希腊人民解放军及其武装部队——人民斗争保卫团（其希腊语缩写 OPLA，在希腊语里是一个单词，意思是“武器”）似乎要在野蛮残暴方面与德国占领军一争高下。希腊革命后，在这些山区里看不到的那些行为，到了 20 世纪 40 年代出现了，比如，就地正法、死前酷刑折磨以及死后的分尸肢解、悬挂砍掉的头颅等。虽然山区里所有的组织都有这类的恐怖暴行，但目击者和历史学家直到今天都是有选择地详细介绍其中一部分。[14]

1943 年 10 月，希腊民族民主联盟大约有 4 000 人，希腊人民解放军在这个月里围剿希腊民族民主联盟，将其大部分士兵击毙或策反。一年后，在英国的支持下，希腊民族民主联盟重整旗鼓，人员发展到 7 000 人。民族社会解放运动的成员好像从来没有超过 800 人。[15] 这个组织在 1943 年被希腊人民解放军两次攻击和遣散，很多成员被诱惑改变信仰，包括其二把手尤里庇德斯·巴基尔济斯，他不久后成为民族解放阵线中的一个领导者。后来，民族社会解放运动对英国人调停的一次战役进行公然挑衅，最终在 1944 年 4 月被一支更大的希腊人民解放军部队攻击，并被击溃遣散。在那次攻击中，民族社会解放运动 1/4 的成员被击毙，很多人在后来的山村清剿中被捕杀。在被击毙、被俘后处死或受酷刑而死的人中，有这个组织中备受尊重的领袖普萨罗斯。希腊共产党的代理总书记西安托斯认为，如果这些行为得到宣传，民族解放阵线就会面临一场灾难。在 1943 年中期和 1944 年年底，希腊的其他地方也发生了其他抵抗组织被消灭的惨剧。

这些极端的暴行中有一个令人发指的案例。当事人曾是一名来自拉米亚的学习农业的学生，因为参加共产党的活动而被梅塔克萨斯独裁政府关在监狱里，后来在希腊人民解放军中负责全面指挥游击队的行动。他的真名是阿塔纳修·克拉拉斯，但是他的声名和荣耀几乎都是以其战时所用的名字阿里斯·维卢西奥提斯获得的。其名字的含义是“维卢西峰的阿里斯”，包括古代希腊战神的名字和希腊中部一座山峰的名字，那座山峰是从前绿林好汉具有象征意义的基地，也是现在这些新的游击队队伍的家园。在所有的记述中，维卢西奥提斯都是一位魅力四射的领导人物，蓄着胡须，扎着醒目的子弹带，身配队长之剑，说话轻声细语，但令人信服，不怒自威，是一个“特别刚烈暴虐的人”。[16] 1945 年，他因为拒绝履行那年 2 月已经签署的停战协议而受到共产党领导层的指责。在被政府军包围以后，他宁死不降。维卢西奥提斯和另一位同志的头颅被悬挂在特里卡拉的一个路灯柱子上。他的就义与事迹就像传统的草莽英雄歌曲所颂扬的那样，他被人们当作英雄来纪念。他牺牲的时候，还不到 40 岁。

历史学家常常认为，在德国占领期间，希腊人是在进步和反动的力量之间进行选择。[17] 这当然是民族解放阵线及其支持者愿意讲述的观点。但是，希腊那些年里发生的一切要复杂得多。在当时极端的条件下，决定人们如何抉择的是暴力的程度，这比政治的考量还要重要。在 20 世纪 40 年代，就像 19 世纪 20 年代那样，人们并不考虑抽象的政治，甚至在必要时根本不讲什么情理，只是希望能够活下去，能够保护他们的家人和生活，因为他们当时所处的环境看起来不会改变，而且要没有尽头地继续下去。激发其他组织拿起武器反抗的，正是希腊人民解放军镇压所有对立者所使用的方法，那就是暴力——以眼还眼，以牙还牙。这使得国家“至少分裂为两个政治派别——喜欢部分暴力的派别和喜欢完全暴力的派别”，这是一位社会学家对希腊内战的看法。[18]

那么，怎么解释在那个时候为外来观察家所不解，此后又一直困扰希腊历史学家的一个现象呢？随着 1943 年年底的到来，希腊人民解放军的实力大大增强，同时它的武装抵抗能力也大大增强。这得从雅典的一项政治行动说起。4 月，属于右翼和保王阵营的老政客扬尼斯·拉利斯被轴心国邀请领导希腊傀儡政府。他接受了，但是有个条件，那就是他的政府必须有武装，并能招募希腊士兵围剿在山区里的共产党。他建立的武装叫治安营，起初，其士兵招募进展缓慢，而且依赖强制。但是到了秋天，随着希腊人民解放军的成功，越来越多的人自愿加入。不过，希腊人民解放军不仅抵抗侵略军，还杀害其他抵抗组织的人，而指挥那些加入治安营的人打仗的可能是希腊军官，但最终的命令来自纳粹。一旦德军的行动扩延至山区，治安营和其他通敌的武装就会进入恶性循环，在镇压游击队方面争夺当地的主导权。希腊全国各地都有这种情况。

在伯罗奔尼撒半岛，除了占领军，希腊人民解放军的力量一度无可匹敌。那里的小规模战争频发，对平民的暴行愈演愈烈。1944 年年初，希腊的通敌武装分子大约有 7 000 人，这与同时期的希腊民族民主联盟可以打仗的人数相等。但是，在德国那年秋天撤退的时候，通敌武装分子飙升到 25 000~30 000 人，与希腊人民解放军的总兵力差不了多少。

令人难以置信的是，有那么多人以前对希特勒或墨索里尼没有丝毫的同情，对国家遭受的残酷征服也少有怜悯，而他们竟然在意大利投降、第三帝国军队撤退时突然接受了纳粹的思想。其实，伯罗奔尼撒半岛和其他地方发生的事只不过是向希腊革命期间常规形态的一个回归。为了生存和保护乡亲，为了争夺对当地的控制，那些武装分子不论外来的力量是谁，都会与其进行暂时的合作。对共产主义的恐惧是关键，其与民族解放阵线 / 希腊人民解放军对“法西斯”和“卖国贼”的指责一样，容易被煽动起来。有一位志愿者曾于 1944 年在伯罗奔尼撒半岛南部地区参加“治安营屠杀希腊人民解放军成员”的暴行，他说：“我们知道他们是共产党，但是我们不知道什么是共产主义。”在希腊北部，特别是在 20 世纪初期宗教和民族的伤疤还没有愈合的那些地区，内战的原因更加复杂。半个多世纪后，历史学家才开始慢慢地梳理。[19]

在德国占领期的最后一年，希腊人之间的恶性斗争蔓延至雅典的街头。在居住着来自小亚细亚的难民的贫困社区和城镇棚户区里，一个司空见惯的事是清除异己：

熟睡的居民突然被大喇叭的声音叫醒，社区中所有的男人都接到了马上到大广场集合的命令。宪兵和治安营的人开始挨家挨户搜查，一旦

> 发现有人躲藏，就开枪打死他。在清晨冰冷的灰暗光线下，几千名男人坐在地上，而戴着帽子的告密者会挑出民族解放阵线的同情者或支持者……[20]

那些被挑出来的人要么被立即枪杀，要么被带到城市郊区那个臭名昭著的哈伊扎里监狱。他们在那里可能被折磨，也可能从那里被送到德国进行强制劳动，或者在下一次进行杀人报复的时候随时被执行死刑。分别效忠拉利斯政府和希腊人民解放军的武装人员相互抢夺，在街上暴力相向，这已经不足为奇。

在这样的背景下，民族解放阵线于 1944 年 3 月在山区“自由希腊”成功地组建了一个临时政府。这个政府即民族解放政治委员会，既包括共产党人，也包括非共产党人。在敌军占领期的最后几个月里，希腊的政府不少于 3 个：一是在开罗的流亡政府，被英国控制；二是在雅典的拉利斯领导的傀儡政府，被德国控制；三是民族解放政治委员会，被希腊共产党控制。尽管如此，但希腊并没有真正的政府。当德国人从 9 月开始撤离的时候，希腊人不知道下一步该怎么做。不论是国内，还是国外，在那些相互竞争的组织中，没有任何一个组织能提出一项被各方接受的建议。唯一的问题是，是否有一方具备足够的力量把自己的意志强加给其他组织。

舞台已经搭好，但也只是通过暴力滋生更多、更大的暴力，直到 20 世纪 40 年代快结束的时候，有一位新的演员走上了舞台。随着 1944 年的结束，人们终于看到了二战结束的曙光，不过在希腊，人们还看不到问题解决的前景。

新的断层

1944 年 10 月，德军从希腊全面撤退。除了克里特岛和一些更小的岛上的几个孤立的要塞守卫部队外，德国最后一批占领军于 11 月 4 日离开希腊。希腊的命运再一次被远离国境的其他事件决定。在北边，苏联红军正稳步推进到巴尔干地区。在西边，英美联军正在穿越意大利和法国，并取得突破。第三帝国需要在希腊撤退之路被完全切断之前，将主力集中到离德国更近的地方。在摧毁一些村庄并屠杀当地居民后，德国对希腊三年半的占领结束了。

希腊终于重新回到正常的政治生活了，需要填补突然出现的权力空间。但愿是这样。

权力接收工作在几个月前就启动了。领导这次准备工作的是英国人，具体负责人是英国驻希腊开罗流亡政府的大使雷金纳德·利珀。正是在英国的极力坚持下，乔治二世才首先解除了总理楚泽罗斯的职务，然后任命了一个完全不同风格的人。乔治·安德里欧·帕潘德里欧（为免混淆，后称“老乔治·帕潘德里欧”）极其偶然地从德国占领下的希腊及时抵达开罗，并于1944年年底就任希腊总理。老乔治·帕潘德里欧“个子高大，深沉阴郁，盛气凌人，是一个精明的健谈之人”。尽管当时有一位观察家说他是华而不实的吹牛大王，但我们必须承认这是一种偏见。[21] 老乔治·帕潘德里欧是在20世纪20年代旧的自由党时代升起的几颗政治新星之一。他在政治思想上比维尼泽洛斯偏左，但同时又强烈反对共产党。利珀和英国在开罗的权力机构支持老乔治·帕潘德里欧当希腊总理。

在老乔治·帕潘德里欧的领导下（同时受到利珀的监督），希腊流亡政府终于清除了“8月4日独裁政权”的一切痕迹，将自己重新塑造成“国民联合政府”的形象。根据5月在贝鲁特城外的一个村庄以及9月在意大利城镇卡塞塔的希腊流亡政府达成的协议，“自由希腊”的临时政府最终决定与流亡政府合并。在更广泛的联合战线里，民族解放阵线最初就像是少数党，至少，那似乎是有意为之的。当然，从传统意义上讲，民族解放阵线从来就不是一个政党。考虑到它的创立背景和历史，它怎么能是政党呢？民族解放阵线拥有自己的武装力量希腊人民解放军，控制着希腊被占领区90%左右的土地。另外，温斯顿·丘吉尔已经做出决定，英国外交部也做出了安排，未来希腊政府的唯一合法来源将是君主政治和国王乔治二世本人。这是公然无视国王就是梅塔克萨斯独裁政府的主要设计者和支持者的尴尬事实，而希腊人是不可能做到这一点的。不过，无论人们怎样看，没有比在刚刚解放的希腊恢复充分运作的、议会多党民主的政治更糟的了。也许，最令人想不到的是，民族解放阵线竟然同意与老乔治·帕潘德里欧合作。双方各有很多人认为，这个合作不会长久，后来的事件也证明了他们的见解是正确的。

在城市中，德国占领期结束后的平静的日子到来了。在雅典，街头曾出现短暂的大众狂欢。从德军10月12日撤离到老乔治·帕潘德里欧、国民联合政府的到来，整整6天的时间，就这样在和平中过去了。一同到来的还有6 000名英国士兵，他们是为新政府保驾护航的，被认为是重要的角色。那个时候，雅典的气氛已经非常紧张了。第二天，作家乔治斯·塞奥托卡斯在他的日记中写道："我感觉雅典只需要一根火柴，就能像汽油桶一样熊熊燃烧。"[22]在萨洛尼卡，希腊人民解放军公然撕毁已达成的协议。在希腊解放的第一天，也就是10月30日，指挥部队进入城市，然后将城市驻防交给一支英国维和部队。但是，市长被民族解放阵线控制下的城市权力组织替代。

在城市以外的、民族解放阵线和希腊人民解放军没有完全控制的地方，秩序崩塌后造成的混乱更加严重了。伯罗奔尼撒半岛和马其顿的一些地方尤其如此，在希腊解放后的最初几个月里，希腊人民解放军和当地的对手之间发生了最邪恶的报复和反报复。伊庇鲁斯暂时被泽瓦斯和希腊民族民主联盟控制。老乔治·帕潘德里欧和国民联合政府的权力无法管理雅典、比雷埃夫斯、萨洛尼卡和帕特雷等几个大城市以外的地方。

从政治上看，很快会引燃导火索的问题是，如何重新整合国家的武装力量。在1944年最后的几个月里，希腊到处都有武装队伍。希腊解放的时候，手拿武器的人大致分为两派，而且他们旗鼓相当，一派是忠于民族解放阵线/希腊人民解放军的人，一派是反对他们的人。英国人发现自己遭人厌弃，与此前的德国占领军几乎没有什么两样。多数民族解放阵线/希腊人民解放军的支持者似乎都把英国人看作盟友和解放者，尽管他们有着不同程度的狐疑。因为毕竟英国还在与苏联肩并肩地同德国作战。但是希腊民族民主联盟和在希腊北部的其他非共产党的抵抗力量，则是因英国保护而未被希腊人民解放军消灭。更为尴尬的是，意志消沉的城市警察和农村宪兵也这样想，所有被德国人武装起来抵抗希腊人民解放军的人现在都被当成了通敌者。因此，希腊的国内冲突（而不是政治选择），再一次在希腊的政治中发挥决定性作用。英国和老乔治·帕潘德里欧政府决定依靠的武装力量，正是不久前还在敌对阵营中执行敌人命令的那部分人。

1944 年 11 月底，协商陷入僵局。希腊政府宣布，希腊人民解放军必须与其他非正规军事力量一起解散。最后的期限定为 12 月 10 日。所有的军人都被纳入新的国家军队之中。对希腊人民解放军成员及其支持者来说，他们要接受君主主义者和前通敌分子的指挥了。在民族解放阵线、希腊人民解放军和共产党看来，这一步走得太大了。

在 11 月的最后一周，希腊人民解放军的部队继续进攻伯罗奔尼撒半岛和马其顿的一些地区。12 月 1 日，首都郊区甚至还有小规模的战斗。在雅典，共产党的日报《激进主义者报》预告，除非政府改变主意，否则希腊将发生大规模的内战。这是一个自证的预言。第二天是星期六,一大早，国民联合政府里的代表民族解放阵线的 6 位部长递交辞呈。至此，被宣布为非法组织将近 10 年的希腊共产党将总部搬到了雅典市中心宪法广场上的一座大楼里，共产党总部正对着在广场一边的市警察局总部与广场另一边的在大不列颠酒店办公的英国军队总指挥部。照片显示，共产党的缩写字母“KKE”被高高地竖立在大楼的顶上，几个字母有 20 英尺[①]高，直对着天际。

现在，希腊首都已经摆开了战争的阵线。一边是共产党、希腊人民解放军战士以及民族解放阵线的支持者和所有同情他们的人，包括冒着生命危险

---

① 1 英尺 ≈0.305 米。——编者注

拿起武器抵抗轴心国的绝大多数人。另一边是刚刚丧失“国民联合”前景的政府、很快就被证明因力量太弱而不能保卫希腊首都乃至全希腊的英国军队、一支在北非和意大利抵抗轴心国进攻并在战火中接受残酷洗礼的希腊小部队以及一个更大规模的、有污点的、有通敌嫌疑的武装队伍和个人的集合。

事后看来，考虑到双方不信任的程度，哪一方都没有为下一步怎么办而做出准备，甚至都没有任何严肃的行动计划，这不免让人觉得不可思议。民族解放阵线在其几位部长从政府辞职后，马上在 12 月 4 日星期一进行大罢工，而且在此前的星期日上午，在宪法广场举行大规模集会和示威。尤其令人感动的是，考虑到可能发生的后果，民族解放阵线甚至根据规定向当局提交了举行游行抗议的申请。最初的时候，这个申请得到当局批准，但是几个小时以后，政府陷入恐慌，于是收回了同意游行的指令。这时已是星期六深夜，但是所有的报纸上依然醒目地刊载了游行取消的消息。不过，共产党的日报《激进主义者报》在头版没有刊载游行被禁止的消息，反而号召所有的读者在 11 点以前到宪法广场集会。一位目击者估计，游行的人数达到了 6 万。[23]

他们从不同的方向汇聚到宪法广场。在入口处，他们被一排排武装警察拦住了。为了以防万一，广场内、警察局大楼以及大不列颠酒店前都布满了警察。那天来游行抗议的人好像绝大多数是妇女和孩子，但是中间有共产党的干部，有些人还拿着枪。当然，我们没办法知道，那些人会在情急之下掏出来什么样的武器。快到 11 点的时候，有一群示威者被阻拦，无法进入广场，于是他们便转身去围攻老乔治·帕潘德里欧居住的房子。有人扔出两个手榴弹，一名警察开了枪，当场打死一个平民。这个时候，示威者和警察在广场的其他入口也发生了冲突，相互扭打起来。蜂拥而至的人群冲破了警戒线。11 点，广场上挤满了人，示威者挥舞着希腊和盟军的旗帜，有些人还呼喊着反对政府的口号。

手榴弹在老乔治·帕潘德里欧的房子外面炸响的同时，广场里面就开始了射击。根据最可靠的解释，紧张不安的警察从警察局大楼一层窗户中打出了第一枪。很快，好几个方向的人同时往广场射击。为了自保，人们成堆地趴在地上。惊慌失措的群众离开广场的时候，身后至少留下了 7 具尸体（也许有 22 具尸体）。考虑到当时的混乱状况，我们可能永远也不会知道具体的伤亡数字。不过，至少有 66 人受伤。而这只是开始。

希腊人民解放军的部队旋即开始在全城攻击警察局，逮捕和处死“叛国者”。同时，在希腊人民解放军没有控制的那些地区，希腊人民解放军的军队强化了对敌手的进攻。在伊庇鲁斯，希腊人民解放军发起了新的攻击，最终将希腊民族民主联盟赶了出去。泽瓦斯及其组织的幸存成员后来在英国的护卫下进入科孚岛的安全地带。很久以后，试图对这一切进行梳理分析的历史学家们，在希腊人民解放军对雅典 12 月 3 日星期日事件所做出的反应在多大程度上是自发的、在多大程度上是协调的方面，可谓仁者见仁，智者见智。[24] 这两方面的原因也许都有，也许都没有。山区中可怕的战火烧到首都来了，充斥着从奥斯曼帝国时代和 19 世纪 20 年代希腊革命传承下来的恐怖暴力。不论在雅典，还是在其他地方，不管什么级别和资历的希腊人民解放军的指挥官，都被报复心驱使着，满脑子都是加倍的暴力报复，这也是占领军的遗产。如果他们要处心积虑地夺取权力，那就得谨慎一些，说不定还能成功。

必须首先指出的是，这场冲突的全部特征在于所有的暴力都是希腊人对希腊人。民族解放阵线和希腊人民解放军的领导人极不愿意对英国人开打，这也从一个侧面看出，他们的目标是多么有限，好像希腊人在场上拼抢的时候可以依赖围观的外国人当裁判似的。但是，他们在这方面低估了丘吉尔的决心。自从 1912 年他在伦敦被维尼泽洛斯的魅力折服后，他就对希腊持有浓厚的兴趣。英国首相在盟军最终逼近纳粹德国并要大开杀戒的时候，是不会被“可怜的希腊土匪”吓倒的。别的领导人也许会把希腊的种种事件看作无关紧要的事，认为不值得在那个关键的时刻分心。但是，丘吉尔不会那样做。

12 月 5 日，丘吉尔给英国在希腊的指挥官罗纳德·斯科比将军下达了著名的命令：“不要……犹豫不决，假设你是在一个被占领的城市里，而那里正发生一场地方叛乱……要采取行动。我们要控制和主导希腊。”[25]现在，英国玩儿真的了。于是，从这一刻起，在德国占领期间已经被撕破表面并撕裂希腊社会的那道内部裂痕，现在完全与将东部的共产主义和西部的资本主义分开的地缘政治裂痕重合了，这道新裂痕进而在以后的45年里将欧洲和整个世界分为两部分，被称为“冷战”。

战斗持续了一个月。雅典卫城的纪念碑在德国撤退的时候得以幸存，这个时候被希腊人民解放军当作坚固的掩体，军人们在上面架起了机关枪。斯科比的手下试图说服希腊人民解放军从古迹中撤离，但是被希腊人讽刺为“不敢让叛乱分子攻击他们自己的遗产”。英国人只好从意大利通过空中和海上帮助希腊人民解放军增兵，并委派了新的总司令，从而让希腊人民解放军赢得了这场战争。但是多数记述认为，这场战争势均力敌。

乔治·塞菲里斯是外交官，也是诗人。他白天上班的路线是从他在普拉卡的家步行到紧靠着宪法广场的外交部。这段路不远，但是他发现自己好像生活在战争前线。冲突刚发生4天，他就在日记里写道：“今天醒来我就想，田园牧歌般的普拉卡已经变成了英国和苏联之间第一场战争的战场。”[26]在此后的几十年里，“雅典之战”常常被描述为当时还没有开始的冷战的先导。

我们现在知道，情况不是那样的。民族解放阵线和希腊人民解放军都是本土自生力量。虽然希腊共产党的领导层在思想意识形态方面与苏联关系密切，但是在整个德国占领期间，希腊的抵抗与苏联几乎是完全隔离的。苏联与山区临时政府第一次联络的时候，已经到了1944年5月底，西安托斯和他的同志好像得到苏联的指示，被要求与英国和老乔治·帕潘德里欧合作。在那个时候，英国和苏联之间的试探已经开始了，不久就在所谓的“百分比协定”中达到顶峰。这个协定是丘吉尔和斯大林于10月9日在莫斯科达成的一个非正式文件，达成协定的日子仅仅比德国最后的军队从雅典撤离早3天。4个月后，罗斯福、丘吉尔和斯大林在克里米亚的雅尔塔聚首，由此出现了战后分赃的正式分歧，而百分比协定则是刺向这个分歧的第一刀。这个协定在很久以后才为公众所知，斯大林于1944年10月同意英国可以在战后在希腊事务上有90%的控制权，得到的回报是他自己就可以在巴尔干其他国家的事务上不受约束。

很多评论家都对斯大林在这个协定中所做出的如此大的让步表示惊讶，因为他最为人所知的特质是不迁就、不守诺。但是，所有的证据都表明，斯大林这次的确是信守了承诺。在1944年的夏天和初秋，没有人知道苏联红军的推进在哪儿能停下来。到了9月，罗马尼亚和保加利亚被苏联占领。保加利亚有了共产党执政的政府。如果斯大林命令他的部队继续向南，进入希腊，那么苏联部队至少也会像在仅仅几年前加入轴心国的那些国家里那样，得到希腊人民的热烈欢迎。但是，根据还处于萌芽状态的百分比协定的相关内容，丘吉尔要求还驻留在希腊的所有保加利亚军队撤军，于是斯大林马上下达了命令。这个史实很少被人提及，但这就是保加利亚于1944年10月结束对希腊省份东马其顿和西色雷斯的侵占的原因。

此后不久，苏联军队继续向巴尔干其他地区和东欧推进。最终“铁幕”建立，这成为冷战的原因之一，而希腊注定成为冷战中的前线国家。不管希腊共产党及其国内众多的支持者怀着怎样的希望，斯大林从来没有给予希腊任何实际的支持，最多是为希腊在战火中艰难生存的共产党提供一些象征性的支持。个中原因与意识形态无关，一切都源于地缘政治。梅塔克萨斯和他在一战中为之服务的去世多年的国王对此非常理解。斯大林并未因为希腊而与英国人以及后来的美国人为敌，其原因与100年前的沙皇尼古拉一世并未因支持科洛科特罗尼斯和“俄国党”的诉求而与西欧强国为敌的原因是完全一样的。历史事件已经反复说明，对希腊的控制依赖于地中海东部的强大的海上力量。俄国除了在18世纪70年代有短暂的、较强的海上力量外，从来就没有具备过那样的实力。苏联在1944年当然也没有那么强大的海军。在19世纪的俄国和20世纪中期的苏联，其战略重点（即便苏联已经解体多年，如今依然如此）一直没有改变。

民族解放阵线和希腊人民解放军成员在1944年12月中旬，也就是与政府的敌对状态开始大约两周后，发现自己被英国人抛弃，而且英国人已经将矛头对准了他们，因此他们只有靠自己了。在长时期的对峙中，除非斯大林改变主意，民族解放阵线和希腊人民解放军注定必输无疑。但是，从现在开始，只要冷战不结束，那个将希腊一分为二的裂痕的阴影就会一直在那儿。

将欧洲分为相互敌对的共产党和反共产党两大阵营的裂痕在那个时期也会映照在希腊的社会中。这将成为1944年12月的遗产。

战斗到最后

很明显，到了12月的第三周，随着越来越多的增援部队从意大利通过空中和海上抵达雅典，英国占据了上风。丘吉尔本人一时兴起，和他的外交大臣安东尼·艾登一起在圣诞节那天飞向希腊，就像救世主一样降临到雅典。丘吉尔带着他自己的手枪，第二天在装甲车的护送下进入雅典市中心。在紧锣密鼓的3天会谈中，他确立了希腊问题新的解决方案的基础。“国王乔治二世回归”这个容易引起政治爆炸的问题被搁置。同时，一名摄政将上任，监督针对君主政治的未来而进行的全民公投。此后，希腊将举行10年来的第一次议会选举。

被选为摄政的人是雅典和全希腊教会大主教。大主教达马斯基诺斯的身体状况不好，但是在与丘吉尔的第一次会见后，丘吉尔就对其印象深刻：大主教“身材高大，外穿长袍，头戴高帽，是希腊教会的显要人物”。[27] 在德国占领期间，达马斯基诺斯因为其表现出来的勇气和尊严而受到广泛的敬仰。老乔治·帕潘德里欧政府已经处于瘫痪状态，本来在冲突开始的时候，老乔治·帕潘德里欧就提出了辞职，但是丘吉尔不允许。现在，他被恩准离开了。

临时总理的人选落在了一位最出乎意料的人物头上。他就是尼古劳斯·普拉斯蒂拉斯将军，也是一次成功的军事政变（1922年）和两次失败的军事政变（1933年和1935年）的主要推动者。他最后一次未遂的政变，再一次将长期延续的“分裂”延长到内战的边缘。逃亡以后，他从1942年开始担任拥护共和政体、反对希腊共产党的抵抗组织希腊民族民主联盟的名义上的负责人。由于希腊民族民主联盟那个时候被伊庇鲁斯山区中的希腊人民解放军剿灭，把普拉斯蒂拉斯列为总理人选简直就是一个态度温和的声明，尽管没有人会指控普拉斯蒂拉斯是一个保王派。这将是旧的拥护共和政体的右派最后的、短暂的亮相。即便如此，对这位经历过1912—1922年所有希腊战事的老兵而言，他跌宕起伏的政治生涯还不到结束的时候。

1945年1月初，希腊人民解放军被迫进入防御阶段。即便丘吉尔已经在来希腊的路上，希腊人民解放军的部队也依旧挟持大批平民人质。在其后两周从城市的撤退中，众多人质被迫跟着部队在路上艰难行走，人质既有男人，也有妇女和儿童，他们都饥寒交迫，但如果跟不上队伍，就会被处死。很多人后来被残酷地杀害。几周后，他们的尸体被发现的时候，还被绳子捆绑在一起，被草草地集体埋在墓穴里。即便那个时候，自由世界的公共舆论依然支持叛乱者。丘吉尔在向下议院争取给予希腊行动支持的时候，费了很大的功夫。但是，那么多无辜的平民被当作人质并被杀害，这从另一个方面逆转了舆论的浪潮。民族解放阵线和希腊人民解放军成员的疯狂举动，对其事业以及其在国际舆论上的形象会造成无法挽回的伤害。这种手段是德国占领时期流传下来的肆虐的、无差别报复的做法的另一种回归，甚至可以在奥斯曼帝国时代和19世纪20年代的希腊革命中找到根源。

1945年1月15日午夜刚过一分钟，敌视状态正式结束了。2月12日，“希腊政府”和“民族解放阵线中央委员会”的代表在雅典的海边郊区瓦尔基扎签署了最后的和平协议。希腊人民解放军要彻底解散，其成员要交出他们的武器。那些违法犯罪的人不能免于法律的惩罚。无须重申的是，民族解放阵线参与国家政府的机会永远也没有了。一年之内，希腊要就是否实行君主政治进行全民公投，举行新的制宪大会选举。举行选举是对失败一方仅有的重大让步，也只不过是确认了丘吉尔在12月底所说的那些内容。不是所有的共产党人都愿意接受这些条款，其中一人是阿里斯·维卢西奥提斯，他不久后在反抗政府军的一次游击队行动中被杀害。从那以后，对很多左派而言，《瓦尔基扎协议》一直被当作共产党领导层一个不可原谅的投降行为，因为那时民族解放阵线和希腊人民解放军仍然控制着希腊大多数地盘。左派们为之刻骨铭心，为之痛惜遗憾，为之愤慨谴责。

政治生活的回归是缓慢的。在整个1945年以及第二年，真正的政治方向不是来自未经选举的、不稳定的希腊政府，而是来自英国人。和平再一次建立，不管这个和平多么不尽如人意。与政治和立宪等问题比起来，更为急迫的问题是粮食短缺问题，因为人们仍然生活在温饱线之下。国家的基础设施被破坏了，重建既需要时间，也需要资金。德国占领期间的极度通货膨胀摧毁了希腊货币体系。早在1944年11月新德拉克马推行的时候，500亿个旧德拉克马才能兑换成一个新德拉克马。这显示了问题的规模和严重程度。这个问题直到1946年才得到解决。同时，黑市继续繁荣，新的货币也失去了它的价值。提供急需粮食的应急行动是由新组建的联合国善后救济总署组织的。

慢慢地，在《瓦尔基扎协议》签署后的第二年，政府逐渐控制了希腊各省区。这种控制权转移的代理人往往是非官方的当地武装人员，他们是在德国占领期间抵抗希腊人民解放军或遭受其剿杀的那些人的继任者。这些人现在得到官方在当地的代表，特别是乡村宪兵的宽容或鼓励。尽管希腊人民解放军本身被政府解散了，但是它的很多前成员为自保而重新组成小规模的部队。暴力和恐吓再一次成为常态。只是这一次，不管在哪里，受害者变成了那些与民族解放阵线领导的战时抵抗有关的人。只要你被确定与一个“共产党人”有关，哪怕是八竿子打不着的关系，你就可能被殴打、逮捕、监禁，甚至被杀害。据希腊左派所述，《瓦尔基扎协议》签署后的第二年陷入“白色恐怖”。这个术语现在已经被多数历史学家毫无争议地接受并采用了。与通常情况一样，我们很难弄清楚具体的死亡数字。毫无疑问的是，迫害范围很广。

对此，英国人发现自己无力阻止。他们在希腊的力量很有限，而且集中在靠近城市和主要城镇的地方。重组的政党都忙于在临时政府中耍花招、争权夺利，它们要么是1936年前的自己的暗淡苍白的影子（比如，自由党和人民党，每个党都紧靠着一位前领导人的接班人），要么是新的、短命的微不足道的团体组织。希腊议会选举早于计划中的关于君主政治的全民公投。在第一次议会选举举行的时候，希腊的政坛已经变得严重两极化，一边是希腊共产党左派，另一边是反对希腊共产党的右派。右派力量逐渐地聚集在支持君主政治的旗帜之下，认为君主政治是已建立的社会秩序的唯一保证。长久以来与维尼泽洛斯的名字相联系的中右的共和主义，则在这两个极端中受到完完全全的挤压。

对两个极端的政党来说，维尼泽洛斯温和的共和主义遗产是一个新的选择，但是另一位消失在公众视线达10年之久的政治领导人的回归给它以致命的一击。这个人是希腊共产党总书记尼科斯·扎哈里亚季斯，是斯大林1931年亲自任命的代表，一开始在监狱，后来在德国达豪集中营度过了近10年的时间。把扎哈里亚季斯带回希腊的是英国人。1945年5月，他乘坐英国皇家空军的运输机归国。于是，希腊共产党有了新的管理体制。

10年里的第一次希腊议会选举在1946年3月31日举行。希腊共产党自上次显示自己在竞选方面的实力以来，10年已经过去了。那个时候，希腊共产党虽然力量小，但地位举足轻重，能平衡两大党。不过，扎哈里亚季斯可能不知道这些，而且也不知道下一次竞选的机会要等到1974年。他本来是一个顺从谦卑的奉斯大林指示为圭臬的人，但这次固执己见，否决了自己党内很多同志的不同建议，无视苏联外交部部长维亚切斯拉夫·莫洛托夫的明确指令，下达了抵制选举的命令。这种做法在希腊政治中有着悠久的历史，对那些发起抵制的党派来说，每次的结果都是造成了不同程度的灾难。所以，灾难看来又要重演了。

由于共产党（以及一些小的共和党）的抵制，3月31日的选举是在恐吓威胁的条件下进行的，所以只是非常歪曲地反映了公众意见的真实状况。拥护君主政治的右派势力取得竞选胜利，是意料之中的事。从某种角度看，比真正的选举结果更具有启发意义的是这次选举可能有不一样的结果。不少迹象显示，如果抵制选举的情况没有出现，那么共产党与共和主义者赢得的选票加在一起，会让其排在选举的第一位。如果这种情况出现了，那么根据外国观察家的分析，希腊共产党将赢得 20% 的选票，那会是共产党在很长的历史上取得的最好成绩。有人认为，假设自由党的资深领导人塞米斯托克利斯·索弗利斯能够在共产党的支持下组建新的政府，“这样的政府就会代表大多数民众的意愿，会凭借党派组合的力量，为希腊解决其内在问题提供最好的机会”。[28]

但是，机会不再有了。扎哈里亚季斯领导下的希腊共产党已经被持续的白色恐怖行动挤压到死亡的角落里，如果想继续生存的话，就得艰难地走向与和平投票选举截然不同的道路，那就是武装斗争。在选举的前一天夜里，一支由希腊共产党支持者组成的队伍袭击了位于奥林波斯山脚下的一个警察哨所，这些希腊共产党的支持者杀死了 12 名宪兵。希腊有三次内战，而这次事件通常被看作第三次内战的开端，是希腊内战中最为血腥的，其造成的后果也最为严重。不过，从 1943 年夏天开始，希腊就一直处于战争状态，所谓的“第三次内战”也可以理解为因轴心国占领而引发国家四分五裂，进而导致冲突的最后阶段，只不过这个最后阶段的持续时间更长，过程更加痛苦。

1946 年 3 月以后，希腊就只有两个政治派别了：要么是共产党，要么不是共产党。如果你不是共产党人，那么你就属于国王阵营。对很多希腊人来说，这一定是个无奈的选择，因为不管他们心里真正想什么或信仰什么，只要被甄别为属于这一派或那一派，就难逃遭受暴力、折磨甚至死亡的命运。虽然受到明目张胆的恐吓威胁，但是在君主政治支持者的政府的监督下，希腊终于在 9 月 1 日围绕君主政治举行了早就承诺的、推迟了很久的全民公投。结果乏善可陈，完全在意料之中。9 月底前，已经 56 岁的国王乔治二世结束第二次流放，及时返回希腊，只是他的生命只有半年的时间了。他回来后没有做人民的救星，不能也不想把人民团结起来。两害相权取其轻，希腊人民将这个不受人爱戴的、顽固的、自私自利的家伙请回来当希腊的国王。

到了这个时候，任何妥协和解的政治愿望，都早早地随风而逝了。现在的裂痕已经非常深，两边对于和平统一都没有任何兴趣。除了希腊革命的内战时期，希腊的未来从来没有像现在这样完全依赖于裂痕的这一边或那一边。英国驻希腊大使雷金纳德·利珀在希腊解放前就一直忙于希腊政府的管理，他在 1946 年 2 月最后的报告中说："两边都流了太多的血，种下了太多的仇恨，不可能再和平地生活在一起了，任何人都难以进行调停。"[29]

没有人清楚到底哪一边会赢，只能看看谁能笑到最后。

1946 年 3 月，康斯坦提诺斯·查达里斯被选为总理，他是自由党战前领导人的侄子。现在自由党又成了执政党。年轻的查达里斯曾被描述为"小肚鸡肠的平庸之人"。[30] 在他碌碌无为（又强硬）的领导下，白色恐怖实际上已经成为政府的政策。新的安全法律允许随意逮捕人民。军事法庭可以进行判决，判处国内流放，甚至死刑。1946 年年底，政治死刑犯的人数是 116，在随后的几年里呈大幅度的增长。在很多地区的基层，特别是伯罗奔尼撒半岛，就和以前一样，官方正式的部队与私人拥有的武装、彻头彻尾的土匪之间，区别很细微。

由此而形成的结果是，虽然越来越极权的政府加紧了对城市和城镇的控制，但是在希腊的农村，尤其在其腹地山区中，德国占领期的混乱卷土重来。历史学家认真、仔细地梳理了那个时候共产党领导层的言论，试图寻找其行动的动机。但实际上，直到 1946 年和 1947 年年初的几个月，希腊共产党才逐步控制了各地反政府的、各自为政的游击队力量。希腊共产党能做到这一点，在很大程度上不是政府压制行动的结果，而是政府无奈之下默许的结果。希腊人民解放军解散以后，其残余势力在 1946 年下半年再度啸聚山林，不过人数从来没有超过巅峰时候的一半。12 月，一支新的希腊民主军宣布成立，指挥这支部队的是一位希腊人民解放军游击队的前领导人马科斯·瓦菲亚迪斯。一年后，共产党重建了民族解放政治委员会，这曾经是1944年存在了6个月的“自由希腊”组建的另一个政府的名字。现在，这个政府的总理是瓦菲亚迪斯，其控制了希腊北部和中部的广大山区，大部分是民族解放阵线和希腊人民解放军在德国占领期间曾经解放的领土。直到1947年年底，4年的内战才算是正式开始，战争的双方是两个政治对立的政府，各自拥有一支正式组建起来的军队。

正如希腊历史上经常发生的那样，决定希腊未来的最重要的因素都来自国外，这次来自英国和美国。1947年年初，在二战结束后上台的英国工党政府开始从世界事务中抽身，在以后的20年里，英国从大英帝国变成了联邦。当时的英国外交大臣欧内斯特·贝文宣布，英国将在3月底从希腊撤军。就在最后期限的3周前，也就是3月12日，杜鲁门总统对美国参众两院发表了著名的讲话，提出了后来尽人皆知的“杜鲁门主义”。有一段时间，美国政府担心苏联共产主义在全世界传播。根据杜鲁门主义，如果一个国家的政权受到共产党的威胁，那么美国就会在经济和军事上给予大规模的援助。希腊和土耳其将是最先受到援助的国家，但希腊的需要更为迫切。

美国对希腊政府的援助几乎马上就到来了。美国并没有向希腊派遣任何战斗部队，因为希腊不同于朝鲜和越南，尽管有人认为杜鲁门主义在希腊的成功规划成为美国后来干预后两个国家的蓝图。[31] 但是，美国在20世纪40年代后期向希腊提供的武器、美元和粮食非常多，远远多于苏联向希腊北面的阿尔巴尼亚、南斯拉夫和保加利亚这3个新的共产党邻邦提供的有限援助。这3个国家与希腊一样贫困。斯大林和苏联尽管在援助希腊共产党问题上的措辞显得更加坚决，但似乎不像以前那样愿意帮助希腊共产党了。那么，根据杜鲁门主义，美国对于希腊援助的计算是不是完全算错了账？或者，如果美国没有通过大规模援助而展示自己强大的力量，那么斯大林会不会改变主意并干涉希腊事务呢？

即便胜利的天平如此显著地向希腊政府及其美国支持者倾斜，困难依旧存在。英国人将希腊事务交给美国人以及杜鲁门主义的时候，好像很多观察家还认为游击队“注定会赢”。[32]一年后，双方的对峙依然没有很大的改观。关于双方组织混乱的战役、反复不断的暴行以及愚蠢的战略错误的详细记述，令人不堪卒读。两边都从交战区抢走了大量幼童，并将他们送到希腊政府控制的地区或共产党东欧国家控制的地区的特殊营进行系统训练。有很多文字记述了这种做法。希腊政府认为，叛乱分子是在复兴那个十恶不赦的强征幼童并将其训练成精锐禁卫兵的奥斯曼传统。但是，正是有着如此观点的这个政府，拒绝接受这些孩子归国，致使他们中的大多数人一直在那儿生活到20世纪80年代。

战争的最后一年，希腊政府强行迁移其控制范围内的山区村民，以免村民被民主军征为士兵。70多万人（大约总人口的10%）被迫离开了他们的家园。到战事结束的时候，双方都大量地依赖强制征兵。希腊政府将数千名政治犯囚禁在条件恶劣的半荒凉的小岛上，其中最有名的是位于阿提卡东岸的马克罗尼索斯岛。在这些监狱中，归化教育被沿用到成人身上。早在梅塔克萨斯独裁专制时期，希腊政府就已经开始通过身心折磨来逼迫人们放弃政治信仰了，现在则有了更新的花样。直到双方的冲突结束多年后，很多被关押在那里的政治犯才被释放。

到了1949年春天，希腊的共产党被驱赶到北方，所有的力量被挤压到靠近阿尔巴尼亚和南斯拉夫边境的格拉莫斯和维齐两个山区中。惨烈的近距离激战、从空中投下的美国新研制的摧毁性武器汽油弹，使得希腊的政府军和空军占了上风。7月，最后的战役——格拉莫斯围困之战还处于胶着状态的时候，南斯拉夫的领导人铁托由于和斯大林意见不同，下令关闭了他的国家与希腊的边境。8月29日至30日晚上，扎哈里亚季斯和他的最后一名同志撤到共产党执政的阿尔巴尼亚的安全地带。6周后，也就是10月16日，希腊共产党在“铁幕”后的流亡之地宣布武装斗争结束了。虽然1950年1月还出现了一些零星的暴力抵抗，但是希腊内战确定无疑地结束了。

21 世纪的历史学家一直宣称这场冲突是“完全没有意义的战争”，是“可以避免”的战争。[33] 它比 19 世纪 20 年代希腊革命之后的任何一次战争（包括两次世界大战），造成的人员和财产损失都大。根据一项估计，1951 年希腊的总人口要比 10 年和平环境下的人口少 11%。20 万希腊人要么在内战中丧生，要么被长期流放。被其他希腊人杀死的希腊人，“可能超过 6 万人”。国家的基础设施几乎还没有开始重建。[34] 正如冷战的新术语所描述的那样，共产主义和反共产主义之间、“东方”和“西方”之间产生的新的政治和文化裂痕会继续将希腊一分为二，并延续两代人以上。那么，开战的原因究竟是什么呢？

首先，民族解放阵线和希腊共产党在德国占领期间的诉求一直是基于向 1821 年革命精神的回归。在 20 世纪 40 年代的极端条件下，它们终于等到了这样一个机会，即完成向全面的国家自决过渡的进程，这个进程曾经因为外国势力干预希腊国家的建设而中断，并一直没有恢复。这是一个简明的信息，引起了社会的共鸣。民族解放阵线诉求的本质，经过共产党领导人处心积虑但不一定是愤世嫉俗的演绎，变成了要实现被轴心国肢解的民族国家的完整。在同一个阵营里，要找到那些与侵略者站在同一条战线上的其他敌人，并不困难。根据这样的叙事策略，自希腊独立以来，外国人一直密谋阻止希腊人民实现他们最重要的、唯一的目标，那就是完全的、彻底的自由。而现在，他们终于有争取这个自由的机会了。19 世纪 20 年代，赛奥佐罗斯 · 科洛科特罗尼斯和军阀们以多种方式表达这个意思。就像科洛科特罗尼斯和“俄国党”在希腊独立后的 10 年间所做的那样，民族解放阵线领导人编制的外国敌对势力的名单中也不包括俄国。

1944 年 10 月，希腊刚刚解放后，阿里斯 · 维卢西奥提斯在他的家乡拉米亚发表了著名的演说，他“像在讲述一个童话故事”：

> 我们现在行走的地球的这个角落，也就是我们称之为希腊的这个地方，从前非常伟大，有着 2 500 年的文明，一直为全世界所敬仰……我们

已经证明了我们的希腊性。事实是，我们的国家（在1821年）再度崛起，犹如重新降生，又一次获得了自由。

“希腊性”是梅塔克萨斯和20世纪30年代末“新国家”的设计师特别偏爱的术语。维卢西奥提斯笃信的“童话故事”是对希腊身份认同的叙事，是斯皮里宗·赞贝利奥斯和康斯坦提诺斯·帕帕里戈普洛斯在19世纪50年代构建起来的。后来，这个叙事没有什么变化。再后来，这个叙事继续追问：“我们要扒开神父的外衣吗？我们应该为此做些什么？我们自己可以看到，今天有数千名神父走在了我们运动的最前列。”[35] 这一切都是真的。很多乡村里的神父加入了山区对侵略者的抵抗运动。希腊解放的第一天，乔治斯·塞奥托卡斯在雅典看到希腊人民解放军的游行队伍走过街道，为首的人是“高唱着‘人民统治’的神父”。两个月后，在城市的一场巷战中，一位英国士兵看到对方的一位狙击手在两次射击之间不停地画东正教十字架，认为一定是什么地方出错了。[36] 其实，这只不过是重复了一个可以追溯到希腊革命时期的模式，那个时候“火药神父”的传统形象第一次进入了大众的想象。20世纪40年代，很多低级别的神职人员以及相当多的主教就像他们的先辈在19世纪20年代所做的那样，加入革命者的阵营，而最高级别的神职人员则继续忠于教会制度。

反对者可能永远不能理解或者从来不愿意理解的一个问题是，绝大多数希腊左派支持者的心里是如何注入深刻的甚至是虔诚的作为希腊人的身份认同感的？

的确，在这场冲突的最后阶段，共产党领导人宣布，共产党愿意将领土让给希腊北边的邻邦。这是为了让民主军在战场上获得后勤支持而付出的代价。这一直是希腊共产党自我宣传中最薄弱的一点，甚至可以追溯到20世纪20年代。早在1949年年初这些让步提出之前，希腊政府的一贯做法是，给这些人贴上“民族解放阵线–巴尔干半岛人”的标签，称他们是拱手出让希腊国土的卖国贼——将巴尔干战争期间付出巨大代价而赢得的土地，送给了包括现在的由共产党执政的保加利亚等敌国。

从某种程度上看，这些标签一直贴到了今天，而且还会贴下去。但是，两方都不是坚定的、一如既往的爱国主义者，各自的爱国主义都打了折扣。痛斥共产党向南斯拉夫和保加利亚出让边界土地的那个保王派政府，先后向英国人、美国人出让了希腊很多的主权，目的是获得打败国内敌人所需的武器弹药。考虑到这一点，哪一方依靠的外国实力强大，哪一方就能独占鳌头。但是，无须怀疑的是，双方的大部分人都是为了一个与他们自己有关系的希腊身份认同而投入战争，这个身份认同是他们自己想象的生活和未来家园。

有些历史学家提出，如果希腊共产党在这场内战中获得了胜利，那么是像西欧国家的共产党那样走向共同执政之路，还是建立一个一党执政的国家？[37] 在 20 世纪 40 年代末的环境下，在德军占领期间，民族解放阵线成员在大山深处怀着的民族自决的崇高理想，永远没有机会实现。希腊左派在“自由希腊”的山区中创建新型社会的尝试，从 21 世纪的观点看，只不过是一场“未宣布的社会革命”而已。[38] 但是，从 20 世纪末更宽广的历史视野看，它可能永远都不会实现。

与 19 世纪 20 年代的希腊革命一样，20 世纪 40 年代的分崩离析也没有促成一个狂飙突进的国家的再生。

第十章

山姆大叔的庇佑

（1949—1974）

暴力和流血的10年终于结束了。始于1943年的内战持续了6年，这几乎是引发这场内战的外国占领时间的两倍。战争之后，胜者为王的和平时代到来了，输的那一方没有任何讨价还价的余地。1947年年底，希腊共产党被宣布为非法组织，在将近30年的时间里一直被禁止。数千名共产党支持者亡命他乡，生活在"铁幕"之后。根据苏联当局的指令，很多人集中生活在塔什干。在希腊，20世纪50年代被从监狱中放出来的那些人依然受到监控和骚扰。从前与纳粹狼狈为奸的人发现自己在社会上很容易立足，常常被委以信任，还能获得生活津贴。而那些与纳粹及希腊通敌者抗争的人，直到20世纪80年代才有这样的待遇。

今天的历史学家把20世纪50年代的希腊描述为一个"反共产党的国家"和"美国的附庸国"，这种说法有充分的理由。[1] 在希腊历史上，这是第一次，也是唯一的一次——19世纪在欧洲列强势力主导下诞生的希腊民族国家被一个非欧洲国家引领和控制。这种情况的出现乃时势使然。希腊政府之所以赢得了内战胜利，是因为美国的干预。内战结束后，执希腊政治牛耳的就是美国人。在开始的阶段，希腊政坛混乱不堪，3年里换了不下7届政府，进行了3次议会选举。在美国人的坚持下，希腊在1952年实行了新的选举制度，开启了右派政党长期执政的时代，中间再没有执政党更替，一直到1963年。同时，希腊修正了宪法，第一次赋予了妇女投票权利。在美国的力主下，希腊在1951年10月与土耳其一起加入了北约。在后来遏制全世界共产主义发展的行动中，两个国家都发挥了自己的作用，往朝鲜半岛派遣了部队和飞机，给予了美国及其盟国支持。

美国的干预对希腊经济的未来发展产生了决定性的影响。杜鲁门主义实行一年后，美国提出了马歇尔计划。马歇尔计划为期4年，向遭受战争重创的欧洲国家提供大规模的经济援助，从而帮助其在二战后重建家园。那个时候，希腊是欧洲最穷的国家，在马歇尔计划实施期间，得到了10亿美元的援助。美国如此丰厚的经济援助的突然到来，就像美国用武器赶走了共产党一样，极大地改变了希腊的生态面貌以及希腊社会的方方面面。在20世纪40年代，电力供应几乎到不了希腊的山区和海岛。30年后，你要想找一个还没有通电的村庄，就得走很远的路才能发现。从阿提卡海岸一直到雅典西边，这个很长的地带布满钢铁厂、炼油厂和船坞，这一切都是那个时期建造的。与20世纪30年代一样，希腊再一次尝试将生计农业升级为可盈利的产业，进而出现了多种多样的结果。

早在革命之前，希腊的造船业就非常成功，在20世纪40年代末更是实现了强劲的复苏，并在此后达到了产业发展的顶峰。在陆地上，20世纪50—60年代是大建设的时期。雅典、比雷埃夫斯和萨洛尼卡以前所未有的速度发展，达到了前所未有的规模，这从某种程度上反映了人们从乡村向城市迁移的态势，也推进了这一态势。1951—1971年，希腊首都的人口几乎翻番，达到250万。[2]这是雅典式公寓楼的时代，每幢公寓楼都是一样的模式——五六层楼高的水泥建筑，外观未经任何装饰。今天的城市景观面貌就是在那个时候奠定的。内战期间，很多农村人口凋敝，房舍被摧毁，后来再也没能完全恢复，有些就被彻底废弃了。希腊大量的青年小伙子再次选择离开自己的祖国，到海外谋生，这次的新目的地是澳大利亚、加拿大和欧洲国家，特别是工业热土联邦德国。同时，大众旅游的基础也建立起来了。廉价航空、团体旅游还有某种程度上的游轮产业的发展，开始让希腊成为从前付不起费用的游客的观光旅游目的地。第一次，大规模的人口流动不再是朝着一个方向了。

有的项目是从美国开始实施的，在希腊落地时经过了本地机制的筛选。但是，美国的庇佑对希腊经济最大的影响应该是释放了创新创业活力，创新创业意识曾经在18世纪晚期蓬勃发展，但在欧洲强国干预时期因中央集权的力量而黯淡下来。在20世纪50—60年代，小型的家庭企业是经济增长的发动机，特别是在建筑、旅游和船运业方面。据估计，1950—1973年，希腊的GDP（国内生产总值）年均增长6.5%，是“南欧资本主义国家中最高的，也可能是整个西方世界中最高的”。[3]

在20世纪50年代上半叶，希腊的面貌从来没有那么好过。美国人就是新的巴伐利亚人。正如巴伐利亚人在1833年所做的那样，美国人的干涉结束了希腊长达10年的流血斗争，尽管所用时间比巴伐利亚人长很多。美国人并没有传播他们的文化，带来的是冷战现实政治主导下的政治议程，为希腊新的现代化时代打开了通道。

不过，事情没有那么简单。尽管希腊国家在1922年小亚细亚大溃败以后的30年里付出了各种各样的努力，但其叙事依然没有完成，国境线外的希腊民族再一次坚持自己的主张。这造成的影响在当时无法估算，即便半个世纪以后，也依旧没有完全显现出来。

被重新发现的民族

1922年的失败看起来几乎消灭了希腊国家和外延更广的希腊民族国家之间的区别。但是，实际上并没有。二战结束的时候，希腊国境线以外的地中海东部地区仍然有信仰东正教、说希腊语的人建立了几百年的居民点。其中一个居民点在阿尔巴尼亚南部（在希腊语中常常被称为“北伊庇鲁斯”，但大家对此称呼还有争议）。冷战带来的政治分歧使那里的状况在可以预期的将来不会有任何改观。另一个地方是佐泽卡尼索斯群岛，包括 12 个岛屿和周围的小岛，位于爱琴海的东南角，紧靠土耳其大陆。战争在 1943 年 9 月爆发，终结了意大利从 1912 年起对这些岛屿的占领。从那以后，这些岛屿的管辖权先是被转给德国人，再是被转给英国人。1946 年，佐泽卡尼索斯群岛要成为希腊的一部分的时候，没有人提出强烈的反对意见。虽然土耳其的前政府曾经反对希腊向土耳其扩张，因为佐泽卡尼索斯群岛距离土耳其大陆太近，也因为群岛中最大的罗得岛上当时仍居住着大量的土耳其少数族裔，但是土耳其的新政府默许了佐泽卡尼索斯群岛归属希腊的行为。1947 年 3 月，这 12 个岛屿正式进入希腊版图。

还有一个地方是塞浦路斯。在北伊庇鲁斯的问题上，当地的人民没有说话的机会。在佐泽卡尼索斯群岛的问题上，当地的人民没有说话的必要。而在塞浦路斯的问题上，情况就不一样了。1878 年，塞浦路斯被从奥斯曼帝国转到英国手中，从 1925 年开始，就一直是英国的王室殖民地。在大约 60 万人中，有 80% 的人是说希腊语塞浦路斯方言的东正教徒，这比其他后来成为希腊国土一部分的地区的说希腊语的人的比例还高，特别是克里特和马其顿，还包括那个时候已经成为希腊“共同首都”的萨洛尼卡。大部分的希腊族塞浦路斯人以及很多在希腊本土的人，一致认为正如对爱奥尼亚群岛的做法那样，英国人早晚都得让塞浦路斯成为希腊的一部分。

这并非空穴来风，毕竟英国早在 1915 年就提出过将塞浦路斯还给希腊，以此为诱饵拉拢反维尼泽洛斯的政府加入一战。30 年后，当大主教达马斯基诺斯以摄政的身份造访伦敦的时候，他那时的私人秘书乔治·塞菲里斯就敦促他将塞浦路斯加到他向新的英国工党政府提的要求里，乔治·塞菲里斯不仅是他的秘书，还是诗人和外交官。英国最初的反应还算积极。后来，在 1947 年，英国从印度次大陆撤回了它的殖民统治，一个月后，又单方面从希腊撤军，从而为杜鲁门主义让路。所有的迹象都表明，旧的帝国正在撤退。

希腊此后的历届政府从来没有热心地推动过塞浦路斯的问题，因为对希腊而言，英国是极其重要的盟友，希腊不能冒一点儿疏远英国的风险，去支持统一塞浦路斯的诉求。另外，在过去一个世纪的所有开展希腊统一运动的地区中，塞浦路斯距离希腊最远。尽管希腊对这个问题好像没有公开表达过意见，但如果希腊将塞浦路斯纳入国土，那么统一后的希腊可能在防御方面会遇到很大的后勤补给问题。也许，正是因为这些原因，塞浦路斯与希腊统一的问题就都留给希腊族塞浦路斯人自己去推动了。他们于 1931 年 10 月造反起义，当时的希腊总理不是别人，正是一直倡导更广阔国土面积的希腊民族国家的埃莱夫塞里奥斯·维尼泽洛斯。但是那个时候，维尼泽洛斯正全身心地应对英国上个月废除金本位所带来的后果，处理国家随即要破产的烂摊子。尽管希腊表现得焦虑不安，但希腊族塞浦路斯人已经感觉到自己与希腊只有一步之遥，他们的委屈在希腊得到了共鸣，所以很多人急迫地想进入希腊的怀抱。

至于他们在 20 世纪 40 年代末还如此急切地想加入希腊大家庭的问题，是值得好好讨论的。塞浦路斯人一直置身事外，远距离观察希腊国家的解体及其造成的可怕影响；他们自己幸免于此，应该感到很欣慰。塞浦路斯从来没有被轴心国攻击过。尽管塞浦路斯人在两次世界大战中主动为英国军队服务，但是他们加入希腊的心情与以前一样迫切。不论在塞浦路斯，还是在希腊，没有人能够预见到的是，在 20 世纪 50 年代初，日薄西山的大英帝国竟然还有那么大的威力。

塞浦路斯的多数说希腊语的社区的政治领导与东正教会是合二为一的，在英国殖民政府于 1931 年骚乱后废除选举出的立法委员会之后，世俗的领导体制就不存在了。东正教会的领导是塞浦路斯的大主教。16 世纪以来，大主教还拥有另外一个头衔——行政长官。这个终身职位需要从岛上的主教中选出。但是，由大主教担任的塞浦路斯的行政长官不仅仅扮演精神领袖的角色，且这个传统是从奥斯曼帝国时期延续下来的。他要充当所管辖人民的发言人、保护者和捍卫者。政治权力、责任以及相应的大笔财富统统汇聚于塞浦路斯教会，这是奥斯曼帝国留下的遗产。英国历届殖民统治者在成长过程中所耳濡目染的是教会和国家权力的分离，所以他们对于塞浦路斯这样的体制从来就没有真正地理解。在20世纪50年代的新形势下，问题终于爆发了。

1950年1月，塞浦路斯教会组织教徒进行了非正式的全民公投，选举是在教堂中举行的，所以不是什么秘密。虽然选举是非正式的，但是历史学家认为，96.5%的有效选票支持与希腊统一，这是公众愿望的真实体现。6个月后，80岁的大主教、行政长官马卡里奥斯二世去了天堂。1950年10月，他的继任者“以高票当选大主教，得到97%塞浦路斯希腊族的支持”。[4]迈克尔·穆科斯是克里斯托杜洛的儿子，出生于帕福斯区的一个小农牧家庭。后来，他进入教会，根据当时的习俗，放弃了自己的姓，换成了僧侣常用的名字马卡里奥斯，意思是“神圣有福的”。担任大主教以后，他的名字就变成了马卡里奥斯三世。他还不到37岁，是担任这个职位最年轻的大主教之一。他不只年轻，而且具有非凡的精力、才华和魅力。在以后20年的时间里，马卡里奥斯周旋于英国、希腊、土耳其以及后来的塞浦路斯的政客和外交官之中，而且游刃有余，成为20世纪下半叶希腊民族国家政治历史中的一个举足轻重的人物。特罗多斯山脚下的基科斯修道院中有他的壮观的墓地，他的青铜雕像大约有30英尺高，他依然穿着标志性的教会长袍，脸上带着迷人的笑容。

这次全民公投的结果不出意外地被英国殖民当局扔在一边。但是，在马卡里奥斯当选大主教以前，塞浦路斯东正教会就下定决心要保持与希腊统一的态势，并为实现这一目标从岛外寻求支持。其第一个想到的是希腊，并派了一个代表团前往希腊，代表团于6月抵达雅典，带去了全民公投期间投票支持者签名的合订本。此时，距离内战结束只有不到一年的时间了，希腊公民还没有来得及舔舐伤口，更别说治愈伤口了。塞浦路斯代表团的到来，是从遥远的国境线之外吹来的号角，立刻让希腊公民想起了1821年和1912年的光荣时刻。甚至更好的一面（除非你特别近地观察塞浦路斯希腊族的内部政治，因为大多数在希腊的人是看不到的），是这个统一大业可以将所有的政治力量联合起来。对右派来说，民族主义者可以沿着传统的道路继续斗争；对左派来说，意义更大，他们可以更强烈地反对帝国主义和殖民主义。事实上，从希腊过去10年的经验来看，被击败的、边缘化的左派在赞成马卡里奥斯以及与塞浦路斯统一的公众意见方面，给予了最有效的舆论上的支持。

在那段时间里，希腊历届政府的外交政策多多少少都会受到由尼科西亚编制的并由马卡里奥斯推动的统一议程的影响。尽管希腊政府的部长们从实用主义出发将塞浦路斯的投怀送抱拒之千里之外，但是统一大业已经在希腊迅速地燃起了熊熊大火，民众去大街游行示威，报纸开专栏呐喊呼吁。早在1950年5月，希腊议会就表达了统一的心声，即便在19世纪40年代，希腊议会也会如此表达。这个心声是希腊政府有责任“保持一个民族的完整，而不是仅仅满足于狭义上的具有政治边界的国家”。民族的概念排在了第一位，民族概念内的公民“从来并不只包括希腊王国里的公民”。[5]

由于马卡里奥斯的坚持，前陆军元帅亚历山德罗斯·帕帕戈斯领导的政府向英国提出了一系列直接的要求，就有秩序地实现塞浦路斯与希腊的统一进行磋商。其中一次磋商是1953年与英国外交大臣安东尼·艾登进行面对面的会晤。后来，希腊方面认为，帕帕戈斯在会晤中受到了平白无故的侮辱。第二年，英国人变本加厉，一位副部长在下议院信口开河，说塞浦路斯有英国的一些殖民资产，因为战略的原因，“永远也不能”从英国的主权中剥离出去。相较于上届工党政府于1945年第一次表达的尝试性开放态度，1951年上台的英国保守党政府的态度倒退了很多。

盟友和曾经的“保护国”的多番断然拒绝，在希腊民众中燃起了更大的火焰。希腊政府就像被钳子钳住了，一边是马卡里奥斯，另一边是英国人。但是，马卡里奥斯和塞浦路斯领导人不满足于通过希腊政府向英国施加压力。从一开始，他们就决心通过联合国将与希腊统一的诉求进行国际化。这一次，他们的政策主张的基础不是坚持那个百年的诉求，实现民族国家统一的“伟大理想”，而是坚持让塞浦路斯多数人自决的原则。不过，现实的问题是只有那些已经实现自决的人才有权利向联合国这个平台提出诉求。因此，这个艰巨的任务又落到了希腊政府身上，希腊政府首先游说联合国大会允许就塞浦路斯问题提出议案，然后再耐心地做工作，推动这个议案通过。但是，英国的势力很强大，直接阻止了希腊的诉求进入联合国大会。尽管希腊政府进行了多次尝试，但是这个议案从来就没有被联合国接受过。

塞浦路斯领导人现在努力做的就是重复19世纪20年代希腊革命所采取的成功策略。但是在20世纪50年代新的条件下，国际化也会带来新的危险。虽然塞浦路斯的历史学家没有看到国际化，但是希腊的历史学家马后炮般地把国际化看作一个致命的错误，如果民族自决问题提交联合国，那么这就意味着向土耳其打开了大门，而土耳其可能会进行干预，从而保护土耳其少数族裔在塞浦路斯的利益。[6]

事实上，从20世纪50年代的前5年看，这个危险好像要比后来回顾时小得多。土耳其的阿德南·曼德列斯政府和民主党在1950年选举获胜后开始执政，并表示要与希腊保持睦邻友好。两个国家的政府都积极参与北约的事务，在1953年2月签署了新的和平与友好条约。与此前的凯末尔和伊诺努政府一样，塞浦路斯问题根本没有在曼德列斯政府的议程上。土耳其国家的领土疆域是由1919年9月土耳其民族运动初期所制定的《国民公约》确定的，并不包括塞浦路斯。根据1923年的《洛桑条约》，土耳其已经将所有关于塞浦路斯的诉求都转给了英国。如果殖民国家进而将此权力转给当时根本不在考虑之列的其他国家，那么这又该怎么解决呢？但是在20世纪50年代初期，土耳其的态度很清楚——对此事不感兴趣。塞浦路斯的希腊族东正教领导人和希腊的决策者没能预测到下一步要发生什么，这是可以原谅的，因为首先对统一进程提出异议的不是希腊的宿敌土耳其，而是英国。

1955年夏天出现了危急情况。英国外交大臣安东尼·艾登的继任者哈罗德·麦克米伦发出紧急通知，邀请希腊和土耳其两国政府派遣外交部部长到伦敦参加三方会议，商讨塞浦路斯岛的未来。会议开始前不久，麦克米伦在给属下的信中写道："土耳其人在（会议）开始的时候态度越强硬，对我们和他们越好。"一位英国历史学家特别提请大家注意，实际上，这次会议的目的不是达成共识，而是要实现"分而治之"，所以他引导人们看到"此次阴谋诡计的高风险特征及其一点儿都不让人尊重的特色"。当时，马卡里奥斯将其称为"歪门邪道"。[7] 当然，这次会议没有邀请塞浦路斯参加。

这个时候，曼德列斯和他的外交部部长法丁·佐卢的口吻变得更富民粹主义的特质，非常引人注目。英国外交部的一些官员很担心，因为导火线已经被点燃了，如果爆炸发生，那么没有人能够控制局面。事实也的确如此。9 月 15 日，会议快进入尾声的时候，佐卢好像认为英国人将在希腊的要求下让步。如果佐卢真是这样想的，那就是完全误解了这次会议真正的目的。那天晚上，这位土耳其的外交部部长从伦敦给伊斯坦布尔的官员打了个电话，据报道他说了句"搞点儿小活动可能会有效"。[8] 第二天，伊斯坦布尔市中心的塔克希姆广场上聚集了大量的游行示威人群。贝伊奥卢是伊斯坦布尔的"欧洲区"（在希腊语里被称作"佩拉"），发生了潮水般的暴力。所有的证据都显示，至少在开始的时候，这一切都是精心策划的。

1955 年 9 月 6—7 日的伊斯坦布尔和其他城市的暴乱被希腊评论家与历史学家称为一场"大屠杀"。警察就站在旁边，眼睁睁地看着 70 座东正教教堂被抢掠和焚烧，希腊族的商业铺子和家宅被掠夺。仅仅 24 小时的时间，古老的仇恨冲出了理智的表面，破坏了可以追溯到 1930 年且因北约而得到强化的希腊和土耳其之间的友好关系。那两天的事件为之后主导希腊和土耳其两国关系的对抗仇恨确定了基调。伊斯坦布尔的希腊族东正教社区大约有几十万人。1923 年，根据《洛桑条约》，这些人被免除了强制性迁徙，后又开始了快速撤离。几年后，这里的希腊族东正教徒减少到了几千人。

为了获得短期的政治优势，为了更久地控制塞浦路斯，麦克米伦和他的政策在土耳其最大、最强的城市里引出民粹主义愤怒的恶魔，但是恶魔出来后就再也无法被装进瓶子里了。6 年后，曼德列斯和包括佐卢在内的多数内阁成员在一次军事政变中被绞死了，部分原因是他们煽动这些事件。但是后来的土耳其政府，不管是什么政治颜色，不管是军政府还是平民政府，在 60 多年后，在塞浦路斯问题上都没有发现让步的可能性或权宜之计。

伦敦三方会议召开的时候，塞浦路斯岛上已经开始了武装斗争。1955 年 4 月，拿起武器的游击队宣布自己成为塞浦路斯斗士民族组织（希腊语缩写为 EOKA）。其领导人是希腊军队的前上校乔治斯·格里瓦斯。他本来就是塞浦路斯人，在阿尔巴尼亚抗击意大利人。德国占领期快结束的时候，他短时期内领导了一支对付共产党的武装部队，部队因其希腊语名称的首字母“X”（音“chi”）而知名。格里瓦斯与其说是一名军事家，不如说是一名政治家，与他的政治导师马卡里奥斯在支持武装斗争方面深具谋略一样，尽管英国谍报人员一直在追捕他，但他总能成功逃脱，化危险于无形之中。冲突期间，格里瓦斯给自己换了个名字——迪耶民斯，这让人想起所有说希腊语的人都知道的传说中的典型英雄形象。今天，尼科西亚的一条主要大街被命名为“格里瓦斯—迪耶民斯”大道。

在英国人眼里，塞浦路斯斗士民族组织是一个恐怖组织。在其支持者眼里，塞浦路斯斗士民族组织的成员是献身于国家解放的自由斗士。他们伏击的目标是军人和警察，二战期间，游击队曾经用这些方法在希腊抗击轴心国侵略者。这些方法都是英国人教导他们使用的，现在却被用来对付英国人，英国人被当成了敌人。同时，塞浦路斯斗士民族组织对那些被查明的“叛国者”进行惩罚，达到以儆效尤的目的。它还对塞浦路斯劳动人民进步党（希腊语缩写为 AKEL）的党员进行附带性的袭击。这更让人想起希腊内战期间双方的战略战术。塞浦路斯斗士民族组织一开始对警察局实施了一系列的攻击，前 3 个月里有 200 多次攻击。很快，英国人做出反应，宣布进入紧急状态。在此形势下，不管什么人，只要携带武器，就会面临死刑的判决。

根据紧急法，第一批死刑于 1956 年 5 月执行。其中，迈克尔·卡拉里斯（又名“迈克拉基斯”）被判刑的时候只有 23 岁；另一个人是安德烈亚斯·迪米特里欧，他只有21岁。他们都是经过正常程序被判刑的，一个人的罪行是在光天化日之下于尼科西亚市中心打死一名希腊族塞浦路斯警察，另一个人的罪行是在法马古斯塔枪击并打伤一名英国人。但是在希腊人眼里，这些审判是有问题的，因为关键证人以及指控人员都是土耳其族塞浦路斯人。死刑判决在塞浦路斯和希腊都引起了公众的震惊。塞浦路斯不允许任何形式的公共游行示威，但是在5月9日的雅典，当第二天要执行死刑的消息传来，发怒的群众涌向协和广场，试图冲击一幢被武装警察封锁的大楼。此情此景令人想到了1944年12月在这个城市的另一个广场上发生的恐怖事件，所以紧张不安的警察就开枪了。4人死亡，几十人受伤。[9]

后来，希腊的一些城镇和广场正式地更名为那些被处死的人的名字，而且沿用至今，其中包括英国驻希腊大使馆在其雅典驻地前的那条街道。塞浦路斯斗士民族组织马上给予反击，把他们押为人质的两名英国下士枪毙了。这些从未伤害过别人的无辜生命就这样无声无息地牺牲了。

总体来说，塞浦路斯斗士民族组织在斗争中造成了500多条生命的消失，受伤的有1 000多人。在死亡的人数中，一半以上是希腊族塞浦路斯平民，这远远多于英国军人或塞浦路斯斗士民族组织成员的死亡人数。与20世纪50—60年代其他反殖民斗争相比，其伤亡不大。[10] 作为一场军事冲突，它也不具有决定性的意义。正如希腊民族国家历史上多次发生的那样，解决方案都是来自遥远的国境之外，这次则是来自美国、瑞士和英国。

在那之前，英国政府于1956年3月在尼科西亚机场逮捕了正准备去雅典进行磋商的马卡里奥斯大主教，进一步疏远了在塞浦路斯和希腊的希腊族的人。经此异变，马卡里奥斯到达预定目的地的时间被推迟了13个月。在这期间，这位塞浦路斯的行政长官实际上被监禁在特别遥远的英国殖民地塞舌尔岛。1957年4月17日正值东正教的圣周，马卡里奥斯在这一天终于到达雅典，受到了英雄般的欢迎。按照美式风格，一个摩托车队护送他从机场前往位于宪法广场的大不列颠酒店，中间多次停下，以便于他接受当地名流的问候和祝福。这一时刻被称为“他整个个人生涯的巅峰”，这个说法是非常恰当的。[11]

马卡里奥斯在酒店房间的阳台上发表了激情洋溢的即兴演说，下面广场上的听众中一定有一批人，他们在将近50年前，站在同样的位置，聆听维尼泽洛斯从同样的阳台上发表同样振奋人心的演说。那时，维尼泽洛斯第一次从克里特来到雅典，担任希腊总理，后来领导希腊人民赢得了巴尔干战争的胜利。更多的人可能是从他们的父辈或历史教科书中了解这段历史的。那么，复兴的精神是否能再一次从更广阔的希腊民族国家进入，将困扰希腊国家的倦怠、挫折和争斗一扫而光呢？

但是，时势异也，人也不同了。没有证据表明，马卡里奥斯胸怀统治希腊的雄心壮志。维尼泽洛斯1910年义无反顾地离开了战火纷飞的家乡，去追求一个更大的理想，终于实现了他的家乡和希腊的统一。马卡里奥斯去希腊，仅仅是因为英国当局不允许他回到他的家乡塞浦路斯。维尼泽洛斯之所以被邀请到希腊，是因为那儿的政权最高层虚位以待。而1957年则没有这种职位，即便当时的政党领导人无论在能力、魅力或者受民众欢迎的程度上，都无法与马卡里奥斯相提并论。也许，马卡里奥斯错过了一个可能改变希腊历史进程的机会，但更可能的是，这样的机会本身就不存在。

不管什么原因，从那以后，促进塞浦路斯与希腊统一的大业开始缓慢而无情地从马卡里奥斯的手中滑落出去。

到了1957年，国际背景发生了变化。此前一年，埃及领导人加麦尔·阿卜杜勒·纳赛尔将苏伊士运河收归国有，英法政府试图夺回，但最终失败。苏伊士危机成为旧的欧洲殖民强国的转折点。就英国而言，它也结束了安东尼·艾登的政治生涯。上一年，艾登在年迈的丘吉尔之后继任英国首相，但是在次年1月就辞职了。新任首相是哈罗德·麦克米伦，他是关于塞浦路斯前途的那个噩梦般的三方会议的始作俑者。英国保守党政府的政治重点也发生了变化。在苏伊士危机之后，只要英国还在塞浦路斯拥有军事基地，就再也不可能放弃塞浦路斯。土耳其一方现在也督促塞浦路斯与希腊划清界限。于是，1957 年出现了一个新的可能性——塞浦路斯成为一个独立的国家。如此，两大阵营可能最终会融合在一起，形成一个新的民族身份认同，那就是塞浦路斯人。

正当这些建议在遥远的政坛上酝酿的时候，塞浦路斯事件让形势发生了转向。从历史发展上看，这应当被视为一次严重的警告。塞浦路斯希、土两族之间的关系从来没有像 19 世纪的克里特的族裔关系那样，为了争取与希腊统一而形成了相互间的仇视和敌对，爆发了相互间的暴力行动。即便在始于 1955 年 4 月的反抗斗争之后，塞浦路斯斗士民族组织好像也没有把土耳其人作为敌对的目标。但是，从另一方面来说，由于土耳其族塞浦路斯人在地方安全部队中占据很高的比例，因此越来越多地受到攻击。1957 年 11 月，塞浦路斯警察特别支队的一位土耳其族高级警官被刺杀。在安卡拉政府的支持下，土耳其族塞浦路斯人在此事很久以后做出了激烈的回应。

这个回应呈现出了新的暴动形式（根据不同的视角，其可以被看作“恐怖分子”或“自由斗士”）。它被称为土耳其抵抗组织（土耳其语缩写为 TMT）。现在，塞浦路斯斗士民族组织的反抗斗争在最后阶段变成了一个三方作战，其在 1958 年一直处于混战之中。最严重的暴力之罪是在两个秘密的游击队组织在针对另一方族裔的平民时犯下的，这是以前没有过的。1958 年 1 月和 6 月，土耳其族塞浦路斯人在尼科西亚发起了暴力行动，暴乱的受害者被以私刑处死。6 月，英国护送下的塞浦路斯希腊族俘虏被伏击，有几个俘虏被砍杀。于是，塞浦路斯斗士民族组织开始反击，掠杀土耳其族塞浦路斯人，同时还威胁恐吓自己的族裔，阻止他们从土耳其族控制的地区搬出去。在塞浦路斯的各个地方，家家户户开始悬挂国旗，或者是希腊的，或者是土耳其的，具有讽刺意味的是，这成了塞浦路斯独立历史上悬挂国旗的开端。

但是，有人还真找到了一个外交解决方案。这个方案来自看起来不可能的地方。1958 年 12 月 4 日晚，在联合国大会的一次辩论上，土耳其外交部部长佐卢向他的对手希腊外交部部长埃万盖洛斯·阿维诺夫-托西萨提出质问。他说："为什么我们两个人不能就塞浦路斯的问题摈弃两个国家的分歧呢？"事实上，这就是当时发生的情况。英国政府在边上默不作声，马卡里奥斯和塞浦路斯人也如此。两位外交部部长发现，他们可以在让塞浦路斯成为一个独立国家方面达成共识。如此一来，希腊就会放弃统一塞浦路斯的思想，土耳其就会放弃分离塞浦路斯与希腊的思想，英国就会放弃其关于塞浦路斯主权的思想，但是依然可以保持其军事基地。各方都是失败者，但更为重要的是，没有任何一方能成为获胜者。从这个方案中，我们可以看到希腊在19世纪30年代初获得独立时采取的方式，当然结果是不一样的。

英国、希腊和土耳其的代表分别于1958年12月在苏黎世以及第二年2月在伦敦兰卡斯特大厦召开会议，匆匆讨论研究了塞浦路斯独立的细节问题。马卡里奥斯只是在最后一分钟才被叫了进去。在希腊外交部部长和英国外交大臣的强大压力下，马卡里奥斯依然拒绝在他没有参与讨论却要负责实施的最终协议文本上签字，这一下子在兰卡斯特大厦引发了几乎难以承受的紧张局势。不过，难堪和紧张的时刻终于过去了，马卡里奥斯后来在协议上签了字。1959年2月19日下午，独立的塞浦路斯共和国诞生了。

3月1日，在时隔将近3年后，马卡里奥斯乘飞机抵达尼科西亚机场，他向等候他的官员和记者说了一句话。公元前490年，一位马拉松运动员将雅典人战胜波斯人的消息第一个带回雅典，当时他说的古希腊语正是这句话："我们赢了"。马卡里奥斯是怎么想的，我们永远都不会知道。但是他一定很清楚，这不是什么胜利。诗人乔治·塞菲里斯戴着他那极具特色的外交帽子，在这个问题的磋商中发挥了主要作用，对于这样的结果，他感到很震惊。即使如此，与其他人相比，塞菲里斯对此事造成的可能后果的预测都更准确，协议签署一年后，他在日记中袒露心迹："我们（希腊人）干不了大事。"[12] 最令人伤心的墓志铭是，古老的"伟大理想"已经埋葬在将近40年前的士麦那废墟里，但是那挥之不去的记忆依然没有完全消逝。

1960年8月16日，塞浦路斯共和国正式成为英联邦的成员。为了保证希腊族和土耳其族之间的权力分配，塞浦路斯在宪法中进行了详细安排。总统必须一直由希腊族人担任，副总统则由土耳其族人担任，低级别的官员大致根据人口比例进行分配（不论是国家独立前还是独立后，这种分配一直都处于讨价还价中）。塞浦路斯共和国的官方语言既有希腊语，也有土耳其语，国旗上有代表塞浦路斯岛的地图，白底之上有两个橄榄枝，其代表和平。英国对阿克罗蒂里和泽凯利亚上的军事基地拥有永远的主权。羽翼未丰的塞浦路斯共和国的独立将受到英国、希腊和土耳其这3个促使其降生的国家的保护，这样的安排让人想起19世纪的希腊。

随着塞浦路斯前景的尘埃落定，希腊政府对希腊民族国家的领导得到进一步强化。塞浦路斯冲突持续期间，希腊和英国的关系降到了冰点。但是从那以后，由于双方没有什么大的利益纷争，所以关系很快就恢复了。美国是希腊新的保护人，在整个塞浦路斯冲突期间，一直作壁上观，看着事态的发展，带着某种迷惑、恼火，有时甚至是惊愕。一旦土耳其明显地介入，美国的重点就变成了尽最大力量减少对北约的影响，这就难免在一定程度上疏远了希腊。希腊大众对美国的反感情绪在20世纪80年代达到顶峰，其发端可以追溯到那些年月。1959年，康斯坦丁·卡拉曼利斯政府开始寻求与欧洲经济共同体（欧盟前身）进行新的联合，这就不足为奇了。[13]

同时，在20世纪50—60年代，希腊的创新精神开始探索“成为希腊人”的不同方式。

与佐尔巴斯一起跳舞

在20世纪50年代，去电影院是花费少的一种外出方式。在新的优惠条件下，小型的家庭作坊式的企业在好莱坞的影响下，逐步发展成了一种本土的电影产业。如果我们以人均制作的电影数量来衡量，那么希腊的生产效率就可以与好莱坞媲美。在城市和较大的乡镇，电力供应已经覆盖多数社区。10 年以后，雅典和比雷埃夫斯电影院的数量好像不少于 500 家。闲置的建筑用地可以很容易地改建成夏季的露天电影院。1956—1968 年的高峰期，年票房收入翻了一番还多，希腊人平均两周就去一次电影院，这让希腊成为欧洲观影频率最高的国家。1944—1974 年，希腊发行了 1 500 多部电影。[14]

那个时候，电影业还没有获得政府补贴。生产效率如此之高的电影业中全都是民营企业。最近，希腊政府的作用逐渐发挥出来。政府补贴艺术电影，为将来的产业发展开辟了路子。另一方面，电影审查很严格，而且一直持续到 1974 年。在电影中，共产主义、内战、当代政治以及任何可能冒犯外国游客或投资人的内容都不能出现。对于国家的军人、警察或古代的纪念碑等，电影必须给予尊重。有人甚至认为，国家就是通过这种方式实现控制的。但是实际上，这种审查实施起来通常都是轻轻放下，大家对此基本上无感。如果电影故事脚本不是基于共产党员的作品，那么演员或音乐家的选择上是没有任何限制的，即便他们属于极左派。1967 年以前，电影审查人员很少介入。电影导演自己已经将所有的问题进行了内部化处理。与好莱坞电影和其他艺术形式一样，20 世纪 50—60 年代的希腊电影也有自己的禁忌。

电影的制作预算都很少，电影在 20 世纪 60 年代以前通常都是黑白片，面向广大群众，描述的是郊区或乡村发生的故事，大多数观众都非常熟悉这些故事，所有这一切因素在很大程度上让历史学家直到 21 世纪仍然对电影不够重视。希腊社会的变革非常快。电影后来广受欢迎就是这些变革的一部分。当然，尽管电影中的场景与生活别无二致，但是里面的人物和故事并不是日常生活的真实反映。不过，它们还是反映了人们在一个时期的希望和焦虑，有大量的人背井离乡，来到那些匆匆建造的郊区，忍受着那些新发现的财富所产生的影响，而不管自己是否也分享了那些财富。

如此繁荣的电影制作中涌现了一些永不过时的经典之作。《斯黛拉》是 1955 年发行的，是来自塞浦路斯并在英国接受教育的年轻导演迈克尔 · 卡柯扬尼斯的第二部电影。它也标志着希腊未来政治活动家和文化部部长玛丽娜·墨蔻莉电影事业的开端。由于《斯黛拉》这部电影需要在宏观上体现希腊经典悲剧的特色，反映传统希腊社会中人们生活的残酷现实，所以选择了乔治·比才的家喻户晓的歌剧《卡门》中的故事进行改编，把背景设置在20世纪50年代雅典的工人阶级居住的郊区。墨蔻莉扮演的人物排斥传统希腊社会为女性规定的繁文缛节。我们可以想见，她为此付出了代价。社会规范得到维护。但是，墨蔻莉精湛的演技使得观众从这个具有男性气质的很有心机的美丽女主角身上，认识到所有希腊男性价值中最受人珍爱的价值，那就是面对极端困境所表现出来的英雄般的蔑视。

不久后，希腊电影在国际电影节上引起更多注意。有些导演是希腊族美国人，已经在美国电影产业中占有一席之地。正是在戛纳，墨蔻莉结识了在美国出生的电影导演朱尔斯·达辛，并与之结成秦晋之好。他们共同出演了《决不要在星期日》，这部电影也是达辛导演的作品。这是一部很“希腊”的影片，是最早用英语对话的希腊电影之一，在1960年发行。达辛在影片中扮演一位年轻的美国人，在第一次去希腊的旅途中，遇见了墨蔻莉扮演的比雷埃夫斯妓女伊莉雅，两人成为朋友。伊莉雅听起来不像希腊语中一个真实女孩的名字，而像希腊语词汇“太阳”的阴性形式。由于男主角的名字是荷马，所以男主角认为伊莉雅一定是那个带他到希腊进行心灵追求的“象征”。与萧伯纳《卖花女》中的希金斯教授一样，荷马认为，他应该承担改造她的责任。他告诉她：“2 000年前，希腊是全世界最伟大的国家。”伊莉雅反驳说：“现在依然是。”这个来自比雷埃夫斯的有着金子般心灵的无忧无虑的少女和那个来自美国的乐观向上的少年荷马（这要比《辛普森一家》中的荷马早很长时间），让把一切看得更明白的观众不禁会心一笑。在20世纪60年代这个新的10年中，希腊真实的现实或者可能要成真的现实，捉摸不定地游移在希腊人之间以及他们之外的某个地方。

墨蔻莉凭借《决不要在星期日》在戛纳电影节上获得了最佳女主角奖。

那年的奥斯卡最佳原创歌曲奖授予了马诺斯·哈齐扎基斯，他是这部电影插曲的作曲者。这是希腊电影成就的一个侧面。这些电影让当时的希腊创造力在另一个领域取得成功，受到大众的欢迎，并最终帮助其引起国际观众的注意。这就是希腊的流行音乐。

哈齐扎基斯和米基斯·西奥多拉基斯都出生于1925年，是同时期的音乐家。10年前，他们就推动了一种新型音乐的形成，并让布祖基琴声誉鹊起。那时，布祖基琴只是希腊城市底层人民使用的和雷贝蒂卡传统中的一个普通乐器。根据雷贝蒂卡的典型韵律和一些音调发展起来的这种新音乐，还吸收了希腊乡村音乐和欧美流行音乐的元素，很快就演化为一个“新浪潮”。其结果是一种更具活力的音乐融合。它一下子受到西方人的喜爱，比孕育它的纯正的雷贝蒂卡或中东传统音乐还容易被接受。这种融合后的音乐与19世纪意大利的歌剧一样，婉转悠长，迷人悦耳，别出心裁。

这次音乐运动的发起双雄之间的差异很大，但是他们有一个很重要的共同点——都是离经叛道之人。哈齐扎基斯是同性恋，当时的希腊公众对性的态度非常保守。西奥多拉基斯是共产党员，在白色恐怖期间曾遭受毒打，被当作死人扔在一边；在内战期间不经审判就遭羁押，受到酷刑折磨。在20世纪50—60年代，他们与“官方的”希腊国家格格不入。也许正是因为这个原因，他们引进到希腊音乐里的“新浪潮”竟然“得到国家的认可，受到左派和右派两方的称赞”，这很具讽刺意味。[15]

1960年，这种新的音乐形式的所有要素都集中体现了出来，它们体现在西奥多拉基斯为共产党诗人扬尼斯·里佐斯的8首诗谱写的乐曲里。这些诗当时允许传播，多多少少是一个奇迹。歌词选用的里佐斯的诗，曾在梅塔克萨斯独裁政府执政前不久发表在共产党日报《激进主义者报》上。诗句哀悼一位年轻烟草工人的死亡，他是在1936年的一次罢工中被警察开枪打死的，梅塔克萨斯曾以此罢工为借口夺取了权力。那个时候，书写的文字不会被审查，但是留声机唱片的内容会被审查。

更了不起的是，西奥多拉基斯不久后进入政坛，成为议会的议员，代表联合民主左派。这个党派相对偏左，是被禁止的希腊共产党的前线团体。西奥多拉基斯继续给里佐斯的诗配乐，其中包括《希腊人》，这成为他最脍炙人口、最受人喜爱的乐曲之一。里佐斯的诗写于1945—1947年的白色恐怖时期，把希腊身份认同的历史看作与残酷的环境和凶残的侵略者永不停息地斗争的历史。在1966年《希腊人》这张唱片发行之后，所有政治派别和没有政治倾向的希腊人都会跟着高亢的鼓点和响亮的布祖基琴声，用嘶哑的嗓音唱出：

当他们握紧拳头，
世界上就一定有阳光。[16]

成为“新浪潮”音乐歌词的，不只有共产党诗人的作品。乔治·塞菲里斯和奥德修斯·埃利蒂斯分别在1963年和1979年获得诺贝尔文学奖，这可能在很大程度上得益于西奥多拉基斯为其诗歌谱的深受欢迎的曲子。很快，每一位作曲家都这样做。那个时候，希腊诗坛中的多数知名诗人急切地寻求与作曲家的合作。那些书写在纸上的意蕴丰富的诗句因谱曲而获得了新的生命，有时甚至还获得了新的意义。两者的结合变调形成一种新的音乐风格，一下子让人耳目一新，同时又让人感觉其植根于具有独特希腊元素的大众传统之中。那就是雷贝蒂卡以及希腊山区和海岛中的更古老的韵律和曲调。

这种大众音乐和“高雅”文学的神奇联姻在由卡柯扬尼斯执导、1964年发行的另一部电影中达到巅峰。《希腊人佐尔巴斯》这部电影是根据尼科斯·卡赞扎基斯在德国占领期间创作且随后发表的一部小说改编的，使用的语言是英语，采用了英语译本更朗朗上口的名字。通过这种方式，卡赞扎基斯的原创小说《亚历克斯·佐尔巴斯的生活和想法》就变成了现代希腊人真实身份认同的一个童话，尽管电影的一号男主角由墨西哥裔美国人安东尼·奎恩扮演，二号男主角的身份从一个非常理智的希腊知识分子变成了一个傻头傻脑的、由阿兰·贝茨扮演的英国人。这部电影是在克里特拍摄的，群众演员都是当地的村民，电影音乐是西奥多拉基斯编配的。在一切都焦头烂额、变成一地鸡毛之后，电影故事达到了高潮，才华横溢的“老板”谦逊地要求质朴粗犷、精力旺盛的佐尔巴斯教他跳舞。在小说中，这是解放的时刻，是超越心灵和身体之间障碍、理智和情感之间界限的短暂狂欢。在电影中，两个人物的舞蹈一开始是缓慢的屠夫舞，那是雷贝蒂卡主题内容之一的哈萨匹克舞，然后变成节奏更快的哈萨波赛尔维克舞，尽管舞蹈的名字有相似之处，但它们是延续乡村传统的完全不同的舞蹈。从那以后，西奥多拉基斯开创的这种有着断奏节律的、让人铭记在心、血脉偾张的音乐就被称为希塔基民谣，它后来发展成以前从来没有存在过的“传统”希腊舞蹈。

两位外国演员在克里特的沙滩上，循着一种对观众来说全新的曲调，欢快地跳着一种新创作的、融合的舞蹈，这就是《希腊人佐尔巴斯》最后的画面。对国内外来说，这种音乐范式都是全新的。这再一次证明，不管是好还是坏，希腊的事从来就不只是希腊人自己的事。到了 1964 年，希腊进入了一个全新的阶段，这个阶段几乎和希腊政府及其体制没有任何关系。

政治势力的碰撞

纵贯希腊历史，政治生活中缺乏创新艺术领域“大胆探索”的活力，这不免令人发出一声叹息，但也不是第一次了。1952 年以来选举出的稳定的右翼政府，在 10 年后出现崩溃的迹象。执政党最初的名字是希腊大会，其在领导人前陆军元帅帕帕戈斯去世后改组为民族激进联盟，并从 1955 年开始由康斯坦丁·卡拉曼利斯领导。在 1958 年的议会选举中，联合民主左派超越其中立派对手，成为最主要的反对派，部分原因是其在塞浦路斯问题上强烈反对政府退让。1961 年，反对党变成了组建不久的中左的中间联盟。

中间联盟的前身是尼古劳斯·普拉斯蒂拉斯创立的党。普拉斯蒂拉斯是资深造反派，在内战结束的时候是维尼泽洛斯主义最后的真正的支持者。早期，普拉斯蒂拉斯领导的党与旧自由党的最后势力有过短时间的合作，旧自由党是由维尼泽洛斯的儿子索福克勒斯领导的。现在，中间联盟的领导权转到了老乔治·帕潘德里欧的手里，他曾在1944年的混乱时期担任希腊总理。1961年10月，中间联盟在民意投票中惜败。老乔治·帕潘德里欧发出强烈抗议，认为选举被所谓的“政府庇护”操纵。这个势力虽然模糊不清，但绝不是虚构想象的，主要构成人员是警察以及军队中的右翼人员。在选举中，这些人员的影响到底有多大，从来就没有人能说清。但是，也许这些影响还不足以决定选举的结果。不过，那倒是让老乔治·帕潘德里欧有了动力，并进而宣布为了最后的胜利而开展“不屈不挠的斗争”。

胜利的第一缕曙光在两年后照射进来。1963年夏天，民族激进联盟领导的政府步履维艰。卡拉曼利斯与国王保罗产生了分歧。保罗是乔治二世的弟弟，乔治二世在激烈的争议中返回希腊，不久后（1947年）便驾崩了。格里戈里奥斯·兰布拉基斯是联合民主左派在议会的议员，他4月在萨洛尼卡被谋杀。这件事成为“政府庇护”存在的最有力的证据，后来通过瓦西利斯·瓦西利科斯在1967年发表的小说《Z》以及科斯塔·加夫拉斯根据该小说改编的同名电影，为全世界所知。在政治形势变革的氛围下，老乔治·帕潘德里欧领导的中间联盟在11月举行的议会选举中获得第一，但是优势很微弱，不足以让他组建新的政府。于是，老乔治·帕潘德里欧请求国王取消此次选举结果。1964年2月，希腊举行了新的选举，中间联盟获胜。

哪怕是相对偏左一点儿的政府，希腊以前也从未有过。这个政府在进行激进的改革中需要采取审慎的措施。在老乔治·帕潘德里欧的领导下，教育更普及，特别是在大学教育层面上。政府推行了语言的通俗形式，这受到了死硬顽固派的极力反对，因为内战后，他们习惯性地认为，只有可恨的希腊共产党才在公共场合使用通俗希腊语。但是，在那些让希腊人产生分歧的问题上，比如，共产主义和国家对北约的承诺，老乔治·帕潘德里欧与他的前任一样，是一点儿都不妥协的。1944年，由于对共产主义的同情，老乔治·帕潘德里欧得到英国人的赏识。20年后，形势变了，美国人一点儿都不接受共产主义。

不幸的是（也许是偶然），中间联盟执政后，就赶上了塞浦路斯修宪危机。1963年年底，从塞浦路斯斗士民族组织斗争的最后一年开始的两大民族之间的冲突进一步加剧了塞浦路斯的混乱。1964年，希腊举行选举的时候，伦敦正在召集和平会议，努力为塞浦路斯的冲突找到解决方案。老乔治·帕潘德里欧的选举胜利才刚刚过了3周，联合国就通过了决议：联合国要派维和部队去塞浦路斯，负责调停希腊族和土耳其族的对立。由于美国总统林登·约翰逊的干预，希腊和土耳其之间的战争才得以避免。

一个月后，美国提出了解决塞浦路斯问题的新计划。这个新计划被称为“艾奇逊计划”，是由美国前国务卿艾奇逊主持制订的，所以以他的名字命名。计划的内容是取消难以实施的1960年宪法，允许塞浦路斯与希腊统一。为此付出的代价是，根据塞浦路斯人口中土耳其族人口的比例，将塞浦路斯的一个军事基地租借给土耳其。同时，土耳其还会获得一个希腊小岛卡斯泰洛里佐的主权，这个小岛是希腊佐泽卡尼索斯群岛距离本土最远的一个岛。老乔治·帕潘德里欧正要在这个协议上签字的时候，马卡里奥斯阻止了他。如果塞浦路斯和希腊统一的问题没有解决，那么双方在雅典和尼科西亚之间有关希腊外交事务的控制方面，都不需要争抢。无论如何，两种做法都会在10年后产生重大的影响。

中间联盟政府的另一个坏运气是，国王保罗在登上皇位后仅4个星期就死于癌症。与他的兄长比起来，国王保罗更加维护团结，而不是制造分歧，在位期间做了很多弥合依然存在的旧的“政治大分裂”的事情，至少是在反共产党的阵营内，做了不少愈合的工作。他的儿子继位，被称为康斯坦丁二世。新国王很年轻，几个月后才满24周岁，希腊很长时间没有这么年轻的国王了。上一位年轻的国王是乔治一世，距离现在几乎整整一个世纪了。几个月后，年轻的康斯坦丁二世和76岁的总理之间发生了冲突，这个冲突所造成的破坏，一点儿不亚于新国王的祖父和维尼泽洛斯在半个世纪前的冲突所造成的破坏。

表面上看，他们的冲突是关于军队控制的。阴谋反叛的谣言已经传了多年，20世纪40年代以来就存在一个极右军官组织，其缩写是IDEA（在希腊语和英语中的意思是一样的）。不过，对国王、右翼反对势力以及“政府庇护”派的所有反共产党势力而言，更让人烦恼不安的是一个新的被称为“盾牌”（据其希腊语缩写ASPIDA一词而来）的组织。这些左翼军官不仅密谋颠覆军队和国家政权，而且还声称总理的儿子也是他们中的一员。

安德烈亚斯·帕潘德里欧这个时候40多岁。此前不久，他放弃了在美国研究经济的大好前程，回国加入了他父亲领导的希腊政府，成为一名顾问。从政治上看，安德烈亚斯·帕潘德里欧的观点要比他的父亲偏左，他的名字在希腊语里的意思是“火把”，正是他这个火把让他父亲的政敌感到了真正的恐惧。到了1965年夏天，在越发相互怀疑的氛围中，军队控制的问题变得很严重。比起希腊王国初年要密谋废黜奥托国王的热爱东正教协会，即便盾牌的行为是真的，颠覆性也更小。一位当时在雅典公干的美国前外交官后来写道：“盾牌军官所要做的，只不过是吓唬一下那些反对老乔治·帕潘德里欧政府的寻衅滋事的右翼军人罢了。”[17]

7月，老乔治·帕潘德里欧感到自己的职位受到国防部部长的威胁，所以就解除了后者的职务，并提出由自己兼任。在希腊的议会历史上，这两种做法都有很多先例。但是国王更信任被解职的国防部部长，他拒绝总理兼任国防部部长这个职务，因为总理的儿子安德烈亚斯·帕潘德里欧正在接受是否参加了谋反活动的调查。当老乔治·帕潘德里欧重复了50年前的维尼泽洛斯的（很不成功的）做法提交辞呈时，康斯坦丁二世看出了他的虚张声势，马上就同意了。于是，这引发了一场宪政危机。老乔治·帕潘德里欧追问：“谁统治希腊？是国王还是人民？”[18]

此时，国王采用了他的叔父乔治二世为梅塔克萨斯独裁政府打开通道的做法。所以，希腊政府会再一次走向独裁政府，只是这一次没有马上实行。康斯坦丁二世一次又一次地找议员谈话，希望他们组建政府，在第三次，他终于成功了，执政党中间联盟的一些议员在引诱（比如贿赂）下与中右的反对派形成联合，在议会的信任投票中打败了自己的党。斯特凡诺斯·斯特凡诺普洛斯以及人们口中的“叛党者”，在1965年9月走马上任，组成了新政府，共执政15个月。

老乔治·帕潘德里欧提交辞呈的消息被人们知晓后，暴力再一次涌向雅典的街头，很快就引发了“七月事件”。“叛党者”政府执政期间，城市的正常生活一直被大规模的游行示威和基于政治目的的罢工困扰。内战时期的两极化好像又回来了：右派担心被左派夺走政权，所以就禁止共产党；左派则担心议会体系的坍塌以及右翼专制独裁的出现。“马上要政变”的谣言满天飞，谣言中的谋反活动和谋叛者有很多，但那个名单中竟然漏掉了真正密谋的那个人。他竟然逃过了所有人的注意，甚至逃过了美国中情局的眼睛。这导致不少希腊人怀疑那就是美国中情局干的。

经过更加紧张激烈的政治活动，希腊最终确定了新的议会选举的日期，那就是1967年5月28日星期天。老乔治·帕潘德里欧领导的中间联盟党最有可能获胜。极左的联合民主左派得到很大的支持，也有获胜的机会。4月15日，现有议会解散。3天后，一群中级别的军官在其中军衔最高的斯蒂利亚诺斯·帕塔科斯准将的家里集会，参加集会的人有乔治·帕帕多普洛斯上校以及其他希腊秘密机构的警察。这些人掌握应急计划的细小安排，那是由北约起草制订的，其确保与共产党发生战争后的国家的安全，代号是“普罗米修斯”。4月21日凌晨，在国王、部队总司令不知晓的情况下，在计划拥有者美国人不知情的情况下，普罗米修斯计划实施了。

装甲部队从兵营开出来，占据了首都各处的战略要点。坦克包围了雅典北部郊区国王在塔托伊的乡间行宫。全副武装的士兵占领了电话控制和交换中心以及国家广播电台。雅典市民一大早醒来，发现大街上除了坦克和穿着制服的士兵之外，别无他物。他们的电话被掐断。广播里反复播放着军队进行曲，中间插播与爱国纪念有关的传统民间舞蹈音乐。只有几份报纸可以公开发行。在那些日子里，雅典没有社会媒体，也没有私人广播电台。当时，电视在希腊还处于发展初期，当然也由国家垄断。多数在家的高级别政客被羁押，部队中比叛乱分子级别高的军官也被监管，直到他们表示效忠新的政府。左派的标签不仅针对共产党人，而且针对他们的同情者以及所有与他们有关的亲朋好友。不久，几千人被监禁、软禁或流放到爱琴海中那些人迹罕至的小岛上。那些小岛很快都成了监禁左派人士的地方。“上校”独裁专政（希腊语里也使用西班牙词汇“军政府”来表示），在希腊政坛上演了。

被固定在石膏夹板里

新政府最初颁布的法令非常像 1936 年的翻版。宪法权利被废除，包括集会的权利。审查制度严格实施，禁书目录（包括一些古代希腊经典）和禁止播放的音乐目录（包括当时希腊最受欢迎的作曲家、共产党人西奥多拉基斯的所有作品）出现了。“严厉禁止男人留长头发和女人穿超短裙”就发生在“摇摆的 20 世纪 60 年代”的鼎盛时期。每个人都要去教堂。即便是那些执政的“上校”们，也不能随便提起“第三希腊文明”，因为那会让人轻易联想起第三帝国。但是，他们逐渐认可了这个口号。他们第一次听说这个口号是在军事政变将近一年后，接着这个口号就被传开了。这个口号是“希腊基督徒的希腊”。这些领导人（或他们的幕后智囊）之所以制定这样的政策，是因为他们所受的教育少，他们的知识比梅塔克萨斯还有限。不论是当时，还是后来，他们的言论都贻笑大方。看看帕帕多普洛斯这个人吧，他是独裁政府的“强人”，曾经是军中的少校，6 年后官职就升到了摄政（后来的总统），还当过总理、国防部部长和外交部部长。他于1968年3月29日在萨洛尼卡对希腊第二大学的学生发表演说：

> 从遗传和传统上看，我们是上帝的选民，有着最完美的文化和奇迹，为整个人类进行了启蒙……那么，根据我们的种族来源和国家意识，我们是希腊人；根据我们的信仰，我们是基督徒。这两个方面，再加上丰富的知识、传统和历史事实，描述了我们的理想，描述了这个国家每一个人的理想，描述了我们国家希腊人的理想。
>
> 那么，如果要坚守那个理想，我们就必须回到那个理想。我们必须再一次成为希腊基督教徒……[19]

为了让希腊社会的大部分人听话，“上校”们还效仿梅塔克萨斯的经济政策，一直到1973年，希腊都在进行大规模城市建设，企业家获取资本的途径要比以前多。1968年，农业债务被取消，农村地区释放了积怨。在政府的主导下，道路交通网络明显扩大，电话系统和电视进入了以前从来没有进入的地区。尤具特色的是，希腊在1968年开通了第二个电视频道，并将其命名为武装部队信息服务。随着急需的信息通信技术的发展，相关的控制力度也不断增强。在攫取权力的7年中的大部分时间里，独裁政府在发现、侦破和预防反对势力方面，与梅塔克萨斯的国家机器一样，效率高，行动快。

但是在其他方面，这两个独裁政府是很不同的。1967年，康斯坦丁二世发现自己在不知情的情况下，无奈地成为一场政变的帮凶。那年晚些时候，他发现塞浦路斯问题会让人们担心与土耳其开战，对战争的恐惧好像让军队中产生了裂痕，所以他试图强化自己的权力，推翻军政府。在20世纪30年代，武装部队最终要效忠的是君主，而不是独裁者。但是，到了20世纪60年代，情况不是那样了。国王在1967年12月13日的反政变行动彻底失败了，他匆匆逃离国家，再也没有返回。旧的裂痕已经变得如此之大，不论是君主政治，还是君主本人，都无法激发出早些年的热情。20世纪60年代末，在希腊军方，反共产主义超越了一切，比忠诚还重要。

另一个显著的不同是武装力量的作用。实际上，在“上校”们统治国家的7年里，武装力量总是指陆军，数量更少的、传统的精英集团以及海军和空军则不参与争权夺利。与希腊历史上的任何阶段都不同，在这7年里，陆军军人从军营里走了出来，走上了社会，进入了国家的各个岗位，控制了大众生活的方方面面。虽然“上校”们及其上司帕塔科斯准将在很早的时候就放弃了他们的职务委任状，但是军政府继承了他们的思想和宣言。全国各地都张贴着标语，其宣扬“1967年4月21日革命万岁”。巨大的广告牌和固定的海报栏里，是一个全副武装的士兵形象，背景是浴火重生的凤凰。陆军的控制体现在各个方面，到处都能看到。如果有人违背军政府的指令或只是被怀疑违背，就会受到严酷的处罚。

对于自己的所作所为，军政府最喜欢的比喻是做外科手术。帕帕多普洛斯在政变6天后第一次出现在世界新闻媒体代表的面前，他用特有的蹩脚语言解释道：

> 绅士们，别忘了，我们发现自己的面前有一个在手术台上的病人。如果外科医生实施麻醉和做手术期间不把病人绑在手术台上的话，这就有可能要了病人的命，而不是让病人恢复健康。

更为著名的比喻是石膏，他对其基本意思进行了详细描述：“我们有一个病人。我们给他打上了石膏。我们要测试一下，看看他不用石膏是否能走路。”[20] 作家萨纳西斯·瓦蒂诺斯在1970年发表了一篇短篇小说，那是希腊作家集体检测“改革审查法律底线”的行动的一部分，小说认为石膏那个比喻荒诞不经。在瓦蒂诺斯的故事中，那个倒霉的病人被绑着，当他被打上石膏，他圆睁的眼睛里只有恐惧。正当湿乎乎的东西强行灌进他的嘴里并让他永远闭嘴的时候，他突然意识到，他以前见过那个外科医生。早些时候把他绊倒并造成交通事故的人，正是那个外科医生。[21]

在真实的世界里，多年过去了，那个病人从来就没有从石膏中解脱出来。到了1973年夏天，帕帕多普洛斯认为，他可以冒点儿风险进行一个有限度的尝试。7月，围绕采用新的共和宪法这一主题，希腊举行了一次全民公投。在这种情况下，公投通过就不意外了。即便如此，仍有1/4的选民弃权，不愿意冒被迫害的风险。帕帕多普洛斯几度向前政客们抛去橄榄枝，但只得到一个人的回应。1973年10月1日，希腊宣布成立新的政府。帕帕多普洛斯被选为总统。唯一回应的那个政客成为总理，并谈及希腊将在2月10日举行大选。在那之前，石膏还需多久才能拆除，其他知名的政客是否参加大选，都是未知数。

但是帕帕多普洛斯在这次改革尝试中把自己赔进去了。那些对独裁统治怀有最深怨恨的地方，已经出现了明显的不满的迹象。一旦相对的宽松出现了，那些怨恨就会浮出表面。1973年5月，海军军官的一次哗变很快就被镇压下去，但是更大的麻烦在大学中生成。6年来，大学生没有权利选举学生会成员，而从传统上看，学生会在希腊大学生活中极其重要。从1973年年初开始，学生进行了一系列抢占教工大楼的行为，这引起公众对此事的关注。11月4日，很多学生走向雅典市中心的街头，在与警察发生冲突后，有30多名学生被捕。在军政府政变前，这类游行示威几乎是司空见惯的事。现在，时隔6年，这个场景又回来了。9天后，学生大规模地涌向雅典理工大学。

那些是可看见的迹象。对独裁政府来说，还有一些迹象是看不见的、更致命的，即很多1967年政变最初参与者的反应。这就是去掉石膏引发的麻烦。对于帕帕多普洛斯似乎要承诺的东西，他可能有意为之，也可能不是。但是，对那些从来都没想过把权力交回平民政府的人来说，最近发生的骚乱不安的事件足以证明新总统改革的步子迈得太大了。尽管雅典理工大学的校园和报告厅里响彻年轻学子的呼喊——“面包—教育—自由”，但是帕帕多普洛斯在总统宝座上的日子已经屈指可数了。

从 11 月 14 日星期三开始，3 天来，雅典理工大学的报告厅和四方院子很自然地成为群众行动的焦点。当局因为害怕出问题，关闭了一些大学，而那些大学的学生全都奔向雅典理工大学。尽管不久后成立的占领校园协调委员会这一临时组织极大地维护了团结和秩序，但是没有人能够控制局面。这 3 天里，一直有学生运动同情者加入占领校园的队伍之中，其中包括学生、心怀不满的工人、自诩为无政府主义者的人，更多的是来自两个政治极端的破坏分子。到了星期四，大约有 1 万人聚集在雅典理工大学校园栅栏外面宽阔的大街上，不断呼喊着支持学生的口号。第二天，这些人的数量暴增，差不多达到 10 万。即便如此，3 天后，政府依然无动于衷，没有任何作为。

被封锁在雅典理工大学校园之内的年轻人和聚集在校外的支持者的心里，涌动着躁动狂欢的浪潮和权力交替的感觉。占领校园协调委员会的成员，用被占领的实验室里的临时设备，建立了一个短波广播电台。从星期四凌晨开始，全雅典的各家各户都能听到“雅典理工大学在这儿”的呼号。年轻播音员声嘶力竭地呼吁政治改革，这样的声音 6 年半都没有出现过了。“法西斯主义今晚死亡”是重复最多的口号之一，控诉“军政府”的口号也常出现，“军政府”这种叫法在公开场合还是第一次听说。广播里还发出宣言，号召推翻独裁政府，回到“民族独立和人民主权”上来。[22]

多年后，当人们回顾此事时，认为那是一个好像一切都有可能的时期。有个人说：“我们真的认为，我们在这一刻是无所不能的。”另一个人认为：

> 每个人都自信满满，不管对你来说这有多么疯狂，这都是一种超越……我们已经取得了成功，以前的一切再也不会羁绊我们了……在不知不觉中，我们在此刻书写了新的历史。[23]

说这句话的人是约安娜·卡瑞斯提安娜，她后来成了一位小说家，在2018年被提名为希腊共和国总统的候选人之一。同时，在雅典理工大学外面的街道上和市中心的其他地方，形势逐渐恶化。星期五下午，游行示威者和警察之间发生了几次冲突，下午5点，警察开始喷射催泪瓦斯。一个小时后，保卫公共秩序部大楼的警察已有枪支。晚上7点半左右，当一些示威群众试图强行进入大楼的时候，枪声响起了。晚上8点，雅典警察局的局长不得不承认："暴力行为已经超出了我们的控制能力。"[24]

派兵镇压似乎是帕帕多普洛斯一个人的主意。给部队的命令是在夜里11点多下达的。那个时候，雅典理工大学之外的街道以及几个街区之外的公共秩序部周围的暴力还在继续。警察神射手从公共秩序部大楼的顶上向示威群众射击，受伤人员被抬到雅典理工大学之内。学生电台开始紧急寻求医生和医护设备。官方媒体声称，拿着武器的"无政府主义者"正在屠杀警察。警察中的确有伤亡人员，但是没有一个人的伤是枪伤。

11月17日星期六凌晨1—2点，3辆坦克开向雅典理工大学校园的外大门。学生代表勇敢并不失尊严地提出有秩序地撤退，没有任何抵抗。那些站在低矮的墙上、紧抓着对着大街的栏杆的人以及聚集在后面的人，挥舞着蓝白国旗，唱着国歌。"这是一场共产党叛乱"的说法一点儿都不可信（即便学生中最出名的人属于被禁的极左社团）。随后，第一辆坦克慢慢地驶向锁着的双层熟铁大门，作为路障停在门外的一辆汽车被碾轧，被碾轧的还有大门以及一个女学生的双腿。这一幕发生在凌晨3点。学生广播电台此前一直不停地对外面的暴力和坦克行动进行报道，现在则鸦雀无声了。

海军陆战队的士兵拿着安装着刺刀的枪，冲过大门，猛烈地驱散学生。那些离开的学生一到大街上，马上就遭到在那儿等着的警察的毒打，上千人被逮捕。那天夜里留在大众记忆中的，是坦克冲进大门、国家武装部队把枪口对准自己青年的景象。但是，那天夜里杀害游行示威群众和学生的，好像是警察，而不是军人，死亡的24个人是在雅典理工大学附近的街道上倒下的。[25]

戒严令实施，军人在大街上停留了好几天，零星的暴力行为依然在继续，现在是士兵使用致命武器的时候了，多数时候是趴在房顶上的狙击手。11 月 17—20 日，大概 20 个平民被枪杀。最令人想不到的是，对 20 世纪下半叶的一个欧洲国家来说，它从来不能确定地说出死亡和受伤人员的具体数字。那些痛失亲人的人由于害怕受到更多的迫害，都尽可能地掩盖自己失去亲人的事实。总体来说，从第二周开始，官方的人员逮捕数字几乎达到 3 000。非官方的估计数字接近官方数字的 3 倍。更多的人则藏了起来。

尽管那些事件充满着戏剧性和恐怖性，但是导致乔治·帕帕多普洛斯政府下台的，并不是雅典理工大学的学生造反。11 月 25 日星期天，就在雅典理工大学被袭事件爆发一周后，坦克再次回到希腊各地的大街上。在一场波澜不惊的不流血政变中，军队中的强硬派实施了他们精心策划了几个月的计划。帕帕多普洛斯的遮羞布般的平民政府被解散。新的挂名首脑和国家领导人是一位名不见经传的将军费登·吉奇克斯，他的总理更是不为人知，从穿着上看，是一个平民。雅典很快就传言，真正的权力掌握在新的军政府背后的 1967 年政变主要策划者之一的人的手里。他叫季米特里奥斯·约安尼季斯，曾是一名上校，后来升为准将，担任令人闻之色变的军事警察局局长。约安尼季斯尽管不在帕帕多普洛斯政府或吉奇克斯政府里担任任何职务，但是真正掌握希腊权力的人是他。1973 年 11 月的学生叛乱远没有成为第一缕解放希腊的曙光，而是注定被埋没在比以前更深的石膏里了。

今天，从希腊各地的大街和广场名字中，人们还可以看到“雅典理工大学英雄”的字样，但是这些英雄付出的勇敢和乐观没有得到任何回报。另一方面，这一称呼在希腊逐渐被“雅典理工大学风暴”代替，其相当于法国的“五月风暴”。从那以后，如果我们不提 1973 年的那些日子及其后来镌刻在公众心中的记忆，就讲不通希腊政治发生的一切。这是“雅典理工大学”留下来的真正遗产。

随着1973年的过去，1974年在阴冷的天气中到来了，一切都稳定下来还需要几个月。正如从前经常发生的那样，这场风暴的收官之战将在希腊民族国家的一个遥远角落里上演，受到牵连的人将不只是希腊国家中的公民。

1967年政变以后，塞浦路斯和希腊两个政府间的关系一直充满着恶意。尽管表面上一团和气，但截至1973年夏天，马卡里奥斯已经两次从希腊军政府的刺杀下逃生。1968年，雅典郊区发生爆炸，这差点儿要了当时乘汽车的帕帕多普洛斯的命，后来发现，这次爆炸事件是由马卡里奥斯那些特立独行的支持者策划的。在希腊被绑在石膏之中、议会和民主被搁置的时间里，马卡里奥斯于1968年和1973年高歌猛进，赢得了压倒性的多数支持。有着悠久历史的民族统一的理想，现在转了个180° 的弯。塞浦路斯成为说希腊语的世界中的民主自由的最后一块阵地，只要希腊军政府存在一天，希腊族的塞浦路斯人就不会与其实现统一。

希腊军政府自有想法。

塞浦路斯国民警卫队是在1964年的骚乱后建立起来的，多数人是被征召入伍的，他们是当地希腊族的塞浦路斯人。但其军官是临时从希腊调派的。1971年，曾经在19世纪50年代领导塞浦路斯斗士民族组织抵抗英国人的格里瓦斯在暮年秘密地从雅典回到塞浦路斯。此后，塞浦路斯岛上活跃着一个新的秘密组织，名叫“EOKA-B”。据说，塞浦路斯国民警卫队与格里瓦斯合作。由于不能依靠自己政府的微不足道的武装部队，马卡里奥斯开始招募预备队成员，这些成员效忠于他。他还向共产主义阵营示好，为自己羽翼未丰的共和国争取不结盟国家地位，这为未来增加了更多的变数。在早期，这也许是聪明的政治行为。但是到了20世纪70年代初，在当时的形势下，马卡里奥斯的做法完全引起了理查德·尼克松领导的美国政府，特别是他的鹰派国务卿亨利·基辛格的警觉。当共产主义国家捷克斯洛伐克提供的武器抵达塞浦路斯的时候，这两个希腊族的塞浦路斯武装力量为了那批武器大打出手。从1971年年底到1973年夏，希腊族的塞浦路斯人一直处于未宣战的内战中，而土耳其族的塞浦路斯人则苟且偷安，躲在自己的飞地上，完全退出了岛上的政治生活。

到了 1974 年 7 月，这一切到了决一死战的地步。那年 1 月，格里瓦斯去世，希腊为他举办了英雄般的葬礼。6 月，在北约的一次峰会上，希腊和土耳其之间达成的协议被希腊的军政府肆意破坏，这好像是“无所不能”的约安尼季斯下达的命令。3 位希腊部长马上辞职，并认为国家正在引发一场战争，而且很难获胜。7 月初，马卡里奥斯给希腊的军政府写了一封长信。不久后，信的内容被泄露给塞浦路斯的报纸。马卡里奥斯认为自己是“希腊文化所在的一大块土地上的民选领导人”，他要求结束 EOKA-B 的活动，并且要求希腊军官从国民警卫队中撤出。[26]

7 月 15 日星期一的上午，马卡里奥斯收到了唯一的答复。国民警卫队的装甲车开进战略要地，炮轰马卡里奥斯刚刚抵达的尼科西亚总统府。上午 11 点，塞浦路斯国家电台已经被军方控制，广播“总统马卡里奥斯死了”的消息，取而代之的是尼科斯·桑普森。他曾是一名塞浦路斯斗士民族组织的游击队战士，没有任何政治阅历，但是与希腊军政府关系密切。

桑普森政变受到希腊族塞浦路斯人的强烈抗议，不过随后发生的事件将政变的影响淹没了。7 月，塞浦路斯发生了 4 天的全面内战。即便没有外面的干涉，希腊军政府也不能随意把自己的意志强加给塞浦路斯。反击短命的桑普森政府以及抵制单方面宣布与希腊统一的，是希腊族的塞浦路斯人，他们在塞浦路斯总人口中占比很大，依然忠于自己选出的总统。

从叛乱策划者的角度看，事情发展得非常顺利。马卡里奥斯有着惊人的个人勇气，在忠诚的属下的帮助下，他从被炸成废墟的总统府死里逃生。多亏了他的老对手英国人不计前嫌，他从英属阿克罗蒂里军事基地乘坐英国皇家空军的飞机，在两天后抵达伦敦。他在那儿邂逅了正在游说英国政府插手塞浦路斯事务的土耳其总理。这次政变公然违反了确保塞浦路斯岛独立的条约。英国、希腊和土耳其都是条约签署国。这 3 个北约成员国，再加上它们共同的“大哥”美国，是能够就塞浦路斯问题消除分歧并找到解决方案的。如果这个目的能达到，塞浦路斯的流血牺牲就能避免，希腊也就能重新回到文官治理的模式上来。

失败的一个原因是3个北约成员国的政府在这个时候都极度不稳定。在英国，哈罗德·威尔逊领导的工党在2月的选举中获胜，但缺乏足够的票数，所以英国在10月还得再举行一次选举。在土耳其，新当选的比伦特·埃杰维特领导的中左政府依赖于一个不稳定的联合关系，差点儿成为短命的政府。在美国，因为水门事件的丑闻，政府瘫痪了好几个月，理查德·尼克松总统不久后就下台了。在那几个星期，美国政府处于群龙无首的状态。所以在伦敦，相关各方没有采取共同的行动就一点儿也不奇怪了。面对英国拒绝采取行动的困境，埃杰维特决心进行单方面的干预。土耳其在1974年7月19—20日夜里，从海上和空中袭击了塞浦路斯的北岸。分裂的希腊族塞浦路斯人对此毫无办法。

在希腊，这个时机好像正是军政府所等待的。几个小时后，希腊国家广播电台宣布实行军事动员，要求全国各地的在乡军人回所属单位报到。但是，希腊的军人们7年来除了向政府要到最多的补贴外，根本没有能力对付外来的敌人，他们所有的本事都用来镇压国内民众了。土耳其出兵塞浦路斯最初的24个小时内，希腊政府做了有限的尝试，假意向塞浦路斯派遣援军，最后无果而终。

在7月22日的新闻发布会上，美国国务卿亨利·基辛格宣布，塞浦路斯的停火协议已经达成，并在下午生效。虽然会上没有提出感谢希腊的军队和国家领导人，但是，希腊免去了陷入战争的危险。塞浦路斯的命运将由国际磋商来决定，随后的几周内召开的日内瓦会议解决了上述问题。留下的问题就只有希腊军政府的问题了，这个独裁政府已经完全失去了民众的信任，在最后的36个小时内彻底解散了。军方资历最深的一些人现在开始与约安尼季斯划清界限，都把自己关在吉奇克斯总统的办公室里，以寻求一个能够保全面子的解决方案。7 月 23 日下午，希腊宣布军方统治结束了，文官政府将于第二天就职。欢腾的人群挤满了大街小巷，在雅典，所有的交通都停顿了。广场和周围的街道上都是人。他们挥动着国旗，唱着被禁的音乐家西奥多拉基斯创作的歌曲，手舞足蹈，喜气洋洋。在全国各地，独裁政府的各种标记、象征等都被推倒、拆毁，踩在了脚下。

随着夜幕的降临，一个新的口号开始在群众中酝酿传播——“他来了”。“他”指的是中右的民族激进联盟前领导人康斯坦丁·卡拉曼利斯，在自愿流放巴黎之前，曾担任 8 年希腊总理。7 月 24 日凌晨 2 点，欢呼的支持者去雅典机场迎接卡拉曼利斯。希腊向民主过渡，还有很多工作要做，但是“上校”们的统治结束了。

付出代价的是塞浦路斯人，这既包括希腊族的塞浦路斯人，也包括土耳其族的塞浦路斯人。8 月中旬，日内瓦进行了两轮磋商，但一个政治解决方案都没有达成。在美国，理查德·尼克松于 8 月 9 日辞职。美国的对外政策由基辛格负责，只是塞浦路斯的命运不是基辛格最关注的点。8 月 14 日，土耳其军队开始了新一轮进攻，3 天后就推进到可控制塞浦路斯岛 37% 的分界线上。又过了 3 天，第二次停火协议达成。几百年的民族杂居化为历史尘烟，因为数万名希腊族的塞浦路斯人在土耳其军队来之前就往南逃离了，而土耳其族的塞浦路斯人则背井离乡，往相反的方向跑了。这一次，1/4 的塞浦路斯人迁徙到了其他地方，有数万人被杀，还有两万“失踪人员”的命运至今无人知晓。

40 多年过去了，相关各方也没有就和平条款达成共识，更没有签署一个和平条约。从 1974 年 8 月起，一条地理线将塞浦路斯分开，但它并不是国际边界，而是土耳其军队在 8 月的征服行动中抵达的地方。40 多年来，总有人在分析关于土耳其那次军事行动的合法性。简单的事实是，土耳其的第一次军事行动的确符合国际法的要求，行动的目标限于恢复桑普森政变之前的状态；而第二次行动，则在国际法上得不到解释。[27]

这就是民主回到希腊需要付出的代价。对希腊来说，1974 年 7 月标志着偏离常规之路的结束，但也开启了更为痛苦的分裂时代，这种分裂一直可以追溯到 20 世纪初期。希腊语中的词汇“metapolitefsi”的意思是“政体的变革”，如今不仅用来指代当时及紧随其后的一段时间，还用来表示始于 1974 年并延续了 30 多年的政治成熟和繁荣的全部时期。

第十一章

欧洲时代的到来

（1974—2004）

1974 年以后，很多事情将永远不会像从前那样了。国家军队一直被当作控制国内的手段，现在它的这个作用废止了，好像是彻底废止了。军队的这个作用可以追溯到 19 世纪 30 年代的巴伐利亚人执政时期。1909 年以来，军人用自己的力量反复地组建政府，推翻政府。现在，军方尝到了 7 年军事独裁统治完全失败后的苦果。从独裁政府向多元民主的转型，需要卡拉曼利斯的治国智慧和政治才能。因为哪怕军方再获得一点儿机会，军方中的不调和因素就会掀起另一场政变。的确，在转型民主的早期，希腊政府挫败了几次军方的阴谋。

近 10 年来的第一次议会选举在 1974 年 11 月 17 日举行，此时距军政府的垮台才刚刚过去 4 个月。第一次议会之所以在这一天举行，是因为它是雅典理工大学学生运动被镇压后的首个纪念日。一个新的政党顺利地赢得了选举，这个政党几乎在一夜之间成立，是从卡拉曼利斯在 20 世纪 50—60 年代领导的民族激进联盟改组而来的。新民主党的创立体现了其领导人的理想追求。卡拉曼利斯曾在巴黎流放 10 年，他心目中的榜样是戴高乐将军和戴高乐主义者。

这个新兴的中右政治力量在另一个方面也与前军政府截然不同，强烈的反共产主义以及因为冷战而自动地站在美国的一边并维护美国战略利益的政策，一去不复返了。卡拉曼利斯重返总理职位后首先采取的行动之一，是宣布希腊退出北约军事一体化机构。这是释放公众对美国不满的一个措施，因为至少美国放纵了“上校”们的独裁专政，很多地区（直到今天还在）指责美国造成了塞浦路斯的灾难。卡拉曼利斯的另一个行动，是重新申请希腊以正式成员国的身份加入欧洲经济共同体，这在政治上将产生更加深远的影响。由于上届独裁军政府的原因，希腊上一次的申请被欧洲经济共同体冻结了，所以在 1975 年再度启动了申请程序。20 世纪 50 年代，塞浦路斯冲突开始后，希腊倒向了美国，现在又从美国抽身，投向欧洲的怀抱，这一进程要在随后 15 年的时间里完成。

最重要的是，希腊恢复了共产党的合法性，从而使这个党赶上了 11 月的选举。从 1947 年起，希腊政府宣布希腊共产党为非法组织。希腊共产党上一次参加议会选举还是在 1936 年 1 月。这一次，希腊共产党的得票率较 1936 年有所增加，但因选举制度的变化，议席数较之前有所下降。现在，它不像 1936 年那样具有制衡不同党派之间力量的作用了。新的议会中，主要的反对派还是中间联盟党，它这次是由乔治斯 · 马夫罗斯领导的，他曾是军政府时期前的老乔治 · 帕潘德里欧时期的中尉之一。很快，中间联盟党就在另一个新成立的党面前黯然失色。这个党的成立时间只比共产党解禁复出的时间早一点儿，也是在 1974 年走上政治舞台的，不过在 3 年后就成为最大的反对党，从 1981 年开始主导希腊的政坛，而且长达 30 年之久。

这个党就是安德烈亚斯 · 帕潘德里欧创立并领导的泛希腊社会主义运动（以下简称“泛希社运”），其希腊语缩写为 PASOK。早在 20 世纪 60 年代，在朋友和敌人的眼里，这位安德烈亚斯 · 帕潘德里欧的激进左翼观点让政府和外交界感到恐惧。军政府时期，他的大部分时间是在流亡中度过的，因此成为反对独裁专制政府最有号召力的人物。在形势不明朗的 1974 年，属于安德烈亚斯 · 帕潘德里欧的时刻还没有到来。泛希社运在那年 9 月 3 日发布了成立宣言，它宣称“这个新政党的成立”，旨在表达“普通希腊人的愿望和需求，开展属于农民、工匠、雇员、雇主和我们勇敢的、进步的青年的运动”。它的宗旨是创建“一个没有外国控制和干涉的政府，一个不受经济寡头操控和影响的政府”。[1] 泛希社运成立之初就综合了国家主权完整的大众诉求，提出了从前只有共产党建议过的社会改革议程。根据泛希社运的主张，希腊现在应该在不结盟国家的世界舞台上寻找自己的一席之地，而不应加入冷战时期的任何一个阵营。

最重要的是，这个新政党的一切都是“新的”。泛希社运甚至不是传统意义上的“政党”，它的标志是暗绿的半个太阳，上面有绿色的光线，其寓意是“升起”，尽管也可被理解为“落下”。泛希社运在 1981 年上台，上台后不久，一位历史和政治学家发表了一篇批评文章，其观点被证明是正确的：“泛希社运是……中间联盟的浪子，而不是左派的私生子。”[2] 但是从一个重要的方面来说，决定未来政体的变革的两个政治力量都不是新的，不论是泛希社运，还是新民主党，它们都是其各自极富魅力的领导人的投射，而两党的领导人的事业都是在军政府前的那个时代开创的。

如此说来，政体的变革代表着更宽范围的转型，而不仅限于政治体系的改革，虽然政治体系的改革本身就是巨大的。选举结束还不到一个月，卡拉曼利斯在 12 月 8 日就是否保留君主制度举行全民公投。在另一个是否与军政府前的历史划清界限的问题方面，卡拉曼利斯的中右政府则不置可否。所以，是否保留君主制度的全民公投可能是希腊历史上人民能够对政治问题自由表达自己意见的唯一一次机会。77% 的选民投票，近 70% 的选票支持建立共和国。第二年，希腊采用了新的共和宪法。从那以后，希腊的官方名字就成了“希腊共和国”。这个宪法直到今天还有效，只是后来进行了几次修正。一年后，经过充分的审议和公众讨论，议会通过了一个法案，法案要求教育以及多数社会领域（除了教会和法律）都用通俗希腊语代替“净化语”。这一决策终结了 20 世纪初期被法定的希腊书面语的不同形式的对立。20 世纪 70 年代下半叶，让希腊分裂半个世纪之久的不同裂痕终于快速地消失了。

1974年以来发生的另一个变革有着不可估量的影响，而且影响至今。这个变革发生在希腊的国土之外，不是希腊政府及其机构能控制的。它就是土耳其军队造成的塞浦路斯的分裂。自1974年以来，塞浦路斯共和国实际上管辖的领土不足塞浦路斯岛屿面积的2/3。1960年的宪法依然有效，塞浦路斯有自己的国旗，希腊语和土耳其语都是其官方语言。从国际法上看，除了两个英国军事基地，塞浦路斯共和国政府拥有管辖塞浦路斯所有地区的权力。但是1974年以来的现实是，南部塞浦路斯成了第二个都是希腊族的国家。这种情况（可能会让人想到德国和奥地利）很少出现，每个人都会考虑未来该怎么办。

1974年以后，希腊族的塞浦路斯人在国际支持下，重建自己千疮百孔的家园，重振自己处于崩溃的经济，并取得了显著的成功。这一时期，希腊和塞浦路斯的两个希腊族的政府之间的关系非常融洽，没有回到希腊军政府与马卡里奥斯领导下的民主塞浦路斯之间相互仇视的境地。不论在外交上，还是在国防上，希腊历届政府都给其姊妹国家塞浦路斯坚定的支持。不过，尽管塞浦路斯在很多方面都学习希腊，比如，国歌、国庆、教育和政府中使用的希腊语的形式等，但1974年以后，双方在政治和文化等方面也开始出现差异。比如，“Helladic”这个词在塞浦路斯和希腊的使用率都越来越高，是指希腊国家和公民，从而与塞浦路斯岛上的希腊机构和公民区分开来；这个词与“Hellenic”有着微妙的不同，尽管两个国家的人民都认为自己是一样的希腊人。

正是由于这些原因，1974年以后的希腊民族国家的故事，可能主要是一个希腊国家的故事，但永远不会只是希腊国家的故事。

10年“变革”之路

安德烈亚斯·帕潘德里欧领导的泛希社运在1981年10月的大选中获胜，

得到了近 50% 的选票，在议会中获得了近 60% 的席位。这些成就的取得都是基于一个词——“变革”。10 年的时间里的确发生了很多变革，尤其是关于执政党及其魅力四射的领导人的变革。

这是希腊人第一次明确地选举出的社会主义政府，也是自 20 世纪初以来第一次完全通过民主进程，而不是通过来自军队、国王和外国列强或实际的或怀疑的暴力、暴力威胁以及干涉实现的政府变革。历史还会证明，从一届政府到下一届政府，它将是很多有秩序的变革中的第一个，这个模式在本书写作时还没有被打破。

泛希社运带来的最激进的、影响最深远的改革都是其在执政最初几年启动的。所有的改革都是国内方面的，可以笼统地归属于社会领域。最引人注目的，也是早就应该解决的，是政府对二战期间作为民族抵抗力量奋勇抗击侵略者的所有战士的合法性承认。将近 40 年里，共产党和其他的左派支持者在抵抗轴心国中所起的作用第一次得到公开的认可。历史学家再也不用被迫绕过这个禁忌话题。那些参加过二战的人的回忆录开始出版。作家曾经小心翼翼地回避这个话题，现在则开始搜寻和挖掘自己以及集体的记忆，开始接受那些直到那时都一直被埋没的人们的经历。资深的左派人士不仅不再受到迫害、不再被边缘化，而且还可以领到生活津贴。在 20 世纪 50—60 年代，“反共产党政府”给前通敌分子提供这份津贴，却没有给左派人士提供。那些在内战期间去苏联避难的人以及他们的子孙后代生平第一次可以自由地回到自己的国家了。已经被耽误很久的治愈过程开始了，直到泛希社运第二届政府在 1989 年下台后不久才完成。

其他立法方面的变革与婚姻家庭法有关。通奸不再是刑事犯罪。离婚（虽然天主教国家从来没有宣布过不合法）在双方同意的情况下可以实现，而不必像从前那样要证明一方有通奸的过错，这在历史上是第一次。尽管教会反对，但是国家推行了不采用宗教形式的公证结婚。妇女权利和新的性别平等标准第一次写入法律法规。在泛希社运执政的第一个 4 年任期内，生活津贴和社会福利方面的政府预算几乎上升了 50%。1983 年，希腊建立了全国医保体系。新的大学和学院在希腊各地如雨后春笋般地创建起来。同时，原先的大学管理模式出现改革，在某些程度上向美国的教育体系靠拢，那是安德烈亚斯·帕潘德里欧非常熟悉的，因为他曾在美国当过经济学教授。

泛希社运还改变了政府运转的方式。从 1982 年开始，高级别公务员的任命改为政治任命。政府日常的管理运作变得更为政治化，这与早期处于不稳定或极端状态下的政府，如 20 世纪 30 年代的政府的运作模式是不同的。从 20 世纪 80 年代初，评论家注意到，政府之间更替时，再也不需要有能力的资深公务员来管理权力的交接，或者就政策的实施提供咨询建议。[3] 希腊在历史上第一次创建了真正意义上的群众党，这对一直以来饱受批评的传统赞助体系产生了变革性的影响。议会的个体议员不再需要为其选民提供特权，但是党要为其党员提供特权。传统的政治赞助人和被赞助人机制往往意味着“腐败”，泛希社运主导政坛的结果，远不是要废除那个被继承下来的体系，而是将其重塑进国家政治体制之中。

20 世纪 80 年代，也许最明显的变化是生活水平的普遍提高。这不像 20 世纪 50—60 年代那样是由经济增长带来的，而是由政府扩张带来的。其间，政府的作用一直被称为“寄生虫”。在 20 世纪 80 年代，泛希社运政府的公务员增长幅度比前任新民主党政府要大，但是在 1991 年之前的 20 年里，政府公务员的数量翻了一番。泛希社运在福利和税收方面的政策受到了更尖锐的批评。根据一个刻薄的说法，中左政府实施的传统的“量入为出”政策，在希腊那里变成了“出而不入”，因为税收体系本身已经变成了历届政府（不只是泛希社运）“买”选票的途径之一。[4]

尽管 20 世纪 80—90 年代的希腊出现了变革，但不论是政府，还是被治理的人，其对税收和国家的态度并没有什么新的变化。19 世纪 20 年代末的卡波迪斯特里斯以及 19 世纪 30 年代的奥托国王的巴伐利亚人顾问，对此都有完美的认识。安德烈亚斯·帕潘德里欧和泛希社运与那些早期的先行者一样，至少从表面上看，他们致力于带领国家进入那个时候发达国家的“现代化”进程之中。同样至少从表面上看，与20世纪30年代的先行者一样，他们也取得了很大的成功。但是，与希腊刚建立国家后的情况一样，将源自发达国家的标准和实践在政体的变革的时期内化为有着截然不同传统的、民族的态度和行为，会再一次产生断裂。人们常说，那些态度是奥斯曼人统治几百年的遗产，事实是，它们是在希腊这个现代国家诞生时的特定条件下产生的，而现代希腊从降生伊始就被当作摇钱树，虽然没有被掠夺，但一直被榨取，当那些压迫者离开时，希腊已经身无长物了。在20世纪最后的几十年里，那种看法到底有多大的变化，或者今天是否发生了变化，都还没有定论。

吊诡的是，在20世纪80年代及以后，推动这些变化最有效的元素之一，同时也是对生活水平以及国家面貌影响最大的要素之一，既不是安德烈亚斯·帕潘德里欧，也不是泛希社运，而是双方从一开始就强烈反对的东西。这就是希腊加入欧洲经济共同体。多亏卡拉曼利斯的个人努力和积极推动，希腊在1981年1月成为欧洲经济共同体的第10个成员国。卡拉曼利斯的推动可追溯到20世纪50年代他第一次担任希腊总理期间以及1974年再次担任总理以后。希腊加入欧洲经济共同体10个月后，安德烈亚斯·帕潘德里欧上台。泛希社运从一开始就坚定地反对希腊加入欧洲经济共同体。“变革”的议程对于依赖外国力量，没有一点儿可商量的余地，不管是美国（1974年后，美国对希腊再也不复之前的影响力），还是新兴的欧洲超国家组织。但是，希腊的“欧洲怀疑论”在1981年10月的选举中达到顶峰，但这只是一个短期的现象。

极不情愿地加入欧洲经济共同体4年后，泛希社运政府在1985年开始的第二个任期里突然发现，加入这个欧洲组织有意想不到的好处。希腊经济步履维艰，作为欧洲经济共同体里面最穷的成员国，希腊是净受益国，而且受益远远超出预料。在实现1992年欧洲单一市场之前的日子里，欧洲经济共同体划拨了一大笔预算，将钱从最富裕的国家转移到最贫困的国家。这简直就是希腊自己的收入再分配政策的放大版。通过“援助框架”和“稳定计划机制”，大量的钱进入希腊，同时，共同农业政策又为希腊农民带来了前所未有的补贴。希腊的农民很高兴。希腊终于愿意加入欧洲经济共同体了。

在第二个任期内，泛希社运几乎是主动地将自己打造成一个西方类型的社会民主党。希腊一开始对欧洲有着本能的恐惧，但是后来越来越多地融入了欧洲一体化。由于欧洲资金的注入，随着对欧洲态度的变化，希腊的生活方式开始变得更像西方。1968年以后，希腊电影院让位于电视，再也没有重塑往日的辉煌。现在，人们喜欢待在家里看电视，特别是1990年第一批商业频道上线之后。传统的咖啡屋只对男人开放，上了年纪的居民去那里下棋，喝咖啡，聊一些当日报纸上的新闻八卦。现在，传统的咖啡屋被时髦酒吧替代，年轻的男男女女在那里聚会。以前，传统小餐馆提供具有当地特色的饭菜，定价受到政府控制，现在逐渐地与提供国际餐饮的西餐厅竞争了。古老的、甚至有点儿太过热情的希腊待客之道变得更加令人舒适、轻松。客人可能会被希腊主人带到一家餐馆就餐（当然客人是永远不需要付钱的），而不是在主人家里吃一大桌子菜。在西欧或北美游客的眼里，希腊变得不那么有“异国情调”了，变得更“欧洲化”了。对多数希腊人来说，生活变得比以前更舒服了。

不久，希腊的变革扩展到基础设施上。20世纪80年代末，在欧洲项目资助下启动的工程经过15年的实施陆续完工，其中有高速公路（将山区中的交通时间从一整天减少到几个小时），大大扩建的地铁系统，雅典的新机场以及2004年开通的将近3公里长、横跨在科林斯海湾入口的查理劳斯·特里库皮斯斜拉桥。

尽管加入欧洲一体化进程并不在政府的原计划之内，但这可能是希腊外交政策方面最小的“变化”。在对外政策上，泛希社运被描述为“一个拥有西方思维方式，但内在属于第三世界的政党”。[5]在早期，泛希社运对外的口号和表达方式是发自内心的。但是它的行动通常表现得更加务实，较为紧密跟随西方的步调，这就造成它的语言与行动不相符。正是由于这个原因，希腊政策的实际变革就比很多观察家期待的少得多。

泛希社运在第一次选举获胜的时候，其上一任政府已经重新加入了北约。希腊曾在 1974 年退出北约，而且理由非常充分——北约不能阻止土耳其侵略塞浦路斯。但是希腊只有通过军事联盟成员国的身份，才能保持与实力更强大、武器装备更先进的邻邦在比例上差不多的武装力量。北约的调停看起来仍然是防止同一个联盟的成员国发生冲突的最好办法。希腊势单力薄，处于弱势，在冷战期间，其在战略重要性方面比不上土耳其。尽管土耳其出兵塞浦路斯不是 1974 年后的希腊民主政府的错，但一个尴尬的事实是，那场战争是由希腊军政府（而不是土耳其）发起的，其目的是推翻塞浦路斯的马卡里奥斯政府，强制推行希腊的大一统。

在这个问题上，还有另一个因素使得希腊与土耳其的关系更加紧张。1973 年年底，人们在希腊北部的萨索斯岛发现了一个油田。那年秋天，赎罪日战争造成的国际石油危机开始产生影响。面临石油短缺对整个西方经济的威胁，土耳其勘探船在爱琴海国际水域的大陆架之下进行探测。这就是至今都没解决的争端的开始，争端的内容是希腊对爱琴海的领海和领空的管辖的范围到底有多大。土耳其政府再一次试图修改《国民公约》，理由是一战结束后起草的这份公约没有能预见后来出现的形势。对此，泛希社运的反应要比希腊上一任政府强烈得多。的确，安德烈亚斯·帕潘德里欧的措辞更加咄咄逼人。1976 年夏天，当一艘土耳其考察船在爱琴海进行资源勘探的时候，安德烈亚斯·帕潘德里欧作为反对党领袖大声疾呼，要求卡拉曼利斯政府击沉那条船。自从泛希社运 1981 年上台之后，没有人会说希腊左派在国家领土完整的问题上态度“软弱”，缺乏爱国主义精神。

最后，希腊社会生活中有更黑暗的一面，这让政府承诺的“变革”遇到了强大的阻力。这就是国内的恐怖主义。1974 年以后，在极左阵营中，因为反对独裁统治，希腊形成了一大批小的、零散的团体，其中有些团体源自 1973 年 11 月雅典理工大学学生起义。为了抵抗“上校”独裁专制，令人尊敬的教授和来自中产阶级的学生自制了炸弹。今天被称为“恐怖主义”的那些手段，在反抗极权政府的人们中间得到大力提倡，也得到一些国外支持者的首肯。在军政府时期，这些行为没有什么危害。但是在希腊转向文官治理以后，一些小团体仍然利用秘密结社、炸弹攻击和定点暗杀等方式表达自己的诉求。在这些恐怖主义团体中，最臭名远扬的、持续时间最久的是“11月17日革命组织”，简称为“17N”，名字中的日期是为了纪念雅典理工大学学生起义被镇压的那个历史日子。17N最终于2002年被希腊警方消灭，这个团体的领导人原来是曾经在大学读数学专业的大学生，从1971年就过着秘密的地下生活，被警方抓住的时候，已经58岁了。

17N的活动开始于1975年，其成员谋杀了美国中情局驻雅典站的站长。那个时候，这个事件被看作到处弥漫的反美主义的极端体现，此前一年，美国驻塞浦路斯大使也在反美主义甚嚣尘上之时被谋杀。被谋杀的人还有警官，他们要么参加过军政府统治时期的镇压活动，要么参加过最近的强制公共安全秩序活动。1983年，也就是泛希社运第一个任期刚过一半的时候，17N加快了行动。共有23个人在17N的枪口下丧命，其中包括某知名报纸的老板、几位企业家、议会议员以及美国、英国和土耳其的外交官。

面对将近30年的小规模但致命的恐怖活动，历届希腊政府都没能制止，也因此受到很多人的指责，或者被认为无能，或者被认为合谋，或者被认为兼而有之。17N这个组织宣称的思想可归纳为“反资本主义、反帝国主义、反国家主义和反极权主义”。[6]这类组织虽然有成为群众运动先锋的野心，但是从来就没有获得任何机会，不过，希腊公众也有这样的想法。2017年11月，希腊政府让17N的一名头目获得假释，这引发了国际批评，但是监狱外的一些支持者表示欢迎。尽管17N已成为过去，但政治暴力并没有从希腊消失。即便是在今天，我们还能听到类似观点，有攻击目标的恐怖主义仍然是潜在的威胁。泛希社运执政近20年，给希腊带来了“变革”，而17N的历史就是其案例之一。

到了20世纪80年代末，什么变革都没有泛希社运本身行政管理的变革激进。在其第二个任期，从1985年开始，泛希社运的慷慨大度导致了普遍的、想当然的权力意识的增长。同时，政府入不敷出。欧洲经济共同体的贷款条件非常严格。有一段时间，这一切极大地降低了希腊工资的价值。人们对执政党及其承诺产生了幻灭情绪，随后的几年里爆发了一波又一波的罢工和游行示威活动。很快，这种想当然的权力意识也蔓延到各级党组织中，甚至一直到最高层。欺诈和滥用公共资金的案件常常出现。一个著名的银行家，同时也是一家支持政府的媒体的老板，打造了一个商业帝国，其中2亿多美元的资金是他从他供职的银行贪污和盗用来的，这一丑闻的影响甚至波及希腊之外。这个被指控的银行家叫乔治·科斯科塔斯，他在美国的临时避难处声称，自己曾向希腊政府高官行贿巨额钱财。1989年夏天，当希腊准备议会选举时，有几位部长在愤愤不平中被迫离职或辞职。安德烈亚斯·帕潘德里欧本人也被指控，直到1992年在最高法院中以微弱优势被宣判无罪。

科斯科塔斯丑闻可能是影响选举结果的决定性因素。其与1988年和1989年前6个月发生的其他事情交织在一起，共同注定了安德烈亚斯·帕潘德里欧第三次连任总理竞选的失败。政府部门进行的一系列秘密调查所披露出来的内幕，一下子让人想到军政府之前的、人们耳熟能详的“政府庇护”。我们再看看安德烈亚斯·帕潘德里欧本人吧。选举开始前不久，安德烈亚斯·帕潘德里欧因为严重的心脏病在英国做了手术。在短时间内物色一位新的领导人的任务，一下子让这个党瘫痪了，因为此前它从来没有独立地、不在其富有人格感召力的领导人的领导下运行过。不过，现在领导人的人格感召力也与从前不一样了。安德烈亚斯·帕潘德里欧闹出了绯闻，这早在1988年就尽人皆知，绯闻的另一位主角是迪米特拉·利亚尼，她是一名空姐，年龄只有安德烈亚斯·帕潘德里欧的一半。随着大选日期的临近，安德烈亚斯·帕潘德里欧态度越来越坚决，表示要与其美国妻子离婚，然后娶利亚尼为妻。他们很快步入了婚姻殿堂。关于婚变在多大程度上损毁了安德烈亚斯·帕潘德里欧的名声，这很难说。常言道，思想传统的男性投票者看重和认可国家领导人身上散发出来的雄性气质。但是另一方面，离了婚的玛格丽特·帕潘德里欧是希腊妇女运动的捍卫者。她本人、他们两人的孩子以及支持他们在一起的人并不赞同离婚这件事。

将近 10 年的“变革”之路在 1989 年 6 月 18 日结束，新民主党以微弱优势胜出，获得了最多的选票，但是在议会中没有得到组建政府所必需的足够的席位。

冲突中的身份认同

当上述一切发生的时候，这个巴尔干小国政党及政党领导人的命运（泛希社运下台事件甚至比塞浦路斯事变的影响还要小）被其他地方更重大的进展淹没了。那些进展足以改变欧洲地缘政治的地图，不可逆转地重塑整个世界之中的国家关系。在欢欣鼓舞的日子里，西方严肃的历史学家可能会谈论“历史的终结”。

泛希社运在 1989 年 6 月的败选恰好与波兰的第二轮投票在同一天。波兰在第二轮投票以后，开启了和平转型。在接下来的 3 个月里，东欧社会主义国家一个又一个地发生巨变，终于将分隔欧洲大陆的“铁幕”拉下。而希腊的政权统治则出现了匪夷所思的合作，比如，曾经被政府禁止的包括希腊共产党在内的极左派与中右的新民主党联起手来，挤走了泛希社运，这样的党派联合在希腊以前的历史上是难以想象的。那年 11 月，希腊举行了第二次选举，这正巧碰到柏林墙的倒塌。这一次，希腊由多个党派组成的联合大政府，在极度不稳定的权力平衡中走过了 3 个月。1990 年 4 月，希腊举行了第三次选举，新民主党以微弱的优势获得多数选票，组建了新政府，在随后的 3 年里执政。

1989—1993 年，希腊三任政府在执政期间最值得纪念的不是它们做了哪些事，而是这几个政权在更迭进程中表现出来的有序性。这种井然有序是民主制度最终完全嵌入希腊政治生活最强有力的证据。新民主党领导的政府的首脑是 70 多岁的康斯坦提诺斯 · 米佐塔基斯，他是维尼泽洛斯家族的后裔。执政期间，米佐塔基斯政府在希腊实施了“新自由主义”议程，这与 10 年前美国罗纳德 · 里根政府和英国撒切尔夫人政府采取的执政措施别无二致，但也为多年后的财政紧缩政策和“过苦日子”埋下了伏笔。

不过，这些国内政治的变动与冷战结束造成的影响相比，就显得微不足道了。1989 年以后，希腊人与所有人一样，将不得不面对新的政治和经济现实。他们是怎样做的，以及他们在变革中有着怎样的新压力和焦虑，将是 20 世纪最后 10 年以及以后的岁月里希腊民族国家建设故事的主线。

最重要以及最明显的是，这个新现实给希腊和希腊人带来了无限机会。20 世纪 30 年代以来，希腊第一次不再与北面的巴尔干腹地隔绝。当其他的巴尔干国家发现自己被迫突然从社会主义经济转向西方的资本主义体系时，希腊已经是该地区整体融入西方体系的唯一一个国家了。如果着眼于历史，不受“祖先预言战争的声音”的扰乱，那么希腊人就可以看到东正教联邦复兴的可能性，因为此时的形势与 18 世纪下半叶完全一样。希腊人和他们的语言及其深深嵌入的体制，将在整个巴尔干地区发挥变革性的作用，并且这一次不是建立在共同的宗教传统之上，而是建立在成熟民主国家的自我利益之上。几乎整整两个世纪之前，里加斯 · 维莱斯汀利斯曾梦想过这种巴尔干半岛国家之间的合作，其前景从来没有这么好。

从某种程度上看，这个前景已经慢慢地、适度地在这些年实现了。希腊的公司在其北部的很多邻邦做生意，特别是在罗马尼亚，希腊人的存在和发达禁不住让人（有限度地）想到 18 世纪那一地区的法纳尔阶层的崛起。如果不是受不久后就开始的金融危机的影响，那么在罗马尼亚和保加利亚 2007 年加入欧盟后，巴尔干半岛国家的合作进程无疑会进一步加速。

但是希腊和希腊人自 1989 年以来在该地区的经济、政治和文化生活中发挥的作用，比人们期待的要小得多。在巴尔干半岛的大部分地区，尤其是在20世纪90年代初，“祖先预言战争的声音”甚嚣尘上。希腊幸免于10年中让前南斯拉夫四分五裂的真刀实枪的战争，但是并不缺乏推动战争的激情和恐惧。

这是因为冷战结束造成了第二个影响，它使得19世纪末和20世纪初的“种族”对立以及强化对立的更深层次的宗教分歧再次回归。在这些冲突中，有一个冲突被集权统治冻结了半个世纪，它就是马其顿地区的争夺。这一争夺在20世纪的前10年达到顶峰，直到1913年第二次巴尔干战争结束时才根据《布加勒斯特条约》告一段落。后来，马其顿地区被希腊、塞尔维亚和保加利亚等胸怀抱负的国家瓜分。但不可避免的是，这并未解决问题，事情远没有完结。

有很多“说斯拉夫语的马其顿人”（说斯拉夫语的人在1912年后变成希腊王国的臣民）在20世纪40年代的希腊内战中加入了共产党的阵营。后来，加入人数大大减少。由于从来没有得到官方的认可，20世纪90年代及以后，这一群体的规模很难得到可靠的推测。可能，该地区更多的希腊人在家里说的是斯拉夫语，但是在外面不愿意被看作“说斯拉夫语的马其顿人”。几十年里，尽管希腊官方对这一群体持怀疑态度，但是没有理由怀疑他们没有其他希腊人更忠诚于国家。在国界的另一边，曾经是塞尔维亚的一部分并位于其最南端的那片国土，从1943年后变成了马其顿社会主义共和国，它成为南斯拉夫的加盟共和国。只要南斯拉夫一直是完整的、独立的联邦，那么这就纯粹是南斯拉夫人的内部问题。可是，1991年9月8日，马其顿社会主义共和国举行全民公投，就像几个月前的斯洛文尼亚和克罗地亚那样，结果是赞成完全的独立。于是，新的马其顿共和国申请加入欧盟和联合国，以得到国际的承认。

希腊和全世界希腊族的反应是真切的、极端的。国外的观察家，包括国际组织的代表、外国使节以及全球各地的媒体对希腊方面的强烈反应一再表示难以理解。这个新的国家身处内陆腹地，积贫积弱，没有军队，其人口只有希腊的 1/5，还分为两派，一是占多数的说斯拉夫语的人，二是占少数的阿尔巴尼亚人。它能有什么威胁呢？[7]

那个时候，具有国际思维的希腊评论家和后来的历史学家毫不留情地指出历届希腊政府所犯的一系列“错误”。在其后的 4 年里，希腊在这个问题上变得四面楚歌。在巴尔干半岛重新发展中起领导作用的前景，好像就这样无端地黯然消逝了。但是，这只是其中的一个例子，很难说是政府和受教育的精英阶层引导大众舆论，还是被大众舆论引导，这种情况在当时的巴尔干半岛的其他地方也经常出现。1992 年的前几个月，在雅典和萨洛尼卡，大量民众涌向街头，举行示威游行。报社的立场强硬坚定，一点儿都不妥协。抗议不只发生在希腊。在澳大利亚，有几个城市里发生了希腊移民和南斯拉夫移民之间的冲突。[8] 1996 年，英国一家学术出版商取消了一份根据希腊北部田野考察做出的严肃的人类学研究成果的出版合同，就是因为害怕自己在希腊的出版业务受到商业上的报复，作者甚至受到了生命威胁。

希腊人的愤怒之所以飙升到这样一个高度，不是因为希腊北边的共和国要求获得独立，而是因为其国名有问题。一个国家所要声称使用的国名，却被希腊人看作希腊历史和地理不可分割的一部分（因为希腊的一个地区的名字是“马其顿”），希腊人把它视为生存威胁。1992 年 2 月，米佐塔基斯政府向它的公众承诺：“政府不允许那个新独立的国家使用‘马其顿’这个名字，否则就不予承认该国。”这就使自身陷入了困境，无异于将已经疯传的、虽然读起来笨拙但广为流传的一句口号变成了官方的政策。这句口号是“不准用马其顿这个名字及其派生的词汇”。[9] 如果你那时抵达雅典机场，那么迎接你的是佩戴着徽章的地勤人员，徽章上面用英语写着“马其顿是希腊人的，请读历史”。

正在这个时候，年高德劭的希腊考古学家马诺利斯·安得罗尼克斯去世了。1992 年 4 月 1 日，他的葬礼在萨洛尼卡举行。这为希腊人提供了在这个国名问题上情感总爆发的机会，因为早在1977年，安得罗尼克斯在希腊北部一个叫韦尔吉纳的村庄发现了古代马其顿王朝的皇家陵墓，并挖掘出了这个古代王国消失已久的都城遗址，在其中一个陵墓中发现了亚历山大大帝的父亲、马其顿王国国王腓力二世火化后的部分遗骸。有些考古学家对此持怀疑态度，但是有些则深信不疑。不过，在1992年以前，这一发现已经被广为接受。自发地送安得罗尼克斯最后一程的群众就像在哀悼自己的去世的君王那样。腓力二世国王遗骸的现身，而且是现身于无可争议的希腊国土上，为群众提供了穿越历史迷雾的真切可感的脉络。安得罗尼克斯的发现看起来是一个能带来慰藉的、可视的证据，说明“马其顿是希腊人的”。不管是从名字上说，还是从地点上说，抑或是兼而有之，马其顿都是希腊的。[10]

一年以后，也就是1993年，经过艰难磋商，各方围绕国名问题终于在联合国达成了妥协。新的国家在国际社会将采用一个临时的名字，以后再寻求更圆满的解决方案，这个名字是前南斯拉夫马其顿共和国，简称为FYROM。希腊以前拒绝接受任何包括“马其顿”的国名，现在也勉强同意了。几个月以后，由基罗·格利戈罗夫领导的新共和国的政府也勉强同意了。于是，在此后的25年中，国名问题就这样僵持不下，多数国家默认希腊北边邻邦国家的名字是“马其顿”。但希腊不认可，该国简称“FYROM”在当时仍然是强制使用的。有些希腊政客甚至不允许使用全名，好像这个简称本身已经成为一个词语，而且和人们争论不休的“马其顿”没有任何关系。在希腊的日常话语中以及通往边界的路标上，希腊继续用首都斯科普里这个名字来指代它的邻邦。在希腊语中，“马其顿”的名字只能用来表示希腊北部的省份。在英语中，在大西洋的两岸，马其顿作为一个国名现在已经普及，但是这仍然会让多数希腊人耿耿于怀。就国名问题，双方都有所妥协，希腊和马其顿两国的总理于2018年6月17日在距离卡斯托利亚镇不远的边界上签署了协议，各自的议会在2019年年初批准了该协议。前南斯拉夫马其顿共和国的称谓将正式变成北马其顿共和国，或简称为北马其顿。

早在1993年，由于向“FYROM”的国名妥协，新民主党领导的政府下台了。由于在这个问题上持有强烈的民族主义立场，外交部部长安东尼斯·萨马拉斯于上一年被政府解职。作为回应，他自己发起成立了对立的政党——政治之春，提出了明确的民族主义的议程。仅仅两名执政党议员的叛变就结束了政府在议会中的多数优势地位。泛希社运和安德烈亚斯·帕潘德里欧重新掌权，但是在关于邻邦国名的问题上，他们很快就决定采取与萨马拉斯的民族主义更为接近的政策，与前任政府的立场完全不同。

正如安德烈亚斯·帕潘德里欧看到的，希腊被西方盟友遗弃，所以就在1994年2月采取单方面行动。对FYROM的贸易禁运损害了两国的经济，可能也加剧了那个新兴国家里种族关系的紧张局势，从而在1995年和2001年分别引发了占多数的斯拉夫人和占少数的阿尔巴尼亚人之间的暴力冲突。希腊的措施对于解决国名问题无济于事，特别是多数外国人认为，国名问题纯属小事，根本不值一提。此时，塞尔维亚和克罗地亚、波斯尼亚和黑塞哥维那都进行着惨烈的战争，对国际社会来说，这些才是更重要的事。能引起国际社会注意的，也就是希腊和FYROM在1995年达成的临时协议。根据这个协议，希腊同意解除制裁，承认其北方邻邦的暂用国名，由此换来对方宪法和国旗的修改。

这是重要的让步。因为，即便国际社会一直想大事化小，小事化了，但是FYROM争取独立最初阶段的行动恰恰是民族主义激情所激发起来的，这一激情弥漫在整个前南斯拉夫。FYROM国旗最早的样式就是基于旭日或韦尔吉纳星的图案来设计的。自20世纪70年代末以来，这个国旗图案一直让大众联想起腓力二世国王，因为它醒目地显示了安得罗尼克斯发掘出的财宝的装饰形式。在初期的版本中，新共和国的宪法将它自己的在希腊的马其顿子民称为“少数族裔”。它狂妄地论及将领土扩张到大海之边，将萨洛尼卡纳入版图之内。这听起来很不合情理，且对邻里关系一点儿帮助都没有。如果其第一任领导人格利戈罗夫后来在雅典出版的回忆录可信的话，那么他在20世纪 90 年代的政治议程或雄心与 19 世纪后半期主导希腊理论思维的“伟大理想”，是完全一致的。“我们已经实现了 1/3 马其顿人的自由……在马其顿的其他流散之地，我们还有兄弟，我们还没来得及解决他们的问题”。[11]

但是即便此危机在 1995 年得到缓解，希腊的国际声望也受到了极大的损害。从某种程度上说，希腊丧失了实现其在巴尔干半岛扩大经济和文化活动的潜力。

冷战结束造成的另一个变化更加深远，也更加不可逆转。这就是向希腊移民的问题。历史上，希腊一直在输出过剩人口，除了 1912 年和 20 世纪 20 年代初，因为在这些年，大量的难民涌进希腊。移民希腊的人都是东正教徒，大部分人说希腊语。现在，随着北部边境的开通和对俄罗斯公民旅行限制的放松，希腊移民潮日趋稳定。一开始及以后的一段时期，很多移民从“种族”上看是希腊人，要么来自阿尔巴尼亚，要么来自俄罗斯的黑海腹地。这些最后来的移民往往被轻蔑地统称为“俄罗斯庞蒂人”，他们说的是一种与标准希腊语完全不同的方言，或者多半说的根本不是希腊语。他们的先祖于两个世纪前在叶卡捷琳娜大帝统治时期被吸引到俄国定居。阿尔巴尼亚在长达半个世纪的多数时间里，处于恩维尔·霍查的统治之下，闭关锁国，甚至都不与苏联建立联盟。二战结束的时候，有不少家庭被活活拆散。几十年后，亲人再度团聚，其间悲喜，一言难尽。[12]

不久，翻山越岭进入希腊西北部的就不只是希腊“族裔”的人了。当时，阿尔巴尼亚非常穷，这让希腊在一夜之间成为移民的热点。这种事情以前从来没有发生过。在 20 世纪 90 年代的大部分时间里，希腊移民大多是阿尔巴尼亚人。很快，希腊的移民服务机构就招架不住了。很可能大多数移民在希腊从事非法工作。希腊的犯罪率上升，特别是各种各样的抢劫增多。尽管那些关于案件的推测并非来自警方，但是新闻媒体和每日要闻依然一如既往地责难阿尔巴尼亚人。不久后，有些移民从更远的地方来了，比如，巴尔干半岛的其他国家。1996 年的一个移民报告提及波兰人、菲律宾人、埃及人和其他非洲人，并推测非法移民人数占希腊总人口的5%~7%。[13] 希腊在20世纪90年代首次成为历史上的快速变为多元文化的国家。

同一时期影响世界很多地区的另一个发展，是宗教作为身份认同决定性因素的回归。在东欧，这一回归特别明显，在成为社会主义国家之前，那里的东正教传统非常强大。在希腊，多数有影响力的知识分子拥有政治左派相关的背景，开始呼吁人们“重新发现那个被遗忘的但是真实存在的东正教传统”。这个运动“是对希腊东正教文明精神遗产的真正认识，而不仅仅是宗教的复兴，因为希腊文明与西方文明是截然不同的”。[14] 这个知识潮流从来没有因其倡导者而为人所称道，只是被笼统地称为“新正统神学”，但是它已经和宗教复兴实践的其他可看到的现象齐头并进了。这些现象包括在希腊、塞浦路斯以及诸如澳大利亚那些更远的地方，去教堂的人逐渐增多，新的东正教教堂得到资助和建设。特别引人注目的现象是阿陀斯山东正教修道院自治社区的变革。那是东正教的圣山，在近几十年里出现了显著的复苏。不少活力焕发且往往具有高等教育背景的僧侣加入其中。[15]

克里斯托斯·吉安纳拉斯是学术素养很高的哲学家，出版了一系列著作，提出了希腊社会和公民生活所具有的必要的拜占庭基督教底色和本质，期望将墨守成规的来自异端西方的思想和实践从希腊同胞的身上剥离出去。科斯塔斯·祖拉里斯以更加政治化的方式，极力在希腊历史的所有阶段寻找这种基督教的、东正教的“本质”的希腊生活方式。祖拉里斯曾是一名共产党人，也是一名作家，但是他在阿莱克西斯·齐普拉斯政府任内担任教育部副部长时，代表的是联合政府中的另一个右翼小党“独立希腊人”。在马其顿问题上，祖拉里斯态度强硬，坚定地站在公众的立场上，这个事实显示了民族和宗教身份认同之间的不稳定的共存，因为FYROM的大多数东正教人口从逻辑上都属于东/西方分隔线的同一个方面，这个分隔线因为新正统神学的兴起而再度凸显出来。

尽管从来没有像邻邦前南斯拉夫的冲突那样演化升级为暴力行动，但是这些紧张形势和身份认同的交错碰撞在希腊一直很强烈，贯穿了整个20世纪90年代，并进入了新世纪。有时候，它们以出人意料的方式出场。比如，在南斯拉夫战争中，希腊公众一般站在塞尔维亚人的一边，有时候态度还很坚定。这就使得希腊处于西方世界的口诛笔伐之中。原因并不难解释。塞尔维亚人与希腊人有着同样的东正教遗产，他们都是在对统治了自己几百年的奥斯曼人的憎恶中建立了现代身份认同。在南斯拉夫成立以前的岁月里，希腊与塞尔维亚并肩作战，抵抗共同的压迫者。（那个时候，塞尔维亚拥有FYROM的国土，这个事实很容易被忽略，这也是身份认同的交错碰撞之一。）

南斯拉夫内战中最后的战争是1998年和1999年关于科索沃省的战争。当时，说阿尔巴尼亚语的多数人宣称要从只剩下塞尔维亚、黑山两个共和国的联盟中独立出来。与此前大部分冲突不同的是，这次冲突遭到了来自国外的、以美国为首的武装力量的干涉。1999年3—6月，北约的轰炸机袭击了塞尔维亚。作为北约成员国之一，希腊被迫宣称支持这次军事行动，但是并没有派兵参与。同时，希腊大量民众涌向城市街头，进行反抗示威，曾一度突破警戒线，侵入英国驻希腊大使馆。大使后来回忆，这次冲突之所以没有造成更严重的损害，是因为大使馆的门房是一位克里特人，他警告那些闹事者，他们要抢掠的这个房子曾经属于伟大的维尼泽洛斯。[16]

公众反对北约轰炸塞尔维亚的行为得到了上一年当选的希腊大主教和雅典主教的支持。克里斯托杜洛大主教在他的10年任期内，为教会重返希腊公众生活的中心做了大量的工作。他从来不惧怕引发论辩，是一位激情似火的演说家，能很快地点燃群众的情绪。在某些方面，他还是一位现代技术的使用者，比如，第一次系统利用社会媒体，从而极大地拓展了教会的慈善工作。他支持新正统神学运动，深度怀疑全球化，坚持希腊东正教历史的特殊性。这一观点使他与当时的希腊政府处于冲突之中，因为政府正在努力强化希腊在欧盟中的地位。当时，所有希腊公民的身份证上都需要注明自己的宗教信仰。2000年，泛希社运政府决定将宗教标识从身份证上去除，从而符合欧盟其他国家的惯例。对此，克里斯托杜洛大主教和其他主教再一次鼓动公众进行了一系列的抗争，抗争持续了将近一年的时间。呼吁在身份证上恢复宗教信仰信息的请愿书，获得了300多万个签名，签名人数接近希腊成年人口的1/2。

最后，希腊政府坚守住了自己的阵地。身份证事件趋于平息，教会并没有放弃自己的要求，因为教会和政府之间的关系问题还没有在希腊得到彻底讨论，其造成的反响还没有引起全世界的注意。在身份证这个案例上，真正重要的问题是身份认同的问题。也许正如在希腊自治教会创立的19世纪30年代时，人们第一次所做的那样，希腊人会再一次问自己，怎样才算是希腊人？是什么界定了希腊人的身份？是宗教，民族，古代遗产（正如关于FYROM的名字争论所显示的），还是所在国家的世俗体制？

冷战结束以后，在20世纪90年代以及更长的时间里，这些和希腊国家一样古老的问题正在寻找新的表达形式，但并不一定有答案。

欧洲好公民

安德烈亚斯·帕潘德里欧死于1996年6月23日。6个月前，他病重躺在雅典奥纳西斯心血管医院的时候，他的党选举了一位与他完全不同的人继任总理，并在此后非常勉强地选举此人担任党的领导人。新总理是科斯塔斯·西米蒂斯，曾在德国和英国学习法律和经济学。与前任一样，西米蒂斯在成为政客以前一直在学术界工作，不过两者的共同之处也仅限于此。安德烈亚斯·帕潘德里欧非凡的个性总能激发人们强烈的热情，相比起来，西米蒂斯则沉稳安静，不事张扬，为人谦和，几乎缺乏自信，看起来就像是一位不善社交的隐居之人。安德烈亚斯·帕潘德里欧总是雄辩滔滔，言永远大于行，而西米蒂斯则默默地采取行动，敏于行而讷于言，慢慢地改变着希腊政治以及希腊在国际社会上的地位。

后来，人们把西米蒂斯描述为“希腊历史上最成功的总理之一”。[17] 他还是连续担任希腊总理时间最长的人，比卡拉曼利斯（1955—1963 年）以及安德烈亚斯·帕潘德里欧（1981—1989 年）的任期略长。西米蒂斯的支持者和政治圈的人一直到今天还这样评价他：“他的执政理念可以用一个词来概括，那就是‘现代化’。”他执政的措施就是今天所说的“专家治国”。他把新的专业人才纳入他的顶层团队之中，让他们成为高水平的顾问。其中最杰出的代表是尼科斯·塞梅利斯，他在 1996 年成为总理办公室主任，一直尽心尽力地辅佐西米蒂斯。塞梅利斯精力充沛，在繁忙的公务之余还是一位畅销书作家，他撰写历史巨著，生动形象地反映奥斯曼帝国最后几十年统治期间的希腊社会生活，比官方描写得更加细腻。在基础设施建设、退休金改革、信息技术应用和行政管理等方面，西米蒂斯邀请学术专家提供建议。并不是所有专家的建议在政策上都能得到落实。2001 年，专家就提出了养老金改革的建议，但当时迫于政治压力没有实施，如果当时能落实，那么 2010 年债务危机后，养老金大幅削减的情况就不会出现了。

据说，西米蒂斯的“技术官僚”统治“从来都没有得到过希腊选民的支持”。[18] 但是，1996 年和 2000 年的连续两次选举胜利证明，他所领导的泛希社运至少与 10 多年前一样受欢迎，那时的泛希社运以民粹主义起家，还未受到后期不能兑现执政承诺的影响。反对西米蒂斯“现代化”执政理念的最大的声音来自泛希社运党内另一个派别。这个派别追随安德烈亚斯·帕潘德里欧的民粹主义思想，以其为榜样，但对西米蒂斯的总理权威来说，这一直是个挥之不去的梦魇。在西米蒂斯 2004 年辞职以后，这个派别就将那些“现代化推动者”从高位赶了下来。政府政策的实施掌握在如此少的可信任的顾问手里，这个事实本身就被批评为执政的一个弱点，当然这个弱点并不只限于西米蒂斯的政府。[19]

“现代化”项目很快就围绕着两个高层次的、相互交叉的目标进行整合。这两个目标都很吸引眼球，可以在很广的领域动员民众并得到广泛的支持，甚至超越了党派政治。一个目标是举办 2004 年奥运会，另一个目标是加入欧元区。西米蒂斯政府上任一年后，就在 1997 年 9 月成功申办国际奥林匹克运动会。在欧元项目上，希腊一开始受到欧盟的冷遇，但其加入欧元区的申请还是在最后一刻被接受了，而且在 2001 年年初进入了第三阶段。最终在一年后欧元正式发行时，希腊成功加入了欧元区。

这些成绩并不仅仅具有象征性的意义。它们在希腊人的日常生活中产生了连锁性的反应。奥运会成为实施一系列宏大基础设施建设项目的焦点，建设地点不仅包括雅典及其周边，还包括全国的各个地方。虽然在奥运会举办前的几年里，外国媒体对希腊表达了很深的怀疑，但希腊所有的建设目标都实现了，尽管有些工程是在最后一刻完工的。除了体育设施，自 20 世纪 80 年代末以来，利用欧洲资金启动的多数大规模的基础设施建设项目也完工了。同时，雅典卫城脚下大片曾经忙乱、肮脏的街道的景致得到很大的改观，质量提升到了很高的水平。在其他城镇，这些公共项目极大地改善了当地的环境。民营企业得到同步完善，全国各地的宾馆、餐馆等都进行了翻新整修，扩大了规模。

至于加入欧元区，单一货币成员国的鼓励措施就足以在那些年给希腊带来一个小小的经济奇迹，或者说，至少那时看起来是一个经济奇迹。

1994—2003 年，希腊 GDP 增长强劲，从 1997 年到金融危机爆发前夕的 2007 年，根据一组数据，希腊人均收入增长了 33.6%，同时期超过它的只有爱尔兰。[20] 希腊的生活水准从来没有那么高。

在与其他国家的关系方面，西米蒂斯政府也做了很多工作，改变了外国人对希腊的态度，取得了重大的成就。加入欧元区只是希腊保持其“魅力攻势”最明显的招数，其目的是使希腊前所未有地进入欧洲核心区。截至 20 世纪 90 年代中期，希腊国内已经形成广泛共识，希腊的未来安全和繁荣（大致是这个顺序）在促成欧盟 1992 年成立的《马斯特里赫特条约》的框架之内，能够得到最好的保障。泛希社运从 1996 年开始，在欧盟峰会、欧洲议会和其他欧盟组织中，与理念相近的国家或政党加强互信，达成共识。2003年的前6个月，希腊担任欧盟轮值主席国，其表现受到广泛赞誉，这标志着多年的欧洲好公民取得了重大的成就。

在西米蒂斯两届政府的领导之下，希腊与巴尔干半岛国家的关系得到改善。虽然“FYROM”的名字问题依然悬而未决，但希腊至少在国际社会中不再孤立了。在希腊与土耳其的关系上，尽管在20世纪80年代末有短暂的转圜，但是20世纪90年代后，两国关系不断恶化。1996年，来自两国的突击队员登陆靠近土耳其海岸的两个无人居住的小岛，并各自在那儿竖起了自己的国旗。这两个小岛在希腊语里被统称为“依米亚”，在土耳其语里被统称为“卡尔达克”。战争即将爆发，再一次由于美国干预才得以避免。塞浦路斯政府从俄罗斯购买防空导弹系统的行为进一步加剧了紧张局势。直到1999年2月，西米蒂斯终于抓住一个机会：希腊在争议声中接待了来访的阿卜杜拉·欧加兰，这个人是库德工人党的领导人，是土耳其通缉的恐怖分子。在一次重大行动中，土耳其的特殊部队在欧加兰离开希腊驻内罗毕大使馆的时候把他逮捕了，并用飞机将其带回土耳其进行审判。对于希腊外交，这是一个极其尴尬的时刻。

不过，这也是一个转折点。欧加兰事件让泛希社运的外交部部长塞奥佐罗斯·潘加卡斯（暂时）丢了乌纱帽。潘加卡斯是一位恣肆张扬的政客，他的祖父曾是1909年暴动的主要发起者之一，那次暴动让维尼泽洛斯走上权力的顶峰，并在20世纪20年代以独裁者的身份短期统治希腊。替代潘加卡斯的是一位更具有说服调解能力的人物。乔治·帕潘德里欧（后称“小乔治·帕潘德里欧”）也有一位著名的祖父。这位帕潘德里欧往往被人亲昵地称作“小乔治”，从而与他同名的祖父区分开来。他的祖父曾在1944年担任希腊总理，后来在20世纪60年代再度出山。作为安德烈亚斯·帕潘德里欧的儿子，小乔治·帕潘德里欧将是他这个政治家族的第三位总理。他于1999年被西米蒂斯任命为外交部部长，为希腊和土耳其之间几十年的冷漠僵化带来了一丝轻柔和新的措施。

从政治上说，两个密切联系的事件使得希腊马上与土耳其进行了对话，这次对话不仅及时，而且很有必要。这两个事件都和欧盟及其雄心勃勃的东扩有关。塞浦路斯已经是欧盟候选成员国，得到了希腊的大力支持。土耳其早在 1987 年也递交了加入欧盟的申请，但是希腊政府在土耳其 1995 年加入欧盟关税同盟后，就一直行使否决权，阻止土耳其加入欧盟。那个时候，该地区的多数国家都把加入欧盟作为未来发展最好的途径，很显然，如果希腊和土耳其捐弃前嫌，求同存异，那么至少在欧盟扩张方面，两方都会得到好处。1999 年 6 月，小乔治·帕潘德里欧作为希腊外交部部长和土耳其外交部部长伊斯梅尔·杰姆进行了初步对话。

接着，最出人意料的是，大自然的力量介入了。8 月 17 日一大早，土耳其城市伊兹密尔被现代最严重的地震之一夷为平地，50 万人流离失所，无家可归，上万人死亡。地震伤害甚至波及土耳其最大的城市伊斯坦布尔。在随后的国际救援方面，来自希腊的训练有素的灾难恢复小组最先到达现场。对于邻邦这么大规模的人间悲剧，希腊的反应是广泛的，自发的。3 周后，该地区再次发生地震，这对雅典北部郊区造成严重损坏，给整个城市带来恐慌。这一次，财产和生命损失要轻得多。这一次轮到土耳其出手相救了，土耳其的救援队在救助生还者和帮助清除废墟方面发挥了重要作用。灾难救援和公众同情现在已变成相互的了。

在两国的媒体和公众意见以及政治圈中，恐怖的、被鄙视的古老“他者”形象正在被任何时候、任何人都可能出现的消亡形象覆盖，因为当今世界的任何地方都逃脱不了地壳运动的规律。希腊和土耳其在地震后的行动很快被贴上了“地震外交”的标签，这为政治家积极推动双方走出旧的政治宿怨提供了新的动力。地震以及双方的反应带来了两国民众意见的真正改变，而且这种改变在其后的几年里一直持续。[21] 随着两国关系的缓和，在 1999 年年底召开的赫尔辛基峰会上，希腊解除了土耳其成为欧盟候选国的限制。从实用的角度看，希腊此举强化了与欧盟其他成员国的团结，有百利而无一害。2005 年以前，在启动土耳其加入欧盟的谈判方面，其他制约因素也一直存在。土耳其和希腊随后的发展使得土耳其的加入欧盟之路在 10 年后有了微小的、遥远的可能。但是，对西米蒂斯和小乔治·帕潘德里欧来说，他们依然赢得了一个真正的、持久的奖赏，那就是塞浦路斯成功加入欧盟。

到了 1999 年，沿着将塞浦路斯分开的"绿线"所进行的正式和平努力已经持续了 25 年。双方的态度是根深蒂固的。自称为"北塞浦路斯土耳其共和国"的一方是在 1983 年建立的，但是当时（现在也是）只得到土耳其的承认。对塞浦路斯人来说，来往于塞浦路斯共和国以及被占领国土（在希腊语中，北塞浦路斯土耳其共和国被称为"被占领国土"）是被禁止的，不过持外国护照的人可以穿过尼科西亚中心的一个由联合国人工管理的检查站。那么，在这样的情势下，塞浦路斯在加入欧盟后，如何在自己国内以及与欧盟其他成员国来实施《欧盟法律》和实现自由旅行？

突破性进展是在 2002 年取得的，当时，此前在土耳其被禁止的土耳其正义与发展党的领导人雷杰普·塔伊普·埃尔多安在大选中被选为总理。尽管这次事件让人难以置信，但是正义与发展党领导的政府在 2002 年就职后坚定地推进全面加入欧盟。因此，埃尔多安准备在塞浦路斯问题上进行让步。土耳其政府"强龙压倒地头蛇"，不顾塞浦路斯土耳其族资深领导人劳夫·登克塔什的强硬立场，在联合国开启了对话，目的是实现塞浦路斯的统一。成功地解决塞浦路斯问题，就是解除土耳其加入欧盟最棘手的障碍之一。

安南计划应运而生，这一计划是以当时的联合国秘书长科菲·安南的名字命名的。从 2002 年年底到 2004 年 3 月，这一计划先后起草了五稿，欧盟、联合国、1960 年宪法中的"保护国"以及塞浦路斯的希、土两族对此进行了激烈的讨论。最后的"安南计划"将根据瑞士联邦的模式，建立由"希腊族州"和"土耳其族州"平等组成的松散的中央政府。未来塞浦路斯的国名为"联合塞浦路斯共和国"。每一位塞浦路斯人既是共和国的公民，也是"希腊族州”或“土耳其族州”的公民。“希腊族州”和“土耳其族州”拥有同样的宪法权利，不管在领土面积和人口数量上有多大的差异。1974 年丧失家园的人将再也不能回去，但将获得一定的补偿。新划定的国内界限将扩大希腊族控制的地区——大约增加 7%，在 3 年内完成。在更长的时间内，多数外国军队将撤出塞浦路斯，但不是全部撤出。

对于塞浦路斯“问题”，这是迄今为止最完美的综合解决方案。2003 年 4 月，塞浦路斯和其他 9 个欧盟候选国在雅典的古代市场遗址上签署加入欧盟的条约。安南计划在实施过程中从国际社会赢得了大量的人气，集聚了大量的政治资本。希腊政府和土耳其政府一笑泯恩仇，实现罕见的联合。塞浦路斯“问题”的解决，还得到了欧盟和联合国的支持。欧盟磋商人员提出，最后的解决条款可以在塞浦路斯等 10 个国家根据条约于 2004 年 5 月 1 日加入欧盟的时候敲定，这个建议也无可厚非。加入欧盟协议在雅典签署几周后，人们对解决塞浦路斯“问题”的期望更高了，因为土耳其族塞浦路斯人在自己一边开通了几个关口，让塞浦路斯两大区域的居民出入。上万名希腊族塞浦路斯人通过关口，跨越界线，重访将近 30 年没有见过的家园，后来出生的人当然是从来没有见过他们的老宅。北塞浦路斯土耳其共和国在年底的大选中选举了一位比资深的登克塔什更为温和的领导人。土耳其族塞浦路斯人开始支持安南计划。

但是，有句俗语精辟地说明了很多此类磋商的特点：“除非一切都达成了共识，否则就相当于都没有达成共识。”磋商到了最后关头，但是没有就所有的条款达成一致意见，联合国前秘书长科菲·安南自己对着空空的安南计划的协议文本，也只能徒唤奈何。塞浦路斯的未来最终由塞浦路斯希、土两族同时举行的公投来决定，公投的日期定于 4 月 24 日，恰恰是塞浦路斯加入欧盟条约生效的一周前。此前一个月，在希腊，西米蒂斯在议会选举中输给了新民主党。作为反对党，泛希社运支持安南计划。希腊新政府的领导人是科斯塔斯·卡拉曼利斯，他是前总理的侄子，宣称新政府对安南计划持中立立场，没有反对意见。埃尔多安依旧强烈地推进安南计划的实施。北塞浦路斯土耳其共和国控制地区的民调显示，公投很可能得到“赞成”的结果。很明显，欧洲官员正等着民众投票的结果，从而在更高层达成的协议上面盖上那枚橡皮图章。大家期待着，公投结束一周后，塞浦路斯能够以国家统一的面貌加入欧盟。即使公投出现另一个结果，磋商人员也没有 B 计划，不会推迟塞浦路斯加入欧盟，更不会重新就条款内容进行磋商。

与半个世纪以前不同，2004 年的希腊政府不可能在外交政策上被塞浦路斯左右。当然，希腊政府也不可能主导另一个主权国家——塞浦路斯的公民意见，尽管那个国家的公民也是希腊民族的一部分。希腊族塞浦路斯人会以自己的方式治理自己的国家，他们根据 1960 年宪法，在 1/4 的世纪里建立了自己的政治体制。自 1974 年以来，塞浦路斯共和国的经济远远超过了贫困、闭塞的塞浦路斯岛北部地区，其公民的生活水平已经比希腊的公民高很多。尽管泛希社运还在不遗余力地推进自己的外交议程，但希腊族塞浦路斯人对自己国土上的事有着自己的主见，他们要自己做主。

塞浦路斯的总统都是直选的，有着相当大的行政权力。塔索斯 · 帕帕多普洛斯于 2003 年上台，他曾是一名律师，在 20 世纪 50 年代塞浦路斯斗士民族组织反抗英国统治的斗争中发挥了重要的作用。他在大选中得到了左右两派的支持，两派都担心其对土耳其做出让步。在 4 月 24 日公投举行前的日子里，帕帕多普洛斯举政府之力反对安南计划。他用希腊语说出了简明的、常常被引用的话：“我以一个主权国家的政府保证，我不会给我的下任留下一个更小的国家。”安南计划被希腊族塞浦路斯人拒绝了，72% 的选票反对，而“绿线”那边同时举行的公投结果是赞成，赞成的比例要比另一边反对的比例低一点儿。

对很多国际观察家而言，以及在多数人看来，希腊族塞浦路斯人丢弃了一次千载难逢的机遇。但是，在那个时候及以后，从希腊的角度看，安南计划及其缺点已经很明显地暴露出来了。[22] 2004 年两次公投的结果的确固化了塞浦路斯岛上的分歧，即便没有受到公投结果的影响，在 10 多年后，这种分歧也是不可改变的。但是，希腊族的塞浦路斯共和国并不怎么担心。欧洲磋商人员可能会认为，他们所谈判的是整个塞浦路斯岛加入欧盟，从技术上看，即便在今天，情况也的确是这样。但是实际上，从 2004 年开始，希腊族塞浦路斯人获得了加入欧盟的所有好处，而土耳其族塞浦路斯人却被排除在外。就像最初在塞浦路斯建立独立的国家那样，很少有人能预见到如此的结果，更没有人期待这样的结果。即便如此，这仍然应该被看作科斯塔斯·西米蒂斯领导的泛希社运政府取得的又一个成功，如果没有西米蒂斯和他的外交部部长小乔治·帕潘德里欧的外交倡议和寻求共识，那么这一切都是不可能的。

西米蒂斯政府的第二个 4 年任期到 2004 年 4 月结束。希腊在年初确定下一次议会选举将于 3 月 7 日举行，西米蒂斯此时表达了从党的领导人的位子上退下来的想法，继他以后，小乔治·帕潘德里欧担任党的领导人。但是，候选人只靠家族的名声是不足以在大选中获得多数选票的，更谈不上复兴泛希社运的大业。泛希社运已经执政 11 年，与很多此前的希腊政府一样，这一任政府在任期最后的阶段也深陷金融丑闻。西米蒂斯本人倒是没有受到任何牵连，但是在处理那些卷入丑闻的官员方面行动迟缓，所以就引咎辞职了。因此，他领导的政府在最后时刻取得的那些成就，比如，塞浦路斯加入欧盟以及 8 月举办奥运会，都是在这些成就的总设计师缺席的情况下获得的。

雅典奥运会被全世界的媒体广泛描述为一次成功的盛会。对希腊族的人来说，不管他们生活在世界的哪个地方，奥运会向曾经在 1896 年举办过第一届现代奥运会的雅典的回归，证明了他们的民族及其地位在现代世界得到百年认可。2004 年 8 月 13 日，奥运会在雅典的奥林匹克体育场内举办了完美的开幕式，呈现了希腊 4 000 多年历史的辉煌画面。这个开幕式一开始展现了青铜时代初期在基克拉泽斯群岛出现的抽象的大理石雕像，继而穿越米诺斯文明时期的克里特和迈锡尼的王宫，然后进入古典时代的艺术、体育和雕塑世界。亚历山大大帝乘着他的战车，拿着他的长矛登场，再现了著名的古代形象。接着是拜占庭东正教教堂的圣像，之后没有任何过渡，就一下子展现了1821年希腊革命以及1896年奥运会中的英雄。代表20世纪出场的是卡拉格奇奥基斯皮影戏、演奏布祖基琴的雷贝蒂卡乐队和雅尼斯·察鲁希斯的绘画，至少前两种艺术都是扎根于希腊的东方传统和奥斯曼历史之中的。很多乐曲来源于希腊山区和海岛的古老农村传统。从视角上看，全部的舞台造型中都突出了扇动着翅膀的天使形象。

开幕式中没有表现出来的希腊历史和重现的历史一样精彩。从古代罗马人到中世纪晚期奥斯曼人的历次征服被开幕式完全摈弃了。希腊历史承载的辉煌过去，被浓缩在一系列具有震撼力的视觉形象之中。至少在奥运会举办的3周内，近年来以不同形式重现的身份认同的冲突可以被放在一边了。

雅典奥运会是自信的、完美的。在19世纪50—60年代，第一次被康斯坦提诺斯·帕帕里戈普洛斯构建的《希腊史》，可以通过这种方式将最精彩的元素呈现给全世界的观众。在2004年8月的那个夜晚，这个现代国家最终成熟了吗？

第十二章

中年危机

（2004 年至今）

随着奥运会的成功举行，几个月前泛希社运向其政敌新民主党的顺利交接以及塞浦路斯30年分裂问题（在某种程度上）的解决，2004年的希腊人踌躇满志，向往极其美好的未来。加入欧盟，进入欧元区，不论在外部安全方面，还是在国内政治和经济稳定方面，都给希腊和塞浦路斯这两个希腊族的国家提供了最好的保证。未来只会变得更加光明。

有一段时间的形势的确看起来很光明。

希腊新的中右政府没有思想包袱，没有需要实施的具体项目，没有需要实现的宏伟目标，没有需要完成的历史使命。毕竟，该做的，希腊都做到了。新总理的名字已家喻户晓——科斯塔斯·卡拉曼利斯。他本人也没有什么包袱，除了他有一个与他同名的更有名的叔叔。除了在两党制的国家里，两个党派都是由其创立者的后裔来领导的。科斯塔斯·卡拉曼利斯的执政风格在各种描述里都是宽松随意的，甚至被政敌批评为懒政怠政。政府高层表现出来的某种形式的不作为，被看作新民主党5年统治的典型特征，这种统治一直持续到2009年。西米蒂斯政府启动的改革被悄无声息地放弃了。“买”选票的做法（如在大选年宣布税收减免）是从20世纪80年代“民粹主义10年”安德烈亚斯·帕潘德里欧执政时期开始的，现在则跨越了意识形态的障碍。据说，这一做法在卡拉曼利斯2007年“用类似的方式取得连任”的过程中，达到了新的高度。即便如此，在进入新民主党执政第二任期的一年以后，也就是 2008 年，希腊的各项经济指标一如 4 年前的状态——看起来很好。自 21 世纪以来，经济一直保持着年均增长 4% 的态势。[1]

问题一开始并不是从经济中显露出来的。全球金融危机首先于 2007 年在美国爆发，到了 2008 年 9 月，随着雷曼兄弟投资银行的破产而达到顶峰。但是，不管是希腊本身还是希腊的银行，都没有直接形成导致全球银行业处于崩溃边缘的高风险性特征。所以，全球金融危机与希腊擦肩而过，不过只是看起来擦肩而过。

2008 年 12 月，希腊的媒体开始连篇累牍地自我反省，其文章有指控，也有反指控，还有关于金融危机的讨论。进行自我反省有几方面的原因，它们都可以在国内找到。与美国的次贷危机一样，希腊的危机也可以追溯到前一年的夏天，但这看起来好像风马牛不相及。2007 年 8—9 月，伯罗奔尼撒半岛发生了一系列严重的森林大火，烧死了 68 个人，烧毁了大面积的林地。这是受希腊气候影响的季节性灾难，每年都会发生。不过，另一个流传甚久的说法指出大火是人为造成的。2007 年的大火比往常严重得多。特别是在 9 月的大选之后，很多人认为政府没有对火势施加控制。全国土地登记项目是由卡波迪斯特里斯在 1828 年启动的，当时还没有完成，这将公众的注意力聚焦到一些说法上，即森林大火的背后有投机者，有主谋，他们非法烧毁了森林，其目的是大发横财。

到了 2008 年秋天，希腊出现了一系列重大丑闻，这让任何一个执政 3 年多的政府都难以置身事外，其中一个丑闻涉及文化部一名高级官员的怪异自杀行为。更大的丑闻是，政府的部长们与阿陀斯山瓦托佩蒂修道院有权钱交易。这个修道院是东正教的圣山，是一个自治机构。这个丑闻迫使卡拉曼利斯的左膀右臂塞奥多洛斯·鲁索普洛斯在 2008 年 10 月这个关键的时刻递交了辞呈。从那以后，“政府好像放任自流了”。[2]

自从 1974 年实现民主过渡以来，希腊，特别是雅典，总是潜伏着一股暴力街头抗议的暗流。这种暴力行为在传统上被看作“雅典理工大学风暴”遗产的一部分，暴力实施者通常会声称自己的行动所秉承的是1973年11月占领雅典理工大学的学生的精神。到了2008年秋天，无政府主义者穿着帽衫、带着汽油弹走上街头，他们走向雅典市中心伊格萨基亚区的大街，那里靠近国家考古博物馆。几年来，穿着巴拉克拉法帽衫的暴徒和警察之间的夜战几乎已变成一种消遣形式。这种被仪式化的冲突是一种非正规武装生活的离奇重演，虽然没有成文的规则，但双方都心照不宣，知道暴力游戏可以玩到什么程度。在奥斯曼帝国统治或希腊革命的时代，法律管不到大山深处，那些非正规武装就在那里无法无天地厮杀，打得你死我活。非正规武装就是土匪，其首脑从来不认国王，只认自己，这样的示范样板从未完全消失。

后来，在2008年12月6日的夜里，这些不成文的规矩被打破了。那天夜里，在对立冲突中，一个15岁的学生在伊格萨基亚广场被警察开枪打死了，而死者和穿着巴拉克拉法帽衫的暴徒没有任何关系。这个事件激起了公愤，数千名民众走上街头。在将近一个月的时间里，雅典市中心挤满了愤怒的游行示威者，有些是暴力分子。不同寻常的是，游行示威在全国蔓延，几乎影响到每一个城镇。公众已经对警察失去了信任，因此警察无法执法。商店被抢劫和烧毁，汽车被掀翻和点燃。低水平的恐怖主义再次回到雅典，对财产和警察的武装攻击也出现了。

有一位历史学家在当时把此类事件解释为“在一连串的体制、社会和道德危机所构陷的社会中受虚幻推动的、支离破碎的爆发”，而且这比将要来临的更大的“危机”的第一波冲击，早了好几个月。这位历史学家继续探讨事件背后的原因，认为其代表“民族标准、理性主义和相互尊重这些品质中出现的令人不安的衰败”。另一位在若干年后著书立说的历史学家注意到，“起义”的任何一方都缺乏连贯一致的或共同明确的要求。尤其让人惊讶的是，政治左派遭遇了完全的失败，既没有从此类事件中获得任何政治资本，也没有从这种“抗争”中获得领导权。[3]这个迹象表明20世纪40—80年代，将希腊人分开的那道旧裂痕真的已经转移了。2008 年 12 月，雅典的街头明显出现了新的紧张局势。但是，很少有人在那个时候预测下一道裂痕会在哪里显现，更没有人预测在未来 10 年将希腊社会撕裂的力量的本质是什么。

“危机”中的政治

到了 2009 年 4 月，雅典的街头再次拥有了和平，只是这种和平让人心神不宁。卡拉曼利斯政府想方设法地借了足够的钱满足当年财政预算的需要。但是，在全球金融崩溃后的经济氛围中，政府借款的增长引起了欧盟的注意。因此，欧盟要对财政赤字实施欧元区的规则，这就意味着要缩减公共支出。这方面并非没有先例。20 年前，泛希社运政府在其第二个任期内也遇到过类似的处境。那时采取的措施不得人心。泛希社运在 1989 年下台，也许那些措施是泛希社运下台的部分原因。但是既然以前的类似问题得到了控制，为什么现在的问题不能得到控制呢？

卡拉曼利斯在 2009 年 10 月提前举行议会选举，比第二个任期正常结束提前了两年，此举的动机受到质疑。尽管他不遗余力地参加竞选，但有人依然认为他是有意甩开一个新民主党再也承受不了的包袱。几乎一个世纪前，人们对他的前辈乔治斯·塞奥托卡斯也进行了同样的谴责，且不无道理。2009 年，泛希社运的领导人是小乔治·帕潘德里欧。对于希腊面临的困难，他根本没提出能达成共识的解决办法，只是坚持强调希腊根本没有遇到问题，形势仍旧一片大好。10 月 4 日，泛希社运获得 44% 的选票，在 300 个席位的议会中获得 160 个席位。小乔治·帕潘德里欧成为希腊总理。

新政府上任两周后，向议会报告严峻的经济形势的任务落在了财政部部长乔治斯·帕帕康斯坦丁努的头上。尽管他在经济形势分析的措辞上很谨慎委婉，好像是说不同时代的事，但是听者所获得的信息就和查理劳斯·特里库皮斯早在 1893 年说出的简洁的如炸弹一般的话是完全一样的——“很不幸，我们破产了”。在帕帕康斯坦丁努做报告的第二天，后来成为欧盟委员会主席的卢森堡首相让-克洛德·容克以东道主的身份在卢森堡召开了欧元区财长会议，他对希腊问题的回应更为简洁：“完了。”[4]对小乔治·帕潘德里欧来说，接受经济灾难总体规模的事实还需要更长的时间。但是，在2010年年初，全世界的媒体都知道详情了——希腊处于危机之中。受影响的不只是希腊，因为希腊是欧元区中的一员。当时欧洲的银行和欧盟的机构依然在2008年金融崩溃的影响余波中苦苦挣扎。如果有一个欧盟的成员国突然出现主权违约，那么这就会威胁整个欧元区，也许还会威胁欧盟本身，威胁整个欧盟政治大厦。鉴于此，欧盟呼吁采取特别措施。

关于2009年年底和2010年年初在希腊发生的“完美风暴”的技术因素，专业经济学家已经探讨了很多。现在还有很多争论。归结到一点就是希腊政府在2010年4月不能按合适的利率贷款了，所以就不能偿还现有的债务。这种事情此前在主权国家也发生过，单单在希腊就发生过3次，分别在1843年、1893年和1932年。阿根廷在2001年也出现过这种事情。经典的解决方案是拖欠巨额债务、让货币贬值并重建国家经济。20世纪30年代，这个做法在希腊很成功。截至2009年，它在阿根廷实施的效果也不错。但是，欧元区成员国的主权违约还没有先例。由于希腊的经济规模不大（占欧元区经济的比例不超过两个百分点），其可以出现主权违约，而且其违约不会在世界市场的大海中掀起一点儿涟漪。但是，如果作为统一货币区域组成部分的国家发生主权违约，那么造成的影响将是无法计算的，因为从来没有人能想到这种事情会发生。欧盟突然意识到，如果欧盟要继续存在和发展下去，就必须确定相关规则。

无独有偶。居于欧洲地理边缘的其他国家也在痛苦地挣扎，面临着因两年前银行崩溃而产生的同样的压力。政府用纳税人的钱去购买已经破产的银行的债务，以这种方式挽救纳税人存在银行的钱。但是在这个过程中，国家财政也几近破产。“欧洲债务危机”用国家名字的首字母创造了属于自己的词汇和比喻。处于危险之中的国家是“欧猪五国”，包括葡萄牙、意大利、希腊、西班牙，爱尔兰后来也加入了进来。最大的恐惧是“传染”，它从一个国家到另一个国家，然后影响欧元区的核心国家。此危机有一个现成的、简单的解决办法，它的非正式术语是“保释”（有能力拿出保释金的人把他的同伙从监狱里捞出来），正式术语是“救助备忘录”，或简称为“MoU”，在希腊语里为 Mnimomio。救援的顺利实施需要开展新的合作，从而让欧洲央行、欧盟委员会和总部设在美国的国际货币基金组织等机构各司其职。这种新的、特设的合作机制很快就有了一个绰号——“三驾马车”。

小乔治·帕潘德里欧在 2010 年 4 月 23 日正式提出了“保释”要求，也就是经济救援申请。5 月 2 日，希腊和“三驾马车”签署救助备忘录。为了获得 1 100 亿欧元的贷款，泛希社运政府需要服下一剂猛药——大幅度减少国家财政赤字，以北欧那些更具活力的经济为标准，对自己的经济进行结构调整。这就是“紧缩政策”的开始。6 个月前被选上台的政府曾向选民承诺，一切都很好，大家不需要勒紧腰带。救助备忘录签署 3 天后，约上万人走上雅典街头示威抗议，示威抗议后来升级为暴力行动。游行示威的群众放火烧了市中心的一个银行，烧死了 3 名银行员工。难道就像 20 世纪 40 年代所发生的那样，这次拯救欧元的代价是希腊社会秩序的崩塌吗？

虽然在好几年的时间里，希腊的社会秩序好像要崩塌了，但事实不是这样，或者至少截至目前不是这样。不过，与其他采用过同样措施的国家不同的是，希腊的经济崩塌了。

人们很快发现，救助备忘录中确定的目标太乐观了。给予希腊的资金 90% 都没用于重振希腊经济，而是用于还旧账和重振外国银行，尤其是法国和德国的银行。[5] 接下来的 4 年里，希腊的人均收入下降了 1/3，失业率达到 27%，年轻人的失业率比总体失业率高一倍多。希腊经济总量萎缩了 1/4，银行存款转向国外，投资额下降了近 1/2，公司倒闭，公共服务减少。

退休和失业人群受经济危机的影响最大。救济站门前排起了长队，曾经的中产阶级失去了房子，只得流落街头，自杀率骤增。20 世纪 40 年代希腊发生过更加严重的情况，很多在雅典等大城市活不下去的人们纷纷返回自二战以来人口一直外流的乡村老家，因为那里有家族的根。有高等教育背景、可以在知识经济中一展身手但在雅典找不到工作的人们，选择充分利用欧盟公民可以在各成员国之间自由流动的便利，到国外生活。根据 2017 年的统计，在过去的 7 年里，约 50 万大学毕业生离开了希腊，相当于希腊劳动力的 10%。税率的不断上升造成了通货紧缩。

希腊为何会落到如此境地？对于“欧猪五国”，欧盟一视同仁地开出了“药方”，其他国家的“病”都好了，为何独独只有希腊的“病”没有好，反而像是吃了毒药，依然深陷危机之中呢？

近年来，不少理论试图解释希腊深陷危机的原因。大多数专家认为，希腊和欧盟各有各的错，不能只怪其中一方。希腊本身有系统性的问题，欧盟在结构上存在弱点，尤其是欧元区在没有统一财政管制权力的情况下管理统一货币，这些共同产生了负面的化学反应。但是，除此之外，这些专家众说纷纭，很难达成一致。全世界的媒体以及许多严肃的评论员指责希腊人“奢侈”和“懒散”。有些人看不惯欧盟意欲达成“更深入的欧洲整合”或者有统一货币的经济和财政雄心。因此，当这两方面的弱点暴露于希腊不断扩展的“危机”之外的时候，人们就有话要说了。

于是，对希腊社会主义实践有看法的批评家们紧紧揪住泛希社运的某些特定政策，尤其是 20 世纪 80 年代的政策，对其进行大肆抨击。他们常常提及公共部门的铺张浪费，特别是高等教育、医疗卫生部门，以及政府没有收税和公民没有支付的例子。充分的数据证明，希腊人并不“懒”，就是劳动效率有点儿低。[6] 一位泛希社运政府前部长曾经在 2017 年提出，希腊处于“危机”中的根本原因是“政府无能、庇护盛行、机构孱弱、缺乏竞争”。不过，事实似乎与媒体报道的“经济形势一片大好到经济突然崩溃”的趋势不同。从 1973 年的国际石油危机到现在，希腊的 GDP 增长十分平缓，低于同时期的世界平均水平，每年不到1%。或许自那以后，希腊的经济就没有“真正”恢复过？[7]

许多“事后诸葛亮”说：“希腊当初就不该加入欧元区。”不过，2012年2月希腊第二次请求欧盟救援时提出的“希腊脱欧”议案，是最终不得已而为之的“核手段”。虽然许多人预测希腊会脱欧，但是不论希腊一方，还是欧盟金融一方，都没有足够的理由先提脱欧之事。

2011年年初，形势很清楚，希腊若想避免政府破产，就需要再次接受欧盟的援助，并且承诺采取更多的紧缩措施。6月底，雅典市中心再次爆发了暴力游行。面对欧盟新的条款，以及10月的更大的内乱威胁，总理小乔治·帕潘德里欧在万般无奈之下宣布举行全民公投。希腊人将通过选票决定国家是接受欧盟的援助和条件，还是冒着国家破产的风险脱欧。10月31日，小乔治·帕潘德里欧宣布了举行公投的决定。而11天后，他就下台了。因为法国总统萨科齐与德国总理默克尔召开紧急会议，并告知这位不幸的希腊总理无论出现什么情况，希腊都不能举行公投。因此，小乔治·帕潘德里欧只能辞职。

小乔治·帕潘德里欧下台后，“技术官僚”掌控了政府。由欧盟央行前副行长、希腊银行前行长卢卡斯·帕帕迪莫斯领导的新政府，获得了3个政党结成的联盟的支持。帕帕迪莫斯政府不是通过选举上任的（也许当时的形势不适合选举），在2012年2月2日见证了希腊与欧盟签署第二次援助协议。当夜，雅典市内再次出现暴乱，不过该发生的已经发生，暴乱也改变不了什么。希腊用“剃头”（希腊对主权债务进行部分减记）和承诺缩减开支换来了1 300亿欧元的新贷款。“剃头”对希腊的银行造成了重击，并且意外导致危机于次年“传染”给了塞浦路斯。

第二次欧盟援助的救助备忘录签订之后，选举的日子到了。此时，主要在野党新民主党的领导人是安东尼斯·萨马拉斯。萨马拉斯由于曾经在马其顿国名争议中坚决反对希腊北面的邻邦以马其顿作为国名，最终愤而退党，这导致新民主党在1993年的选举中失利。这一次，萨马拉斯的选举口号是“让我撕毁救助备忘录”，他采取了其竞选对手小乔治·帕潘德里欧3年前的策略。萨马拉斯只成功了一半，2012年5月6日的选举，出现了悬浮议会的情况，没有一个政党可以成功组建政府。第二次选举被安排在6周之后。欧盟领导人毫不妥协：“如果希腊拒不履行救助备忘录的义务，就会被踢出欧元区。”对此，相当多的选民通过选举向新民主党传递了一个信息，萨马拉斯可以不用一党执政，可以与泛希社运和另一个小党组成联盟共同执政。

2012年的两次选举是希腊政治史上的又一个转折点。自1977年以来，希腊就一直实行明显的两党制。希腊除了在20世纪80年代末有过短暂的两党联合执政外，在将近30年的时间里，每一届政府不是由泛希社运组建，就是由新民主党组建。而在5月的选举中，这两个党派都没拿到绝对多数的选票。在6月的选举中，很多选民转投新民主党来防止其崩盘，但尽管如此，萨马拉斯领导的新民主党的选票率依然没超过30%。民众对泛希社运的惩罚是致命的，其在2012年6月仅获得了13%的选票，而且3年后的得票率更低。极左和极右政党的崛起，终结了希腊的两党轮流执政制度。

激进左翼联盟（希腊语缩写为SYRIZA）最初是在2004年由一些左翼小党组成的竞选联盟，但不包括传统的信仰马克思主义的希腊共产党。从那时到2009年，激进左翼联盟的得票率为3%~4%，正好达到进入议会的得票率门槛。2008年后，激进左翼联盟主席是一位年轻的土木工程师、前学生运动分子阿莱克西斯·齐普拉斯。激进左翼联盟坚决地反对缩减开支以及“三驾马车”在救援方面强加给希腊的条款，在2012年5月的选举中以17%的支持率超过泛希社运，成为第二大党。6周以后，其支持率升至27%，仅仅比在新的联合政府中主导政权的党派少两个百分点。激进左翼联盟过于非主流，所以无法成为联合执政的党派之一。不过一个极左的边缘政党，能从默默无闻一跃成为议会中最大反对党，并不是偶然。

在右翼方面，从新民主党分裂出来的新兴政党“独立希腊人”由于采取反对救助备忘录的立场，在2012年5月的选举中获得了10%的支持率，但6月的支持率便有所下降。而在希腊和海外国家看来，最令人感到震惊的还是希腊第一个且是截至目前唯一一个法西斯或新纳粹政党——金色黎明的崛起。金色黎明起初是一个非常小的政党，在1996年第一次参加议会选举时，仅仅获得了不到1%的支持率，而在2012年的两次选举中，都获得了50多万张选票。与其他反对欧盟救援的政党不同，金色黎明在第二次选举中的得票数只有一点儿下降，相比5月时最高的7%的支持率，其仅仅失去了少量选票，而且在3年后，再度保有7%的支持率。金色黎明的徽章是“河流”，也就是“希腊钥匙”的形状，颜色是纳粹“卍”字的颜色，形状也类似。多年以来，金色黎明及其成员都是暴力行动的代表，行动目标是移民和同情移民的人群。金色黎明的理念源自尚武的斯巴达人，意图维持希腊血脉的纯洁，在当今时代算是公开的种族歧视和极端民粹主义。金色黎明惯用的一些语言修辞和符号，令人联想起20世纪30年代的梅塔克萨斯独裁时期和1967—1974年的希腊军政府时期。不过，需要指出的是，这两个时期的政府统治都不是源自某项群众运动或某个政治组织，而是源自上层。希腊出现草根出身的法西斯运动，这在很大程度上是2010年以来的“危机”的结果以及社会对新环境的反应。

由于大多数选民不再支持曾经达成广泛共识的政治改革，希腊的政治格局再一次发生变动。一个全新的政治派系横空出世了，它在2008年年底的希腊街头暴力抗议的紧张局势中初见端倪，在出现债务危机时发展壮大。一些评论家将希腊政治的新分裂定义为接受救助备忘录的党派和不接受救助备忘录的党派。其他评论家认为那是民族中心主义和欧洲主义的对抗。[8]不管怎么说，这道新的裂痕跨越并代替了传统的左派和右派的对立，它的存在可以追溯到19世纪20年代独立战争革命时期的国内冲突。这个冲突是因对自由的不同理解而产生的：一方对自由的理解是彻底的自给自足，另一方对自由的理解是融入西方主导的世界秩序之中。现在，希腊人又一次必须做出选择了。

2015 年 1 月，萨马拉斯政府正在争取满足第二次欧盟救援的条件，如果他成功了，那么这可能会让希腊经济出现微弱复苏。希腊被迫进行财政紧缩，经济恢复好像遥遥无期。选民在 2009 年的大选中信任中左派，在 2012 年又将票投给了中右派，两派都没能达到选民的期望。失望的选民将选票交给了政治新秀、反对党领袖阿莱克西斯·齐普拉斯，希望他能比萨马拉斯和小乔治·帕潘德里欧做得更好。在激进左翼联盟的领导下，希腊这个小国这一次要与欧盟和国际货币基金组织等仗势欺人的债权人进行勇敢抗争。“三驾马车”为希腊危机开出的药方不管用，希腊必须换一个药方，激进左翼联盟提出了自己的方案。

2015 年 1 月 25 日的选举投票标志着希腊新的党派界限的形成。支持欧盟援助方案的党派，包括完全丧失民众信任、近乎崩溃的泛希社运在内，获得了不到 40% 的支持率。反对欧盟援助的党派有激进左翼联盟、从新民主党内分离出来的右翼政党独立希腊人、金色黎明和希腊共产党。其中，希腊共产党不愿与任何人合作，而任何人都不敢与金色黎明有瓜葛。这两个反对欧盟援助的极端党派总共拥有 12% 的支持率。作为左翼政党的激进左翼联盟拥有 36% 的支持率，是当时最大的党派，可以获得额外 50 个议席的奖励，所以只要再多两个议席的支持，就可成为掌控议会席位的绝对多数政党。这完全符合希腊全新的政治格局，极左的激进左翼联盟与极右（非法西斯）的独立希腊人联合执政，双方合计拥有议会 300 个席位中的 162 个席位。组成新政府的这两个政党，都是因向选民做出了国家自给自足、反抗“三驾马车”插手希腊经济的承诺而上任的。

民主政权不再统一、完整，不过执政的目标十分清晰。摸爬滚打多年的政坛老手既然没法让选民满意，那就应该让位给曾经位于“边缘”的政治力量，由它们组成新的联合政府。

希腊政局接下来几个月发生的事，可以说是古希腊的经典悲剧，也可以说是一场闹剧，就看你从哪个角度分析了。不管你从哪个角度看，事情的主角都是学院派经济学家、电视达人雅尼斯·瓦鲁法克斯。他在2015年担任希腊财政部部长，在混乱不堪的6个月里信口开河，揭开了事件双方互相背叛、内部分裂和言行不一的盖子。而用他自己的话说，他是在愚蠢、腐败的政客一败涂地之时，面对“欧洲强权”，受命于危难之际，敢于为希腊选民而斗争的英雄。他试图引领一场“希腊之春”，推动一次“起义”，但最终被那些顽固不化的欧洲势力“无情镇压”了，他本人也被自己的政党背叛了。

齐普拉斯最初的想法与瓦鲁法克斯一样，瓦鲁法克斯自始至终都认为，希腊人民信任他们，让他们执掌希腊的政权，就足以迫使欧盟改变其对待希腊债务的政策。他们的心情固然迫切，但是一个濒临破产的、仅有1 100万人口的国家的财政部部长，要对足足有5亿人口的政治和经济联盟发号施令，无异于螳臂当车，永远不会达到任何目的。齐普拉斯的对手、德国财政部部长沃尔夫冈·朔伊布勒在2015年2月11日的欧元区领导人峰会上反唇相讥：“选举不能影响经济决策。”不过朔伊布勒也是被选民选上来的，更何况选他的民众数量比希腊民众数量还多，而且他对被新闻称作“欧元大家庭的老鼠屎”“破产穷光蛋”的希腊人的印象还不怎么好。[9]

到了6月底，希腊又一次无法还清债务了。而此时，除非希腊政府签署类似2012年“技术官僚”政府曾经接受的一揽子条款协议，否则就不会得到第二次欧盟援助计划的最后一笔资金。然而，如果政府这么做了，激进左翼联盟领导的联合政府对选民的承诺就成了一纸空谈。齐普拉斯没有这么做，他宣布将于7月5日周日举行全民公投，请选民决定是否接受欧盟开出的援助条件，而当时距离公投仅有一周的时间。6月29日是齐普拉斯宣布公投的第一个工作日，欧洲中央银行在那一天取消了为希腊银行提供流动资金的安排。希腊政府和希腊银行不得不紧急实行资本管控，关闭银行数日，并在银行重新开门后对民众提款施加了严格的限制。大多数激进左翼联盟成员，包括希腊总理齐普拉斯，以及组成联合政府的独立希腊人党派成员和极端右翼党派金色黎明成员，都呼吁人们在公投中投“否”。

虽然希腊选民受到了来自欧盟的压力，面临希腊银行关门以及可能不再开张的威胁，但其选择出乎欧盟的预料，有 61.31% 的选票为“否”，尽管参投率有点儿低（根据希腊标准）——只有 62.5% 的人参加了公投。希腊政府小心翼翼地强调，公民的选择并不能决定希腊在欧元区的去留。这次公投并不是为了挺欧或是反欧，不过很多投“是”票的人（包括希腊境内和境外的人）不这么认为。当时的民意调查显示，支持留在欧元区和欧盟的人，要比公投中反对欧盟援助特别条件的人多。虽然希腊人民再一次对希腊必须缩减开支以及欧盟机构的颐指气使发出了反对的声音，但是他们并不反对欧盟本身。

公投次日，财政部部长瓦鲁法克斯提交了辞呈。到了周末，在支持接受欧洲援助的党派的建议下，希腊议会就重返欧盟并寻求签署第三次救助备忘录进行了投票。在瓦鲁法克斯书内的众多爆料中，最具冲击力的当属齐普拉斯私下为这次向欧盟“屈服”找的借口：“他告诉我，他担心如果我们坚持对欧盟不松口，在‘古蒂’的命运就有可能重现，在 1922 年的那次政变中，有 6 名政客和军队领袖被处决……（他）接着暗示我，像那样的政变有可能再次发生。”[10] 如果瓦鲁法克斯说的是真的，那么一位民选总理的怯懦岂不是昭然若揭？这是一位民选总理最不应该有的表现。或者说，瓦鲁法克斯其实在暗示（没有提供任何证据），希腊的“深层建构”中有一股力量最迟在 2015 年就会推翻希腊的民主制度，甚至不惜动用极端暴力，使希腊再次陷入 100 年前那样的政治动乱中。

7 月 13 日，欧元区各国首脑发表联合声明，同意签订欧盟对希腊第三次援助的救助备忘录。接下来的 3 年，希腊将总共接受 860 亿欧元的救助，其中的一半将用于支付希腊的债务，另一半则用于希腊经济结构的大规模改革。与希腊在公投中拒绝接受的上一次援助的最后一笔资金相比，这次的援助金额要多出数倍，但是条件也更加苛刻。正因为如此，希腊变成了“债务殖民地”。曾经的“欧盟对希腊的象征性殖民”又往前走了一步。[11] 欧洲债权人向希腊人表明了他们的要求，并且得到了他们想要的结果。

截至目前，根据希腊政治的逻辑，有人认为激进左翼联盟和总理齐普拉斯将受到选民的责问和惩戒。每次希腊最终接受欧盟援助的条件时，下一任政府的态度相比上一任都会有 180° 的大转弯，而这一次救援条件是三次援助中最苛刻的，造成的结果是执政党分裂了。但是，齐普拉斯依靠反对党议员的支持支撑了下来。不仅如此，齐普拉斯意识到了自己的执政不稳，便宣布于 9 月 20 日举行提前大选。选举结果出人意料。激进左翼联盟内部闹分裂的派别，也就是反对欧盟援助计划和反对希腊留在欧盟的那一派出局了。这些人新组建了一个政党，但是得票率没能达到进入议会的门槛。各党的得票结果几乎是 1 月大选结果的重现，得票率波动与之前相比，不超过 2%。最大的两个党，激进左翼联盟和新民主党的支持率与 1 月大选结果相比，各自的波动甚至没有超过 1%。激进左翼联盟和“独立希腊人”再次联合执政。在本书撰写期间，可预见的是这两党联合执政的局面还将延续 3 年。

在批评家的眼中，齐普拉斯宣布公投的决定毫无道理，公投的结果无法执行，而且希腊最终接受的条件比 10 天前欧盟提供的条件还要严苛。对那些于 2015 年 8 月退出激进左翼联盟的极左翼来说，希腊政府态度的 180° 大转弯是对希腊人民的背叛。从此以后，瓦鲁法克斯公开支持后者的观点，不过他并不支持希腊脱欧。另一些人则认为，激进左翼联盟政府，尤其是瓦鲁法克斯，让“希腊经济损失了大约 1 000 亿欧元”。[12] 3 年之后，有些地方出现了第三个声音。这个声音认为，也许那上千亿欧元就是让希腊社会各阶层获得深刻认识所付出的代价。除了接受“三驾马车”强加的财政紧缩政策以外，希腊别无选择。对希腊来说，早点儿接受欧盟开出的药方，也许是一个更好的选择。不过，经历过了 3 次欧盟援助以及政府的 3 次更迭，到了 2015 年秋季，希腊依然无路可走。这难道意味着“危机”即将结束了？

与“危机”共存

“危机”二字，从字义上来讲，是“决断”的时刻，是变革的转折点；从词源上来讲，是古希腊人留给今天全球化世界的另一个词汇遗产。但是，不论是在希腊，还是在谈论希腊的其他地方，在过去的10年里，“危机”的含义已经慢慢地发生了变化，不再指决定性的时刻，而是指一种状态。正如人们看到的，那种状态的部分本质是，国家一旦陷入其中，就难以自拔，或无所作为。这与“危机”的正常词义大相径庭。正因如此，本章提到希腊2010年后的“危机”状态时，就会给这个词打上双引号。在希腊，“危机”已经成为一种生活方式。

这种生活方式几乎完全因突然贫困的影响而产生。在现代社会，没有任何一个发达国家的经济像希腊经济那样在5年之内足足萎缩了1/4，国民养老金和收入至少降低了1/4，失业率高达25%，青年失业率更是接近60%。希腊2015年7月实施的资本管控和银行账户限制，直到2018年9月都没有被解除。

除了明显的经济损失，这些影响对社会的冲击可能更深远，也可能更持久。自冷战结束以来，希腊社会经历了快速的、不平衡的变革。自2003年中东战乱以来，越来越多的中东难民前往欧洲寻求庇护，其中很多人借道希腊，尤其是2013年以后，这种情况更加突出。对于这些数不胜数的难民，已经入不敷出的希腊政府和私人慈善团体不得不负责他们的生存和福利。仅2015年上半年，自土耳其抵达爱琴海东部群岛的难民人数就有10多万，2015年是难民人数最多的一年。2016年，难民问题更加严重，因为其他在北面的国家封闭了国境，开始搭建围栏，将难民拒于国境线之外。这种措施并不适用于希腊，因为希腊有数百个岛屿，其大陆也三面环海。因此，上万人滞留在一个他们本来不愿意停留的国家。结果是希腊的社会服务处于几近崩溃的边缘，让已经在内部“危机”中苦苦挣扎的社会雪上加霜。

新的难民潮或移民潮的到来产生的另一个影响是，希腊自1923年以来，再次有了相对数量的穆斯林居民。历史的记忆很难被抹去，希腊摆脱奥斯曼帝国统治后，有人第一次提出在雅典兴建一座清真寺，这在社会上引起了多年激烈的争论。虽然希腊在2016年确定了选址，批准了建设计划，但是在本书完成之时，那座清真寺还没有对外开放。与此同时，其他方面的社会压力也大大增加。战后的希腊曾路不拾遗，夜不闭户，几乎没有街道犯罪和抢劫。希腊“危机”改变了所有美好的一切。即便在雅典最富有的社区、贫困迹象最少的地方以及设计优美和维护良好的地铁上，抢劫犯罪也时有发生。雅典西部郊区的大片地区，甚至包括某些靠近市中心的地区，已经成为警察和守法公民都不能进的“禁区”，被人贩子和毒贩子等黑社会成员控制。这些黑社会盘剥欺诈那些在“危机”中变得无家可归的希腊人以及没有合法身份的移民。据说，走投无路的居民求助于极右政党金色黎明的非法武装组织，以求自己的生命和财产得到保护。因为希腊的警力严重不足，且警察士气低落，甚至与黑社会成员同流合污，根本不能保护市民的安全。

一般来说，人们上街示威后的几年内，绝望和颓废的浪潮就会出现。尽管希腊缺乏暴力疏通的渠道并受到幻灭和失去希望的影响，但其社会秩序还没有崩溃，因为希腊人有自己的生存之道，包括最重要的传统的家庭单位，以及基于现金和以物易物的黑市经营。许多希腊人不怎么信任银行，多年来，银行的官僚衙门程序从机制设计上看，简直就不是为客户服务的。如果你要找一些其他的做生意的方式，那么这也不难。那些有能力的人离开希腊到国外工作了。从前，历代希腊人一直生活在希腊这片国土上，在民族国家200年的历史中，经历了远比这次严重的“危机”更恶劣的条件。帮助希腊人渡过难关的是他们的忍耐或韬光养晦的特质。尽管与以前一样，希腊如今遇到的依然是困境，但希腊目前的“危机”已经非常严重，希腊需要做出生死抉择，如果希腊人还是只依靠古老的、传统的特质继续前行，那么其前景将一片暗淡。

说是这么说，但在“危机”的阴影下，有些领域还是能为希腊人带来希望，比如文化和艺术领域。从传统上说，诗歌是希腊人用语言进行自我表达所依仗的最重要的工具，在这个时期实现了繁荣，催生了新的形式、新的种类和新的环境。有些最新的希腊诗人（移民身份）能同时用他们的母语和希腊语进行双语创作。用最近的一部英文版的希腊诗歌选集的编辑的话来说："所有的希腊诗歌以不同的形式见证了'如今希腊与巴尔干半岛上的人们生活的艰难'，但同时也'带给人们完全不同于现实的想象的新途径'。"[13] 在文学方面，小说家继续拓宽他们的题材，越来越多的作家开始在作品中表现与希腊迥然不同的情况，或者塑造与希腊有关的代表"他者"的人物形象。也许由于如今希腊的犯罪率极高，侦探小说终于自成一派，进入鼎盛时期。帕特罗斯·马卡里斯创作的几部犯罪小说都很畅销，小说的主角是词典爱好者、检察官哈若托斯，小说被翻译成英语和其他语言。他的《危机三部曲》在2010—2012年出版，以含沙射影和尖酸刻薄的方式描述了处于"危机"最初几年的希腊人民的日常生活。

其他的艺术形式也"在希腊危机中出现了爆发性的创新，尤其是在戏剧、电影和表演方面"。[14] 以基尔戈斯·兰西莫斯、亚历桑德罗·阿万纳斯为代表的希腊导演的艺术电影作品，在海外拥有一定的知名度，有些电影甚至是用英语拍摄的。古典和"艺术"音乐的传统里，出现了新的曲目和公众演出。自"危机"以来，雅典建立了具有国际水平的文化中心，其上演了一些令人惊叹的节目。例如，2010年启用的奥纳西斯文化中心以及2017年3月建成的、包含新歌剧院和国家图书馆在内的斯塔夫罗斯·尼亚尔霍斯文化中心。这两个新的文化中心都是希腊经济取得极大成功的体现，这种成功至少可以追溯到18世纪，那个时候的经济收益从传统上来说都是来自国境之外，也就是通过船运获得。2017年在雅典举办的为期6个月的国际艺术展第十四届卡塞尔文献展，总计接待了30万来自世界各地的游客。此外，雅典的街头艺术也从以前的胡乱政治涂鸦、大学校园的"牛皮癣"升华成了繁荣、睿智、勇悍、有创造性的另一种艺术形式。

从经济和政治的角度来看，希腊与欧盟签署的救助备忘录在某些人眼里还是有效的，至少在受到资助方面，产生了正面的效果。从数据上来看，萨马拉斯政府在 2014 年年底成功实现了基本的财政盈余，其后的政府在 2018 年也有可能达到这一目标。2017 年，至少在一位希腊经济学家看来，希腊民众的观念有所改变，不再那么反对政府负债，并开始赞成“对财政支出进行合理约束”。这一观念的改变发生在 2015 年夏季以后，正是激进左翼联盟领导的执政联盟的政策出现实用性转向之时。[15]

经过三年半的执政，曾经位于政治边缘的极左党派激进左翼联盟逐步演变成了它之前替代的社会民主主义政党泛希社运。自 2015 年 7 月的惊人反转之后，阿莱克西斯 · 齐普拉斯不仅没有感到有损自己颜面，反而继续强化自己在党内的地位。这好像全靠他的个人魅力和权威，与他之前的任何一位成功的总理的做法都是一样的，这一传统可以追溯到 19 世纪 40 年代执政的扬尼斯 · 科莱特斯。如果当下的激进左翼联盟真正取代了泛希社运，那么齐普拉斯则是新一代的安德烈亚斯 · 帕潘德里欧。齐普拉斯的仕途之路起步于共产党左派，靠着呼吁实现希腊自给自足的国家民粹主义理想成为最高领导人。但是在国内和欧洲权力现实的影响下，其执政权力很快就会被削弱。

对希腊而言，目前最好的消息是，之前预言的种种最坏情况至今为止尚未发生。例如，希腊没有发生国家违约，也没有从欧元区退出，当然也就没有出现脱欧混乱；希腊的公共秩序没有崩溃，最近几十年在欧洲其他国家兴起的威胁国家主权完整的分裂运动，并没有在希腊出现；在前捷克斯洛伐克、比利时、西班牙和英国掀起的地区独立运动以及在某些更大的地区发生的自治运动，都没有在希腊发生。在希腊历史中，大规模的起义和运动都是在统一愿望的驱动下发生的。大雅典地区之外的希腊有将近一半的希腊人口，他们大多拥有很强的地区身份认同。不过，哪怕是在身份认同情感最强烈、最有可能独立的克里特岛，也从来没有哪个政党严肃地提出过从希腊分裂出去的主张。尽管经济危机给希腊带来了新的紧张局势，但是截至目前，希腊都没有出现任何闹独立的潜在威胁。

在另一个希腊族国家——塞浦路斯，情况则大为不同。1960 年之后，塞浦路斯的希、土两族逐渐对立，后来又因为地理上的分隔，两族对立越发严重。现在塞浦路斯同样陷入了这场危机，但是它和希腊相似的处境已经结束。2012 年希腊第二次签订救助备忘录以后，塞浦路斯金融业因为希腊银行的债务减记而损失惨重。2013 年 3 月，塞浦路斯政府也面临国家违约的风险，不得不向欧盟寻求援助。自此，塞浦路斯政府施加了资本管控，银行存款支取数额也受到了限制。在之后的 2015 年，希腊也实行了这两项措施。比起希腊，欧盟给塞浦路斯开出的条件更高，塞浦路斯的第二大银行被迫破产，所有银行的储户损失了高达 10% 的存款。2013 年 3—4 月，塞浦路斯受到的金融危机的冲击比同时期的希腊大得多。塞浦路斯的民营经济承受了巨大损失，企业纷纷倒闭。但是，公共领域的情况要好一些，其构筑了防御危机的堤坝。几个月后，银行存款支取数额的限制就解除了。两年之后，外汇管制也取消了。

2015 年夏，在希腊经济再次崩溃、希腊第三次向欧盟求援时，塞浦路斯的经济已经从危险中走了出来。自 1974 年民族流血冲突之后，希腊族塞浦路斯人再一次证明自己具有在短时间内摆脱经济危机的能力，希腊人却不行，一直陷入泥潭而不能自拔。两个国家同本同源，有诸多相似之处，但也有不同，应对经济危机的能力就是它们之间越来越多的差异的一个明证。

不过，这一切都是表面现象。欧盟援助和希腊主权债务这个看起来难以解决的问题，只是这场越来越深的“危机”中的一个问题。从最底层分析，这场危机其实是身份认同的危机。

在 10 年“危机”带来的新的重压下，各行各业的希腊人（不管他们是否生活在希腊）都发现自己不得不停下来反省思考，再一次看看自己的历史，看看伴随自己成长的价值观，看看自己的身份认同和世界归属。希腊政府重申自己属于西方阵营，也就是属于现在代表西方的欧盟，是整个欧洲文化圈的一部分。不过，希腊的欧盟之路再一次证明，希腊与欧洲的融合充满艰难险阻，而且付出的代价巨大。

根据调查和民意统计，支持希腊留在欧盟和欧元区的选民人数有所减少，不过即便是现在，希腊也没有出现多数选民支持脱欧的迹象。一份 2017 年年底发布的私人调查报告显示，2015 年希腊公投时，留欧派占 69%；而到了 2016 年年底，这个比例下降至 53%。最近在世界各地盛行的排外主义、民粹主义，也在希腊出现了。广泛流传的源自“雅典理工大学风暴”的反美主义，正在向反德方面发展，这形成了对德国的敌视，因为德国被看作造成希腊财政紧缩的罪魁祸首。在一些报纸漫画里，德国财政部前部长沃尔夫冈·朔伊布勒身着纳粹军装，德国总理安格拉·默克尔则成了希特勒的化身。[16] 10 年“危机”在一些地方引发了要求德国为其二战期间对希腊所犯暴行进行赔款的呼声。更令人讶异的是，德国被要求归还德意志帝国占领希腊时强制从希腊国家银行借出的款项。这些呼声在 2015 年“希腊之春”时最强烈，直到现在也没有完全消失。

民粹主义抬头造成的最直观的影响就是催生了金色黎明。它在当今的希腊政坛已站稳脚跟，民调显示其影响力大约占 7%。也就是说，其影响力与最近 100 年中处于鼎盛时期的希腊共产党的影响力差不多。至少，金色黎明只与有着共同生物祖先的种族缔结联盟，特别是奉行军国主义的、反民主的斯巴达人。希腊政治图谱的另一边，是与右翼民粹对立的试图追随之前的俄国及苏联的左派。此前，大约 30 名因抗议第三次救助备忘录而退党的来自激进左翼联盟的议会议员，正属于那些左派。在 2015 年“希腊之春”运动期间，对他们以及齐普拉斯来说，如果“进一步融入欧洲”的目的没有实现，那么一个审慎的备选方案就是复兴与俄罗斯密切相关的古老梦想。

与俄罗斯亲近并不是希腊人的臆想。激进左翼联盟首次控制政府后，就派遣不止一名内阁成员访问了莫斯科和圣彼得堡，齐普拉斯也于 2015 年 4 月对俄罗斯进行了访问。2013 年年底，当俄罗斯与乌克兰在克里米亚事件上的形势最为焦灼紧张的时候，俄罗斯总统普京的顾问曾设想将希腊、塞浦路斯以及土耳其邀入俄罗斯总统倡议成立的欧亚经济联盟。2014 年 12 月，普京在一场演讲中说：“由于信仰同一种宗教，我们与希腊有特殊的关系。”[17] 而齐普拉斯作为回报，在上台一个月之后，首先采取的行动之一就是反对欧盟制裁俄罗斯。

就在希腊财政部部长瓦鲁法克斯在华盛顿和欧洲各国首都周旋磋商的时候，其他希腊政要也在寻求向俄罗斯借款的可能性。如果谈判成功，那么希腊或许就不用再接受“三驾马车”的援助，或者最起码在退出欧元区的时候，谈判成果能为希腊提供一个经济软着陆的可能性。不过，普京与叶卡捷琳娜大帝之后的其他领导人一样，对希腊并无太多的兴趣。据说，齐普拉斯在公投当天晚上得知普京拒绝了希腊政府的贷款请求后，希腊对于与欧盟签署救助备忘录的态度便彻底改变了。[18]

在希腊民众以及不少政府高层甚至最高层的眼里，希腊仍属于东正教或因复杂历史关系而形成的苏维埃共产主义的阵营。在克里姆林宫，一个寻求希腊或塞浦路斯加入欧亚经济联盟的想法在 2013 年可能显得有点儿操之过急。不过，俄罗斯从来没有放弃这一想法。以塞浦路斯为例，虽然俄罗斯政府没有提供资金，但是塞浦路斯能在 2013 年恢复经济在很大程度上得益于来自俄罗斯民间投资的几笔令西方观察者担忧的大钱。如今，在尼科西亚的餐馆里，菜单上不仅有希腊语和英语，还有俄语。如果你抵达塞浦路斯的拉纳卡国际机场，那么迎接你的是房地产公司的俄语广告。有权有势的俄罗斯“寡头”被授予塞浦路斯共和国公民身份，因此也就获得了欧盟成员国的公民身份。2018 年 3 月，当绝大多数北约成员国和欧盟成员国因俄罗斯涉嫌在英国使用被禁止的神经毒剂而驱逐自己国家的俄罗斯外交人员时，作为北约成员国和欧盟成员国的希腊和塞浦路斯不应和此举就不是什么令人惊讶的事情了。

目前来看，希腊大多数的“危机”应对措施不是“评古”就是“论今”。所谓“评古”，就是寻找并依赖历史上的行之有效的资源和策略；所谓“论今”，就是放低姿态寻求未实践过的新途径。不过，无论希腊采取哪种应对措施，“危机”中还有一个反复发生的点。为了更清楚地说明这一点，我还需要用一些比喻。自 2010 年以来，希腊已经变成了一个“实验室”，或者变成了实验对象，也就是“天竺鼠”或实验动物。在所有比喻中，最令人后脊发凉的比喻是“矿井中的金丝雀”。在矿井中放置这个笼中鸟的目的，是让鸟发现人类感知不到的有毒气体，并给人类警告。如果笼子里的金丝雀死了，那么矿工在窒息前还有时间逃出矿井。从这个意义上说，希腊就是欧盟和国际货币基金组织的金丝雀。这些组织及其支撑起来的全球金融系统，在 2008 年金融危机中岌岌可危，脆弱不堪。依据上述比喻的逻辑，希腊就是这些组织放在笼中的弱小的“金丝雀”，即在危机来临之时，为了更多国家的利益，希腊可以被牺牲。

这些比喻及其表述很不受希腊人的待见，但是希腊人也和其他人一样，常常将这些比喻挂在嘴边，唯一的作用是向世人强化自己作为受害者的形象，而这种形象在希腊大众文化里已经存在了好几百年。另一个更好的比喻是“先锋”。

所谓的“先锋”是先于大军进入战场、提前为大军探路的步兵。如此来说，先锋与金丝雀好像没有什么不同。但它们之间还是有区别的。先锋即便要服从命令采取行动，也依然拥有人类的主观能动性。一方面，他可能为了保护队友负伤，乃至献出生命；另一方面，他可能发挥他的聪明才智，找到安全的通道，引领战友走向胜利。正是从这个意义上考虑，作家乔治斯 · 塞奥托卡斯 1929 年在一次很大的民族灾难后，用他的笔召唤“勇敢的先锋”走出希腊，到欧洲的其他地方去，以实现希腊文化的复兴。

对希腊来说，这场“危机”以及接下来的数年不仅仅会带来更明显的威胁，也一定会带来机遇。希腊是通过救助备忘录得到援助的第一个国家，这个救助备忘录是“三驾马车”专门建立的。希腊也是唯一一个通过救助备忘录机制得到 3 次经济援助的国家。希腊政府的能力和人民的忍耐力受到了严峻的考验，但政府与人民最终都经受住了考验。欧洲、欧元和欧元区的应对风险的能力比以往更强了，这多亏了希腊这个“先锋”。正是由于希腊承担了风险，欧洲的强大才有了可能。

在 200 年前的 19 世纪 20 年代，希腊人是将奥斯曼帝国统治下的旧欧洲塑造成现在由多个民族国家组成的新欧洲的先驱。但是，我们不能因此就想当然地认为希腊和希腊人在今后还会一直秉持“西方”的价值观、传统和政治。考虑到地缘以及历史方面的原因，希腊可能会走上另一条道路。但是，在 2021 年希腊庆祝建立国家 200 周年之时，希腊人都应该为他们取得成就的方式而感到自豪。这种方式是，他们的成就从一开始就是循着自己的本性，经过艰难的每一步，通过与其他欧洲国家的合作赢得的，而不是通过闭关锁国取得的。如此成就不可能通过其他方式获得，因为不论人们理解希腊还是误解希腊，希腊从来都是现代欧洲身份认同的一部分。

注　释

前言　希腊及其祖先

1. Giorgos Seferis, *Δοκιμές* [*Essays*], vol. 3, ed. D. Daskalopoulos (Athens: Ikaros, 1992), 167 (original in French).
2. Speech by Melina Mercouri to the Oxford Union, 12 June 1986 (original emphasis) <http://www.parthenon.newmentor.net/speech.htm> (accessed 27 February 2018).
3. Loukia Droulia, ‘Towards modern Greek consciousness’, *The Historical Review / La Revue Historique* (Institute for Neohellenic Research, Athens) 1 (2004), 51–67 (see p. 51). For the original Greek text see the website of the Hellenic Parliament.
4. Kostis Palamas, *Άπαντα* [*Complete Works*], 17 vols (Athens: Biris, n.d.), vol. 6, 279.
5. Patrick Leigh Fermor, *Roumeli: Travels in Northern Greece* (London: John Murray, 1966), 96–101, 106–13; Michael Herzfeld, *Ours Once More: Folklore, Ideology and the Making of Modern Greece* (Austin, TX: University of Texas Press, 1982), 18–21.
6. Samuel Huntington, *The Clash of Civilizations and the Remaking of the World*

Order (London: Simon and Schuster, 2002; first published 1996), 162.

7. Stathis Kalyvas, Modern Greece: *What Everyone Needs to Know* (Oxford: Oxford University Press, 2015), 34.
8. David Brewer, *Greece: The Hidden Centuries. Turkish Rule from the Fall of Constantinople to Greek Independence* (London: I. B. Tauris, 2010).
9. Steven Runciman, *A History of the Crusades*, 3 vols (Harmondsworth: Penguin, 1971; first published 1951–4), vol. 3, 130.

第一章　东方与西方相遇

1. Lucien Frary, *Russia and the Making of Modern Greek Identity, 1821–1844* (Oxford: Oxford University Press, 2015), 20–27.
2. Paschalis Kitromilides, *An Orthodox Commonwealth: Symbolic Legacies and Cultural Encounters in Southeastern Europe* (Aldershot: Variorum, 2007), ix–xv.
3. On science: Paschalis Kitromilides, *Enlightenment and Revolution: The Making of Modern Greece* (Cambridge, MA: Harvard University Press, 2013), 52, 365 n. 108, 366 n. 111; Efthymios Nicolaidis, 'The Greek Enlightenment, the Orthodox Church and modern science', in Paschalis Kitromilides (ed.), *Enlightenment and Religion in the Orthodox World* (Oxford: Voltaire Foundation, 2016), 49–62. On anticlericalism see Kitromilides, *Enlightenment and Revolution*, 250–59.
4. Nicolas Mavrocordatos, *Les Loisirs de Philothée* [parallel Greek and French texts], trans. Jacques Bouchard (Athens and Montreal: Les Presses de l'Université de Montréal, 1989).
5. Daniel Philippidis and Grigorios Konstantas, *Γεωγϱαφία νεωτεριχή. Περί της Ελλάδος* [*Modern Geography: On Greece*], ed. with introduction by Aikaterini Koumarianou (Athens: Ermis, 1970), editor's introduction (18–19, 28, 30–1)

and text (37, 38, 44–51).

6. Peter Mackridge, *Language and National Identity in Greece, 1766–1976* (Oxford: Oxford University Press, 2009), 80–83.
7. Gelina Harlaftis and Sophia Laiou, 'Ottoman state policy in Mediterranean trade and shipping, C. 1780–1820: The rise of the Greek-owned Ottoman merchant fleet' , in Mark Mazower (ed.), *Networks of Power in Modern Greece: Essays in Honour of John Campbell* (London: Hurst, 2008), 1–44 (see 9–15). The authors do not indicate whether the characterization 'Greek' is their own (presumably inferred from recognizably Greek names) or already to be found in their sources.
8. Harlaftis and Laiou, 'Ottoman state policy' , 17.
9. David Constantine, *In the Footsteps of the Gods: Travellers to Greece and the Quest for the Hellenic Ideal* (London: I. B. Tauris, 2011), 52.
10. Johann Hermann von Riedesel, *Remarques d'un voyageur moderne au Levant* (Amsterdam, 1773); Henry Miller, *The Colossus of Maroussi* (San Francisco, CA: Colt, 1941); Lawrence Durrell, *Prospero's Cell* (London: Faber and Faber, 1945).
11. Matthew Bell, 'The Greek body beautiful and the origins of European Romanticism' , in Ian Jenkins (ed.), *Defining Beauty: The Body in Ancient Greek Art* (London: British Museum, 2015), 40–49 (42–3 quoted).
12. J.J.Winckelmann, *History of the Art of Antiquity*, trans. H. F. Mallgrave (Los Angeles, CA: Getty, 2006; first published in German, 1764), 187.
13. P.A.Guys, *A Sentimental Journey through Greece* (Dublin: Milliken, 1773; first published in French, 1771), vol. 1, iv; Nasia Giakovaki, *Ευϱώπη μέσω Ελλάδας. Μια χαμπή στην ευϱωπαϊχή αυτοσυνείδηση, 17ος –18ος αιώνας* [*Europe via Greece: A Turning Point in European Consciousness, 17th–18th Centuries*]

(Athens: Estia, 2006), 26–7, 448.

14. Giakovaki, *Ευρώπη* [*Europe]*, and (quite independently) Paul Stock, *The Shelley–Byron Circle and the Idea of Europe* (Basingstoke: Palgrave Macmillan, 2010), 9–11, 175–97.
15. Iosipos Moisiodax, *Θεωρία της γεωγραφίας* [*Theory of Geography*] (Vienna, 1781), x; Stratos Myrogiannis, *The Emergence of a Greek Identity (1700–1821)* (Newcastle upon Tyne: Cambridge Scholars, 2012), 92.
16. John Campbell, *Honour, Family, and Patronage: A Study of Institutions and Moral Values in a Greek Mountain Community* (Oxford: Oxford University Press, 1974; first published 1964), v (quoted), 318–19, 353–6.
17. I am indebted to the anthropologist Maria Couroucli for this insight.
18. E. Legrand, *Bibliothèque grecque vulgaire* (Paris: Maisonneuve, 1881), vol. 3, 312, based on the earliest extant text, published in 1784.
19. V. Laourdas (ed.), *Μπάρμπα-Παντζελιού. Το τραγούδι του Δασκαλογιάννη* [*Barba-Pantzelios: The Song of Daskalogiannis*] (Heraklion, Crete: Marmel, 1947), lines 8–9, 12, 754–8 (quoted), 989–94.
20. Anton Jeannaraki (ed.), *Άσματα κρητικά* [*Cretan Songs*] (Leipzig: Brockhaus, 1876), 142; reprinted in Giorgos Ioannou (ed.), *Τα δημοτικά μας τραγούδια* [*Our Folk Songs*] (Athens: Tachydromos, 1966), 30. Variants on the theme can be found in almost every anthology of Greek folk songs.
21. Alexis Politis (ed.), *Το δημοτικό τραγούδι. κλέφτικα* [*Folk Songs: Kleftic*] (Athens: Ermis, 1973), 2–3.
22. Claude Fauriel, *Chants populaires de la Grèce moderne*, 2 vols (Paris: Dondey-Dupré, 1824–5), vol. 2, 340.
23. I. Th. Kakridis, *Οι αρχαίοι Ελληνες στη νεοελληνική λαϊκή παράδοση* [*The Ancient Greeks in the Modern Greek Popular Tradition*] (Athens: Cultural

Foundation of the National Bank [MIET], 1997; first published in German, 1966), 39.

第二章 种下一粒种子

1. Panagiotis Chiotis, *Σειράς ιστορικών απομνημονευμάτων, τόμ. Γ′* [*Historical Memoirs Series, vol. 3*] (Corfu: Government Printing House, 1863), 573 (quoted), 584, 586; J.-P. Bellaire, *Précis des opérations générales de la Division française du Levant* (Paris, 1805), 11.
2. Christine Philliou, *Biography of an Empire: Governing Ottomans in an Age of Revolution* (Berkeley, CA: University of California Press, 2011), 49–51.
3. Rigas Velestinlis, *Νέα πολιτική διοίκησις των κατοίκων της Ρούμελης, της Μικράς Ασίας, των Μεσογείων Νήσων και της Βλαχομπογδανίας*, ed. P. M. Kitromilides (vol. 5 in the series *Ρήγα Βελεστινλή. Άπαντα τα σωζόμενα* [*Rigas Velestinlis: Complete Surviving Works*]) (Athens: Hellenic Parliament, 2000), with introduction, commentary and appendices, including the French text of the 1793 constitution. Hereafter: 'Rigas'. Substantial excerpts in English translation can be found in Richard Clogg (ed. and trans.), *The Movement for Greek Independence, 1770–1821: A Collection of Documents* (London: Macmillan, 1976), 149–63.
4. Rigas, 48 (Constitution, article 7); 33 (Preface); 45 (Constitution, articles 1–2).
5. Rigas, 35, 119.
6. Rigas, 46–7 (Constitution, article 4); 67 (Constitution, article 109).
7. Rigas, 44 (Rights of Man, article 35); 70–71.
8. Rigas, 33–5 (Preface); 73–7 ('Thourios' ['War song']).
9. Adamantios Korais, *Άπαντα τα πρωτότυπα έργα, τόμ. Α′* [*Complete Original*

Works, Vol. 1], ed. G. Valetas (Athens: Dorikos, 1964), 40. Hereafter: Korais, *Complete*.

10. Cited in Korais, *Complete*, 44–5; Clogg (ed. and trans.), *Movement*, 56–64.
11. Korais, *Complete*, 54, 56–7.
12. Korais, *Complete*, 1 ('Autobiography' , 1829).
13. See further Stratos Myrogiannis, *The Emergence of a Greek Identity (1700–1821)* (Newcastle upon Tyne: Cambridge Scholars, 2012), 142–50.
14. Korais, *Complete*, 65–6 ('Martial trumpet-call' , 1801).
15. Korais, *Complete*, 853 ('Improvised thoughts I').
16. *Mémoire sur l'état actuel de la civilisation dans la Grèce, par Coray* [Korais] (Paris, 1803), photographic reprint, National Foundation for Neohellenic Research, Athens (1983). For an English translation see Adamantios Koraes, 'Report on the present state of civilization in Greece' , in E. Kedourie (ed.), *Nationalism in Asia and Africa* (London: Weidenfeld and Nicolson, 1971), 153–88.
17. *Mémoire*, 1; Koraes, 'Report' , 153.
18. *Mémoire*, 33, 37, 52; Koraes, 'Report' , 169, 172, 179.
19. *Mémoire*, 33, 37, 52, 63, 65; Koraes, 'Report' , 180, 183–4, 186, 186 (quoted).
20. Korais, *Complete*, 8, 9 ('Autobiography' , 1829).
21. Ανωνύμου του *Έλληνος, Ελληνική νομαϱχία, ήτοιλόγος πεϱί ελευθεϱίας* [Anonymous the Hellene, *Hellenic Nomarchy, or Discourse on Liberty*], ed. G. Valetas (Athens: Vivlioekdotiki, 1957; originally published in 1806). Hereafter: 'Anonymous' . For a translated excerpt see Clogg (ed. and trans.), *Movement*, 106–17.
22. Anonymous, 52, 82–3 (quoted), 218.
23. Anonymous, 197, 200, 202, 205, 217, 219.

24. Anonymous, 78–82 (81 quoted), 210–17.
25. Anonymous, 205–7, see also 136 and 217.
26. Anonymous, 150–4, 163–82 (163 quoted), 201, 204 (quoted).
27. Kostas Kostis, *History's Spoiled Children: The Formation of the Modern Greek State*, trans. Jacob Moe (London: Hurst, 2018; Greek original published in 2013), 41.
28. Lord Byron, *Complete Poetical Works*, ed. Jerome McGann, 7 vols (Oxford: Clarendon Press, 1980–93), vol. 1, 330–2.
29. Henry Holland, *Travels in the Ionian Isles, Albania, Thessaly, Macedonia, &c. during the Years 1812–1813* (London: Longman, 1815), 530–31.
30. The fullest early accounts are Ioannis Philemon, *Δοκίμιον ιστορικόν περί της Φιλικής Εταιρίας* [*Historical Essay on the Friendly Society*] (Nafplion, 1834) [hereafter: Philemon, *Friendly*], and the 'Memoirs of Emmanouil Xanthos' (1845), translated in Clogg (ed. and trans.), *Movement*, 182–200. See also K. Svolopoulos, 'Η σύσταση της Φιλικής Εταιρείας. Μια επαναπροσέγγιση' ['The establishment of the Friendly Society: A reappraisal'], *Ta Istorika* 35 (2001), 283–98.
31. Philemon, *Friendly*, 155 (quoted), 172, 173.
32. Kostis, *History's Spoiled Children*, 49–51.
33. Philemon, *Friendly*, 128. Compare the famous saying of Massimo d'Azeglio, *after* the achievement of Italian independence, 'L' Italia è fatta. Restano da fare gli italiani' ['Italy has been made. Now it remains to make Italians'].
34. Vasilis Kremmydas, *Η ελληνική επανάσταση του 1821. Τεκμήρια, αναψηλαφήσεις, ερμηνείες* [*The Greek Revolution of 1821: Documents, Investigations, Interpretations*] (Athens: Gutenberg, 2016), 38–9, 49–53, 58.

第三章　浴血而生

1. Kostas Kostis, *History's Spoiled Children: The Formation of the Modern Greek State*, trans. Jacob Moe (London: Hurst, 2018; Greek original published in 2013), 59; Thomas Gallant, *The Edinburgh History of the Greeks, 1768 to 1913* (Edinburgh: Edinburgh University Press, 2015), 117; Thomas Gallant, *Modern Greece: From the War of Independence to the Present*, 2nd edn (London: Bloomsbury, 2016), 119.
2. Spyridon Trikoupis, *Ιστορία της Ελληνικής Επαναστάσεως* [*History of the Greek Revolution*], 4 vols (London, 1853–7), vol. 1, 9, echoed in 2016 by Vasilis Kremmydas, *Η ελληνική επανάσταση του 1821. Τεκμήρια, αναψηλαφήσεις, ερμηνείες* [*The Greek Revolution of 1821: Documents, Investigations, Interpretations*] (Athens: Gutenberg, 2016), 99.
3. George Finlay, *History of the Greek Revolution*, 2 vols (Edinburgh: Blackwood, 1861), vol. 1, 283; see also vol. 1, 119, 177–8, 195; vol. 2, 194, 381.
4. Mavrokordatos to Dimitrios Ypsilantis, 27 October [= 8 November] 1821, first published in Ioannis Philemon, *Δοκίμιον ιστορικόν περί της Ελληνικής Επαναστάσεως* [*Historical Essay concerning the Greek Revolution*], 4 vols (Athens: Karyofyllis, 1859–61), vol. 4, 513–14.
5. Finlay, *History*, vol. 1, 299.
6. Petros Pizanias (ed.), *The Greek Revolution of 1821: A European Event* (Istanbul: Isis Press, 2011; Greek original published 2009).
7. Pizanias (ed.), *Greek Revolution*, 64.
8. Finlay, *History*, vol. 2, 81.
9. Christos Evangelatos, *Ιστορία του Μεσολογγίου* [*History of Missolonghi*] (Athens: Govostis, 2007), 377; Thomas Gordon, *History of the Greek*

Revolution, 2 vols (Edinburgh: Blackwood, 1832), vol. 2, 265, 260; Finlay, *History*, vol. 2, 105; see also vol. 2, 111.

10. Gordon, *History*, vol. 1, 183. The Greek text, presumably the original, given by Trikoupis (*Ιστορία* [*History*], vol. 1, 368–9) does not include the final sentence quoted.
11. Lord Byron, *Don Juan*, canto 10, lines 135–6.
12. Roderick Beaton, *Byron's War: Romantic Rebellion, Greek Revolution* (Cambridge: Cambridge University Press, 2013), 152–3, citing James Hamilton Browne, 'Narrative of a visit, in 1823, to the seat of war in Greece', *Blackwood's Edinburgh Magazine*, vol. 36, no. 226 (September 1834), 404.
13. Gordon, *History*, vol. 2, 283–4.
14. Gordon, *History*, vol. 2, 278–9.
15. Hüseyin Şükrü Ilıcak, 'A radical rethinking of empire: Ottoman state and society during the Greek War of Independence (1821–1826)' (PhD dissertation, Harvard University, 2011), 169, 193, 196, 257–60.
16. Gary Bass, *Freedom's Battle: The Origins of Humanitarian Intervention* (New York: Vintage, 2009), 92–7; William St Clair, *That Greece Might Still Be Free: The Philhellenes in the War of Independence* (Cambridge: Open Book, 2008; first published 1972), 274–6.
17. Lucien Frary, *Russia and the Making of Modern Greek Identity, 1821– 1844* (Oxford: Oxford University Press, 2015), 44, 53.
18. Douglas Dakin, *The Greek Struggle for Independence, 1821–1833* (London: Batsford, 1973), 273.
19. Ministry of Foreign Affairs of Greece, Service of Historical Archives, *The Foundation of the Modern Greek State: Major Treaties and Conventions (1830–1947)*, ed. Ph. Constantopoulou (Athens: Kastaniotis, 1999), 30 (in

French). Facsimile of the original in J. M. Wagstaff (ed.), *Greece: Ethnicity and Sovereignty, 1820–1994. Atlas and Documents* (Archive Editions [Cambridge: Cambridge University Press], 2002), 141–5.

20. Finlay, *History*, vol. 2, 199, 209, 217, 218, 220, 227.
21. Kremmydas, *Επανάσταση* [*Revolution*], 198–9.
22. Peter Bien, *Nikos Kazantzakis: Politics of the Spirit*, vol. 2 (Princeton, NJ: Princeton University Press, 2007), 197–223; Adamantios Korais, *Άπαντα τα πρωτότυπα έργα, τόμ. Α΄* [*Complete Original Works, Vol. 1*], ed. G. Valetas (Athens: Dorikos, 1964), 802 (*Καποδιστριακοί διάλογοι Ε΄* [*Capodistrian Dialogues, no. 5*], dated 30 October 1831); C. M. Woodhouse, *Capodistria: The Founder of Greek Independence* (London: Oxford University Press, 1973), 502–3.
23. Finlay, *History*, vol. 2, 275–6.

第四章　蹒跚学步

1. George Finlay, *History of the Greek Revolution*, 2 vols (Edinburgh: Blackwood, 1861), vol. 2, 290–93; Panagiotis Soutsos, *Ο Λέανδρος* [*Leander*], ed. A. Samouil (Athens: Nefeli, 1996; first published Nafplio, 1834), 130.
2. Leonard Bower and Gordon Bolitho, *Otho I, King of Greece: A Biography* (London: Selwyn and Blount, 1939), 72; Thomas Gallant, *The Edinburgh History of the Greeks, 1768 to 1913* (Edinburgh: Edinburgh University Press, 2015), 110.
3. Alexis Politis, *Ρομαντικά χρόνια. Ιδεολογίες και νοοτροπίες στην Ελλάδα του 1830–1880* [*Romantic Years: Ideologies and Mentalities in Greece, 1830–1880*] (Athens: Mnimon, 1993), 108.
4. Leo von Klenze, speaking on the Acropolis in 1833, cited in Yannis Hamilakis,

The Nation and its Ruins: Antiquity, Archaeology, and National Imagination in Greece (Oxford: Oxford University Press, 2007), 61, 89.

5. Roderick Beaton, *An Introduction to Modern Greek Literature*, 2nd ed. (Oxford: Clarendon Press, 1999), 307–8; Peter Mackridge, *Language and National Identity in Greece, 1766–1976* (Oxford: Oxford University Press, 2009), 182–4.
6. Athina Kakouri, *1821. Η αρχή που δεν ολοκληρώθηκε* (Athens: Patakis, 2013).
7. John Koliopoulos and Thanos Veremis, *Greece: The Modern Sequel, from 1821 to the Present* (London: Hurst, 2002), 229.
8. Soutsos, *Λέανδρος* [*Leander*], 101; Elli Skopetea, *Το «πρότυπο βασίλειο» και η Μεγάλη Ιδέα. Όψεις του εθνικού προβλήματος στην Ελλάδα (1830–1880)* [*The 'Model Kingdom' and the Grand Idea: Aspects of the National Problem in Greece (1830–1880)*] (Athens: Polytypo, 1988), 274.
9. John Petropulos, *Politics and Statecraft in the Kingdom of Greece, 1833–1843* (Princeton, NJ: Princeton University Press, 1968), 445.
10. *Η της τρίτης Σεπτεμβρίου εν Αθήναις Εθνική Συνέλευσις. Πρακτικά* [*The '3 September' National Assembly in Athens: Proceedings*] (Athens, 1844; photographic reprint, Athens and Komotini: A. N. Sakkoulas, 1993), 190–4 (190 quoted).
11. James Emerson, *The History of Modern Greece, from its Conquest by the Romans B.C. 146, to the Present Time* (London: Colburn & Bentley, 1830); Johann Wilhelm Zinkeisen, *Geschichte Griechenlands vom Anfange geschictlicher Kunde bis auf unsere Tage* (Leipzig: Barth, 1832); George Finlay, *A History of Greece: From its Conquest by the Romans to the Present Time*, 7 vols (Oxford: Clarendon Press, 1877; originally published between 1844 and 1861).
12. Spyridon Zambelios, *Άσματα δημοτικά της Ελλάδος* [*Folk Songs of Greece*]

(Corfu: Ermis, 1852), 5–7 (5 quoted).

13. G. Babiniotis, *Λεξικό της νέας ελληνικής γλώσσας* [*Dictionary of the Modern Greek Language*], 2nd edn (Athens: Centre for Lexicography, 2002).
14. Zambelios, *Άσματα δημοτικά* [*Folk Songs*], 20, 63–5, 23.
15. Konstantinos Paparrigopoulos, *Ιστορία του ελληνικού έθνους* [*History of the Greek Nation*] (Athens: Koromilas, 1853), 1 (original emphasis).
16. Paschalis Kitromilides, 'On the intellectual content of Greek nationalism: Paparrigopoulos, Byzantium and the Great Idea', in David Ricks and Paul Magdalino (eds), *Byzantium and the Modern Greek Identity* (Aldershot: Ashgate, 1998), 25–33 (28 quoted).
17. Dolphus Whitten, 'The Don Pacifico affair', *The Historian* 48/2 (1986), 255–67 (260 quoted).
18. Robert Holland and Diana Markides, *The British and the Hellenes: Struggles for Mastery in the Eastern Mediterranean 1850–1960* (Oxford: Oxford University Press, 2006), 60, citing a letter of 4 November 1862.
19. Skopetea, *To «πρότυπο βασίλειο»* [*The 'Model Kingdom'*], 240–41, 235.
20. Finlay, *History*, vol. 2, 382.
21. Skopetea, *To «πρότυπο βασίλειο»* [*The 'Model Kingdom'*], 162.

第五章　青年时代的理想和痛苦

1. George Finlay, *A History of Greece: From its Conquest by the Romans to the Present Time*, 7 vols (Oxford: Clarendon Press, 1877), vol. 7, 281.
2. Eleutherios Prevelakis, *British Policy towards the Change of Dynasty in Greece* (Athens: n.p., 1953), 167–8; facsimile treaties in J. M. Wagstaff (ed.), *Greece: Ethnicity and Sovereignty, 1820–1994. Atlas and Documents* (Archive Editions,

[Cambridge: Cambridge University Press], 2002), 178–90. The Greek title, proposed by the National Assembly in 1863 and in use for more than a century after that, is Βασιλεύς των Ελλήνων. The official translation was emended from *Roi des Grecs* to *Roi des Hellènes*.

3. Walter Christmas, *King George of Greece* (New York: McBride, Nast, 1914); Aristea Papanikolaou-Kristensen (ed. and trans.), *«Φίλτατε . . .». Επιστολές από την Ελλάδα 1897–1913* [*"Dear . . ." : Letters from Greece 1897–1913*] (Athens: Ermis, 2006).
4. Konstantinos Svolopoulos, 'Η εξωτερική πολιτική του Χαριλάου Τρικούπη. Διαχρονική θεώρηση' ['The foreign policy of Charilaos Trikoupis: A diachronic perspective'], in Kaiti Aroni-Tsichli and Lydia Tricha (eds), *Ο Χαρίλαος Τρικούπης και η εποχή του* [*Charilaos Trikoupis and his Times*] (Athens: Papazisis, 2000), 28.
5. Mark Mazower, *The Balkans* (London: Weidenfeld and Nicolson, 2000), 1–4.
6. Gerasimos Augustinos, *The Greeks of Asia Minor* (Kent, OH: Kent State University Press, 1992), 199.
7. Konstantinos Svolopoulos, *Κωνσταντινούπολη 1856–1908. Η ακμή του Ελληνισμού* [*Constantinople 1856–1908: The High Point of Hellenism*] (Athens: Ekdotiki Athinon, 1994), 37–8.
8. George Vassiadis, *The* Syllogos *Movement of Constantinople and Ottoman Greek Education, 1861–1923* (Athens: Centre for Asia Minor Studies, 2007), 55–6.
9. Alexis Politis, *Ρομαντικά χρόνια. Ιδεολογίες και νοοτροπίες στην Ελλάδα του 1830–1880* [*Romantic Years: Ideologies and Mentalities in Greece, 1830–1880*] (Athens: Mnimon, 1993), 103–4, quoting in Greek translation Georges Perrot, *Souvenirs d'un voyage en Asie Mineure* (Paris, 1864), 11.

10. Hasan Kayalı, 'Elections and the electoral process in the Ottoman Empire, 1876–1919' , *International Journal of Middle East Studies* 27/3 (1995), 265–86 (see 266–7); Alexandros Alexandris, 'Οι Έλληνες στην υπηρεσία της Οθωμανικής αυτοκρατορίας 1850–1922' ['Greeks in the service of the Ottoman Empire 1850–1922'], *Δελτίον της Ιστορικής και Εθνολογικής Εταιρείας της Ελλάδος* [*Bulletin of the Historical and Ethnological Society of Greece*] 23 (1980), 378–9, citing a letter from the representatives of Pera to Lord Salisbury, December 1876.
11. See Thomas Gallant, *The Edinburgh History of the Greeks, 1768 to 1913* (Edinburgh: Edinburgh University Press, 2015), 170–71, for a compilation of competing census data from the period; see Mark Mazower, *Salonica: City of Ghosts* (London: HarperCollins, 2004), 269, for what are probably the most accurate figures.
12. Augustinos, *Greeks*, 241, cf. 197, citing in translation letters from the Educational Society of Raidestos to the Hellenic Literary Association of Constantinople, dated 1871 and 1872.
13. Vasilis Gounaris, *Τα Βαλκάνια των Ελλήνων. Από το Διαφωτισμό έως τον Α΄ Παγκόσμιο Πόλεμο* [*The Balkans of the Greeks: From the Enlightenment to the First World War*] (Thessaloniki: Epikentro, 2007), 403–4.
14. Mazower, *Salonica*, 245.
15. Kostas Kostis, *History's Spoiled Children: The Formation of the Modern Greek State*, trans. Jacob Moe (London: Hurst, 2018; Greek original published in 2013), 207, citing a speech to parliament in 1894.
16. Andrew Mango, *Atatürk* (London: John Murray, 1999), 42–3.
17. Kostis, *History's Spoiled Children*, 230–33.

第六章　军事行动

1. Gerasimos Augustinos, *Consciousness and History: Nationalist Critics of Greek Society, 1897–1914* (New York: Columbia University Press/*East European Quarterly*, 1977), 26, quoting (in translation) Neoklis Kazazis in *Ellinismos* 1 (1899), 7–8 (emphasis added).
2. Ion Dragoumis, *Ελληνικός πολιτισμός* [*Hellenic Civilization*] [1913], in *Έργα* [*Works*], 2 vols (Athens, n.p., 1927), vol. 2, 180.
3. Eleni Bastéa, *The Creation of Modern Athens: Planning the Myth* (Cambridge: Cambridge University Press, 2000), 194, and figs 73, 77, 78, 85.
4. Thomas Gallant, *The Edinburgh History of the Greeks, 1768 to 1913* (Edinburgh: Edinburgh University Press, 2015), 215–16.
5. S. Victor Papacosma, *The Military in Greek Politics: The 1909 Coup d'État* (Kent, OH: Kent State University Press, 1977), 170.
6. Maria Anastasopoulou, *Η συνετή απόστολος της γυναικείας χειραφεσίας: Καλλιρ ρόη Παρρέν* [*The Discreet Apostle of Female Emancipation: Callirhoe Parren*] Athens: Σύλλογος προς Διάδοσιν Ωφελίμων Βιβλίων [Association for the Dissemination of Useful Books], 2012); Gallant, *Edinburgh History*, 303–4.
7. Georgios Skliros, *Το κοινωνικόν μας ζήτημα* [*Our Social Question*] (Athens: Konstantinidis, 1907); Gallant, *Edinburgh History*, 302.
8. George Margaritis, 'The nation and the individual: Social aspects of life and death in Greece (1896–1911)', in Philip Carabott (ed.), *Greek Society in the Making, 1863–1913: Realities, Symbols and Visions* (Aldershot: Ashgate, 1997), 87–98 (97 quoted).
9. Pericles Giannopoulos, *Άπαντα* [*Complete Works*], vol. 1, ed. D. Lazogiorgos-Ellinikos (Athens, n.p., 1963), 191, 162.

10. Dragoumis, *Ελληνικός πολιτισμός* [*Hellenic Civilization*], 234; Augustinos, *Consciousness*, 114–15.
11. Douglas Dakin, *The Unification of Greece, 1770–1923* (London: Benn, 1972), 155; Kostas Kostis, *History's Spoiled Children: The Formation of the Modern Greek State*, trans. Jacob Moe (London: Hurst, 2018; Greek original published in 2013), 222, 236–7; Alexis Dimaras, 'Modernisation and reaction in Greek education during the Venizelos era', in Paschalis Kitromilides (ed.), *Eleftherios Venizelos: The Trials of Statesmanship* (Edinburgh: Edinburgh University Press, 2006), 319–45 (see 321, 339 n. 8).
12. Cited in Dimitris Livanios, '"Conquering the souls": Nationalism and Greek guerrilla warfare in Ottoman Macedonia, 1904–1908', *Byzantine and Modern Greek Studies* 23 (1999), 195–221 (see 196).
13. John Koliopoulos, *Brigands with a Cause: Brigandage and Irredentism in Modern Greece 1821–1912* (Oxford: Clarendon Press, 1987), 215, 222–7, 234.
14. Vasilis Gounaris, *Τα Βαλκάνια των Ελλήνων. Από το Διαφωτισμό έως τον Α΄ Παγκόσμιο Πόλεμο* [*The Balkans of the Greeks: From the Enlightenment to the First World War*] (Thessaloniki: Epikentro, 2007), 411.
15. Mark Mazower, *Salonica: City of Ghosts* (London: HarperCollins, 2004), 275, citing in translation A. Sarrou, *La Jeune Turquie et la Révolution* (Paris: Berger-Levrault, 1912), 25.
16. Konstantinos Svolopoulos, *Κωνσταντινούπολη 1856–1908. Η αχμή του Ελληνισμού* [*Constantinople 1856–1908: The High Point of Hellenism*] (Athens: Ekdotiki Athinon, 1994), 98, citing Ioannis Gryparis to the Ministry of Foreign Affairs, Athens, 30 July 1908.
17. Eleftherios Venizelos, cited in translation in Michael Llewellyn Smith, 'Venizelos' diplomacy, 1910–23: From Balkan alliance to Greek-Turkish

settlement', in Kitromilides (ed.), *Venizelos*, 140; Ion Dragoumis, *Ο ελληνισμός μου χαι οι Έλληνες (1903–1909)* [*My Hellenism and the Greeks (1903–1909)*], in *Έϱγα* [*Works*], vol. 2, 144.

18. Svolopoulos, *Κωνσταντινούπολη* [*Constantinople*], 23, citing Greek representatives in the Ottoman parliament, shortly after its reconstitution.
19. Maria Mandamadiotou, *The Greek Orthodox Community of Mytilene: Between the Ottoman Empire and the Greek State, 1876–1912* (Bern: Peter Lang, 2013).
20. Cited in Svolopoulos, *Κωνσταντινούπολη* [*Constantinople*], 79. 21.
21. Papacosma, *Military*, 42, 49.
22. Robert Holland and Diana Markides, *The British and the Hellenes: Struggles for Mastery in the Eastern Mediterranean 1850–1960* (Oxford: Oxford University Press, 2006), 143, citing a Foreign Office memorandum of 17 June 1909.
23. Translated text in Papacosma, *Military*, 190–6.
24. Papacosma, *Military*, 115–20, citing J. B. Bourchier in *The Times*, 13 January 1910.
25. Giorgos Mavrogordatos, *1915. Ο Εθνιχός Διχασμός* [*1915: The National Schism*] (Athens: Patakis, 2015), 28; Dakin, *Unification*, 186.
26. Alexis Dimaras, *Η μεταϱϱύθμιση που δεν έγινε* [*The Reform that Never Was*], 3 vols (Athens: Ermis, 1974), vol. 2, 75–7.
27. Sean McMeekin, *The Ottoman Endgame: War, Revolution and the Making of the Modern Middle East, 1908–1923* (London: Allen Lane, 2015), xv–xviii, 62–5.
28. McMeekin, *Endgame*, 68–9.
29. Michael Llewellyn Smith, *Ionian Vision: Greece in Asia Minor, 1919–1922* (London: Hurst, 1998; first published 1973), 17–20 (18 quoted).
30. Athina Kakouri, *Τα δύο βήτα* [*The Two Vs*] (Athens: Kapon, 2016), 84.
31. Richard Hall, *The Balkan Wars, 1912–1913: Prelude to the First World War*

(London: Routledge, 2002), 107–23.

第七章　自我分裂

1. Cited in translation in Mark Mazower, *Salonica: City of Ghosts* (London: HarperCollins, 2004), 295.
2. George Leon, *Greece and the Great Powers, 1914–1917* (Thessaloniki: Institute for Balkan Studies, 1974), 29, citing a diplomatic telegram of 7 August 1914.
3. Cited in Leon, *Greece*, 145.
4. Despoina Papadimitriou, ‘Ο εθνιϰισμός στο βενιζελιϰό ϰαι αντιβενιζελιϰό τύπο ϰαι η εσωτεϱιϰή διαμάχη 1914–1917’ [‘Nationalism in the Venizelist and anti-Venizelist press and the internal conflict, 1914–1917’], in *Συμπόσιο για τον Ελευθέϱιο Βενιζέλο, Πϱαϰτιϰά 1986* [*Symposium on Eleftherios Venizelos, Proceedings 1986*] (Athens: ELIA and Benaki Museum, 1988), 96.
5. Leon, *Greece*, 218, citing a German diplomatic telegram of 2 September 1915.
6. Giorgos Mavrogordatos, *1915. Ο Εθνιϰός Διχασμός* [*1915: The National Schism*] (Athens: Patakis, 2015), 84.
7. Mavrogordatos, *1915*, 93, 217.
8. Mavrogordatos, *1915*, 271, citing the diary of Penelope Delta.
9. Mavrogordatos, *1915*, 89, 99.
10. Mavrogordatos, *1915*, 226–7, 274–5, quoting newspapers of the period.
11. Cited in Michael Llewellyn Smith, *Ionian Vision: Greece in Asia Minor, 1919–1922* (London: Hurst, 1998; first published 1973), 67, 140.
12. Llewellyn Smith, *Ionian Vision*, 146; Mavrogordatos, *1915*, 134, citing Gounaris’s speech on 25 October 1920.
13. Mavrogordatos, *1915*, 168–9 (citing a newspaper of 15 August 1920), 171–4.

14. Llewellyn Smith, *Ionian Vision*, 166.

15. Mavrogordatos, *1915*, 142–3, 154.

16. Llewellyn Smith, *Ionian Vision*, 224.

17. Sean McMeekin, *The Ottoman Endgame: War, Revolution and the Making of the Modern Middle East, 1908–1923* (London: Allen Lane, 2015), 456.

18. Mavrogordatos, *1915*, 228–30.

19. McMeekin, *Endgame*, 483–4.

20. Mavrogordatos, *1915*, 150–5, 314–18, and George Mavrogordatos, *Μετά το 1922. Η παράταση του διχασμού* [*After 1922: The Extension of the Schism*] (Athens: Patakis, 2017).

21. Compare Llewellyn Smith, *Ionian Vision*, 134, citing Venizelos to Lloyd George, 5 October 1920, with p. 203, citing Metaxas's diary for 11 April 1921. On defensibility, see the views of Metaxas as early as 1915 and Toynbee in 1921–2, both summarized in Llewellyn Smith, *Ionian Vision*, 48–51, 55, 109–10; on economic isolation from the hinterland, Llewellyn Smith, *Ionian Vision*, 73 n., citing the view of an American analyst in 1918; Mavrogordatos, *1915*, 121–5.

22. For instances see Llewellyn Smith, *Ionian Vision*, 117, 124, 131.

23. Andrew Mango, *Atatürk* (London: John Murray, 1999), 316–17; Halidé Edib, *The Turkish Ordeal* (London: John Murray, 1928), 284–310.

24. Douglas Dakin, *The Unification of Greece, 1770–1923* (London: Benn, 1972), 237.

25. Ioannis Metaxas, *Το προσωπικό του ημερολόγιο* [*His Private Diary*], 4 vols (Athens, 1951–64), vol. 2, 314 (emphasis added); Athina Kakouri, *Τα δύο βήτα* [*The Two Vs*] (Athens: Kapon, 2016), 150.

26. Text reproduced in full in Dimitri Pentzopoulos, *The Balkan Exchange of*

Minorities and its Impact on Greece (Paris and The Hague: Mouton, 1962; reprinted with a new preface by Michael Llewellyn Smith, London: Hurst, 2002), 257–63, and Renée Hirschon (ed.), *Crossing the Aegean: An Appraisal of the 1923 Compulsory Population Exchange between Greece and Turkey* (Oxford: Berghahn, 2003), 282–7.

第八章　从头再来

1. Kostas Kostis, *History's Spoiled Children: The Formation of the Modern Greek State*, trans. Jacob Moe (London: Hurst, 2018; Greek original published in 2013), 264, 291.
2. Stathis Kalyvas, *Modern Greece: What Everyone Needs to Know* (Oxford: Oxford University Press, 2015), 76, 79.
3. Dimitri Pentzopoulos, *The Balkan Exchange of Minorities and its Impact on Greece* (Paris and The Hague: Mouton, 1962; reprinted with a new preface by Michael Llewellyn Smith, London: Hurst, 2002), 96–100. For the number of Muslims covered by the Convention see p. 69. See also Renée Hirschon (ed.), *Crossing the Aegean: An Appraisal of the 1923 Compulsory Population Exchange between Greece and Turkey* (Oxford: Berghahn, 2003), esp. 3–37.
4. Pantelis Prevelakis, *Το χρονικό μιας πολιτείας* [*The Chronicle of a Town*] (Athens: Estia, 1976; first published 1938), 85. See also Sophia Koufopoulou, 'Muslim Cretans in Turkey: The reformulation of ethnic identity in an Aegean community', in Hirschon (ed.), *Crossing*, 209–33; Bruce Clark, *Twice a Stranger: Greece, Turkey and the Minorities they Expelled* (London: Granta, 2006), 184–7.
5. Henry Morgenthau, *I Was Sent to Athens* (New York: Doubleday, Doran and

Co., 1929), 101; Pentzopoulos, *Balkan Exchange*, 96.

6. Vasso Stelaku, 'Space, place and identity: Memory and religion in two Cappadocian Greek settlements', in Hirschon (ed.), *Crossing*, 188.
7. John Koliopoulos and Thanos Veremis, *Greece: The Modern Sequel, from 1821 to the Present* (London: Hurst, 2002), 112.
8. On Jews, see K. E. Fleming, *Greece: A Jewish History* (Princeton, NJ: Princeton University Press, 2008), 91–109; Mark Mazower, *Salonica: City of Ghosts* (London: HarperCollins, 2004), 402–20. On other groups see Giorgos Margaritis, *Ανεπιθύμητοι συμπατριώτες. Στοιχεία για την καταστροφή των μειονοτήτων στην Ελλάδα* [*Undesirable Compatriots: Evidence for the Destruction of Minorities in Greece*] (Athens: Vivliorama, 2005); Elisabeth Kontogeorgi, *Population Exchange in Greek Macedonia* (Oxford: Oxford University Press, 2006).
9. Giorgos Theotokas, *Argo*, 2 vols (Athens: Estia, [1933, 1936]), vol. 1, 57–8.
10. Giorgos Theotokas, *Ελεύθερο πνεύμα* [*Free Spirit*], ed. K. Th. Dimaras (Athens: Ermis, 1973; first published 1929), 70.
11. George Seferis, *Complete Poems*, translated, edited and with an introduction by Edmund Keeley and Philip Sherrard (London: Anvil, 1995), 41.
12. Theotokas, *Argo*, vol. 2, 107.
13. George Mavrogordatos, *Stillborn Republic: Social Coalitions and Party Strategies in Greece, 1922–1936* (Berkeley, CA: University of California Press, 1983), 36–7.
14. Mavrogordatos, *Stillborn*, 41.
15. Mark Mazower, *Greece and the Inter-War Economic Crisis* (Oxford: Clarendon Press, 1991), 278.
16. Mavrogordatos, *Stillborn*, 47–8.

17. John Campbell and Philip Sherrard, *Modern Greece* (London: Benn, 1968), 154.
18. John Koliopoulos, *Greece and the British Connection, 1935–1941* (Oxford: Clarendon Press, 1977), 18, citing a Foreign Office telegram of 13 May 1935.
19. Koliopoulos, *British Connection*, 98, citing a Foreign Office memorandum of 12 October 1938.
20. Ioannis Stefanidis, 'Reconstructing Greece as a European state: Venizelos' last premiership, 1928–32' , in Paschalis Kitromilides (ed.), *Eleftherios Venizelos: The Trials of Statesmanship* (Edinburgh: Edinburgh University Press, 2006), 193–233 (see 208–9).
21. Mazower, *Economic Crisis*, 276 (citing Emmanuel Tsouderos, Governor of the Bank of Greece) and 301, 285 (citing Sydney Waterlow to Foreign Office, January 1935, original emphasis).
22. Mazower, *Economic Crisis*, 292, citing Waterlow to Foreign Office, 8 April 1936.
23. Marina Petrakis, *The Metaxas Myth: Dictatorship and Propaganda in Greece* (London: I. B. Tauris, 2006), 206 n. 100, citing Palairet to Foreign Office, 21 August 1939.
24. *Εφημεϱίς της Κυβεϱνήσεως* [*Government Gazette*], 31 August 1936, cited in translation in Petrakis, *Metaxas Myth*, 9; original available online.
25. Constantine Sarantis, 'The ideology and character of the Metaxas regime' , in Robin Higham and Thanos Veremis (eds), *Aspects of Greece, 1936– 40: The Metaxas Dictatorship* (Athens: Hellenic Foundation for Defense and Foreign Policy, 1993), 151, citing (in translation) speeches of May and November 1937; Jon Kofas, *Authoritarianism in Greece: The Metaxas Regime* (East European Monographs, Boulder, CO, distributed by Columbia University Press, New York, 1983), 100 (quoted), citing a translation sent by Waterlow to Foreign

Office, 30 October 1936. The original Greek is not included in Ioannis Metaxas, *Λόγοι χαι σχέψεις, 1936–1941* [*Speeches and Thoughts, 1936–1941*], 2 vols (Athens: Ikaros, 1969).

26. Koliopoulos, *British Connection*, 79, citing a state paper signed by Metaxas, quoted in translation in a British Legation despatch dated 2 June 1938.
27. Sarantis, 'Ideology', 154, citing (in translation) a speech by Metaxas in 1939.
28. *Τέσσαϱα χϱόνια διαχυβεϱνήσεως Ι. Μεταξά* [*Four Years of Government I. Metaxas*], 4 vols (Athens, [1940]), vol. 2, 213; Petrakis, *Metaxas Myth*, 34–5, 209–10 n. 28.
29. Metaxas, *Λόγοι* [*Speeches*], vol. 2, 124 (speech by Metaxas on 8 August 1939); Petrakis, *Metaxas Myth*, 63.
30. Markos Vamvakaris, *Αυτοβιογϱαφία* [*Autobiography*], ed. Angela Kail (Athens, 1973), 175, 187. A translation of this work by Noonie Minogue is available from Greeklines, London.
31. Stathis Gauntlett, *Ρεμπέτιχο τϱαγούδι. Συμβολή στην επιστημονιχή πϱοσέγγιση* [Rebetiko *Song: Contribution to a Scholarly Approach*] (Athens: Eikostos Protos, 2001), 68.
32. Thanos Veremis, '1922: Political continuations and realignments in the Greek state', in Hirschon (ed.), *Crossing*, 53–62 (60 quoted).
33. Koliopoulos, *British Connection*, 89, citing Waterlow to Foreign Office, 3 October 1938.
34. Ioannis Metaxas, *Το πϱοσωπιχό του ημεϱολόγιο* [*His Private Diary*], 4 vols (Athens, 1951–64), vol. 4, 311 (20 October 1938), vol. 4, 460 (2 April 1940).
35. Koliopoulos, *British Connection*, 91.
36. Mogens Pelt, 'The establishment and development of the Metaxas dictatorship in the context of Fascism and Nazism, 1936–41', *Totalitarian Movements*

and Political Religions 2/3 (2001), 143–72 (164 quoted); Metaxas, *Ημερολόγιο* [*Diary*], vol. 4, 362 (1 April 1939).

37. Pelt, 'Establishment' , 165–6, citing German diplomatic documents of June and July 1940.
38. Metaxas, *Ημερολόγιο* [*Diary*], vol. 4, 484 (14 July 1940).
39. Metaxas, *Ημερολόγιο* [*Diary*], vol. 4, 512–15.
40. Metaxas, *Ημερολόγιο* [*Diary*], vol. 4, 747.

第九章　彻底崩溃

1. John Koliopoulos, *Greece and the British Connection, 1935–1941* (Oxford: Clarendon Press, 1977), 213; C. M. Woodhouse, *Modern Greece: A Short History*, 5th edn, revised (London: Faber 4 Faber, 1991; first edition 1968), 236.
2. Ioannis Metaxas, *Το ποσωπικό τον ημερολόγιο* [*His Private Diary*], 4 vols (Athens, 1951–64), vol. 4, 516.
3. Giorgos Seferis, *Χειρόγραφο Σεπ.'41* [*Manuscript Sept. '41*] (Athens: Ikaros, 1972), 51–3.
4. Koliopoulos, *British Connection*, 220, citing Palairet to Foreign Office, 1 February 1941.
5. Metaxas, *Ημερολόγιο* [*Diary*], vol. 4, 552–4 (553 quoted) (2 January 1941).
6. Mark Mazower, *Inside Hitler's Greece: The Experience of Occupation, 1941–44* (New Haven, CT, and London: Yale University Press, 1993), 173, 155.
7. Mazower, *Inside Hitler's Greece*, 244, 256.
8. C. M. Woodhouse, *The Struggle for Greece, 1941–1949* (London: Hart-Davis, 1976; reprinted with an introduction by Richard Clogg: Hurst, 2002), 14.
9. Dimitris Glinos, *Τι είναι χαι τι θέλει το Εθνιχό Απελευθερωτιχό Μέτωπο* [*What*

the National Liberation Front is and what it Wants] (Athens: Rigas, 1944; reprinted by Estia, n.d.), 39, 41.

10. Mazower, *Inside Hitler's Greece*, 311.
11. C.M.Woodhouse, *The Apple of Discord: A Survey of Recent Greek Politics in their International Setting* (London: Hutchinson, 1948), 146–7. David Brewer (*Greece: The Decade of War. Occupation, Resistance and Civil War* [London: I. B. Tauris, 2016], 86) is sceptical, and notes that Woodhouse's later account (*Struggle*, 62–3) is 'more guarded' . But by the time the later account was written Cold War attitudes had hardened. In 1948, Woodhouse was recording what he had seen and the impression it had made on him at the time.
12. Mazower, *Inside Hitler's Greece*, 279.
13. Glinos, *Τι είναι* [*What*...], 60, 61, 62–3 (emphasis added).
14. For example, Mazower (*Inside Hitler's Greece*, 155–261) devotes a great deal of space to atrocities committed by the occupying forces, whose dynamics and motivation he examines closely, but gives no specific instances of extreme violence by EAM/ELAS, though he accepts that they happened. André Gerolymatos, on the other hand, repeats contemporary reports of murders and mutilations by ELAS and the KKE (*An International Civil War: Greece, 1943–1949* [New Haven, CT, and London: Yale University Press], 2016, 88–9, 108, 162, 164, 222–6), but is silent on the achievements of 'people's rule' in the mountains and does not so much as mention Mazower's classic study.
15. David Close, *The Origins of the Greek Civil War* (London: Longman, 1995), 94.
16. Mazower, *Inside Hitler's Greece*, 125–7; cf. Woodhouse, *Struggle*, 3–5, 63.
17. See, for example, Thanasis Sfikas, *Πόλεμος χαι ειρήνη στη στρατηγιχή του ΚΚΕ, 1945–1949* [*War and Peace in the Strategy of the KKE, 1945–1949*] (Athens: Philistor, 2001), 15, 20.

18. Stathis Kalyvas, *The Logic of Violence in Civil War* (Cambridge: Cambridge University Press, 2006), 31.
19. The source for the remark quoted is presented as a work of fiction: Thanasis Valtinos, *Orthokostá* (Athens: Agra, 1994), 114, and English translation by Jane Assimakopoulos and Stavros Deligiorgis (London and New Haven, CT: Yale University Press, 2016), 85. The novel consists of detailed oral testimonies closely based on real events. See also the foreword to the English edition by Stathis Kalyvas. On northern Greece, see, for example, John Koliopoulos, *Plundered Loyalties: Axis Occupation and Civil Strife in Greek West Macedonia, 1941–1949* (London: Hurst, 1999; first published in Greek, 1994–5).
20. Mazower, *Inside Hitler's Greece*, 342.
21. Procopis Papastratis, *British Policy towards Greece during the Second World War, 1941–1944* (Cambridge: Cambridge University Press, 1984), 57; Roderick Beaton, *George Seferis: Waiting for the Angel. A Biography* (New Haven, CT, and London: Yale University Press, 2003), 235–6.
22. Giorgos Theotokas, *Τετράδια ημερολογίου, 1939–1953* [*Diary Notebooks, 1939–1953*], ed. Dimitris Tziovas (Athens: Estia, [1987]), 509 (13 October 1944); Mazower, *Inside Hitler's Greece*, 362.
23. John Iatrides, *Revolt in Athens: The Greek Communist 'Second Round', 1944–1945* (Princeton, NJ: Princeton University Press, 1972), 192.
24. Mazower, *Inside Hitler's Greece*, 368; Close, *Origins*, 137.
25. Winston Churchill, *The Second World War, vol. 6: Triumph and Tragedy* (London: Cassell, 1954), 97, 289.
26. Giorgos Seferis, entry for 7 December 1944 in his *Μέρες Δ΄* [*Diary, vol. 4*] (Athens: Ikaros, 1977), 374; Beaton, *Seferis*, 252.
27. Churchill, *Triumph*, 271.

28. Haris Vlavianos, *Greece, 1941–49: From Resistance to Civil War* (Basingstoke: Macmillan, 1992), 257.
29. Close, *Origins*, 159, citing Leeper to Foreign Office, 22 February 1946.
30. Close, *Origins*, 190.
31. Spyridon Plakoudas, *The Greek Civil War: Strategy, Counterinsurgency and the Monarchy* (London: I. B. Tauris, 2017), 120.
32. G.M.Alexander, *The Prelude to the Truman Doctrine: British Policy in Greece, 1944–1947* (Oxford: Clarendon Press, 1982), 251.
33. Kostas Kostis, *History's Spoiled Children: The Formation of the Modern Greek State*, trans. Jacob Moe (London: Hurst, 2018; Greek original published in 2013), 324; John Koliopoulos and Thanos Veremis, *Greece: The Modern Sequel, from 1821 to the Present* (London: Hurst, 2002), 98.
34. David Close, 'Introduction', in David Close (ed.), *The Greek Civil War, 1943–1950: Studies of Polarization* (London: Routledge, 1993), 7–11; for the fullest figures available for 1946–9, see Giorgos Margaritis, *Ιστορία του ελληνικού εμφυλίου πολέμου* [*History of the Greek Civil War*], 2 vols (Athens: Vivliorama, 2000), vol. 1, 50–51.
35. Panos Lagdas, *Άρης Βελουχιώτης* [*Aris Velouchiotis*], 2 vols (Athens: Kypseli, 1964), vol. 2, 461, 466; Woodhouse, *Struggle*, 4–6.
36. Theotokas, *Τετράδια* [*Diary*], 507; Mazower, *Inside Hitler's Greece*, 314; Seferis, *Μέρες Δ΄* [*Diary, vol. 4*], 381–2.
37. Close, *Origins*, 131; Heinz Richter, *British Intervention in Greece: From Varkiza to Civil War*, trans. Marion Sarafis (London: Merlin, 1985), x; John Hondros, *Occupation and Resistance: The Greek Agony, 1941–44* (New York: Pella, 1983), 234; John Iatrides, 'Greece at the crossroads, 1944–1950', in John Iatrides and Linda Wrigley (eds), *Greece at the Crossroads: The Civil War*

and its Legacy (Philadelphia, PA: Pennsylvania University Press, 1995), 12–13.
38. Antonis Liakos, 'Greece' , in Peter Furtado (ed.), *Histories of Nations: How their Identities were Forged*, 2nd edn (London: Thames and Hudson, 2017), 39–46 (45 quoted).

第十章　山姆大叔的庇佑

1. Kostas Kostis, *History's Spoiled Children: The Formation of the Modern Greek State*, trans. Jacob Moe (London: Hurst, 2018; Greek original published in 2013), 331; Thomas Gallant, *Modern Greece: From the War of Independence to the Present*, 2nd edn (London: Bloomsbury, 2016), 255.
2. Kostis, *History's Spoiled Children*, 351.
3. David Close, *Greece since 1945: Politics, Economy and Society* (London: Longman, 2002), 52, 48.
4. Stanley Mayes, *Makarios: A Biography* (London: Macmillan, 1981), 39.
5. Ioannis Stefanidis, *Stirring the Greek Nation: Political Culture, Irredentism and Anti-Americanism in Post-War Greece, 1945–1967* (Aldershot: Ashgate, 2007), 81, citing parliamentary debates of May 1950.
6. Stefanidis, *Stirring*, 77–8; Evanthis Hatzivassiliou, *Britain and the International Status of Cyprus, 1955–59* (Minneapolis, MN: University of Minnesota, *Modern Greek Studies Yearbook* supplement, 1997), 14; Kostis, *History's Spoiled Children*, 341; Stavros Panteli, *A New History of Cyprus: From the Earliest Times to the Present Day* (London and The Hague: EastWest, 1984), 248–55.
7. Robert Holland, *Britain and the Revolt in Cyprus, 1954–1959* (Oxford: Clarendon Press, 1998), 69 (citing Macmillan to Foreign Office, 16 July 1955), 65; Hatzivassiliou, *Britain*, 32, citing Makarios.

8. Holland, *Britain*, 76.
9. Holland, *Britain*, 89–91, 127–31; Stefanidis, *Stirring*, 105.
10. David French, *Fighting EOKA: The British Counter-Insurgency Campaign on Cyprus, 1955–1959* (Oxford: Oxford University Press, 2015), 307.
11. Holland, *Britain*, 184–5.
12. Roderick Beaton, *George Seferis: Waiting for the Angel. A Biography* (New Haven, CT, and London: Yale University Press, 2003), 358, citing Seferis's diary for 29 February 1960.
13. Stefanidis, *Stirring*, 80, 174–6; James Edward Miller, *The United States and the Making of Modern Greece: History and Power, 1950–1974* (Chapel Hill, NC: University of North Carolina Press, 2009), 56–65; Susannah Verney, 'Greece and the European Community', in Kevin Featherstone and Dimitrios Katsoudas (eds), *Political Change in Greece: Before and After the Colonels* (London: Croom Helm, 1987), 253–70.
14. Vrasidas Karalis, *A History of Greek Cinema* (New York and London: Continuum, 2012), 79–80; Achilleas Hadjikyriacou, *Masculinity and Gender in Greek Cinema, 1949–1967* (London: Bloomsbury Academic, 2013), 66–7; Maria Stassinopoulou, 'Reality bites: A feature film history of Greece, 1950–1963' (Vienna: University of Vienna, Habilitationsschrift, 2000), 3.
15. Dimitris Papanikolaou, *Singing Poets: Literature and Popular Music in France and Greece* (London: Legenda, 2007), 84 (emphasis added).
16. Giannis Ritsos, *Ποιήματα* [*Poems*], vol. 2 (Athens: Kedros, 1989–90), 59–72.
17. Stan Draenos, *Andreas Papandreou: The Making of a Greek Democrat and Political Maverick* (London: I. B. Tauris, 2012), 133, citing the testimony of Robert Keeley.
18. Kostis, *History's Spoiled Children*, 356.

19. G. Papadopoulos, *Το Πιστεύω μας* [*Our Creed*], 7 vols (Athens, 1968– 72), vol. 2, 80 (original emphases).

20. Papadopoulos, *Πιστεύω* [*Creed*], vol. 1, 11, vol. 2, 171; Karen van Dyck, *Kassandra and the Censors: Greek Poetry since 1967* (Ithaca, NY: Cornell University Press, 1998), 16–17.

21. Thanasis Valtinos, 'The plaster cast', trans. Theodora Vasils, in Willis Barnstone (ed.), *Eighteen Texts: Writings by Contemporary Greek Authors* (Cambridge, MA: Harvard University Press, 1972), 153–9 (Greek original published 1970).

22. Kostis Kornetis, *Children of the Dictatorship: Student Resistance, Cultural Politics, and the 'Long 1960s' in Greece* (New York and Oxford: Berghahn, 2013), 269–70.

23. Kornetis, *Children*, 255, 270.

24. C.M.Woodhouse, *The Rise and Fall of the Greek Colonels* (London: Granada, 1985), 134.

25. Kornetis, *Children*, 273–80.

26. Woodhouse, *Rise and Fall*, 151–2.

27. James Ker-Lindsay, *The Cyprus Problem: What Everyone Needs to Know* (Oxford: Oxford University Press, 2011), 44–6.

第十一章　欧洲时代的到来

1. Michalis Spourdalakis, *The Rise of the Greek Socialist Party* (London: Routledge, 1988), 289–90.

2. George Mavrogordatos, *Rise of the Green Sun: The Greek Election of 1981* (London: King's College London, Centre of Contemporary Greek Studies,

1983), 9, 55 (quoted).

3. Kevin Featherstone and Dimitris Papadimitriou, *Prime Ministers in Greece: The Paradox of Power* (Oxford: Oxford University Press, 2015), 16, 45, 90, 217.
4. David Close, *Greece since 1945: Politics, Economy and Society* (London: Longman, 2002), 161–2, 178–82; Stathis Kalyvas, *Modern Greece: What Everyone Needs to Know* (Oxford: Oxford University Press, 2015), 140–42, citing an unpublished manuscript by Gerassimos Moschonas.
5. Theodore Couloumbis, 'PASOK's foreign policies, 1981–89: Continuity or change?' , in Richard Clogg (ed.), *Greece, 1981–89: The Populist Decade* (Basingstoke: Macmillan, 1993), 120.
6. George Kassimeris, *Europe's Last Red Terrorists: The Revolutionary Organization 17 November* (London: Hurst, 2001), 206.
7. See, for example, Misha Glenny, *The Balkans, 1804–1999* (London: Granta, 1999), 656.
8. Loring Danforth, *The Macedonian Conflict: Ethnic Nationalism in a Transnational World* (Princeton, NJ: Princeton University Press, 1997), 202–12.
9. Thanos Veremis, *A Modern History of the Balkans: Nationalism and Identity in Southeast Europe* (London: I. B. Tauris, 2017), 143, 145–6.
10. Yannis Hamilakis, *The Nation and its Ruins: Antiquity, Archaeology, and National Imagination in Greece* (Oxford: Oxford University Press, 2007), 125–34.
11. Cited in Veremis, *Modern History*, 151–2.
12. See, for example, Sotiris Dimitriou, *May Your Name Be Blessed*, trans. Leo Marshall (University of Birmingham, 2000).
13. Close, *Greece*, 197; Thomas Gallant, *Modern Greece: From the War of Independence to the Present*, 2nd edn (London: Bloomsbury, 2016), 303.

14. Vasilios Makrides, 'Byzantium in contemporary Greece: The Neo-Orthodox current of ideas', in David Ricks and Paul Magdalino (eds), *Byzantium and the Modern Greek Identity* (Aldershot: Ashgate, 1998), 142.
15. Graham Speake, *Mount Athos: Renewal in Paradise* (New Haven, CT: Yale University Press, 2002).
16. Michael Llewellyn Smith, *Athens: A Cultural and Literary History* (Oxford: Signal, 2004), 207.
17. Kostas Kostis, *History's Spoiled Children: The Formation of the Modern Greek State*, trans. Jacob Moe (London: Hurst, 2018; Greek original published in 2013), 384.
18. Kostis, *History's Spoiled Children*, 383–4, 386.
19. Featherstone and Papadimitriou, *Prime Ministers*, 1, 165, 203.
20. Gallant, *Modern Greece*, 306–7; Miranda Xafa, 'Back from the brink: How to end Greece's seemingly interminable crisis', in Spyros Economides (ed.), *Greece: Modernisation and Europe 20 Years On* (London: London School of Economics, Hellenic Observatory, 2017), 46–53 (see 47–8).
21. Dimitrios Theodossopoulos, 'Politics of friendship, worldviews of mistrust: The Greek-Turkish rapprochement in local conversation', in D. Theodossopoulos (ed.), *When Greeks Think about Turks: The View from Anthropology* (Abingdon: Routledge, 2007), 193–210.
22. See, for example, James Ker-Lindsay, *The Cyprus Problem: What Everyone Needs to Know* (Oxford: Oxford University Press, 2011), 68–74, and the critiques of the Annan Plan in Andrekos Varnava and Hubert Faustmann (eds), *Reunifying Cyprus: The Annan Plan and Beyond* (London: I. B. Tauris, 2009).

第十二章　中年危机

1. Stathis Kalyvas, *Modern Greece: What Everyone Needs to Know* (Oxford: Oxford University Press, 2015), 153, 156.
2. Kevin Featherstone and Dimitris Papadimitriou, *Prime Ministers in Greece: The Paradox of Power* (Oxford: Oxford University Press, 2015), 189.
3. Giannis Voulgaris, *Η μοιραία πενταετία. Η πολιτική της αδράνειας, 2004–2009* [*The Fateful Five Years: The Politics of Inaction, 2004–2009*] (Athens: Polis, 2011), 311 (10 January 2009); Kostas Kostis, *History's Spoiled Children: The Formation of the Modern Greek State*, trans. Jacob Moe (London: Hurst, 2018; Greek original published in 2013), 388–9.
4. George Papaconstantinou, *Game Over: The Inside Story of the Greek Crisis* (English edition privately published, 2016), 30–40 (37 quoted).
5. Loukas Tsoukalis, *In Defence of Europe: Can the European Project be Saved?* (Oxford: Oxford University Press, 2016), 89.
6. Kalyvas, *Modern Greece*, 163.
7. For the period 1974–2000, see David Close, *Greece since 1945: Politics, Economy and Society* (London: Longman, 2002), 168–70; for 1999–2015, Miranda Xafa, 'Back from the brink: How to end Greece's seemingly interminable crisis' , in Spyros Economides (ed.), *Greece: Modernisation and Europe 20 Years On* (London: London School of Economics, Hellenic Observatory, 2017), 46–53.
8. Kostis, *History's Spoiled Children*, 416; Dimitris Tziovas (ed.), *Greece in Crisis: The Cultural Politics of Austerity* (London: I. B. Tauris, 2017), 26.
9. Yanis Varoufakis, *Adults in the Room: My Battle with Europe's Deep Establishment* (London: Bodley Head, 2017), 237 (quoted); Johanna Hanink,

The Classical Debt: Greek Antiquity in an Era of Austerity (Cambridge, MA: Harvard University Press, 2017), 200, 223, citing headlines in the German press from 2010.

10. Varoufakis, *Adults*, 469.
11. Varoufakis, *Adults*, 48; Hanink, *Classical Debt*, 219.
12. Varoufakis, *Adults*, 474.
13. Karen van Dyck (ed.), *Austerity Measures: The New Greek Poetry* (London: Penguin, 2016), xviii.
14. Tziovas (ed.), *Greece in Crisis*, 4.
15. George Pagoulatos, 'From project modernisation to forced adjustment: two decades of incomplete reforms (1996–2016)', in Spyros Economides (ed.), *Greece: Modernisation and Europe 20 Years On* (London: London School of Economics, Hellenic Observatory, 2017), 37–45 (44 quoted).
16. Tziovas (ed.), *Greece in Crisis*, 30; see also Hanink, *Classical Debt*, 255–7.
17. Denis Vovchenko, *Containing Balkan Nationalism: Imperial Russia and Ottoman Christians, 1856–1914* (Oxford: Oxford University Press, 2016), 329.
18. Kostis, *History's Spoiled Children*, 421.

资料来源及延伸阅读

18 世纪以来的希腊历史和文化

Beaton, Roderick, *An Introduction to Modern Greek Literature*, 2nd edn (Oxford: Clarendon Press, 1999)

Beaton, Roderick and David Ricks (eds), *The Making of Modern Greece: Nationalism, Romanticism, and the Uses of the Past (1797–1896)* (Farnham: Ashgate, 2009)

Campbell, John and Philip Sherrard, *Modern Greece* (London: Benn, 1968)

Clogg, Richard, *A Concise History of Greece*, 3rd edn (Cambridge: Cambridge University Press, 2013)

Dakin, Douglas, *The Unification of Greece, 1770–1923* (London: Benn, 1972)

Fleming, K. E., *Greece: A Jewish History* (Princeton, NJ: Princeton University Press, 2008)

Gallant, Thomas, *Modern Greece: From the War of Independence to the Present*, 2nd edn (London: Bloomsbury, 2016)

Gallant, Thomas, *The Edinburgh History of the Greeks, 1768 to 1913* (Edinburgh: Edinburgh University Press, 2015)

Hamilakis, Yannis, *The Nation and its Ruins: Antiquity, Archaeology, and National*

Imagination in Greece (Oxford: Oxford University Press, 2007)

Holland, Robert and Diana Markides, *The British and the Hellenes: Struggles for Mastery in the Eastern Mediterranean 1850–1960* (Oxford: Oxford University Press, 2006)

Kalyvas, Stathis, *Modern Greece: What Everyone Needs to Know* (Oxford: Oxford University Press, 2015)

Koliopoulos, John, *Brigands with a Cause: Brigandage and Irredentism in Modern Greece 1821–1912* (Oxford: Clarendon Press, 1987)

Koliopoulos, John and Thanos Veremis, *Greece: The Modern Sequel, from 1821 to the Present* (London: Hurst, 2002)

Koliopoulos, John and Thanos Veremis, *Modern Greece: A History since 1821* (Hoboken, NY: Wiley, 2009)

Kostis, Kostas, *History's Spoiled Children: The Formation of the Modern Greek State*, trans. Jacob Moe (London: Hurst, 2018; Greek original published in 2013)

Mackridge, Peter, *Language and National Identity in Greece, 1766–1976* (Oxford: Oxford University Press, 2009)

Mazower, Mark, *The Balkans* (London: Weidenfeld and Nicolson, 2000)

Veremis, Thanos, *A Modern History of the Balkans: Nationalism and Identity in Southeast Europe* (London: I. B. Tauris, 2017)

Veremis, Thanos, *The Military in Greek Politics: From Independence to Democracy* (London: Hurst, 1997)

Wagstaff, J. M. (ed.), *Greece: Ethnicity and Sovereignty, 1820–1994. Atlas and Documents* (Archive Editions, [Cambridge: Cambridge University Press], 2002)

Woodhouse, C. M., *Modern Greece: A Short History*, 5th edn, revised (London: Faber & Faber, 1991; first edition 1968)

第一章　东方与西方相遇

跨越边界：行动中的人、思想以及商品

Frary, Lucien, *Russia and the Making of Modern Greek Identity, 1821–1844* (Oxford: Oxford University Press, 2015)

Greene, Molly, *The Edinburgh History of the Greeks, 1453–1768: The Ottoman Empire* (Edinburgh: Edinburgh University Press, 2015)

Kitromilides, Paschalis, *Enlightenment and Revolution: The Making of Modern Greece* (Cambridge, MA: Harvard University Press, 2013)

Kitromilides, Paschalis (ed.), *Enlightenment and Religion in the Orthodox World* (Oxford: Voltaire Foundation, 2016)

Myrogiannis, Stratos, *The Emergence of a Greek Identity (1700–1821)* (Newcastle upon Tyne: Cambridge Scholars, 2012)

Philliou, Christine, *Biography of an Empire: Governing Ottomans in an Age of Revolution* (Berkeley, CA: University of California Press, 2011)

古老土地上的旅行者

Constantine, David, *In the Footsteps of the Gods: Travellers to Greece and the Quest for the Hellenic Ideal* (London: I. B. Tauris, 2011)

Eisner, Robert, *Travelers to an Antique Land* (Ann Arbor, MI: University of Michigan Press, 1991)

Pollard, Lucy, *The Quest for Classical Greece: Early Modern Travel to the Greek World* (London: I. B. Tauris, 2015)

Spencer, Terence, *Fair Greece Sad Relic: Literary Philhellenism from Shakespeare to Byron* (London: Weidenfeld and Nicolson, 1954)

农民、渔夫、僧侣

Alexander, John, *Brigandage and Public Order in the Morea 1685–1806*(Athens: n.p., 1985)

Beaton, Roderick, *Folk Poetry of Modern Greece* (Cambridge: Cambridge University Press, 1980; reprinted 2004)

Campbell, John, *Honour, Family, and Patronage: A Study of Institutions and Moral Values in a Greek Mountain Community* (Oxford: Oxford University Press, 1974; first published 1964)

Herzfeld, Michael, *Ours Once More: Folklore, Ideology, and the Making of Modern Greece* (Austin, TX: University of Texas Press, 1982; reprinted New York: Pella, 1986)

Roudometof, Victor, 'From *Rum millet* to Greek nation: Enlightenment, secularization, and national identity in Ottoman Balkan society, 1453– 1821', *Journal of Modern Greek Studies* 16 (1998), 11–48

第二章 种下一粒种子

动荡不安的世界

Alexander, John, *Brigandage and Public Order in the Morea 1685–1806* (Athens: n.p., 1985)

Fleming, K. E., *The Muslim Bonaparte: Diplomacy and Orientalism in Ali Pasha's Greece* (Princeton: Princeton University Press, 1999)

Jelavich, Charles and Barbara, *The Establishment of the Balkan National States, 1804–1920* (Seattle, WA: University of Washington Press, 1977)

Philliou, Christine, *Biography of an Empire: Governing Ottomans in an Age of*

Revolution (Berkeley, CA: University of California Press, 2011)

Pratt, Michael, *Britain's Greek Empire: Reflections on the Ionian Islands from the Fall of Byzantium* (London: Collings, 1978)

Vucinich, Wayne S. (ed.), *The First Serbian Uprising, 1804–1813* (Boulder, CO: Brooklyn College Press, 1982)

革命思想

Clogg, Richard (ed. and trans.), *The Movement for Greek Independence, 1770–1821: A Collection of Documents* (London: Macmillan, 1976)

Dascalakis, A., *Rhigas Velestinlis: la Révolution française et les préludes de l'Indépendance hellénique* (Paris, n.p., 1937)

Kitromilides, Paschalis, *Enlightenment and Revolution: The Making of Modern Greece* (Cambridge, MA: Harvard University Press, 2013)

Kitromilides, Paschalis, 'From republican patriotism to national sentiment: A reading of *Hellenic Nomarchy*', *European Journal of Political Theory* 5 (2006), 50–60

Kitromilides, Paschalis (ed.), *Adamantios Korais and the European Enlightenment* (Oxford: Voltaire Foundation, 2010)

López Villalba, María, 'Balkanizing the French Revolution: Rhigas's *New Political Constitution*', in Dimitris Tziovas (ed.), *Greece and the Balkans: Identities, Perceptions and Cultural Encounters since the Enlightenment* (Aldershot: Ashgate, 2003), 141–54

Myrogiannis, Stratos, *The Emergence of a Greek Identity (1700–1821)* (Newcastle upon Tyne: Cambridge Scholars, 2012)

Woodhouse, C. M., *Rhigas Velestinlis: The Proto-Martyr of the Greek Revolution*

(Limni, Evia: Denise Harvey, 1995)

黑暗中孕育的东西

Angelomatis-Tsougarakis, Helen, *The Eve of the Greek Revival: British Travellers' Perceptions of Early Nineteenth-Century Greece* (London: Routledge, 1990)

Xanthos, E., 'Memoirs of Emmanouil Xanthos' (1845), translated in Richard Clogg (ed. and trans.), *The Movement for Greek Independence, 1770–1821: A Collection of Documents* (London: Macmillan, 1976), 182–200

第三章　浴血而生

Abney-Hastings, Maurice, *Commander of the Karteria* (Bloomington, IN: AuthorHouse, 2011)

Barau, Denys, *La Cause des Grecs. Une histoire du mouvement philhellène (1821–1829)* (Paris: Honoré Champion, 2009)

Bass, Gary, *Freedom's Battle: The Origins of Humanitarian Intervention* (New York: Vintage, 2009)

Brewer, David, *The Flame of Freedom: The Greek War of Independence, 1821–1833* (London: John Murray, 2001)

Dakin, Douglas, *The Greek Struggle for Independence, 1821–1833* (London: Batsford, 1973)

Finlay, George, *History of the Greek Revolution*, 2 vols (Edinburgh: Blackwood, 1861)

Gordon, Thomas, *History of the Greek Revolution*, 2 vols (Edinburgh: Blackwood, 1832)

Ilıcak, Hüseyin Şükrü, 'A radical rethinking of empire: Ottoman state and society during the Greek War of Independence (1821–1826)' (PhD dissertation, Harvard University, 2011)

Koukkou, Helen, *Ioannis A. Kapodistrias: The European Diplomat and Statesman of the 19th Century. Roxandra S. Stourdza: A Famous Woman of her Time. A Historical Biography*, trans. E. Ghikas (Athens: Society for the Study of Greek History, 2001)

Pizanias, Petros (ed.), *The Greek Revolution of 1821: A European Event* (Istanbul: Isis Press, 2011; Greek original published 2009)

Rodogno, Davide, *Against Massacre: Humanitarian Interventions in the Ottoman Empire, 1815–1914* (Princeton, NJ: Princeton University Press, 2012)

St Clair, William, *That Greece Might Still Be Free: The Philhellenes in the War of Independence* (Cambridge: Open Book, 2008; first published 1972)

Woodhouse, C. M., *Capodistria: The Founder of Greek Independence* (London: Oxford University Press, 1973)

Woodhouse, C. M., *The Battle of Navarino* (London: Hodder and Stoughton, 1965)

第四章　蹒跚学步

Bastéa, Eleni, *The Creation of Modern Athens: Planning the Myth* (Cambridge: Cambridge University Press, 2000)

Frazee, Charles, *The Orthodox Church and Independent Greece, 1821–1852* (Cambridge: Cambridge University Press, 1969)

Koubourlis, Ioannis, *La Formation de l'histoire nationale grecque. L'Apport de Spyridon Zambélios (1815–1881)* (Athens: Institut de Recherches Néo-Helléniques, 2005)

Petropulos, John, *Politics and Statecraft in the Kingdom of Greece, 1833–1843* (Princeton, NJ: Princeton University Press, 1968)

Politis, Alexis, *Ρομαντικά χρόνια. Ιδεολογίες και νοοτροπίες στην Ελλάδα του 1830–1880* [*Romantic Years: Ideologies and Mentalities in Greece, 1830–1880*] (Athens: Mnimon, 1993)

Skopetea, Elli, *Το «πρότυπο βασίλειο» και η Μεγάλη Ιδέα. Όψεις του εθνικού προβλήματος στην Ελλάδα (1830–1880)* [*The 'Model Kingdom' and the Grand Idea: Aspects of the National Problem in Greece (1830–1880)*] (Athens: Polytypo, 1988)

第五章　青年时代的理想和痛苦

扩张的政治

Carabott, Philip (ed.), *Greek Society in the Making, 1863–1913: Realities, Symbols and Visions* (Aldershot: Ashgate, 1997)

Christmas, Walter, *King George of Greece* (New York: McBride, Nast, 1914)

Finlay, George, *A History of Greece: From its Conquest by the Romans to the Present Time*, vol. 7 (Oxford: Clarendon Press, 1877) Jenkins, Romilly, *The Dilessi Murders* (London: Longmans, Green, 1961)

Prevelakis, Eleutherios, *British Policy towards the Change of Dynasty in Greece* (Athens: n.p., 1953)

Skopetea, Elli, *Το «πρότυπο βασίλειο» και η Μεγάλη Ιδέα. Όψεις του εθνικού προβλήματος στην Ελλάδα (1830–1880)* [*The 'Model Kingdom' and the Grand Idea: Aspects of the National Problem in Greece (1830–1880)*] (Athens: Polytypo, 1988)

Vovchenko, Denis, *Containing Balkan Nationalism: Imperial Russia and Ottoman*

Christians, 1856–1914 (Oxford: Oxford University Press, 2016)

民族国家及其界限

Augustinos, Gerasimos, *The Greeks of Asia Minor* (Kent, OH: Kent State University Press, 1992)

Clogg, Richard (ed.), *The Greek Diaspora in the Twentieth Century* (Basingstoke: Macmillan, 1999)

Detorakis, Theocharis, *History of Crete*, trans. John Davis (Heraklion, Crete: n.p., 1994)

Doumanis, Nicholas, *Before the Nation: Muslim–Christian Coexistence and its Destruction in Late-Ottoman Anatolia* (Oxford: Oxford University Press, 2012)

Gondicas, Dimitri and Charles Issawi (eds), *Ottoman Greeks in the Age of Nationalism* (Princeton, NJ: Darwin Press, 1999)

Hill, George, *A History of Cyprus*, vol. 4 (Cambridge: Cambridge University Press, 1952)

Mazower, Mark, *Salonica: City of Ghosts* (London: HarperCollins, 2004)

Şenışık, Pinar, *The Transformation of Ottoman Crete: Revolts, Politics and Identity in the Late Nineteenth Century* (London: I. B. Tauris, 2011)

Vassiadis, George, *The* Syllogos *Movement of Constantinople and Ottoman Greek Education, 1861–1923* (Athens: Centre for Asia Minor Studies, 2007)

胜利和灾难

Ashmead Bartlett, E., *The Battlefields of Thessaly* (London: John Murray, 1897)

Kitroeff, Alexander, *Wrestling with the Ancients: Modern Greek Identity and the*

Olympics (New York: Greekworks.com, 2004)

Levandis, John, *The Greek Foreign Debt and the Great Powers, 1821–1898* (New York: Columbia University Press, 1944)

Llewellyn Smith, Michael, *Olympics in Athens 1896* (London: Profile, 2004)

第六章　军事行动

国内的颓废

Augustinos, Gerasimos, *Consciousness and History: Nationalist Critics of Greek Society, 1897–1914* (New York: Columbia University Press/*East European Quarterly*, 1977)

Gauntlett, Stathis, *Rebetika, carmina Graeciae recentioris* [in English] (Athens: Denise Harvey, 1985)

国外的行动

Dakin, Douglas, *The Greek Struggle in Macedonia, 1897–1913* (Thessaloniki: Institute of Balkan Studies, 1966)

Karakasidou, Anastasia, *Fields of Wheat, Hills of Blood: Passages to Nationhood in Greek Macedonia, 1870–1990* (Chicago, IL: University of Chicago Press, 1997)

Mandamadiotou, Maria, *The Greek Orthodox Community of Mytilene: Between the Ottoman Empire and the Greek State, 1876–1912* (Bern: Peter Lang, 2013)

Mazower, Mark, *Salonica: City of Ghosts* (London: HarperCollins, 2004)

Veremis, Thanos, 'The Hellenic Kingdom and the Ottoman Greeks: The experiment of the "Society of Constantinople"', in Dimitri Gondicas and Charles Issawi (eds), *Ottoman Greeks in the Age of Nationalism* (Princeton, NJ: Darwin Press,

1999), 181–91

Yosmaoğlu, İpek, *Blood Ties: Religion, Violence, and the Politics of Nationhood in Ottoman Macedonia, 1878–1908* (Ithaca, NY: Cornell University Press, 2014)

拿起武器

Kitromilides, Paschalis (ed.), *Eleftherios Venizelos: The Trials of Statesmanship* (Edinburgh: Edinburgh University Press, 2006)

Papacosma, S. Victor, *The Military in Greek Politics: The 1909 Coup d'État* (Kent, OH: Kent State University Press, 1977)

战事纷起

Hall, Richard, *The Balkan Wars, 1912–1913: Prelude to the First World War* (London: Routledge, 2002)

McMeekin, Sean, *The Ottoman Endgame: War, Revolution and the Making of the Modern Middle East, 1908–1923* (London: Allen Lane, 2015)

第七章　自我分裂

Housepian Dobkin, Marjorie, *Smyrna 1922: The Destruction of a City* (London: Faber, 1972)

Leon, George, *Greece and the Great Powers, 1914–1917* (Thessaloniki: Institute for Balkan Studies, 1974)

Llewellyn Smith, Michael, *Ionian Vision: Greece in Asia Minor, 1919–1922* (London: Hurst, 1998; first published 1973)

Mackenzie, Compton, *Greek Memories* (London: Biteback, 2011; first published 1932)

Mango, Andrew, *Atatürk* (London: John Murray, 1999)

Mavrogordatos, Giorgos, *1915. Ο Εθνικός Διχασμός* [*1915: The National Schism*] (Athens: Patakis, 2015)

Milton, Giles, *Paradise Lost: Smyrna 1922. The Destruction of Islam's City of Tolerance* (London: Sceptre, 2008)

Pentzopoulos, Dimitri, *The Balkan Exchange of Minorities and its Impact on Greece* (Paris and The Hague: Mouton, 1962; reprinted with a new preface by Michael Llewellyn Smith, London: Hurst, 2002)

Petsalis-Diomidis, N., *Greece at the Paris Peace Conference (1919)* (Thessaloniki: Institute for Balkan Studies, 1978)

Toynbee, Arnold, *The Western Question in Greece and Turkey: A Study in the Contact of Civilisations* (London: Constable, 1922)

第八章　从头再来
复苏和重建

Clark, Bruce, *Twice a Stranger: Greece, Turkey and the Minorities they Expelled* (London: Granta, 2006)

Hirschon, Renée (ed.), *Crossing the Aegean: An Appraisal of the 1923 Compulsory Population Exchange between Greece and Turkey* (Oxford: Berghahn, 2003)

Lytra, Vally (ed.), *When Greeks and Turks Meet: Interdisciplinary Perspectives on the Relationship since 1923* (Farnham: Ashgate, 2014)

Pentzopoulos, Dimitri, *The Balkan Exchange of Minorities and its Impact on Greece* (Paris and The Hague: Mouton, 1962; reprinted with a new preface by Michael

Llewellyn Smith, London: Hurst, 2002)

Tziovas, Dimitris (ed.), *Greek Modernism and Beyond* (Lanham, MD, and New York: Rowman & Littlefield, 1997)

政客和军人

Mavrogordatos, George, *Stillborn Republic: Social Coalitions and Party Strategies in Greece, 1922–1936* (Berkeley, CA: University of California Press, 1983)

Mazower, Mark, *Greece and the Inter-War Economic Crisis* (Oxford: Clarendon Press, 1991)

政治断层转移、最后通牒

Butterworth, Katharine and Sara Schneider (eds), *Rebetika: Songs from the Old Greek Underworld* (Athens: Aiora, 2014; first published 1974)

Gauntlett, Stathis, *Rebetika, carmina Graeciae recentioris* [in English] (Athens: Denise Harvey, 1985)

Higham, Robin and Thanos Veremis (eds), *Aspects of Greece, 1936–40: The Metaxas Dictatorship* (Athens: Hellenic Foundation for Defense and Foreign Policy, 1993)

Joachim, Joachim, *Ioannis Metaxas: The Formative Years, 1871–1922* (Mannheim: Bibliopolis, 2000)

Kenna, Margaret, *The Social Organisation of Exile: Greek Political Detainees in the 1930s* (Amsterdam: Harwood, 2001)

Kofas, Jon, *Authoritarianism in Greece: The Metaxas Regime* (East European Monographs, Boulder, CO, distributed by Columbia University Press, New York,

1983)

Koliopoulos, John, *Greece and the British Connection, 1935–1941* (Oxford: Clarendon Press, 1977)

Pelt, Mogens, *Tobacco, Arms and Politics: Greece and Germany from World Crisis to World War 1929–41* (Copenhagen: Museum Tusculanum Press, 1998)

Petrakis, Marina, *The Metaxas Myth: Dictatorship and Propaganda in Greece* (London: I. B. Tauris, 2006)

Petropoulos, Elias, *Songs of the Greek Underworld: The Rebetika Tradition*, trans. Ed Emery (London: Saqi, 2000)

Vatikiotis, P. J., *Popular Autocracy in Greece, 1936–41* (London: Frank Cass, 1998)

第九章　彻底崩溃

Alexander, G. M., *The Prelude to the Truman Doctrine: British Policy in Greece, 1944–1947* (Oxford: Clarendon Press, 1982)

Baerentzen, Lars, ‘The demonstration in Syntagma Square on Sunday the 3rd of December, 1944’, *Scandinavian Studies in Modern Greek* 2 (1978), 3–52

Baerentzen, Lars, John Iatrides and Ole Smith (eds), *Studies in the History of the Greek Civil War, 1945–1949* (Copenhagen: Museum Tusculanum Press, 1987)

Beevor, Antony, *Crete: The Battle and the Resistance* (London: John Murray, 1991; Penguin, 1992)

Brewer, David, *Greece: The Decade of War. Occupation, Resistance and Civil War* (London: I. B. Tauris, 2016)

Carabott, Philip and Thanasis Sfikas (eds), *The Greek Civil War: Essays on a Conflict of Exceptionalism and Silences* (Aldershot: Ashgate, 2004)

Clogg, Richard (ed.), *Greece 1940–1949: Occupation, Resistance, Civil War. A*

Documentary History (Basingstoke: Palgrave Macmillan, 2002)

Close, David, *The Origins of the Greek Civil War* (London: Longman, 1995)

Close, David (ed.), *The Greek Civil War, 1943–1950: Studies of Polarization* (London: Routledge, 1993)

Danforth, Loring and Riki van Boeschoten, *Children of the Greek Civil War: Refugees and the Politics of Memory* (Chicago, IL: University of Chicago Press, 2012)

Delis, Panagiotis, 'The British intervention in Greece: The battle of Athens, December 1944', *Journal of Modern Greek Studies* 35 (2017), 211–37

Gerolymatos, André, *An International Civil War: Greece, 1943–1949* (New Haven, CT, and London: Yale University Press, 2016)

Hart, Janet, *New Voices in the Nation: Women and the Greek Resistance, 1941–1964* (Ithaca, NY: Cornell University Press, 1996)

Hatzipateras, Kostas and Maria Fafaliou (eds), *Μαρτυρίες 41–44. Η Αθήνα της Κατοχής* [*Testimonies 1941–1944: Athens under Occupation*], 2 vols (Athens: Kedros, 2002)

Higham, Robin, *Diary of a Disaster: British Aid to Greece, 1940–1941* (Lexington, KY: University Press of Kentucky, 1986)

Hionidou, Violetta, *Famine and Death in Occupied Greece, 1941–1944* (Cambridge: Cambridge University Press, 2006)

Hondros, John, *Occupation and Resistance: The Greek Agony, 1941–44* (New York: Pella, 1983)

Iatrides, John, *Revolt in Athens: The Greek Communist 'Second Round', 1944–1945* (Princeton, NJ: Princeton University Press, 1972)

Iatrides, John (ed.), *Greece in the 1940s: A Nation in Crisis* (Hanover, NH, and London: University Press of New England, 1981)

Iatrides, John and Linda Wrigley (eds), *Greece at the Crossroads: The Civil War and its Legacy* (Philadelphia, PA: Pennsylvania University Press, 1995)

Kalyvas, Stathis, 'Red Terror: Leftist violence during the Occupation', in Mark Mazower (ed.), *After the War was Over: Reconstructing the Family, Nation, and State in Greece, 1943–1960* (Princeton, NJ: Princeton University Press, 2000), 142–83

Kalyvas, Stathis, *The Logic of Violence in Civil War* (Cambridge: Cambridge University Press, 2006)

Koliopoulos, John, *Greece and the British Connection, 1935–1941* (Oxford: Clarendon Press, 1977)

Kousoulas, D. George, *Revolution and Defeat: The Story of the Greek Communist Party* (Oxford: Oxford University Press, 1965)

Mazower, Mark, *Inside Hitler's Greece: The Experience of Occupation, 1941–44* (New Haven, CT, and London: Yale University Press, 1993)

Papastratis, Procopis, *British Policy towards Greece during the Second World War, 1941–1944* (Cambridge: Cambridge University Press, 1984)

Plakoudas, Spyridon, *The Greek Civil War: Strategy, Counterinsurgency and the Monarchy* (London: I. B. Tauris, 2017)

Richter, Heinz, *British Intervention in Greece: From Varkiza to Civil War*, trans. Marion Sarafis (London: Merlin, 1985)

Vlavianos, Haris, *Greece, 1941–49: From Resistance to Civil War* (Basingstoke: Macmillan, 1992)

Woodhouse, C. M., *The Apple of Discord: A Survey of Recent Greek Politics in their International Setting* (London: Hutchinson, 1948)

Woodhouse, C. M., *The Struggle for Greece, 1941–1949* (London: Hart-Davis, 1976; reprinted with an introduction by Richard Clogg: Hurst, 2002)

第十章　山姆大叔的庇佑

Close, David, *Greece since 1945: Politics, Economy and Society* (London: Longman, 2002)

McNeill, William, *The Metamorphosis of Greece since World War II* (Oxford: Blackwell, 1978)

Mazower, Mark (ed.), *After the War was Over: Reconstructing the Family, Nation, and State in Greece, 1943–1960* (Princeton, NJ: Princeton University Press, 2000)

Miller, James Edward, *The United States and the Making of Modern Greece: History and Power, 1950–1974* (Chapel Hill, NC: University of North Carolina Press, 2009)

被重新发现的民族

French, David, *Fighting EOKA: The British Counter-Insurgency Campaign on Cyprus, 1955–1959* (Oxford: Oxford University Press, 2015)

Hatzivassiliou, Evanthis, *Britain and the International Status of Cyprus, 1955–59* (Minneapolis, MN: University of Minnesota, *Modern Greek Studies Yearbook* supplement, 1997)

Holland, Robert, *Britain and the Revolt in Cyprus, 1954–1959* (Oxford: Clarendon Press, 1998)

Mayes, Stanley, *Makarios: A Biography* (London: Macmillan, 1981)

Stefanidis, Ioannis, *Stirring the Greek Nation: Political Culture, Irredentism and Anti-Americanism in Post-War Greece, 1945–1967* (Aldershot: Ashgate, 2007)

Vryonis, Speros, *The Mechanism of Catastrophe: The Turkish Pogrom of September*

6–7, 1955, and the Destruction of the Greek Community of Istanbul (New York: Greekworks.com, 2005)

与佐尔巴斯一起跳舞

Hadjikyriacou, Achilleas, *Masculinity and Gender in Greek Cinema, 1949–1967* (London: Bloomsbury Academic, 2013)

Karalis, Vrasidas, *A History of Greek Cinema* (New York and London: Continuum, 2012)

Papanikolaou, Dimitris, *Singing Poets: Literature and Popular Music in France and Greece* (London: Legenda, 2007)

Stassinopoulou, Maria, 'Reality bites: A feature film history of Greece, 1950–1963' (Vienna: University of Vienna, Habilitationsschrift, 2000)

政治势力的碰撞、被固定在石膏夹板里

Draenos, Stan, *Andreas Papandreou: The Making of a Greek Democrat and Political Maverick* (London: I. B. Tauris, 2012)

Featherstone, Kevin and Dimitrios Katsoudas (eds), *Political Change in Greece: Before and After the Colonels* (London: Croom Helm, 1987)

Ker-Lindsay, James, *The Cyprus Problem: What Everyone Needs to Know* (Oxford: Oxford University Press, 2011)

Kornetis, Kostis, *Children of the Dictatorship: Student Resistance, Cultural Politics, and the 'Long 1960s' in Greece* (New York and Oxford: Berghahn, 2013)

van Dyck, Karen, *Kassandra and the Censors: Greek Poetry since 1967* (Ithaca, NY: Cornell University Press, 1998)

Woodhouse, C. M., *Karamanlis: The Restorer of Greek Democracy* (Oxford: Clarendon Press, 1982)

Woodhouse, C. M., *The Rise and Fall of the Greek Colonels* (London: Granada, 1985)

第十一章　欧洲时代的到来

Clogg, Richard, *Parties and Elections in Greece: The Search for Legitimacy* (London: Hurst, 1987)

Clogg, Richard (ed.), *Greece, 1981–89: The Populist Decade* (Basingstoke: Macmillan, 1993)

Close, David, *Greece since 1945: Politics, Economy and Society* (London: Longman, 2002)

Danforth, Loring, *The Macedonian Conflict: Ethnic Nationalism in a Transnational World* (Princeton, NJ: Princeton University Press, 1997)

Featherstone, Kevin and Dimitris Papadimitriou, *Prime Ministers in Greece: The Paradox of Power* (Oxford: Oxford University Press, 2015)

Giannaras, Chrestos, *Orthodoxy and the West: Hellenic Self-Identity in the Modern Age*, trans. P. Chamberas and N. Russell (Brookline, MA: Holy Cross Orthodox Press, 2006)

Kassimeris, George, *Europe's Last Red Terrorists: The Revolutionary Organization 17 November* (London: Hurst, 2001)

Kassimeris, George, *Inside Greek Terrorism* (London: Hurst, 2013)

Makrides, Vasilios, 'Byzantium in contemporary Greece: The Neo-Orthodox current of ideas', in David Ricks and Paul Magdalino (eds), *Byzantium and the Modern Greek Identity* (Aldershot: Ashgate, 1998), 141–53

Mavrogordatos, George, *Rise of the Green Sun: The Greek Election of 1981* (London: King's College London, Centre of Contemporary Greek Studies, 1983)

Roudometof, Victor and Vasilios Makrides (eds), *Orthodox Christianity in 21st Century Greece* (Farnham: Ashgate, 2010)

Spourdalakis, Michalis, *The Rise of the Greek Socialist Party* (London: Routledge, 1988)

Varnava, Andrekos and Hubert Faustmann (eds), *Reunifying Cyprus: The Annan Plan and Beyond* (London: I. B. Tauris, 2009)

Veremis, Thanos, *Greeks and Turks in War and Peace* (Athens: Athens News, 2007)

Woodhouse, C. M., *Karamanlis: The Restorer of Greek Democracy* (Oxford: Clarendon Press, 1982)

第十二章　中年危机
“危机”中的政治

Economides, Spyros (ed.), *Greece: Modernisation and Europe 20 Years On* (London: London School of Economics, Hellenic Observatory, 2017)

Karyotis, Georgios and Roman Gerodimos, *The Politics of Extreme Austerity: Greece in the Eurozone Crisis* (Basingstoke: Palgrave Macmillan, 2015) Mitsopoulos, Michael and Theodore Pelagidis, *Understanding the Crisis in Greece: From Boom to Bust* (Basingstoke: Palgrave Macmillan, 2012)

Ovenden, Kevin, *Syriza: Inside the Labyrinth* (London: Pluto, 2015)

Papaconstantinou, George, *Game Over: The Inside Story of the Greek Crisis* (English edition privately published, 2016)

Triandafyllidou, Anna, Ruby Gropas and Hara Kouki (eds), *The Greek Crisis and European Modernity* (Basingstoke: Palgrave Macmillan, 2013)

Tsoukalis, Loukas, *In Defence of Europe: Can the European Project be Saved?* (Oxford: Oxford University Press, 2016)

Tzogopoulos, George, *The Greek Crisis in the Media: Stereotyping in the International Press* (Farnham: Ashgate, 2013)

Varoufakis, Yanis, *Adults in the Room: My Battle with Europe's Deep Establishment* (London: Bodley Head, 2017)

Vasilopoulou, Sofia and Daphne Halikiopoulou, *The Golden Dawn's 'National Solution': Explaining the Rise of the Far Right in Greece* (New York: Palgrave Macmillan, 2015)

Verney, Susannah, 'Waking the "sleeping giant" or expressing domestic dissent? Mainstreaming Euroscepticism in crisis-stricken Greece', *International Political Science Review* 36/3 (2015), 279–95

与"危机"共存

Chiotis, Theodoros (ed. and trans.), *Futures: Poetry of the Greek Crisis* (London: Penned in the Margins, 2016)

Douzinas, Costas, *Philosophy and Resistance in the Crisis: Greece and the Future of Europe* (Cambridge: Polity, 2013)

Hamilakis, Yannis, 'Some debts can never be repaid: The archaeo-politics of the crisis', *Journal of Modern Greek Studies* 34 (2016), 227–64

Hanink, Johanna, *The Classical Debt: Greek Antiquity in an Era of Austerity* (Cambridge, MA: Harvard University Press, 2017)

Knight, Daniel, *History, Time and Economic Crisis in Central Greece* (Basingstoke: Palgrave Macmillan, 2015)

Lemos, Natasha and Eleni Yannakakis (eds), *Critical Times, Critical Thoughts:*

Contemporary Greek Writers Discuss Facts and Fiction (Newcastle upon Tyne: Cambridge Scholars, 2015)

Pine, Richard, *Greece through Irish Eyes* (Dublin: Liffey Press, 2015)

Tziovas, Dimitris, 'From junta to crisis: Modernization, consumerism and cultural dualisms in Greece', *Byzantine and Modern Greek Studies* 41 (2017), 278–99

Tziovas, Dimitris (ed.), *Greece in Crisis: The Cultural Politics of Austerity* (London: I. B. Tauris, 2017)

van Dyck, Karen (ed.), *Austerity Measures: The New Greek Poetry* (London: Penguin, 2016)

致 谢

此书的完成得到了很多人的帮助，机构和单位也发挥了不小的作用。我对所有相关的人员和组织致以诚挚的感谢。对于后者，我最需要感谢的是伦敦国王学院，那几乎是我所有学术研究的基地；我还要感谢前拜占庭和现代希腊研究系（现更名为“古典系”）、希腊研究中心的前同事们。撰写这样一部著作需要利用图书馆的大量资源，否则这是不可能完成的。图书馆是人文研究的“实验室”，我们很多人都会这样想。就英国而言，伦敦国王学院的毛姆图书馆所收藏的希腊语图书以及关于希腊和希腊人世界的期刊最多，它们都是在过去的200多年里收集而来的，具体馆藏于布罗斯收藏室和福伊尔特藏图书馆。在这些有着丰富藏书的图书馆中，我不知度过了多少时间。我要特别感谢图书馆外联部经理特雷莎·埃尔姆斯以及特藏部主任凯蒂·萨姆布鲁克一直以来给我的大力支持。

我要特别感谢的其他单位是雅典的英国学校，这是在英国科学院支持下开展前沿研究的一个学院。早在20世纪70年代我读研究生期间第一次去那儿的时候，我就与这所英国学校有了联系。这所学校的招待所以及与美国古典研究学校（那真是现代城市中心地带的一个绿洲）共用的花园为来自世界各地的访问学者提供了一个温馨的家。写这本书的时候，我每次去那儿都身心愉悦。我在那里利用其资料丰富和环境舒适的图书馆（该图书馆全天开放），并将那里作为利用希腊其他必要资源的基地。在其他资源中，最重要的是金纳迪乌斯图书馆，这是我写作本书时查找到的资料最多的图书馆，它就在英国学校的对面。希腊和塞浦路斯的几所大学和科研机构的图书馆、资料室以及工作人员也为我提供了帮助，其中有雅典大学、塞萨洛尼基亚里士多德大学、克里特大学、国家希腊研究基金以及塞浦路斯大学。

我在本书的准备和研究中要感谢的人太多了，无法一一列举。有些人往往是在不经意间为我提供了帮助，聊天的片段或某个研讨会上的学生提问，常常在很久以后给我启发，而当时可能谁都没有意识到。为本书分析希腊历史和文化提供帮助的人，并不都认可我的内容和观点。在有些方面，特别是我撰写本书后面几章的时候，我与受访者的谈话遵循了查达姆宫规则——尊重受访者的隐私。

这本著作的出版将带着企鹅出版公司的标识，我感到很自豪。书稿最终的形成归功于我的代理人费利西蒂·布赖恩以及艾伦·莱恩出版社的策划编辑西蒙·温德尔的热情。他们在很早的时候就关注我的这个研究项目，并一直给予我慷慨的支持、积极的鼓励和中肯的建议。特别幸运的是，本书的初稿得到了目光犀利的专家和读者的审读，比如，西蒙·温德尔，他是历史领域的多产作家；哈里斯·弗拉维亚诺，他是希腊美国学院的历史教授，还是希腊最著名的诗人之一，很有社会影响力；我的儿子迈克，他攻读的第一个专业是历史专业。理查德·梅森对本书最后的文稿进行编辑排版，让本书成为集细腻、纯熟等特质于一身的风格和内容方面的典范，成为注重细节的样板。我还要感谢塞西莉·麦凯在图像处理方面为我提供的专业帮助。毋庸多言，书中所有的不足以及对历史事实和观点的选择与阐释，都只与我个人有关。

罗德里克·比顿
于伦敦国王学院
2018 年 8 月